平和政策
Building Peace

大芝 亮　
藤原帰一　編
山田哲也　

有斐閣ブックス

はしがき

　この数十年の間に国際関係や平和に関連した学部や大学院の数は大幅に増えた。そして，国連や世界銀行をはじめとする国際組織，外務省・防衛庁や国際協力銀行・国際協力機構などの公的機関，さらにさまざまなNGO（非政府組織）において，人道支援や復興支援，そして選挙支援などの実務に携わりたいという希望をもつ学生の数も拡大した。

　こうした将来設計をもつ学生向けに，教育方法も工夫されてきた。ゲスト・スピーカーが現場での業務体験を語るオムニバス形式の講義が行われ，海外インターンシップが奨励され，さらに公共政策系の専門職大学院の設置にあたっては実務家教員の採用も義務づけられている。

　現場の話から学ぶことは多く，「現場の眼」を理解するために，このような教育方法の改革が必要なことはいうまでもない。しかし，「現場の眼」を理解するということがいささか単純化されるという問題も生じてきている。将来，平和を形成するための具体的な活動に取り組みたい学生にとり，実務家の話は役に立つが，理論的分析は無用のものという「誤解」が広まっているのである。

　政策の形成・実施をめぐる現場の話はたしかに面白い。しかし，それだけでは単なる一つの事例にすぎない。同じ話でも，もし国際関係や平和の問題について理論的な視野をもって聞くならば，事例の位置づけを明らかにし，その意義を理解することができる。そして，一つの事例を他の事例と比較し，また組み合わせることにより，私たち自身の平和観を形成していくことができる。

　将来，平和構築などの場で活躍することを希望するならば，自分自身の平和観を形成しておくことは不可欠である。というのは，人道援助や復興支援などの活動といえども，「政治」と無縁で活動できるわけではなく，政治的判断を求められることがしばしばあり，そのとき，自らの平和観に基づいて判断を下すことになるからである。また，先例のない新しい紛争の場合，長年の実務経験だけでは対応できず，また既存の理論でも想定外であるような状況にも遭遇

しよう。このときにも，自らの平和観で決断せざるをえない。

　現場が提起する問題を理論的に整理・分析し，自分自身の平和観をつくる。そして「平和政策」を打ち出す。「平和を創る」には，これだけの準備が必要なのである。本書はこの準備を手助けしようとするものである。そのために，コラム，用語解説，各章ごとの文献案内（「さらに読み進む人のために」），主要略語一覧をつけ，読者が学びやすいように工夫した。

　ちなみに，現場のリーダーたちの政治的決断や判断は，「平和政策」の先例となり，実務家には経験として蓄積され，理論家には新しい理論的視野を提供することになる。このように本書の期待は果てしなく広がる。

　「祈る平和」だけでなく「創る平和」にも取り組み，具体的に「平和政策」を打ち出すべき時代になったと痛感するようになったのは，一つには「ひろしま国際平和フォーラム」のおかげである。同メンバーの川村健一氏に加え，後藤昇，坂上隆士，山口涼各氏をはじめとする広島県国際企画室の方々，そして株式会社メッツ研究所の枝松克巳，福田（五月女）悦子両氏には記して感謝したい。本書は，同フォーラムでの議論をきっかけとして，山田哲也が原案を作成し，藤原帰一が企画構成を練り，私も編者に加わり，フォーラム・メンバー以外の執筆者の協力も得て，できあがったものである。

　最後に，有斐閣書籍編集第二部の長谷川絵里，青海泰司両氏には心よりお礼を申し上げたい。両氏のおかげで，和気あいあいとした雰囲気の中で楽しく仕事ができた。大学での雑務をしばし忘れ，このような編集者と一緒に仕事をしている時間はまさに幸せを感じた。本書を両氏に担当していただいたことは編者・執筆者にとり幸運であり，このことに感謝したい。

2006年8月31日

大芝　亮

執筆者紹介（執筆順，＊は編者）

＊大芝　亮（おおしば　りょう）**はじめに，第5章**
一橋大学大学院法学研究科博士課程退学，Ph.D.（政治学，イェール大学）。現在，青山学院大学国際政治経済学部教授。
主要著作：『国際組織の政治経済学――冷戦後の国際関係の枠組み』（有斐閣，1994年）；「世界銀行の開発――環境政策と日本のNGO」臼井久和・高瀬幹雄編『環境問題と地球社会』（有信堂高文社，2002年）。

＊藤原　帰一（ふじわら　きいち）**序章，第1章**
東京大学大学院博士課程単位取得中退。現在，東京大学大学院法学政治学研究科教授。
主要著作：『戦争を記憶する――広島・ホロコーストと現在』（講談社現代新書，2001年）；『平和のリアリズム』（岩波書店，2004年，石橋湛山賞受賞）。

遠藤　誠治（えんどう　せいじ）**第2章**
東京大学大学院法学政治学研究科修士課程修了。現在，成蹊大学法学部教授。
主要著作：「国際政治における規範の機能と構造変動――自由主義の隘路」（藤原帰一・李鍾元・古城佳子・石田淳編『国際秩序の変動』〈国際政治講座，第4巻〉東京大学出版会，2004年）；「『危機の二〇年』から国際秩序の再建へ――E．H．カーの国際政治理論の再検討」（『思想』2003年1月号）。

＊山田　哲也（やまだ　てつや）**第3章，終章**
国際基督教大学大学院行政学研究科博士後期課程中退，博士（法学，九州大学）。現在，南山大学総合政策学部教授。
主要著作：「国連要員の法的地位と保護を巡る課題」（山口厚・中谷和弘編『安全保障と国際犯罪』〈融ける境　超える法，第2巻〉東京大学出版会，2005年）；『国連が創る秩序――領域管理と国際組織法』東京大学出版会，2010年。

坪内　淳（つぼうち　じゅん）**第4章**
早稲田大学大学院政治学研究科博士後期課程単位取得満期退学。現在，聖心女子大学文学部教授。
主要著作：「信頼醸成概念の再構築へ向けて――冷戦型定義からの脱却と普遍的可能性」（山本武彦編『国際安全保障の新展開――冷戦とその後』早稲田大学出版部，1999年）；「『西側』の溶解か，再生か――米欧関係の変容と冷戦型国際秩序の崩壊」（五味俊樹・滝田賢治編『9・11以後のアメリカと世界』

南窓社，2004年）。

半澤　朝彦（はんざわ　あさひこ）　**第6章**
オックスフォード大学現代史学部博士課程修了，D. Phil.（現代史）。現在，明治学院大学国際学部准教授。
主要著作：「『労働党外交』は存在するのか？——イギリス『社民主義外交』の系譜」（山口二郎・宮本太郎・小川有美編『市民社会民主主義への挑戦——ポスト「第三の道」のヨーロッパ政治』日本経済評論社，2005年）；『グローバル・ガヴァナンスの歴史的変容——国連と国際政治史』（緒方貞子と共編，ミネルヴァ書房，2007年）。

佐渡　紀子（さど　のりこ）　**第7章**
大阪大学大学院国際公共政策研究科博士後期課程修了，博士（国際公共政策）。現在，広島修道大学法学部教授。
主要著作：「信頼安全醸成措置」（吉川元編『予防外交』三嶺書房，2000年）；「欧州における核軍縮・不拡散——地域的アプローチとその限界」（浅田正彦・戸崎洋史編『核軍縮不拡散の法と政治』信山社，2008年）。

水本　和実（みずもと　かずみ）　**第8章**
米国タフツ大学フレッチャー法律外交大学院修士課程修了。現在，広島市立大学広島平和研究所副所長・教授。
主要著作：「核軍縮と広島・長崎——核の危険性と被爆地の課題」（浅田正彦・戸﨑洋史編『核軍縮不拡散の法と政治』信山社，2008年）；『核は廃絶できるか——核拡散10年の動向と論調』（法律文化社，2009年）。

栗栖　薫子（くるす　かおる）　**第9章**
東京大学大学院総合文化研究科博士課程単位取得退学，博士（国際公共政策，大阪大学）。現在，神戸大学大学院法学研究科教授。
主要著作：「人間の安全保障——主権国家システムの変容とガバナンス」（赤根谷達雄・落合浩太郎編『新しい安全保障論の視座』亜紀書房，2001年）；「地域的安全保障」（山本吉宣・河野勝編『アクセス安全保障論』日本経済評論社，2005年）。

宮坂　直史（みやさか　なおふみ）　**第10章**
早稲田大学大学院政治学研究科博士課程退学。現在，防衛大学校国際関係学科兼総合安全保障研究科教授。
主要著作：『国際テロリズム論』（芦書房，2002年）；『日本はテロを防げるか』（ちくま新書，2004年）。

星野　俊也（ほしの　としや）　**第11章**
東京大学大学院総合文化研究科博士課程単位取得退学，博士（国際公共政策，

大阪大学)。大阪大学大学院国際公共政策研究科教授。
主要著作：「日本の安全保障と国連」(赤根谷達雄・落合浩太郎編『日本の安全保障』有斐閣，2004 年)；「アメリカと国連」(総合研究開発機構ほか編『グローバル・ガバナンス──「新たな脅威」と国連・アメリカ』日本経済評論社，2006 年)。

篠田　英朗（しのだ　ひであき）　**第 12 章**
ロンドン大学 (LSE) 国際関係学博士課程修了，Ph.D.（国際関係学）。現在，東京外国語大学大学院総合国際学研究院教授。
主要著作：『平和構築と法の支配──国際平和活動の理論的・機能的分析』(創文社，2003 年，大佛次郎論壇賞)；『「国家主権」という思想──国際立憲主義への軌跡』(勁草書房，2012 年，サントリー学芸賞)。

上杉　勇司（うえすぎ　ゆうじ）　**第 13 章**
英国ケント大学政治・国際関係大学院修了，Ph.D.（国際紛争分析）。現在，早稲田大学国際学術院教授。
主要著作：『変わりゆく国連PKOと紛争解決──平和創造と平和構築をつなぐ』(明石書店，2004 年，国際安全保障学会最優秀出版奨励賞)；『紛争解決学入門──理論と実践をつなぐ分析視角と思考法』(長谷川晋と共著，大学教育出版，2016 年)。

髙山　佳奈子（たかやま　かなこ）　**第 14 章**
東京大学大学院法学政治学研究科修士課程修了。現在，京都大学大学院法学研究科教授。
主要著作：「責任」「未遂犯」「共犯」（島伸一編『たのしい刑法』弘文堂，1998 年）；『故意と違法性の意識』(有斐閣，1999 年)。

広瀬　訓（ひろせ　さとし）　**第 15 章**
国際基督教大学大学院行政学研究科博士後期課程単位取得中退。現在，長崎大学核兵器廃絶研究センター教授。
主要著作：「発展の権利から人道的支援権へ」(横田洋三・山村恒雄編『現代国際法と国連・人権・裁判』国際書院，2003 年)；「地球的課題と国際法」(横田洋三編『国際法入門〔第 2 版〕』有斐閣，2005 年)。

竹中　千春（たけなか　ちはる）　**第 16 章**
東京大学法学部卒業。現在，立教大学法学部教授。
主要著作：「女性と民主主義──現代インドの実験」(高畠通敏編『現代市民政治論』世織書房，2003 年)；『世界はなぜ仲良くできないの？──暴力の連鎖を解くために』(阪急コミュニケーションズ，2004 年)。

大西　健丞（おおにし　けんすけ）**第17章**
英国ブラッドフォード大学大学院（平和研究学部国際政治・安全保障）修士課程修了。現在，NPO法人ピースウィンズ・ジャパン代表理事。
主要著作：『NGO，常在戦場』（徳間書店，2006年）。

目　次

はしがき　i
執筆者紹介　iii
主要略語一覧　xvii

序　章　政策としての平和 ―――――――――――――――――― 1

運動としての平和(1)　政策としての安全保障(3)　政策としての平和(5)

第Ⅰ部　国際紛争をどうとらえるか

第1章　国際紛争はどうとらえられてきたのか ――――――― 9

1　リアリズム　9
無政府状態としての国際政治(9)　国家の体系・戦争の体系(11)　力の均衡(12)　冷戦と抑止(13)

2　リベラリズム　16
リベラリズムとリアリズム(16)　経済的リベラリズム(17)　政治的リベラリズム(19)　リベラリズムの現在(21)

3　冷戦後の紛争　24
新しい戦争(24)　リアリズムの限界(25)　リベラリズムの限界(27)　いま，紛争をどうとらえるか(28)

第2章　現代紛争の構造とグローバリゼーション ――――――― 31

1　どのような紛争が起こっているのか　33
　　――紛争の現状と形態の変化
紛争に満ちた冷戦後世界(33)　国際紛争を圧倒する国内紛争(35)　国内紛争の悲惨さ(36)　アイデンティティ政治の問題(37)　紛争の手段・目的(37)　国内紛争と国際紛争の連続性(38)

2　現代の紛争と本質主義的理解の誤り　40
「民族紛争」？(40)　「文明の衝突」？(42)　「文明」対「野蛮」？

vii

　　　　(43)　本質主義的思考の問題点(44)　差異の争点化と動員の過程
　　　　(45)

　3　グローバリゼーションと紛争　46
　　　　グローバリゼーションと国家の能力(46)　非国家主体の活動の拡大
　　　　(47)　現代紛争の構造的背景(48)

　4　現代紛争のグローバルな構造と私たち　51

第3章　国際法と国際組織の役割 ─────────────── 55

　1　国際社会における規範　55
　　　　国際法・国際組織とは何か(55)　伝統的規範とその変容(56)　国際
　　　　社会における規範形成の多様化と国内実施(58)

　2　国際社会の組織化と国際連盟・国際連合　59
　　　　「国際社会の組織化」略史(59)　第二次世界大戦中の動き(60)　国
　　　　連設立までの経緯(61)

　3　国連の組織と活動　61
　　　　国連の目的・原則と組織(61)　武力不行使原則と国連の集団安全保
　　　　障(62)　平和維持活動（PKO）(64)　国連による規範の作成(67)

　4　国際社会の変容と国連改革　68
　　　　国連改革の流れ(68)　市民社会と国連(71)　国連を見る視点(72)

第4章　地域機構は役に立つのか ──────────────── 75

　1　冷戦終結と地域機構の再登場　75
　　　　地域機構とは何か(75)　なぜいま「地域」なのか(78)

　2　国際紛争における地域機構の実際　80
　　　　──「主体」・「場」としての分析
　　　　類型化の困難な地域機構の役割(80)　国際紛争領域での主体として
　　　　の地域機構(81)　地域機構＝「場（フォーラム）」としての側面
　　　　(84)

　3　地域機構という分析視点の確立へ向けて　86
　　　　地域機構の特徴とヨーロッパモデルからの脱却(86)　政策としての
　　　　地域的アプローチ(88)

第5章　紛争と国際経済組織 ───────────────────── 91

　1　戦後構想──自由貿易を通じた平和　91

2 冷戦時代の国際経済組織　93
　　経済的封じ込め戦略を背負わされたブレトンウッズ機関(93)　南北問題の登場と国連(94)

3 国際社会における新たな脅威　96
　　理念の変化——経済発展・民主化・平和(96)　緊急課題としての復興支援(97)　国内政治対立（潜在的紛争）への新たな取り組み(99)　新たなグローバル戦略(101)

第Ⅱ部　現代国際紛争の実態

第6章　植民地支配の遺産と開発途上国 ———109

1 開発途上国の国家形成　110
　　「当たり前」ではない「世界の国々」(110)　イラクの人為的な国境線(110)　アフリカの国境線と変更の難しさ(114)　矛盾の多い民族構成(115)　人種差別とその後遺症(116)

2 植民地支配の手法　118
　　「分割して統治せよ」(118)　民族や宗教の違いを利用(119)　モノカルチャー(120)

3 植民地支配の記憶　121
　　アンチテーゼとしての植民地支配(121)　旧宗主国とのつながり(122)

第7章　兵器はどう規制されてきたか ———127

1 武力紛争と兵器の規制　127
　　兵器はどのように使われてきたのか(127)　兵器を規制する二つの視点と三つのアプローチ(128)

2 大量破壊兵器の不拡散レジームの発展　130
　　核兵器の登場と不拡散アプローチ(130)　核不拡散とNPT(131)　核実験禁止と非核兵器地帯の設定(134)　核不拡散と輸出管理(135)　生物兵器の規制(137)　化学兵器の規制と輸出管理(137)

3 通常兵器の軍備管理レジーム　138
　　国連軍備登録制度と輸出管理(138)　新たな課題——小型武器の規制(140)

4 軍縮・不拡散強化に残された課題　143

第8章 核軍拡と核軍縮 ―――――――――――――――― 147

1 世界の核兵器の現状　147
   平和と核兵器(147)　核兵器保有の実態(150)　核兵器をめぐる国の分類(150)

2 核軍拡と核戦略の変遷　152
   アメリカの原爆開発(152)　米ソの核軍拡と核戦略(153)

3 戦後の核軍縮の歩みと課題　156
   核軍縮交渉の舞台(156)　主要な核軍縮条約(157)　市民社会および日本の役割(163)

第9章 人の移動と難民保護 ―――――――――――――― 167

1 「移動する人々」の実態　168

2 人の移動はなぜ起きるのか　170
   長期難民状況(172)

3 人の移動が突き付ける課題　175
   移動する人々の脆弱性(175)　受入国にとっての意味(176)

4 移動する人々の問題にどう対処するか　179
   移民の管理と保護(179)　難民の保護(181)

第10章 テロリズムとテロ対策 ―――――――――――― 187

1 なぜ区役所でバイオテロ対処演習か　187

2 国際テロリズムの動向――脱組織化　190
   テロの主体(190)　進行する脱組織化(190)　国家を離れるテロリスト(192)

3 テロリズムの原因をどのように見るか　193
   原因は一つではない(193)　プロセスとしてのテロリズム(194)

4 テロ対策の四つのフェーズ　196
   日本とテロリズム(199)　変化する日本のテロ対策(203)　課題と展望(204)

第Ⅲ部　平和構築の実際

第11章　軍事介入 ———————————————— 209

1 「平和強制」としての軍事介入　210
  「武力不行使」原則の例外規定(210)　「必要なすべての手段」の行使権限(212)　「平和強制」の六つの類型(212)

2 軍事介入の実態　213
  侵略対処(213)　人道的介入(215)　治安確保・安定化(218)

3 9.11テロ事件以降の新展開　219
  反テロおよび自衛(219)　大量破壊兵器の拡散対抗(220)

4 介入の「責任」と今後の課題　222
  介入の論理・不介入の論理(222)　保護する責任(223)　包括的な取り組みを(224)

第12章　平和構築における政治・法制度改革 ———————— 227

1 政治・法制度改革の必要性とその背景　228
  国連PKOおよび専門機関の役割の拡充(229)　地域機関およびその他の国際組織の役割の拡充(230)　NGOおよびその他の市民社会組織の役割の拡充(232)

2 法制度支援　233
  法制度整備の必要性(233)　和平合意策定への支援(234)　法制定過程への支援(236)

3 法執行支援　236
  警察部門改革支援(236)　軍事機構改革支援(238)

4 司法支援　239
  裁判制度支援(239)　法律家支援(241)

第13章　紛争後選挙と選挙支援 ———————————————— 243

1 紛争後選挙の意義と課題　243
  銃弾から投票用紙へ(243)　紛争後選挙のジレンマ(245)

2 選挙支援の具体的な取り組み　248
  選挙システム支援（選挙の公平性の確保に向けた国際社会の支援）(248)　選挙行政支援（選挙の実効性の確保に向けた国際社会の支

援)(253) 選挙監視（選挙の正統性の確保に向けた国際社会の支援)(256)

　　3　移行支援としての紛争後選挙支援のあり方　262
　　　　平和維持から平和構築への移行を促す紛争後選挙のあり方(262)

第14章　国際犯罪と刑法 ———————————————————267

　　1　国際刑法とは　267
　　　　国際刑法の必要性(267)　国際犯罪への対応(268)

　　2　歴史的展開　271
　　　　超国家的刑事法廷(271)　EUの動向(272)　国際刑法に関する日本法(274)

　　3　理論的問題　277
　　　　超国家的刑罰権の必要性と限界(277)　越境的刑法の諸原理(278)　越境的刑事手続法の諸原理(281)

　　4　展　　望　282
　　　　日本のあり方(282)　課題(284)

第15章　開　発　協　力 ———————————————————287

　　1　紛争と開発　287
　　　　「開発」とは何か(287)　開発の阻害要因としての紛争(290)　貧困は紛争を引き起こすか(291)

　　2　人道支援から開発協力へ　292
　　　　人道支援としての緊急援助(292)　依存から自立へ(293)　人道支援と開発協力(296)

　　3　平和構築のための開発　298
　　　　開発の諸問題(298)　開発協力と安定化(301)

第16章　平和構築とジェンダー ———————————————305

　　1　平和とジェンダー　308
　　　　平和とジェンダーの座標軸(308)　平和とジェンダーの社会変動(312)

　　2　ジェンダー的な暴力の連鎖　315
　　　　貧しさの中のジェンダー的暴力(315)　紛争の中のジェンダー的暴力(318)

3 平和構築とジェンダー　　321

介入の政治とジェンダー(321)　平和構築と女性の参加(325)　平和をつくるジェンダー的ネットワーク(328)

第17章　NGOと市民社会　　333

1 NGOとは何か　　333

NGOの分類(333)　人道援助におけるNGOの特性(335)

2 地域紛争とNGO　　336

台頭するシビル・ソサエティ(336)　増える地域紛争と難民・国内避難民(337)　NGOの援助の現場——アフガニスタンを例に(338)　平和構築とNGOの援助(342)

3 日本のNGOの現状と課題　　344

日本のNGOの歴史(344)　不足する資金(345)　基盤強化に向けて——税制を中心に(347)　政・官とのかかわり(348)

4 援助におけるセクター間連携　　349
——ジャパン・プラットフォーム

設立の背景とねらい(349)　政府・経済界との連携の成果(350)　援助外交における「参加民主主義」(351)

終　章　国際紛争をこえて　　355

平和構築で平和は達成できるか？(355)　日本人と平和政策(356)　紛争をめぐる二分論的発想からの脱却(357)　なぜ理論的な平和政策のテキストが必要か(358)

事項索引　　361

人名索引　　369

◆ *Column* 一覧

①核抑止　　14
②国際政治とリベラリズム　　18
③相互依存　　22
④レジーム・チェンジ　　27
⑤グローバリゼーション　　32
⑥傭兵と民間軍事会社　　34
⑦ブラッド・ダイヤモンド（blood diamonds）　　38
⑧カルドーの新戦争論　　40

⑨ 民族・部族紛争　42
⑩ 本質主義　44
⑪ 破綻国家　48
⑫ 国際関係理論と「多国間主義」　57
⑬ 国連の「目的」と「原則」　64
⑭ 国連事務局と事務総長　68
⑮ 国連のグローバル・コンパクト　70
⑯ 「統合」をめぐる諸理論　79
⑰ 南北問題　95
⑱ 人間の安全保障　100
⑲ 中国西部地区貧困対策プロジェクト　102
⑳ アパルトヘイト　117
㉑ 多国間軍縮交渉の場の変遷　131
㉒ 検証・査察制度とその問題点　132
㉓ NPT再検討会議　133
㉔ 輸出管理と民間企業への制約　136
㉕ オタワ・プロセス　141
㉖ 軍備管理と軍縮　148
㉗ どうなる「核廃絶への明確な約束」？　162
㉘ 難民と国内避難民の保護体制　170
㉙ 「移民」と「難民」概念の起源　173
㉚ 難民発生の連鎖――ルワンダ難民の例　174
㉛ ケニアのソマリア難民支援――薪プロジェクト　181
㉜ テロリズムの定義　188
㉝ テロ抑止と未然防止　196
㉞ リオネル・デュモン事件　200
㉟ 国際テロリズム関連条約・議定書　201
㊱ 「法の支配」の二つの意味　234
㊲ SSRとDDR　239
㊳ 紛争後選挙における多数代表制と比例代表制　250
㊴ 選挙監視活動に参加する方法と適性　258
㊵ 選挙監視活動の限界と可能性　259
㊶ 東ティモール――騒乱の引き金となった住民投票　261
㊷ 罪刑法定主義　268
㊸ ニュルンベルク裁判　269
㊹ ジュネーヴ諸条約　270

㊺ 国際刑事裁判所　272
㊻ 国際条約による犯罪化　274
㊼ 人間開発指数　289
㊽ 人間の基本的ニーズ　293
㊾ 地雷原に建つ家　294
㊿ ジェンダーとジェンダー研究　306
㊑ エンパワーメント　311
㊒ アフガニスタンの平和構築と女性　322
㊓ 国連安保理決議1325　327
㊔ NGOとNPO　334
㊕ 多様なNGOの活動　342

◆ **用語解説一覧**

　　ウェストファリア条約　11
　　「条約」とは　58
　　安全保障理事会の表決手続と「拒否権」　63
　　少数民族高等弁務官　85
　　近隣窮乏化政策　92
　　アフリカ社会主義　122
　　構造調整　122
　　CTBTの発効要件　134
　　消極的安全保障・積極的安全保障　135
　　核開発疑惑国・違反国　135
　　民族浄化　216
　　安全地域　216
　　二重の鍵　216
　　双方可罰性　273
　　自国民不引き渡し　275
　　ジニ係数　290
　　ジェンダー開発指数（GDI）　309
　　ジェンダー・エンパワーメント指数（GEM）　309

◆ **図・表**

　　図3-1　国際連合組織図　66
　　図6-1　第一次世界大戦後の「肥沃な三角地帯」と英・仏の委任統治　111

図 6-2　世界の国々の旧宗主国と独立年　112
図 6-3　1850 年から 1920 年までの工業化にともなう労働移民　116
図 8-1　核兵器「危険度別」世界地図　151
図 8-2　世界の非核兵器地帯　161
図 9-1　国際移住者の受け入れ人数の推移（1960-2005 年）　169
図 9-2　難民と国内避難民数の推移（1964-2003 年）　172
図 10-1　テロ対策四つのフェーズ　197
図 16-1　平和とジェンダーから見た四つの社会　308
図 16-2　貧しく荒廃した社会のジェンダー現象　317
図 16-3　ジェンダー的暴力の集団的メカニズム　320
図 16-4　平和とジェンダーの連鎖　324
図 17-1　ジャパン・プラットフォーム組織図　350

表 3-1　歴代国連事務総長　69
表 4-1　主な地域機構リスト　77
表 5-1　ミレニアム開発目標とターゲット　103
表 8-1　各国の核兵器および運搬手段　149
表 8-2　世界の核兵器保有数の変遷（1945-2000 年，5 年ごと）　156
表 8-3　これまでに行われた核実験（1945-98 年）　159
表 10-1　テロ主体の類型別の件数（2001 年 1 月 1 日〜2005 年 12 月 31 日）　192
表 10-2　テロ組織のプロセス　195
表 10-3　国際テロリズム関連条約・議定書　202
表 11-1　「平和強制」としての軍事介入の目的と根拠　211
表 11-2　冷戦後の主要な武力紛争・武力介入と国際社会の対応　214
表 12-1　「デイトン合意」の担い手　231
表 13-1　国際選挙監視員の主な活動　257

主要略語一覧

＊本文では，煩雑を避けるため，下記の用語については初出であっても正式名称の原綴を示さず，英文略称か一般的と思われる日本語表記のみを記している。

AU　African Union　アフリカ連合
CIS　Commonwealth of Independent States　（旧ソ連の）独立国家共同体
CTBT　Comprehensive nuclear-test-ban Treaty　包括的核実験禁止条約
CSCE　Conference on Security and Cooperation in Europe　欧州安全保障協力会議
ECOWAS　Economic Community of West African States　西アフリカ諸国経済共同体
ECOMOG　ECOWAS Military Observer Group　ECOWAS軍事監視団
EU　European Union　欧州連合
EUFOR　EU Force　（ボスニア＝ヘルツェゴヴィナに派遣されたEUの軍事部隊）
EUPM　EU Police Mission　（ボスニア＝ヘルツェゴヴィナに派遣されたEUの文民警察）
GDI　Gender-related Development Index　ジェンダー開発指数
GEM　Gender Empowerment Measure　ジェンダー・エンパワメント指数
ICC　International Criminal Court　国際刑事裁判所
ICTY　International Criminal Tribunal for Former Yugoslavia　旧ユーゴスラヴィア国際刑事法廷
ICTR　International Criminal Tribunal for Rwanda　ルワンダ国際刑事法廷
IFOR　Implementation Force　和平合意履行軍
INTERFET　International Forces in East Timor　東ティモール多国籍軍
ISAF　International Security Assistance Force　国際治安支援部隊（アフガニスタン）
KFOR　Kosovo Force　コソヴォ国際安全保障部隊
NATO　North Atlantic Treaty Organization　北大西洋条約機構
NGO　Non-Governmental Organization　非政府組織（民間団体）
NPO　Non-Profit Organization　非営利組織
NPT　Treaty on the Non-Proliferation of Nuclear Weapons　核不拡散条約
OHR　Office of the High Representative　上級代表事務所
OSCE　Organization for Security and Cooperation in Europe　欧州安全保障協力機構
PKO　Peacekeeping Operation　平和維持活動
PTBT　Treaty Banning Nuclear Weapon Tests in the Atmosphere, in Outer Space and Under water　部分的核実験禁止条約
SADC　South African Development Community　南部アフリカ開発共同体
SFOR　Stabilization Force　安定化軍
UN　United Nations　国際連合（国連）

本書のコピー，スキャン，デジタル化等の無断複製は著作権法上での例外を除き禁じられています。本書を代行業者等の第三者に依頼してスキャンやデジタル化することは，たとえ個人や家庭内での利用でも著作権法違反です。

序章

政策としての平和

　現代の国際紛争はなぜ起こるのか。また，そのような紛争に対して，どのような対応ができるのか。この本は，ふつうなら国際政治とか国際紛争，あるいは平和構築や復興支援などと呼ばれる分野について，できるかぎり網羅的に，また体系的に学ぶことのできるように編集した教科書である。

　だが，題名は，平和政策。これは，どうにも風変わりな題名に見えるだろう。平和とは，はたして政策の領域なのか，納得のいかない人も多いにちがいない。しかも，学者が自分の議論を世に問うような学術専門書でも，また一般読者に向けて学者では考えにくいほど誇張を交えた論を立てるという本でもなく，大学や大学院などの授業で用いられることを想定した教科書なのである。なじみのない題名を掲げる教科書とは珍しい。

　本書の題名，平和政策とは，奇をてらってつけたものではない。平和政策，すなわち政策としての平和とは，政策目標として平和の実現を考えること，さらに軍事対決と軍事制圧に還元することなく平和の構築をはかることを指している。これまでに行われてきた平和論，国際政治論，安全保障論との対比の中で，本書のねらいについて，簡単にふれておきたい。

■ 運動としての平和

　日本人が平和という言葉を聞くとき，まず思い浮かべるのは日本国憲法第9条とヒロシマ・ナガサキではないだろうか。被爆体験を中核とする第二次世界大戦の惨禍を語り伝え，二度と日本が戦争に向かうことがないように努めるべ

きではないか。国民が戦争の記憶を新たにし，政府の行動に対する監視を続けることによって初めて戦争を防ぐこともできる。ここには，真摯な平和への願いとともに，国民を戦争の犠牲とすることも厭わない政治権力に対する根深い不信がある。第二次大戦後の日本では，平和とは政府の政策ではなく，政府に対抗する運動の中核をなす理念であった。

　平和を理念として掲げる運動は，第二次大戦の誤りを再び犯すことがないよう，新たな世界大戦の勃発を防ぐこと，つまり将来の戦争を阻止することに向けられていた。核戦争によって世界が滅亡する危機にさらされ続けた冷戦期には，第三次世界大戦の悪夢は決して無視できるものではなかったからである。そして，それが平和運動の成果であるかどうかを別にすれば，たしかに第二次大戦後，世界戦争は起こっていない。世界平和は何とか守られた，と考えることもできる。

　たしかに，世界規模に及ぶ戦乱や日本を戦場とする戦争は起こらなかった。とはいえ，冷戦期も，それでいえば冷戦が終結を迎えてから後の15年余りの間も，世界に戦争が起こらなかったわけではない。アメリカやソ連の介入を伴った戦争として朝鮮戦争やヴェトナム戦争，また米ソ冷戦と直接に結び付けることの難しい戦争として4度にわたる中東戦争，印パ・中印国境紛争，エチオピア戦争，あるいはイラン＝イラク戦争など，開発途上地域を主な戦場として，数多くの戦争が戦われた。そして各国の国内を見れば，コンゴ動乱，スリランカ紛争，あるいはソマリア内戦やユーゴスラヴィア紛争など，おびただしい数の内戦が勃発している。

　運動として平和を求める人々は，しかし，アメリカの介入を伴うヴェトナム戦争への反対をわずかな例外として，このような地域における戦争に目を向けることは少なかった。エチオピア戦争やソマリア内戦に対して日本の平和運動が反対したり提言を行ったりしたことがあっただろうか。日本人が犠牲になる可能性は少なかったからと決め付けるのは行き過ぎであるとしても，「将来の戦争」への反対に熱意を注いだ平和運動が，「現在の戦争」に対して奇妙な無関心を貫いたことは否定できないだろう。

　「現在の戦争」に取り組むときの平和運動の限界を示した事件が，カンボジアにおける平和構築への対応である。1990年代初めにヴェトナムがカンボジ

アから撤退し，中国がポル・ポト派への支援を取り止めたことによって，長らく戦乱の続いてきたカンボジアに平和を実現する貴重な機会が生まれた。このカンボジア和平の実現に当たって中心的な役割を果たした日本は，国連カンボジア暫定統治機構（UNTAC）の一環として自衛隊を派遣する。

今から考えるなら，文民警察官の痛ましい死をはじめとして，犠牲を伴う活動ではあったが，カンボジア和平への日本の参加は，内戦が再び起こることのないカンボジアをつくり出すうえで大きな役割を果たしたといえるだろう。だがこの当時，日本の平和運動は，海外派兵を憲法違反として批判することはあっても，カンボジアにおける平和構築のために何ができるのか，その構想を示すことはなかった。

武力行使がモラルに反するという信念は傾聴に値するだろう。しかし，「現在の戦争」をどうすべきなのか，その処方箋を示すことができないかぎり，「運動としての平和」の持つ意味は限られたものにすぎない。運動ではなく政策として，平和をどのように構築するのかを具体的に考える必要がここに生まれる。

■ 政策としての安全保障

さて，運動としての平和に対して長らく向かい合ってきたのが，アメリカの核抑止力に頼ることで国土の安全を保つという，第二次大戦後ほぼ一貫して保守党政権の支えてきた安全保障政策である。米軍に頼ることで軽武装による防衛を実現しようというのが戦後政治の原型をつくった吉田茂首相以来の路線だっただけに，この安全保障政策は軍事大国をめざすという考えではない。だがそれは，武力の行使はもちろんその保持も否定し，さらに核兵器の保有を否定する平和運動の立場と異なり，自衛隊の存在を認めるばかりでなく，アメリカの核抑止力，その核の傘の下で防衛を達成しようとする意味では，国際政治における核兵器の意味を認めた立場でもあった。軍と核を認めない平和運動とは対照的に，軍と核に頼る平和を保つことが安全保障政策の中核となっていた。

どれほど国連に正統性があろうとも，国民と国土の安全を頼ることのできるような力は持っていない。他国が武力行使に訴える可能性を無視できないかぎり，武力で威嚇することなしには安全を保つこともできないだろう。安全保障

政策を支えるのは，現実の国際政治における権力政治であり，またその分析を主な課題としてきた国際政治学における現実主義（リアリズム）という考え方であった。そして，軍事力の有効性を過信するのは愚かであるとしても，国際関係が力の均衡によって安定を保持する一面を持っていることは否定できないだろう。核兵器の廃絶を求める日本国民は，同時に核抑止の受益者でもあった。

　だが，リアリズムの立場をとったとしても，ここでいう安全保障政策では外交の役割がきわめて小さくとらえられていたことは指摘しなければならない。本来のリアリズムとは，学術的な観念というよりは，ヨーロッパ諸国が戦争と和平を繰り返す中で生まれた，いわば経験に基づく知恵のようなものであり，そこでは外交こそがまず国益を増進する手段とされていた。ところが，東西二陣営に分裂した冷戦期の世界では，東西の間の軍事的対抗こそは明確でも，双方の間で外交交渉を行う余地はごく限られていた。そして外交を取り除いたリアリズムとは，要するに軍事戦略の別名でしかない。国際政治から「力の現実」を取り除くことが難しいとしても，安全保障政策という領域は冷戦期という状況に縛られ，国際関係の中でも案外狭い政策の選択にとどめられていた。

　そして，「運動としての平和」においてと同じように，「政策としての安全保障」においても，想定されている戦争は世界戦争のような大規模な戦乱であり，地域紛争への関心は限られていた。安全保障の専門家たちは，ソ連の軍備拡大を前に自衛隊をどうするかとか，中国の海軍力増強にどう対抗するかなどといった大規模な地政学には雄弁でも，中東戦争やイラン＝イラク戦争などについて語ることは乏しかった。ここでもまた，「現在の戦争」よりも「将来の戦争」に関心が向けられていたといっていい。

　冷戦が終結を迎えた後，開発途上地域を主な戦場とする「現在の戦争」の重要性は拡大し，2001年の9.11テロ事件以後は国際政治の中心的課題にまでなっている。さらに，地域紛争と総称されるこれらの戦争や内戦には，冷戦時代の安全保障政策に頼るだけでは解決の難しい問題が含まれていた。たとえば，軍事報復を予告すれば，自爆テロを阻止できるのか。また，中央政府が不在となった状況で武装テロ組織などが活動するとき，その中央政府を倒すことで問題は解決するのか。冷戦期の米ソ関係を想定した安全保障政策を，中東やソマリアに適用する意味はどこにあるのか。

アフガニスタン，イラク，あるいはソマリアなどの紛争は，核抑止に頼っても解決を期待することはできない。軍事戦略，それも大規模戦争における軍事戦略に従うだけでは，「現在の戦争」に取り組むことを望めないのである。「安全保障」という限定された領域ではなく，政府の機能回復から社会経済の復興支援にいたる広い領域を含むものとして，平和構築という政策領域を考えなければいけないのはそのときだ。「政策としての安全保障」を，「政策としての平和」，すなわち平和構築のための政策に広げなければならないのである。

■ 政策としての平和

それでは，平和構築とは何だろうか。また，どのような措置が平和構築には求められるのだろうか。この問題は，国際政治学の理論家よりは，紛争の現場に派遣された専門家の間で検討されてきた。そして実は，その専門家たちは，平和構築を考える訓練はほとんど受けていなかったのである。

たとえば，平和維持活動に派遣される各国正規軍の軍人の多くは，第二次大戦をはじめとする世界戦争の戦史を学び，米ソ対決のような大規模な戦争のために必要となる技能は習得していても，交戦勢力の武装解除はどうすれば実現できるのか，そのような技能の訓練を受けてはいない。あるいは，選挙監視も同様である。日本やイギリスの選挙業務を担当した地方自治体の職員を派遣しただけで，どうすればカンボジアやユーゴスラヴィアの選挙監視を行うことができるのか。開発協力の場合でも，開発途上国の農業支援で成果をあげた専門家が，内戦直後の地域における経済復興で成功する保証はない。紛争地域における平和構築に何が必要なのか，その業務遂行に必要な専門知識を持たない人々が平和構築に従事することではたして十分な成果があがるのか，やはり疑問は残る。

学者の研究も例外ではない。これまでの国際政治学では，やはり地域紛争が対象としてとりあげられることは少なかった。地域紛争について詳細な分析を行うのは，どちらかといえばその地域の専門家，いわゆる地域研究者であり，そして地域研究者は，その土地のことは学んでいても国際政治の素養があるとはかぎらなかった。大国と大国の軍事的対決ではなく，地域紛争の激化を国際政治学が正当に取り扱うようになったのは，ごく近年のことにすぎない。

そこに本書の意義がある。伝統的な平和研究でも国際紛争論でも対象から取り残されてきた現在の地域紛争を素材として，その紛争を前にどのような平和構築が可能なのかを語ること，つまり「運動としての平和」からも「政策としての安全保障」からも取り残されてきた領域を議論し，具体的な政策に結び付けること，そのような「政策としての平和」を通して初めて「現在の戦争」に適切な対処をなすことができるのである。

　この課題は多岐にわたっており，とても一人の著者で網羅できるようなものではない。世界戦争を想定した国際紛争論は，地域における宗教紛争や民族紛争の説明もできるように組み替えられなければならない。地域の経済協力と経済統合を主な課題としてきた地域統合論は，地域紛争の解決にあたって地域機構はどのような役割を果たすことができるのか，考えなければならないだろう。また，開発援助論や開発経済論の延長としてではなく，紛争地域への復興支援がどのように独自な課題を伴うのかを，あらためて議論する必要も生まれる。

　実務の要請に促されるようにして，ようやく近年に入って平和構築それ自体を固有の領域として考える業績が現れ，また実務家の経験を集約する萌芽も見られるようになった。本書の着想と準備に大きな影響を与えた「ひろしま国際平和フォーラム」では，これまで核廃絶と第三次世界大戦の阻止に焦点を置いてきた広島の地で，カンボジアにおける平和構築と復興支援という新たな試みが続けられている。本書の執筆者は，すべて何らかのかたちで，この「ひろしま国際平和フォーラム」をはじめとした平和への新しいアプローチに加わり，成果をあげてきた人々である。

　9.11テロ以後の現代世界は，戦争のない世界を手にするまでにはまだまだ時間がかかりそうなこと，しかも単に武器を放棄したり，逆に武器で脅したりするだけでは紛争解決のうえで有効性が乏しいことを，残酷なほどあからさまに示している。政策課題として平和を考える必要性は，まだまだなくなりそうもない。

（藤原帰一）

第Ⅰ部 ◇
国際紛争をどうとらえるか

↑ユーゴスラヴィア内戦の犠牲者が埋葬されているサラエヴォの墓地を歩く2人のボスニア人兵士（1994年2月9日，サラエヴォ。写真提供：共同通信社）

第1章　国際紛争はどうとらえられてきたのか
第2章　現代紛争の構造とグローバリゼーション
第3章　国際法と国際組織の役割
第4章　地域機構は役に立つのか
第5章　紛争と国際経済組織

◎ 第Ⅰ部のねらい ◎

　第Ⅰ部では，伝統的な国際政治学や国際法学が国際紛争（戦争）をどのように取り扱ってきたのか，また，冷戦後の国内紛争・内戦が従来の国際政治学や国際法学にどのような影響を与えてきたかを取り扱っている。国際政治学も国際法学も，特定の時代の特定の事実を前提として理論を構成するのであるから，時代が急激に変化すれば，従来の理論では説明できないことが多くなる。まさに，「冷戦後」という時代には，「冷戦期」には想像もできなかったような事態が発生したのである。そこで，第Ⅰ部の各章は，伝統的な議論枠組みから出発しつつ，国際社会の今の現実に基づく限界とそれを克服する試みを整理紹介している。

　第1章は，国際政治学における二つの主要なアプローチ――リアリズムとリベラリズム――の対比を軸としながら，冷戦後の国際社会の現実を前に，それぞれが直面している限界を記している。従来の国際政治学の理論枠組みは，国内紛争・内戦，さらにはテロという「価値」をめぐる紛争を正面から取り扱ってこなかった。これらの新たな安全保障上の脅威に理論的・実際的にどのように取り組めばよいのか，という本書全体のテーマを整理した章でもある。これに対し，第2章は，「グローバリゼーション」と呼ばれる，人・カネ（資本）・モノが容易に国境を越えるようになった現象と，今日の紛争の関係を説明している。グローバリゼーションこそが紛争や，紛争の原因となる国内社会・国際社会の格差の拡大をもたらしている，という単純な図式ではないということを理解してほしい。第3章は，国際社会における規範（ルール）の意義や役割という観点から，国際法の伝統的規範の問題と，「国際社会の組織化現象」，特に国際連盟や国際連合（国連）といった国際組織の役割と課題を取り扱っている。地球上のほぼすべての国家が加盟している国連の活動分野は多岐にわたっており，具体的な活動については第Ⅱ部以降で詳しくふれているので，ここでは基本的な問題に絞って記している。第4章は，特定の地域を基礎として形成されている地域機構について，構成原理，紛争への対応，さらに今後の課題と展望を示す章である。日本国内では，地域機構の意義について真剣に議論されることが少ないが，他地域での経験を学んでほしい。第5章は，国際復興開発銀行（世界銀行）などの国際経済組織の役割を扱っている。国際経済組織の多くは，第二次世界大戦後に設立され，日本やヨーロッパ諸国の戦後復興に力を発揮した。その後，開発途上国の開発援助を中心的な業務とするようになったが，彼らの融資先である途上国が紛争の現場となったのが，冷戦後の特徴である。そこで，国際経済組織が紛争と平和構築にどのように関係するのかが，問題となったのである。

　第Ⅰ部の各章は，タイトルが示すように，現代の国際紛争をどのようなものとして認識するか，また，そのために既存の理論枠組みがどこまで有効なのか，という視点で貫かれている。すでに国際政治学などを学んだことのある読者は頭の整理のために，そうではない読者は，国際政治学などがこれまでにどのような議論をしてきたのかを知るために，読み進めてほしい。

第1章
国際紛争はどうとらえられてきたのか

　戦争に関してこれまでに行われてきた議論の多くは，軍事大国が他の軍事大国と交戦する，第二次世界大戦や米ソ核戦争のような大規模な戦闘を想定して行われてきた。第一次世界大戦前のバルカン紛争や冷戦時代の中東戦争のような，比較的小規模の紛争が戦争論の基軸を作ることはなかったといっていい。

　冷戦時代に比べてみれば，現在の世界では世界戦争の可能性は遠のき，それに代わってユーゴスラヴィア内戦，ルワンダ内戦やアフガニスタン戦争のような地域紛争への関心が高まっているが，かつての戦争論の意味が薄れたわけではない。主要な戦争の形態は変わっても，戦争をとらえる見方については，過去のものが今なお引き継がれているからである。

　それでは，伝統的な国際政治学とは何だろうか。それは何よりもリアリズムと呼ばれる考え方であり，国際政治学はリアリズムと，このリアリズムに対する批判や修正の応酬として展開してきたといっていい。リアリズムとリベラリズムとの対抗を振り返ることによって，国際政治学で行われてきた戦争のとらえ方をあらためて検討し，それが現在の国際紛争の把握にあたって持つ意味を考えること，これが本章の課題である。

1　リアリズム

■ 無政府状態としての国際政治

　リアリズムとは，国際政治の本質を権力闘争としてとらえる考え方を指して

いる。その想定する世界とは，世界が国家に分かれ，それぞれの国家がその国益を求めて向かい合う状況，もっと露骨にいえば国家の存立のために武力を備え，相手に攻め込まれないように脅し合うような状況にほかならない。そのような世界では，国際協力の可能性は乏しく，まして法とか制度などが登場する余地はごく少ない。リアリズムの下では，国際関係において軍事力の果たす役割が重視される一方で，国家の間の協力の可能性はごく低くとらえられることになる。

　ずいぶんドライな考え方には違いない。だが，国際政治においてリアリズムが大きな影響を今なお持っているのには，それなりの理由もある。ひとくちでいえば，国内政治には政府があるが，国際関係には政府と呼ぶことのできるような権力（パワー）が存在しないからである。

　国内の政治であれば，すべての政治を権力闘争に還元するのは極端な考え方になるだろう。意見の違いや利益の対立などがあっても，そのような対立は選挙や議会で政党が争うことによって解決されるべき問題とされ，武器を取って決着をつける方法は厳しく排除されているからだ。国内政治においては政府があり，その政府によって執行される法があり，法に反する暴力には制裁が待っているのである。

　だが，国際関係には政府がない。より正確にいえば，各国よりも上位にあって，各国に十分な制裁を加えることのできる政治権力，たとえば世界政府のようなものは，国際関係には存在しない。そのために，各国の意見の違いや利益の対立を武力によって解決しようとする国家が出現した場合，国連安全保障理事会などによってその武力行使が非難を受けたとしても，その武力に訴えた国家に対して確実に制裁が加えられることは，国際関係においては期待できないのである。もっと端的にいえば，他の国が攻め込んできた場合，その侵略を排除する力を持つ組織は国際政治には存在しない。

　政府に頼って安全を保つことができないのなら，自分で安全をはかるほかはないだろう。強制力を持った中央集権的な権力が存在しないために，各国は自ら自国を防衛し，自国の利益を第一に掲げて行動することになる。国内社会では法の支配が行われ，国際関係では権力闘争が継続するというリアリズムの認識を支えるのは，国際社会には国家を超える権力は存在せず，世界が無政府状

態（アナーキー）に置かれているという現実であった。

■ **国家の体系・戦争の体系**

　歴史的に見れば，このような「無政府状態としての国際政治」としての近代国際政治は，1648年のウェストファリア条約◆によって誕生したとされている。世界政府が存在しないことは今も昔も変わりはないが，そのような「国家に分裂した世界」をそのものとして認めるためには，三十年戦争（1618-48年）の惨禍（さんか）が必要だったからである。

　ヨーロッパ世界最後の宗教戦争である三十年戦争は，現在のドイツを中心とするヨーロッパ地域にかつてない荒廃をもたらした。その後に結ばれたウェストファリア条約とは，ヨーロッパ世界が複数の国家に分裂しているという現実をそのまま受け入れるとともに，宗教信仰と国際紛争を切り離し，ヨーロッパ世界における権力と宗教の統一を断念するものにほかならなかった。

　そこから生まれた国際政治体系の特徴は，次の2点にまとめることができるだろう。第一に，平等な主権を持つ国家によって世界が分割されている状態をお互いに認め，それらの国家よりも上位の権力を認めず，作らないというルールが確認された。諸国や領邦に分裂したヨーロッパもいつの日かは統一されるだろう，統一されるべきだという観念は，ローマ帝国が東西に分裂した後も長く残されていたが，この統一という理念が放棄されたのである。

　その結果として生まれたのが，「主権の平等」に基づいた「国家の体系」としての国際政治にほかならない。それは，世界が国家に分かれているという事実の承認であるとともに，それぞれの国家を併合する強大な権力の出現を阻止するという原則でもあった。実際，三十年戦争以後のヨーロッパは，ナポレオンとナチス・ドイツという二つの帝国を解体へと追い込んだのである。

　第二に，各国による権力闘争としての国際政治が，宗教などの規範から切り

◆**用語解説**
　ウェストファリア条約　1618年に始まった「三十年戦争」の終結にあたって結ばれた講和条約である。この条約を通じて神聖ローマ帝国は事実上解体され，各領邦が今日的な意味での「領域を基礎とした主権国家」としての地位・体裁を整えるようになった。ヨーロッパ近代国際社会の成立基盤としての意義を持つ。

第 *1* 章　国際紛争はどうとらえられてきたのか　11

離された。中世世界における国王は，キリスト教信仰に，さらにローマ教皇の権威に縛られ，国益を自由に求めることは許されなかった。だが，そのローマ教皇の呼びかけによって展開した十字軍は，結果としては新教と旧教の分裂を招き，ヨーロッパを宗教戦争の暴力にさらしてしまう。ウェストファリア条約は，新教・旧教の対立を国際政治の世界から追い払うことによって，国際政治から価値観を切り離すことになった。

　教会の束縛を離れた各国の国王は，その権力を自由に追求することが認められる。だが，それぞれの王国が権力を求めるのであれば，戦争を避けることはできない。国際政治を規範から切り離すということは，戦争を国益を追求する手段として承認することでもあった。こうして「国家の体系」としての近代国際政治は，同時に政策の手段として戦争を認める体系，すなわち「戦争の体系」という特徴も持つことになった。

■ 力の均衡

　リアリズムの前提を受け入れた場合でも，国際関係には秩序が存在しないという結論にはならない。ただ，国家よりも上位の権力を排除し，各国による戦争の遂行も認めるだけに，国際組織や法による支配を期待することもできず，ここで秩序がありうるとすれば，各国の軍事力が拮抗し，戦争に訴えることが各国にとって不利益となるような状態，いわば軍事的な手詰まりの状況しかありえない。この状況を指す概念が力の均衡（balance of power）である。

　戦争に訴えて，領土や権力を増大させようとする国家が存在したとしよう。この国家に対抗する側には，どのような選択が残されているだろうか。その選択の一つとして，自国の軍隊を増強し，あるいは十分な軍事力を持つほかの国家と同盟を結ぶことによって，相手が戦争に訴えた場合でも敗北しない状況を作り出すことが考えられる。戦争を仕掛けようとする国家がそれによって戦争を思い止まる保証はないが，戦争に訴えた場合に被る打撃は大きなものとなるだろう。さらに，相手が戦争に訴えた場合はこちらも反撃し，相手の野望をくじくこともできるだろう。このような，軍事力の均衡状態を作り出すことによって侵略の可能性を減らす対外政策のことを力の均衡と呼び，その政策によって軍事力の均衡が保たれている国際政治の状況を勢力均衡体系（balance of power system) と呼ぶ。

　力の均衡は戦争を排除する政策ではないが、どの国もこの政策に従って行動するかぎり、仮に戦争が発生した場合でも強大な国家の出現は阻止されることになり、各国の力の配分には大きな変化が生まれない。その意味で、力の均衡は国際関係の現状を保持し、国際関係の相対的な安定を保つ効果を持っている。さらに、「国家の体系」と「戦争の体系」という前提を受け入れた場合、「力の均衡」こそが国際関係において存在することのできる唯一の秩序概念にほかならない。

　歴史的に見れば、ウェストファリア条約以後のヨーロッパ国際政治は、力の均衡を基本的な概念として構成されてきた。18世紀には、ハプスブルク帝国の衰えを背景として、イギリスとフランスがそれぞれ同盟国を集めつつ、スペイン継承戦争（1701-14年）、オーストリア継承戦争（1740-48年）、さらに七年戦争（1756-63年）と相次いで戦争を繰り返した。ナポレオン戦争の後は、ウィーン会議（1814-15年）においてあらためてヨーロッパにおける力の均衡が確認され、その後にプロイセンが台頭してドイツ統一を成し遂げた後も、ベルリン会議（1878年）において「新しい勢力均衡」が合意される。リアリズムとは、このようなヨーロッパの伝統的外交における国際政治の枠組みを、現代世界に適用する考え方としてとらえることもできるだろう。

■ 冷戦と抑止

　自由主義や社会主義の影響を受けて、19世紀の末のヨーロッパでは、国益とか力の均衡などといった概念は時代遅れだと一蹴する人々が増えていた。そして、第一次大戦の勃発を食い止めることができなかったことは、伝統的外交の信用を決定的に突き崩してしまう。アメリカのウィルソン大統領の影響を受け、第一次大戦後の世界では国際組織を通した平和の保持が真剣に議論された。国際連盟の設立は、伝統的外交とリアリズムの克服となるはずだった。

　だが、国際連盟はナチス・ドイツによる侵略を阻止することはできなかった。第二次大戦の勃発は、国際法や国際組織に期待するだけでは平和を保つことはできないという苦い教訓を残すことになる。イギリスの歴史家・国際政治学者E. H. カーの『危機の二十年』をはじめとして、力関係に目を向けない国際平

Column ①◇ 核抑止

攻撃を受けた場合には相手に反撃を加えることを，事前に，しかも明確に予告することによって，相手の軍事行動を押し止める軍事戦略が抑止戦略であり，核兵器を用いた場合に核抑止と呼ぶ。核抑止とは，核兵器を用いる軍事戦略の呼称であるとともに，次に述べる理由によって，核兵器で互いに脅しあう結果として生まれる均衡状態を指す意味でも用いられる。

核兵器は，先制攻撃によって相手に破滅的な打撃を加えることができるために，本来なら攻撃優位の戦略を生み出すはずである。第二次世界大戦におけるアメリカのマンハッタン計画が，攻撃の手段として原爆を開発するものであったことはいうまでもないだろう。だが，双方が核兵器を保有している場合には，先制攻撃によって相手の兵器をすべて破壊するか，あるいは相手の核弾頭が着弾する前にそのすべてを破壊しないかぎり，相手の反撃がいかに小規模であっても破滅的な損害を与えられることになり，結果としては防御側の優位を招いてしまう。このような，お互いに相手を破滅させる力を保持することによって生まれる均衡状態を相互確証破壊（mutual assured destruction; MAD）と呼び，これが均衡状態としての核抑止の基礎となっている。

だが，複数の核保有国が存在するだけでは核抑止は成立しない。核抑止の基礎は自国が核で攻撃された場合の損害を恐れることであり，それだけに相手が核兵器を用いた場合に自国の受ける惨禍を恐れない相手に対しては抑止戦略は成り立

和の構想への幻滅が広がり，リアリズムに再評価が与えられてゆく。第二次大戦後の国際連合への期待も米ソ冷戦の始まりによって裏切られてしまい，リアリズムが冷戦時代における国際政治学の柱を形作ることになった。

確かに米ソ冷戦は，優れてリアリズムの想定が当てはまる時代だった。米ソ対立のために国連安全保障理事会を通じた平和維持が機能しない以上，軍事力を度外視した平和構想から根拠が失われてしまったからである。英独仏などヨーロッパ各国の力の分布が左右した時代から，米ソ両国を基軸とする東西2極のバランスへと力の均衡の舞台は変わったが，力関係を無視して国際関係を語ることのできない事情に変わりはなく，米ソ両国とその陣営の軍事バランスが国際関係の安定と不安定を左右することになった。

冷戦時代の戦略を支えた概念が抑止（deterrence）である（Column ①参照）。戦争によって得られる利益よりも損害が大きいと予測される場合，各国は戦争

たない。また，相手が核兵器を持ってはいても，それを実戦において行使する意図がないと判断した場合には，自国は核兵器を使用する意志があることを示すことによって相手の譲歩を勝ち取ることも可能となる。つまり，リスクを覚悟して核兵器を実戦で使用する敵，あるいは核兵器による反撃など加えられないという希望的観測に基づいて戦略を遂行する敵に対しては抑止戦略は効果がなく，この場合には戦争以外の選択がなくなってしまう。

　また，核保有国の間における抑止と，非核保有国に対する第三国による抑止とは区別して考えなければいけない。たとえば，ある非核保有国Aが核保有国Bと同盟を組んでおり，核保有国CがAを攻撃した場合にはBがCを攻撃すると予告している状況を考えてみよう。この状況でBがCによる攻撃を覚悟してAを守るという保証はないだけに，CがAを攻撃する可能性を取り除くことはできない。このような，AがBの核兵器によって守られている状況を拡大抑止，あるいは「核の傘」と呼ぶ。核保有国の間の抑止と比べて，非核保有国に対して与えられた拡大抑止はつねに不安定な性格を免れない。

　核抑止は軍事的均衡状態を実現する可能性は持つものの，その均衡状態が保たれる保証はない。この抑止戦略の限界のために，米ソ冷戦の時代においても軍備管理の試みが続けられ，冷戦末期において米ソ両国による大規模な核戦力の削減が進められることになった。

に訴えない，という前提が成り立つと仮定しよう。また，自分では戦争を望んでいないが，相手から侵略される可能性が高いときには戦争に訴えることを辞さない，という国家を想定してみよう。この国家が戦争を避けようとするならば，最も合理的な選択は，戦争を仕掛けかねない国家に対し，もし戦争に訴えたなら手ひどい反撃を加えるぞと，明確な脅しを加えることである。このように，相手の攻撃を未然に防止するために威嚇を行う戦略を抑止と呼ぶ。抑止戦略自体は核時代よりも前から見られるものであるが，核兵器の開発によって大量破壊による報復が可能となったために，従来にもまして抑止戦略の意義が高まることになった。

　抑止戦略は力の均衡と似ているが，重要な違いもある。力の均衡においては，相手が戦争に訴えた場合は戦争をすればよいだけだが，抑止戦略では戦争に訴えること自体は目的にされていない。核戦争がいったん始まったなら誰が勝者

なのか意味のない破壊が広がる以上，戦争に訴える合理性は乏しい。しかし，十分な反撃を加える力を持たなければ抑止効果が生まれないだけに，一方的に軍備を削減することも不合理な選択となる。冷戦期の米ソ関係は，戦争で脅しながら直接の戦争は回避するという微妙な均衡の中で終始することになった。

ソ連が崩壊し，米ソ冷戦が終わることによって，核抑止に頼る平和は大きく変わった。だが，リアリズムの有効性が失われたとはいえない。まず，東アジア地域には北朝鮮と中国をはじめとした共産主義国がなお残され，この地域の安定をめぐっては力の均衡とか抑止などの概念が現在でも有効性を保っている。国連についても，冷戦終結期からさまざまな試みが行われたとはいえ，国連を通した平和維持の実効性はごく限られており，国際関係から無政府状態という特徴がなくなったとはとてもいうことができない。だが，リアリズムだけで現代国際政治を解釈することには限界があることも今では明らかだろう。そこで次に，リアリズムに対抗してきた議論の系譜を検討してみよう。

2 リベラリズム

■ リベラリズムとリアリズム

リアリズムの国際政治観は，国内政治と国際政治を峻別し，国際政治の主体を国家としてとらえ，さらに国家間の協力関係はごく限られた範囲でしか成立しない，という三つの考え方を中心として構成されてきた。各国における政治のしくみが国王の専制支配であり，その国王が領土を奪い合う時代には確かに適切な見方であったかもしれない。だが，各国の政治が民主制へと移行し，また世界経済が統合を深めてゆくとき，これらの前提が成り立つのか，疑うこともできる。実際，近代国際政治が始まった当初から，この三つの主張に対する批判は繰り返されてきた。

リアリズムに投げかけられた疑問の主なものを，ここで列挙してみよう。まず，国内政治と国際政治を分けることは本当に可能なのか。国内政治で形成される秩序と国際政治との間には，本当に関係はないのか。また，国家だけが国際政治の主体なのか。国家以外の主体，たとえば国内世論は国際政治で果たす役割はないのか。さらに，国家間の協力を広げることはできないのか。各国の

国益はつねに相反する関係におかれているのか。リアリズムと、それに対する批判の応酬が、国際政治に関する議論の中核を作っていった。

これらの批判は、一つの思想としてまとまって展開されたものではない。だが、議論を整理する目的から、ここではリアリズムへの批判をまとめて、リベラリズムと呼ぶことにしよう（*Column* ② 参照）。

リベラリズムは、市場経済の変化に注目する経済的リベラリズムと、国内政治のしくみの変化に注目する政治的リベラリズムの二つに分けて見ることができる。この二つの背後には、国内社会における民主化の進展と、それにともなう世論の役割の増大、また国際貿易の拡大と世界市場の統合という、優れて近代世界の特徴と呼ぶべき二つの現象があった。民主化が進み、あるいは市場の統合が進めば、伝統的な国際政治の体系も変わるのではないかと考えるのである。では、リベラリズムの主張を検討してみよう。

■ 経済的リベラリズム

経済的リベラリズムとは、市場経済の拡大によって、国家と国家との間の協力の機会が増大するという考え方である。ある国が領土を獲得するためにはほかの国から領土を奪うほかないという状況を考えればわかるように、ある国が得をすれば他の国が損をするという関係（ゼロサム関係）しか国際関係に存在しないとすれば、自国の利益を拡大するためには他国の利益を犠牲にしなければならないことになるから、確かに国家間の協力の機会は乏しいだろう。だが、国際関係はゼロサム関係ばかりではない。ある国の国内総生産（GDP）が増えたからといってほかの国のGDPが減るとはかぎらないように、複数の国家が同時に得をする関係（ノンゼロサム関係）も存在するからだ。そして、経済取引の拡大によって、ゼロサム関係よりもノンゼロサム関係が増加するのではないか、というのが経済的リベラリズムの主張である。

その鍵が、国際貿易の果たす役割である。まず、貿易の拡大は経済発展のために有利だ、という前提をおいて考えてみよう。この場合、ある国が経済を発展させたいとすれば、貿易の拡大が望ましいことになる。さらに、戦争が発生した場合、交戦国の間では貿易が行われず、あるいは貿易が大幅に減少する、と仮定しよう。この仮定が成り立つかぎり、相手国との貿易を断念することな

Column ② ◇　国際政治とリベラリズム

　リベラリズム（自由主義）とは，中世末期の西欧における貴族と国王との権力闘争の最中に生まれ，18世紀後半には市民革命の理念として展開した，個人を社会の主体としてとらえる政治思想の一群を指している。その中には，独立した個人の構成する市民社会との契約によって政府がつくられるという，社会契約論を中核とした政治的リベラリズムと，私有財産を擁護し，市場における取引から政府の干渉を排除する経済的リベラリズムの二つの流れを見ることができる。自由主義を初めて体系化したスコットランド啓蒙学派を見ても，ヒュームの政治的リベラリズムと，アダム・スミスにおける経済的リベラリズムという二つの柱があることがわかるだろう。

　リベラリズムは何よりも国内の政治経済体制にかかわる観念であり，その意味では国際関係に直接にかかわる考え方ではない。しかし，国家を主体として構成される国際関係と，個人を主体として政治権力をとらえる自由主義との間にはつねに緊張があった。国家の構成する社会として国際関係をとらえるリアリズムに

しには戦争に訴えることはできない。相手国との貿易の規模が大きければ大きいほど，戦争に訴えた場合に生まれる経済的打撃が大きいことになる。もしこの想定が成り立つとすれば，各国の間の貿易が拡大すればするほど，各国が戦争に訴える誘惑もそれだけ引き下げられることになる。国際貿易こそが平和の条件だ，という考え方がここに生まれる。

　この考え方の起源はごく古い。すでにアダム・スミスは，著書『国富論』（1776年）において，貿易の拡大が経済的に合理的だという主張を展開していた。『国富論』が著された当時のヨーロッパでは，貿易活動への課税によって国家財政をまかなう重商主義政策が広く見られたが，アダム・スミスはこれに反対し，貿易への規制や課税は貿易活動を停滞させることから，経済的にはマイナスになると考えた。

　▶アダム・スミスの主張の中で注目すべきは，貿易の拡大が同時に戦争の合理性を低下させるという判断である。ヨーロッパの国王が徴税を強化した理由は，豊かな財政をもとに軍を強化し，各国との戦争に勝利を収めるためであった。アダム・スミスから見れば，このような戦争とは資源の浪費にほかならない。貿易の拡大によって国富が拡大すれば，戦争の合理性は低下するのではないか。

おいては国内政治と国際政治は峻別されるが，市民社会の延長として国際関係をとらえるリベラリズムの下ではその区別は否定されるからだ。ことに，伝統的には国王の専権事項とされてきた戦争について，自由主義者は，議会の承認を媒介として，国際関係においても市民の利益や理念が反映されるべきだと主張した。

このような市民社会の観念を国際関係に拡大した代表的な思想家がカントであり，共和政を樹立することによって国内では市民的自由が保障されるとともに，国際平和も実現されると考えていた。カントの主張は，19世紀においては社会主義運動における国際主義に継受され，20世紀に入ってからはアメリカにおけるウィルソン主義，さらに現在の民主的平和論などに投影されていった。ウェントを代表とするコンストラクティヴィズム（構成主義）の主張が現在の国際関係論ではさかんに展開されているが，これも国際関係を実体としての力関係ではなく，主体の持つ観念の投影としてとらえている点において，国際関係を理念的に構成するリベラリズムの国際政治観を受け継いだものと考えることができるだろう。

この観念は，アダム・スミスばかりでなく，同じ時代にスコットランドで活動したデヴィッド・ヒュームなどのスコットランド啓蒙学派にも広く見られたといっていい。さらに19世紀初めのイギリスにおけるマンチェスター学派から現在の相互依存論へと引き継がれる長い系譜を見れば，貿易拡大を国際平和と結び付ける経済的リベラリズムの流れを見ることができるだろう。

■ 政治的リベラリズム

リベラリズムのもう一つの柱は，国内政治の変化によって国際関係が変わるという議論である。もし，国内社会におけるさまざまな考え方や利益を一切度外視して，政治指導者が対外政策を決めることができるとすれば，確かに国内政治と国際政治は峻別されるだろう。だが，国内の政治指導者が，対外政策についても国内社会の考え方や利益を反映しなければいけないと考えた場合，政府の決定が国内社会の理念や利益を反映することによって，国内政治と国際政治の結び付きが生まれる。また，国家が国際政治の主体であるという状況そのものは変わらなくても，その国家権力を担う指導者が市民社会に責任を負うかぎりにおいて，間接的とはいえ，市民社会が国際関係における主体として登場

することになる。国内政治と国際政治の区別や，国際政治の主体としての国家というリアリズムの基本的な前提は，政府のとる形態によって揺るがされるのである。

絶対王制の時代であれば，国内世論を国王が心配する必要もないだけに，このような議論は当てはまらない。だが，近代社会において，市民社会と無関係に権力を駆使することは難しくなっていった。共和主義，自由主義，社会主義，そして民主主義など，近代政治思想のどれをとっても，社会が政治権力の主体であり，国家は社会に責任を負うべきだ，という主張を共通して認めることができる。社会の支持なくして政府を保つことができない時代の始まりとともに，伝統的な国際政治と国内政治の分断を支えることもできなくなり，世論と外交のかかわりという新しい争点が生まれることになった。

政治的リベラリズムには，戦争の合理性に対する新しい判断も含まれていた。国王は国家の利益のためではなく，国王の私的な利益や野心のために戦争をしているのではないか。そして，国王が容易に戦争を起こすのは，戦争によって自分の生命や財産を脅かされる危険が乏しいためではないのか。逆に，一般市民は，戦火に巻き込まれることで生命を脅かされ，戦争のために課せられる重税によって自分の財産を奪われる側にあるだけに，国王よりも戦争に対して慎重な判断を行うのではないか。国際政治の主体が，市民となり，そして市民が戦争よりも平和を選ぶとすれば，政治権力が市民社会に責任を負えば負うほど，戦争に対して慎重な政策をとるという結論が導かれる。政治体制の変革こそが平和の条件であるという議論が，こうして生まれる。

この議論を最初に展開したのがカントであり，著作『永遠平和のために』（1795年）であった。カントは王政に対して共和政を対置し，共和政の実現によって市民の考え方が外交に投影され，国王の恣意的な判断に基づく戦争がなくなるだろうと主張した。ここでは平和の条件が力の均衡などといった力関係ではなく，国内社会の変革に求められている。カントの主張は，ベンサムをはじめとした19世紀の自由主義者たちに，また共産主義者や社会民主主義者たちに受け継がれ，さらに20世紀に入ると，ウィルソン米大統領を通して現実の外交実務にも登場した。ウィルソンから見れば，第一次大戦が勃発した大きな理由は，ヨーロッパの各国における専制支配と伝統的外交であり，民主政治

をヨーロッパに拡大することがヨーロッパにおける平和の条件であった。ウィルソン主義とも呼ばれるこの考え方は，世界各地における民主化の進展と，国際政治におけるアメリカの影響力の増大とともに，現代に近づけば近づくほど影響力を強めていった。

■ リベラリズムの現在

　国際関係におけるリベラリズムが市場の統合と政治体制の民主化に目を向けるものであったとすれば，現代に近づくにつれてこの考え方が説得力を増してきたことも容易に理解できるだろう。国際貿易の拡大と民主政府の拡大こそ，20世紀後半から現在にかけて現代世界で起こった最大の変化だったからである。アダム・スミスとカントの主張は，形を変えて現代国際政治学にも再現されることになった。

　まず，経済的リベラリズムの表現としては相互依存論をあげることができる。その代表的な学者であるジョセフ・ナイとロバート・コヘインは，国境を越えた人，モノ，カネの往来の増大を相互依存と呼び，相互依存の進展によって，国際関係がそれまでとは異なるものに変わっていくだろうと想定した（***Column*** ③参照）。

　相互依存論においては，相互依存の進展が直接に戦争を不利な選択にするとは考えておらず，そこはアダム・スミスやマンチェスター学派と異なっている。しかし，軍事的な安全保障とは異なる領域において相互依存が進展することにより，ゼロサムではない国際関係が生まれることを彼らが主張したことは注意すべきだろう。安全保障ばかりに注目すればゼロサム関係ばかりに目が向けられてしまうが，社会経済という争点領域ではゼロサム関係という前提が必ずしも成り立たない国際関係が存在する。ここに目を向けた点に相互依存論の功績があり，国際政治経済学という分野が国際政治学から自立して発展するきっかけにもなった。

　実際の国際関係を見るうえでも，相互依存論の視点は有効である。たとえば現在の中国は文化大革命の時代の中国ではない。国内経済を事実上閉ざしていた文化大革命などの時代とは異なり，すでに西側各国との貿易を拡大し，各国に工業製品を輸出することで経済が成り立っているといってもよい状況にある

Column ③◇　相　互　依　存

　国家の国境を越えた貿易，投資，金融，さらに人の移動などが増大し，それぞれの国家を取り出して考えるだけでは現実をとらえることができなくなった状況を相互依存（interdependence）と呼ぶ。科学技術における鉄道や航空などの運輸手段の革新，電信電話や無線に始まってインターネットにいたる通信手段の高度化に支えられ，世界市場の結び付きが強まるとともに，このような相互依存が現代世界において急速に進んでいることはいうまでもないだろう。そこで，この相互依存の進展がそれまでの国際関係のしくみをどのように変えるのか，という課題が生まれる。これが，国際政治における相互依存論の課題である。

　この分野における最も著名な業績が，ナイとコヘインの『権力と相互依存（*Power and Interdependence,* 1977)』である。この本においてナイとコヘインは，相互依存の進展した国際関係を複合的相互依存と定義し，相互依存の乏しい時代には当てはまりやすい軍事的安全保障の役割が，複合的相互依存の下では相対的な役割しか持たなくなると主張した。伝統的な国際政治においては国家の行動の源泉が軍事力に集中していた。しかし，複合的相互依存においては貿易，通貨からエネルギーや環境など多岐にわたる争点が生まれ，その多様な争点のそれぞれに有効に働く権力の要素が違ってくるために，軍事的安全保障が国際政治の中核であるということはできなくなるからである。さらに，軍事領域とは異なっ

からである。ここで，軍事領域では依然としてアメリカや日本などとの権力闘争が続くとしても，経済の分野では同じ諸国との相互依存関係が深まっている。権力政治と相互依存の相克は，学者の議論にとどまるものではない。

　政治的リベラリズムの場合，第二次大戦後に各国の民主化が進んだとはいえ，それを戦争と平和という課題に結び付ける議論が行われることは少なかった。それは冷戦期の国際政治を，米ソ核抑止に支えられた権力政治が支配したからである。だが，冷戦の末期に，民主主義と平和を結び付ける議論が復活する。民主的平和（デモクラティック・ピース）論である。

　民主的平和論は，歴史上，民主主義国が民主主義国と戦争をした事例はなかったという事実に注目する。この事実を指摘した最初の一人であるマイケル・ドイルは，もし民主主義国の間の戦争がなかったとすれば，やはりカントは正しかったのではないか，民主主義国が世界に増加することによって世界平和がすでに到来しつつあるのではないかと指摘し，その学説を受けたブルース・ラ

て，社会経済的争点においては国家の間における協力の合理性もより高いために，国際組織が果たす役割も相対的に上昇することになる。このように，相互依存論は，「軍事問題を中心とする国際政治」によっては包摂することのできないさまざまな国際関係の領域の重要性に示唆を与えるものになったということができる。

　経済的リベラリズムの下では貿易の発展が戦争の合理性を引き下げると考えられてきたが，現在の相互依存論ではそのような直接的な因果関係が議論されているわけではない。通商が拡大し，通貨市場の自由化が進んだ後でも，なお力の均衡とか抑止戦略などの意味が失われるとは限らないからである。相互依存論とはリアリズムの否定や克服ではなく，リアリズムでは説明することの難しい国際政治の領域があることの指摘としてとらえるべきものであり，その限りではリアリズムと共存し，「棲み分け」ることも可能なものであることに注意しなければならない。

　それでも，国際関係とは「力がものをいう」世界ばかりでなく，また「力」も軍事力だけとは限らないという相互依存論の主張は重要である。ナイとコヘインの著作は，貿易や通貨における国際関係を対象とする国際政治経済学（international political economy）という新たな分野を切り開き，また軍事力ではない力，ことに経済的影響力や言葉と文化などの果たす役割に注目するソフト・パワー論などへの展開を生み出すことになった。

　セットは，国際平和を支えるのはやはり力関係ではなく，独裁か民主かという国内社会における政治体制であると主張した。これは政治体制のいかんを問わず各国は権力闘争に従事するというリアリズムの想定とおよそ逆行する議論だったために，熾烈（しれつ）な論争を呼び起こすことになった。

　この議論も学者だけのものではない。ラテンアメリカ，東南アジア，さらに旧ソ連・東欧圏における民主化が進むことによって，世界規模の民主化はすでに実現しようとしていた。民主的平和論は，このような民主化の進展を対外政策と結ぶ恰好（かっこう）の支えとなったのである。クリントン米大統領は1994年の一般教書演説で，「他地域における民主主義の前進を助けることこそ，われわれの安全を保ち，築き上げるためには最善の戦略だ。民主主義国はお互いに攻撃することはない」と述べ，2003年のイラク攻撃から2年後，G.W.ブッシュ米大統領も「私が民主主義を強く主張するのも民主主義国はお互いに戦争をしないからだ」と演説している。アメリカの大統領二人が，デモクラシーの平和を

語っているのである。

　民主的平和論は，国際政治における理念の果たす役割に注目する点でもリアリズムの前提と異なっているが，これをさらに一歩進めるのがコンストラクティヴィズム（構成主義）である。その代表的な論者アレクサンダー・ウェントによれば，主権国家とか権力政治という考え方自体が，現実に根ざしているというよりも，当事者の主観に依存し，その主観を共有する人たちの間でのみ意味を持つものにすぎない。そしてこの視点もまた，実務に投影される。人権と民主主義を支持する人々が各国の政治体制を構築するとき，国際人道法の執行も夢ではなくなるからである。国連の議場で語られてきたユートピアが，国際政治の現実に転じたことになる。

　こうして，18世紀にまで起源を遡(さかのぼ)るリベラリズムの観念は，21世紀に入っても大きな影響力を保ち，現実の外交政策にも影響を与えるにいたった。もちろんリアリズムに基づく国際政治理解も引き継がれているから，国際紛争にかかわる議論の原型は，過去300年以上にわたって変わっていないことになる。だが，これが本当に現実をとらえているのだろうか。冷戦後の国際政治の中で生まれたさまざまな戦争と対比しながら，戦争論の課題を探ってみよう。

3　冷戦後の紛争

■ 新しい戦争

　冷戦の終結は，国際関係における力の分布と，国内社会における政府の構成という二つの面において，国際政治の前提を塗り替える変化だった。まず，力の分布について見れば，冷戦時代における東西の2極対立に代わって，アメリカとその同盟国が圧倒的な影響力を獲得する。軍事力の行使も，米ソ核抑止体制のもとで加えられていた制約を解かれ，大規模な介入を行っても戦争がエスカレートする危険は遠ざかった。また，政府の構成についていえば，民主化が進んだ。冷戦期には数多く見られた共産党政権や軍事政権は大幅に減少し，いまでは北朝鮮やミャンマー（ビルマ）のようなわずかな例外を残すにすぎない。

　これだけを見るなら，権力政治の支配する時代が終わりを告げ，各地の民主政治に支えられた世界平和が実現したように見えるだろう。だが，冷戦後の世

界は新たな紛争に直面することになった。

　紛争と呼び，戦争という言葉を使わなかったのには理由がある。冷戦終結後に発生した代表的な紛争の例として，たとえばユーゴ内戦，アフガン戦争，コンゴ紛争などと例を並べれば，どの事例でも国家以外の主体，たとえばボスニアにおけるセルビア派民兵やアフガニスタンでパキスタンから流入したイスラム神学生などの果たした役割の大きさに気づく。そこでは既存の国家権力の弱体化と国家以外の交戦主体の登場を共通した特徴として認めることができる。「国家と国家の戦争」という枠によってではとらえることの難しい紛争が発生したのである。

　また，交戦の目的も異なっている。19世紀までの戦争では領土や資源のような実在の利権が争われ，冷戦もイデオロギーの対立という表面の下で，実際には軍事的勢力圏の拡大が争われていた。だが，冷戦後の紛争では，宗教とか民族意識の相違が果たす役割を無視することはできない。メアリー・カルドーが「新しい戦争」（第2章 Column ⑧参照）と呼んだのは，まさにこのようなアイデンティティの相克であった。信念や帰属意識が問われるとき，利権の分配などで解決がつかないことは明らかだろう。

　さらに，抑止が働かない。リアリズムの下では，国家は自らの国益を損なう行動をとらないという前提が立てられていた。反撃を受けたときの損害を考えるからこそ攻撃を思いとどまるのであって，抑止が成立するためには利害計算に基づいて行動する「合理的な敵」が必要なのである。だが，アイデンティティをめぐる紛争では敵に合理性を求めることができない。どれほど制裁を予告しても，自爆を覚悟したテロリストの行動は抑止できないのである。

　こうして，冷戦が終結してから20年弱の世界において，戦闘の主体，戦闘目的，そして対抗手段の三つの面において，かつての国家間戦争とは異なる紛争が登場し，あるいは重要性を増していった。この変化は，これまでの戦争論に大きな修正を促すことになる。

■ **リアリズムの限界**
　国連をはじめとする国家を超える組織の持つ力が弱く，国家間の軍事的緊張が残るかぎり，リアリズムの有効性は保たれる。だが，二つの変化のために，

そのリアリズムが妥当する領域は大きく減ってしまった。力の集中と，私人の暴力である。

　まず，冷戦後の世界でアメリカに力が集中したために，力の均衡や相互抑止によって国際関係をとらえる意味が薄れてしまった。もしリアリズムの前提が成り立つのなら，アメリカによる権力拡大こそ諸国の安全への脅威となるから，そのアメリカに対抗する広範な同盟が組まれるはずである。だが結果としてみれば，冷戦後の日本に典型的に見られるように，アメリカに対抗するどころか，むしろ対米関係の強化に向かう諸国が増加する。台頭する大国に対抗する「均衡」政策ではなく，その大国と手を組む「バンドワゴン（勝ち馬に乗る）」政策を各国が採用したことになる。これはリアリズムの想定とは逆行する現実である。

　また，テロ行為のような私人と私的団体を主体とする暴力は，リアリズムの枠組みの中で対応することができない。本来なら，「対テロ戦争」とは世界各地におけるテロ集団との闘争であり，大規模な警察行動によって対処すべき課題だろう。国家ではない主体による暴力行為は，伝統的な軍事戦略によって打開することの難しい領域だからである。ところが，9.11テロ事件の後に見られた「対テロ戦争」とは，テロ組織に立ち向かうよりも，テロ組織を支援しているとおぼしき国家権力に対する戦争だった。そして，アフガニスタンのタリバーン政権を打倒した後もアル・カーイダの活動は続き，イラクにいたってはフセイン政権を打倒した後，かえってテロ活動が激化してしまった。国家間戦争の枠組みによって新しい戦争に対応することの限界は明らかだろう。

　さらに，国家主体の弱体化や崩壊が問題の本質となっているとき，相手の戦力を撃退するだけでは問題は解決しない。そこではその地域における既存体制の変化（レジーム・チェンジ）と新体制の構築という課題が生まれるからである。そして，フセイン政権との戦争にはごくわずかな期間で勝利を収めたアメリカが，その後の権力構築では失敗を重ねていることからもわかるように，レジーム・チェンジ（*Column* ④参照），つまり外から新しい権力を作るという作業は，圧倒的な軍事力を保持していても容易には実現できないのである。

　このように，大国間の戦争を説明する中で生まれた概念として，リアリズムは新しい戦争を説明する用具としては限られた有効性しか持っていない。だが

Column ④◇ レジーム・チェンジ

軍事介入や戦争の目的として，政治体制の転換を求める政策のこと。伝統的な国際関係では戦争の目的は自国の利益の拡大（あるいは不利益の最小化）であって，相手の政府を倒すことは，戦争の結果生まれることがあるとしても戦争の目的とされることは稀だった。だが，ナチス・ドイツのような好戦的な国家（ならず者国家，rogue states）が存在し，あるいはコンゴのように統治能力を失った国家（破綻国家・崩壊国家）が生まれた場合には，外から政治体制を変えなければ政治的安定を生むことの難しい状況が出現する。レジーム・チェンジを戦争の目的とすることは戦争のコストや期間を著しく拡大するために，これまでは慎重な諸国が多かったが，2003年の有志連合によるイラク介入は，結果としてはレジーム・チェンジを政策として進めるものとなった。

次に見るように，リベラリズムの方もまた，限界を免れないのである。

■ リベラリズムの限界

経済のグローバル化と各国の民主化が同時に進む冷戦後の世界は，政治・経済の両面においてリベラリズムが勝利を収めた時代のように見えるかもしれない。だが，紛争の現場を見れば，これが幻想にすぎないことがはっきりするだろう。

まず，経済のグローバル化は，相互依存の増大をもたらす一方で，市場経済の勝者と敗者を生み出してしまう。政府だけを見れば各国経済における規制緩和と市場統合ばかりが目につくとしても，国内社会がそれを受け入れているとはかぎらない。さらに，グローバル化にともなう西欧社会の消費生活の流入は，非西欧世界では伝統的生活様式への挑戦としてとらえられることも珍しくない。西欧料理のレストラン，ディスコ，さらに世界貿易センターなどがテロリストの標的に選ばれてきたことを見れば，グローバル化が戦争を抑えるどころか，新たな暴力の引き金となった現実が目につくだろう。

そもそも，ヨーロッパ諸国の間で最も急速に貿易の拡大した時代が第一次大戦直前であったことからもわかるように，相互依存の発展が戦争を抑止する保証はない。現在でいえば，中国が急速に世界市場に統合されつつあるのは事実であるが，その中国は急増したエネルギー需要に応えるため，スーダンやイラ

ンなどから石油輸入を拡大し、領土問題を引き起こす危険を冒して近海のガス田開発を進めている。相互依存の拡大が長期的に戦争を陳腐化する可能性がなお残るとはいえ、短期的に見れば、相互依存の拡大こそが新たな紛争を招く危険も無視できないのである。

　また、民主化の拡大が平和を保証するわけではない。まず、ドイルやラセットなどの唱える民主的平和論は「安定した」民主主義国に妥当する議論であって、誕生して間もない民主主義国が世界に立ち並ぶ時代に直接当てはめることはできない。むしろ民主化すれば世論が外交に参入することになるから、対外的偏見を世論が持っていれば民主化後の政権はそれまで以上に対外的偏見を表明することになるだろう。アルジェリア、エジプト、パレスティナ、イラクなどで行われた選挙によってイスラム急進勢力が台頭したことからわかるように、民主化の進展も、短期的には国際危機を助長する危険がある。

　そして、外部からの力によって独裁政権を倒したからといって、その土地に民主政治が実現される保証はない。民主政治が生まれるためには、その土地にデモクラシーの担い手が必要だからである。各国の独裁を倒せば世界が平和になるという期待には根拠がない。

　冷戦後の世界で、アダム・スミスやカントの期待した市場統合や世界的民主化が広がったことは事実だろう。だが、相互依存も民主化も、短期的に見れば新たな紛争を生み出す可能性を含んだ変化にすぎない。リベラリズムを通してとらえることのできる国際政治の現実も、限られた領域にとどまるのである。

■ いま、紛争をどうとらえるか

　リベラリズムもリアリズムも、三つの前提の下で戦争について論じてきた。

　第一は、世界戦争を中心として軍事力の役割を考える見方である。三十年戦争、ナポレオン戦争、第一次大戦、第二次大戦と、それぞれの世界の秩序を大きく改変する効果を持つ戦争が何よりも世界戦争であっただけに、将来の世界戦争に負けないようにするにはどうすべきか、また将来の世界戦争をどのように避けるかという課題が、ごく当然のように共有されていた。

　第二の前提が、内戦と戦争の区別である。国際政治の議論がヨーロッパ世界における国家形成の時代から始まったためもあって、国内政治における暴力が

国際関係を揺るがすという認識はリアリストにもリベラリストにもごく乏しい。国際関係で戦争が起こるのはごく自然だが、国内における反乱は珍しく、規模も小さいと考えられていたのである。

第三に、国際関係とは利権争奪の空間としてとらえられていた。宗教戦争の時代はヨーロッパにも存在したが、近代国際関係はその後に生まれている。そして、リアリストが世俗的利益の争奪を論じ、リベラリストが普遍的な価値の実現を唱えたことにも見られるように、世俗的利益では対立が生まれても、価値の世界では普遍主義が共有されると考えられていた。価値観をめぐる闘争は、国際政治の領域と切り離されていたのである。

では、この三つの前提が満たされない紛争をどのようにとらえたらよいのか。それが冷戦後の国際政治の課題であり、本書の課題である。

引用・参考文献

アイケンベリー、G. ジョン／鈴木康雄訳、2004 年『アフター・ヴィクトリー――戦後構築の論理と行動』NTT出版
イグナティエフ、マイケル／真野明裕訳、1999 年『仁義なき戦場――民族紛争と現代人の倫理』毎日新聞社
カー、E. H.／井上茂訳、1996 年『危機の二十年――1919-1939』岩波文庫
カント／宇都宮芳明訳、1985 年『永遠平和のために』岩波文庫
納家政嗣、2003 年『国際紛争と予防外交』有斐閣
クレイグ、ゴードン・A.＝アレキサンダー・L. ジョージ／木村修三・五味俊樹ほか訳、1997 年『軍事力と現代外交――歴史と理論で学ぶ平和の条件』有斐閣
古城佳子、1996 年『経済的相互依存と国家――国際収支不均衡是正の政治経済学』木鐸社
ナイ、ジョセフ・S., ジュニア／田中明彦・村田晃嗣訳、2005 年『国際紛争――理論と歴史〔原書第 5 版〕』有斐閣

さらに読み進む人のために

ケナン、ジョージ・F.／近藤晋一・飯田藤次・有賀貞訳、2000 年『アメリカ外交 50 年』岩波現代文庫
　＊カーの『危機の二十年』と並び、国際政治におけるリアリズムを知るためにまず第一に読むべき本。著者のケナンは、ソ連政治に関する長文の電報をモスクワの大使館から送り、アメリカ政府のソ連認識、さらに対外政策一般に大きな影響を与えたことで知られている。
進藤榮一、2001 年『現代国際関係学――歴史・思想・理論』有斐閣Sシリーズ
　＊国際政治の成立と歴史、その基礎となる思想に始まって、冷戦後の世界における

変容と学説の展開まで，実に幅広く，わかりやすく論じている。著者のリアリズムとの対決への思いがあふれているために，概説書とは異なる個性と迫力に満ちている。

中西寛，2003年『国際政治とは何か——地球社会における人間と秩序』中公新書
　＊バランス感覚の豊かな概説書。主権国家の体系としての国際政治とそこにおける安全保障の観念を基礎としつつ，国家の共同体と政治経済の変容，さらに未だ到来しない世界市民主義とその価値意識という三つの側面から国際政治の意味を探っている。

ヒューム／小松茂夫訳，1952年『市民の国について』上・下，岩波文庫（1982年，上巻を改版）
　＊スコットランド啓蒙学派と総称される政治思想家の一群の中でも，最も独特な思惟を展開した思想家による代表的著作。国内政治における自由主義と国際政治における多元性を結び付けて論じるだけでもすばらしいが，何よりも生き生きとした思惟の展開が魅力的である。

ブル，ヘドリー／臼杵英一訳，2000年『国際社会論——アナーキカル・ソサイエティ』岩波書店
　＊国家間の無政府状態と市民社会のユートピアという伝統的な二分法を壊し，無政府状態でありながら限られた秩序は持つ「国家の社会」としての国際政治を論じた傑作。ブルの立場は，後にイギリス学派などと呼ばれ，アメリカで主流となったリアリズムと異なる体系をつくることになった。

（藤原帰一）

第2章
現代紛争の構造とグローバリゼーション

　冷戦終結後の世界は，数多くの紛争や戦争を経験することになった。第1章末でも議論されたように，これらの紛争の多くは，従来の国際政治のシステムが想定していた，正規の軍隊を持つ国家同士が，国益をめぐって打算や妥協を前提とした限定的な戦争を行うというパターンとは大きく異なる形をとっている。では，どのような紛争が発生しているのだろうか。冷戦期に懸念されたのが世界戦争や人類の滅亡であったのに対して，冷戦後の紛争は，世界の多くの国々が戦闘に巻き込まれる可能性が低いため「地域紛争」だと考えられている。また，従来の国際政治理論が想定していたような国家間紛争ではなく，その大多数は国内紛争なのである。

　これらの紛争は，一般的には「民族紛争」や「文明の衝突」などととらえられることが多い。つまり，これらの紛争の発生原因が，ナショナリズム，エスニシティ，民族間の相違，文明の相違などであるというわけである。しかし，このような主張は，事実の認識として大きな問題をはらんでいる。

　では，実際に起こっている紛争の発生メカニズムは，どのようなものであろうか。この点に関して，すべての紛争に適用できる一般理論は存在しない。個々の紛争にはそれぞれ独自の発生原因があるからである。しかし，現在発生している紛争の多くの背後には，政治経済のグローバリゼーションという大規模な変動が作用している。つまり，世界全体の政治経済のしくみの変動と現在起こりつつある紛争との間には密接な連関があると考えられるのである。では，どのような連関があるのだろうか。

Column ⑤◇ グローバリゼーション

1990年代以後急速に一般的に用いられるようになった概念であるが,論者によって主張の内容や定義が大きく異なるため,意味内容を確定することは困難である。一般的には経済的な側面に着目し,市場を媒介とした世界の結合関係の高まりをグローバリゼーションと考える議論が多い。しかし,ここではグローバリゼーションを「科学技術の進歩とそれに基づく交通・通信・情報処理手段の高速化と低価格化に支えられて起こる,財・サービス・資本・人・情報の国境を超えた交流の高度化がもたらす,政治・経済・社会構造の再編成過程」と考える。

このように定義されたグローバリゼーションは,技術的前提条件,国境を超えた交流の拡大という変化,それによる政治・経済・社会構造の再編成過程という三つの要素から成り立っている。科学技術の発展で交通や通信が容易になることは,グローバリゼーションが可能になる前提条件であるが,グローバリゼーションそのものではない。コンピューターやインターネットの利用,船舶輸送や航空運賃の低価格化や高速化などの技術の発展は,人や財や資本や情報の国境を超えた交流の量的拡大を可能にする。しかし,この交流の量的拡大が必ず何か根本的な変化をもたらすとはかぎらない。書籍の発行部数が増えたり,携帯電話が使われたり,インターネットを通じたメールのやりとりが増えたりしても,それが各国内部のコミュニケーションの緊密化をもたらすだけであるという可能性は十分にあるからである。問題は,交流の量が拡大した結果としてどのような社会の変容が起こるのかということである。したがって,「政治・経済・社会構造の再編成」こそがグローバリゼーションの中でも最も重要な要素なのである。

その再編成を通じて,世界が均質な一つの領域となるわけではないし,所得の面での平等化が進むわけでもない。むしろ,これまで国家ごとに集約されていた

紛争の発生にグローバルな政治経済システム全体の問題がかかわっているということは,紛争が起こるたびに施される対症療法的なものでは不十分だということを意味している。つまり,紛争の発生を制御したり,発生した紛争を管理したりするためには,グローバルなシステムを改革していく必要があるのである。紛争の多様な局面における具体的な対応策については,本書後半で検討されるが,紛争のグローバルな連関を理解することが持つ意味について検討を加えてみよう。

政治・経済・社会のしくみが，国境を超えた相互作用の中で再構築されていく帰結として，従来から存在していた貧富の格差や階級・ジェンダー・民族集団間の格差が，新たな要素を加えて強化されている面がある。

　グローバリゼーションの過程で，国家は弱体化すると考える議論が多いが，すべての国家あるいは国家のすべての部門に関してそれが妥当するわけではない。むしろ，ある程度強固な国家機構やそれに代わる統治機構が存在しなければ，国境を超えた経済活動は安定的には展開しえないということもあり，ある側面では国家の機能は整備され再強化されている。特に，グローバルな金融活動の管理や移民をはじめとする人口移動の管理，治安面での国家の機能などは，グローバリゼーションの中で強化されているとも考えられる。

　国家の弱体化や機能強化とは別に，本文中にも示したように，国家以外の多様な政治・経済・社会主体がグローバルな政治的なアリーナに登場し，権力を行使しうるようになったことが重要である。つまり，伝統的な国家間関係に加えて，市場内主体が構成する世界市場，NGO や社会運動が構成するグローバルな社会空間（人によってはそれをグローバルな市民社会と呼ぶこともある）といった3種の政治的なアリーナが相互作用しつつもそれぞれにグローバルに展開している。多国籍企業のグローバルな経営戦略やNGOの国際的連帯などが端的な例としてあげられるが，それ以外にも，テロリストや犯罪組織のネットワークもグローバルに展開している。

　そうした中で，国家は，自律した行動をとる余地を喪失してしまったわけではないが，多くの局面において，国家以外の多様な主体との間の関係の中に埋め込まれるようになっているのである。つまり，伝統的な国家間関係も，市場や社会におけるグローバルな連携の影響を強く受けるようになってきているのである。

1　どのような紛争が起こっているのか
　　――紛争の現状と形態の変化

■ 紛争に満ちた冷戦後世界

　第二次世界大戦後の世界に大きな影響を与えてきた冷戦が，1980 年代末に終わると，その後は，基本的には世界規模の戦争の危機が去り，軍備の拡張という非生産的な目的に投入されてきた資源を，開発途上国の援助や福祉の充実

Column ⑥◇　**傭兵と民間軍事会社**

　金で雇われて戦争を戦う武装集団としての傭兵の歴史は古い。近代的な軍隊が組織される以前のヨーロッパでは，傭兵が戦争の中核を担った。国民軍の形成とともに重要性を後退させたが，近代以後も，フランスのように外国人傭兵を組織化して戦争に用いてきた例もある。

　冷戦以後急速に拡大しているのが，民間軍事会社（private military company）である。これはグローバリゼーションとともに進む民営化の流れの中ででてきた安全保障の民営化を端的に表現する現象である。民間軍事企業は，冷戦終結とともに縮小された各国の軍隊に属していた兵士たちを，現代的企業経営の方法によって組織化し，戦争にかかわる多様な「サービス」を提供している。そのサービス内容は，戦闘そのもの，要人の警護，戦闘にかかわる兵士の訓練から，軍事計画や軍隊組織の維持管理に関するコンサルティング，食糧や物資の調達・配送・補給（兵站），兵器の調達にまで及ぶ。企業によって提供されるサービス内容には相違があるが，冷戦期に見られた一匹狼的傭兵集団とは異なり，グローバルで合理的な経営手法が特徴である。その中にはすでに内戦に参戦したり加勢したりして戦況に大きな影響を与えたものも出てきている。また，イラク戦争にも数多くの民間軍事会社が関与しており，途上国政府だけではなく，先進国政府の軍隊もこうした組織に深く依存するようになっている。

など，より積極的な平和の実現のために振り向けることができるという期待や予測が高まった。しかし，そのような期待に反して，冷戦後の世界は，数多くの紛争を経験し，それ以前の世界よりも安全になったというよりは，むしろ危険になったという印象を与える。

　実際，アメリカが直接関与した比較的大規模な紛争だけでも，1991年に始まった湾岸戦争とそれに引き続くイラクに対する軍事的封鎖と断続的な武力行使，1992年から開始された国連ソマリア活動の無惨な失敗，旧ユーゴスラヴィアの解体過程における複雑な紛争，コソヴォ地方における人権侵害の阻止を目的とした北大西洋条約機構（NATO）によるユーゴスラヴィア空爆，9.11テロ事件を背景に「自衛権の行使」として開始されたアフガニスタン攻撃，大量破壊兵器の存在を口実に開始されたイラク侵略，と数多くの武力紛争が発生している。こうしたアメリカが関与した軍事紛争に着目するならば，国家が冷徹な計算のもとに，限定的な目的のために軍事力を行使するという従来からの枠

組みに大きな変化があるようには思われないかもしれない。しかし，これらの紛争は，純粋に国家間の紛争というよりは，各国内部の問題に端を発したものがほとんどである。そして，アメリカやその他の先進国が軍事介入を行うか否かを一方的に決定するという，非対称的な形態をとることが多い。つまり，ウェストファリア型の国際政治システム（第1章1参照）における対等な国家の間の戦争という基本的な図式は崩れているのである。

■ 国際紛争を圧倒する国内紛争

　世界全体に目を広げてみると，実際に起こっている紛争のほとんどは，各国内部の勢力争いや支配圏争いを原因とするものなのである。ストックホルム国際平和研究所（Stockholm Internatinal Peace Research Institute; SIPRI）が発行している『SIPRI年鑑』2005年版によれば，1990年から2004年の15年間に，直接戦闘に由来する死者が1年間で1000人以上にのぼる「大規模軍事紛争」は，57件あった。国家間紛争は，そのうち，エチオピアとエリトリアの紛争（1998-2000年），インドとパキスタンの紛争（1990-1992年と1996-2003年），湾岸戦争（1991年），イラクと米英豪の間に戦われたイラク戦争（2003年）の4件しかなかった。つまり，その他の53件は，基本的には「内戦」だと考えられるわけである。しかも，2004年には，19件あった「大規模軍事紛争」の中で，国家間紛争は1件もなかった。また，戦われている「内戦」においても，戦闘集団が中央政府からの分離や独立をめざして自律的な支配領域を確立しようとするものと，政府の支配権をめぐって戦われるものを区別すると，両者の数は拮抗（きっこう）しているものの，総じて後者の方が多い（SIPRI, 2005）。

　この種の統計が，一定の外形的基準で処理されていることには留意が必要である。特に，戦闘に直接由来する死者が単一年内に1000人以上という基準は，相当大規模な軍事紛争を意味している。ただし，それ以下の死者しかともなわない紛争を含めた他の統計でも，数的には国家間紛争よりも国内紛争の方が圧倒的に多くなる。ちなみに，「内戦」は，小規模な紛争だという印象を与えるかもしれないが，実際には，国家間紛争と同じくらい，場合によるとそれよりもずっと凄惨な形をとることが多い。また，国内紛争においては，直接戦闘に由来しない，紛争関連死者数の方が圧倒的に多いことにも注意が必要である。

■ 国内紛争の悲惨さ

このような外形的な基準ではなく，もう少し，紛争の戦われ方の実態に即して検討してみよう。第一にあげられる特徴は，死傷者の9割を超える人々が戦闘員ではなく民間人であるという点である。また，被害者には，死傷者のみならず，難民や国内避難民となって，住居や農地を捨てて移動をせざるをえなくなった人々も非常に多く，彼らのほとんどは非戦闘員である。そして，多くの民間人が，戦争にともなう混乱や無秩序の中で，十分な食糧，清潔な水，必要な医療の供給を受けられないために命を落としている。たとえば，1998年に始まったコンゴ民主共和国における内戦（コンゴ内戦）では，これまで300万人を超える人々が死亡したと推定されており，2002年に一応の停戦が成立した後もなお，地域ごとに割拠している勢力の間で戦闘が断続的に発生している。そうした中で，毎日約1000人の人々が命を落としているといわれている。その多くが，直接戦闘によるというよりは，戦争による破壊が原因となって，生活や生命を維持するために必要な物資や医療が供給されないことによる死者なのである。

第二に，戦闘において用いられる手段の残虐さが目立ち，虐待，拷問，レイプ，略奪も戦闘における重要な手段として用いられている。シエラレオネの内戦では，言葉にすることもはばかられるような残虐行為が無辜の非戦闘員に対して行われた。旧ユーゴスラヴィアの解体過程では，「民族浄化（エスニック・クレンジング）」という，敵方の民族集団を組織的に殺害したり，支配下から追放しようとする政策がとられた。その際，強制収容所が出現し，略奪やレイプも戦闘の手段として組織的に展開された。ちなみに，一般的にはセルビア人勢力による「民族浄化」政策が非難の対象となったが，実際には，それぞれの勢力による残虐行為はお互いに類似性を帯びたものになってしまった。ルワンダでは，内戦に関連して40万人から100万人もの人々が主として鉈や棍棒といった武器ともつかないような道具を用いて殺害された（ゴーレイヴィッチ，2003）。また，子ども兵士が組織的に用いられることも少なくない。その際，兵士や雑用係として使うための子どもの誘拐や隷属化が組織的に展開されており，中には，リベリア内戦時のように，子ども兵士だけからなる部隊が組織化されるような例も見られる。これらの紛争では，国家間紛争を基準としてつく

られてきたような国際法上の規定がほとんど無視されているのが実態である。

■ **アイデンティティ政治の問題**

これと関連して，第三の特徴として，これらの紛争では，しばしば，民族やエスニシティなどの「アイデンティティ」が重要な争点となっている点があげられる。アイデンティティが争点化すると，「自己の生存」と「他者の存在」とがゼロサム的な関係ととらえられるため，他者の抹殺や排除が正当化され，妥協が困難となる。その過程で，恨みや怒りが暴力の応酬を引き起こすため，戦闘手段が残虐になり紛争が長期化するという傾向も見られる。旧ユーゴスラヴィアの解体過程では，クロアチア人，セルビア人，モスレム人などの民族集団が，相互に相容れないアイデンティティととらえられ，民族集団間の激しく長い紛争が戦われた。ルワンダやブルンジでは，ツチとフツというアイデンティティが政治上の争点として巧妙に用いられ，その影響はコンゴ民主共和国における紛争にも波及している。ただし，次節で検討するように，このようなアイデンティティを紛争の原因と考えることには重大な誤りが含まれている。

■ **紛争の手段・目的**

第四に，このような紛争において用いられている兵器は，核兵器のような大量破壊兵器ではない。むしろ，ほとんどの場合，主要な兵器は小型武器 (small and light weapons) と呼ばれる，安価な兵器である。そのため，国境を越えた流通を取り締まることが困難である。有名なのはカラシニコフ (AK 47) と呼ばれる旧ソ連製の歩兵用ライフルであるが，各地でコピー品が生産され，内戦における破壊や虐殺のシンボルとなっている（松本，2004；2006）。また，対人地雷も安価であるために大量に使用され，紛争が終結した後まで被害をもたらし復興を妨げるとして問題視され，多くの国で使用・製造・貯蔵が禁止されたが，いまだに用いられている。さらに，ピックアップ・トラックのような一般には完全に「民生用」と考えられているものも，アフリカのいくつかの国における紛争では，きわめて重要な兵器として用いられていることにも注意が必要であろう。

第五に，これらの紛争の多くでは，報道する側の偏見や能力の低さあるいは

Column ⑦◇ ブラッド・ダイヤモンド (blood diamonds)

シエラレオネ，アンゴラ，コンゴ民主共和国などのように紛争地で産出されるダイヤモンドのことである。そのため紛争ダイヤモンド (conflict diamonds) と呼ばれることもある。本文中でも指摘したように，ダイヤモンドの産地をめぐって内戦が戦われ，紛争地で採掘されたダイヤモンドがもたらす外貨収入が内戦の継続を可能にするうえ，採掘地では悲惨な暴力や貧困が支配している。ダイヤモンドはいうまでもなく最高級の装身具として用いられる。紛争地で産出されるダイヤモンドの量が全流通量に占める量はそれほど高くはないとされるが，先進国の NGO からは，そうした装身具が，紛争の発生や継続をもたらしている以上，何らかの規制や管理が必要であるとの主張が高まった。2003 年には，製品や自社のイメージを守ることに利益を持つ企業も参加する形で，ダイヤモンドに産地証明書を発行することで，紛争地のダイヤモンドの流通を排除する自発的な協定が成立した。しかし，抜け穴が多く認知度が低いなどの問題をかかえている。

他方，問題はダイヤモンドだけに限らない。稀少金属や石油などの戦略資源が紛争にかかわることが多いからである。コンゴ民主共和国における紛争にかかわって近年問題視されているのが，携帯電話やパーソナル・コンピューターなどに用いられている，コロンボ・タンタライト（コルタン）である。

私たちの生活がめぐりめぐって紛争の発生や継続に影響を与えるかもしれない。グローバリゼーションが進む世界では，そうしたことも考えた消費行動が必要となる。

報道を受け取る私たちの無知のために見えづらくなっているが，実際には，経済的な利権や利益が，大きな役割を果たしていることが多い。石油，ダイヤモンド，金，プラチナ，コロンボ・タンタライト（コルタン），木材，ゴム，コカイン，ケシ・アヘンなどの生産地や流通経路を握ることが，紛争当事者たちにとってはきわめて重要であり，そうした世界市場向け一次産品の売却益を用いて，戦闘が継続されるというパターンが見られる。戦争を終わらせるためには，このような戦争の原資の調達を困難にする必要があるが，兵器と同様に，これらの産物も国境を越えた監視や管理がきわめて困難である（*Column* ⑦参照）。

■ 国内紛争と国際紛争の連続性

第六に，国内紛争や内戦と考えられるものが原因となって，国際紛争へと展

開することが多く，内戦と国際紛争の区別は一般的に考えられるほど容易ではない。たとえば，コンゴ内戦は，1997年にルワンダの内戦と政権交代が波及する形で起こったモブツ政権の崩壊を背景にしていた。そして，新たに成立したカビラ政権ともともと彼を支援していたルワンダやウガンダとの関係が悪化し，1998年に内戦が始まった。両国やブルンジは国境地域にいて影響力を行使できる反政府勢力を支援したり自国軍を展開したりするなど，内戦に深くかかわった。他方で，政権側はアンゴラ，ジンバブウェ，ナミビア，チャドなどの支援を受けた。長期化しているこの紛争には，依然として周辺諸国の関与が継続している。つまり，「内戦」は同時に国際紛争でもあるのである。

　旧ユーゴスラヴィアの解体過程は，もともと一つの連邦であったユーゴスラヴィアから連邦を構成する諸国が離脱していくプロセスであるため，それが内戦なのか国家間紛争なのかの区別は容易ではなく，むしろ両者が連続していた。スロベニア，クロアチア，ボスニア＝ヘルツェゴヴィナが独立しようとしたところから，この複合的な紛争は始まった。これをユーゴスラヴィア解体の第一ラウンドととらえることができる。その中でも最も激しい形をとったのがボスニア＝ヘルツェゴヴィナにおける「内戦」であった。この「内戦」にはクロアチアやセルビアが介入したが，ドイツ在住のクロアチア系移民，アラブ諸国出身のイスラム義勇兵（ムジャヒディン）やイスラム圏諸国，アメリカ，NATO，欧州連合（EU），国連などが複雑な形で関与した（Woodward, 1995）。ユーゴスラヴィア解体の第二ラウンドは，ミロシェヴィッチ政権による迫害を受けていたコソヴォで多数派を占めるアルバニア人の一部勢力が武装闘争を開始し，それに反対するミロシェヴィッチ政権が弾圧を強化したことによって始まり，NATOによる軍事介入をもたらした。この際，コソヴォのアルバニア人勢力に対しては隣国アルバニア内部のマフィアによる関与があった。これには大アルバニアの実現という構想もかかわっている。コソヴォのアルバニア人勢力はマケドニアのアルバニア人にも浸透しており，紛争の武力化が懸念されている。このように旧ユーゴスラヴィアの解体過程は，考えようによっては国家間紛争だが，見方を変えれば，多様な勢力が入り乱れて戦われたバルカン内戦と特徴づけることも可能なのである。

　現在起こっている紛争のこのような特徴を総合して考えてみると，戦時と平

Column ⑧◇ カルドーの新戦争論

イギリスの政治学者カルドーは，1999年に出版された *New and Old Wars: Organized Violence in a Global Era*（邦訳『新戦争論――グローバル時代の組織的暴力』）において，グローバリゼーションが進む現代の紛争が，17世紀以後の近代国際政治システムにおいてみられた「旧い戦争」とは根本的に異なる性質を持つ「新しい戦争」であると主張している。その際新しさの指標となるのは，グローバリゼーションが進行していること，戦争の目的，戦争の手法，戦争費用の調達方法である。より正確には「旧い戦争」も表のような変化をとげてきた。

「新しい戦争」は，基本的には国家が主体となって何らかの普遍性のある戦争目的のために戦ってきた戦争とは，性質が異なるという。まず戦争目的としては，特定のアイデンティティを理由として権力の獲得を正当化し，それ以外の人々を排除するようなアイデンティティ政治が活用されている。これらのアイデンティティは，民族，氏族，宗教，言語などを根拠にしているが，このアイデンティティの表現やそれを持つ人々の広がりもグローバリゼーションの影響を受けている。戦争を行う主体は階層性に基づいた正規軍ではなく，準軍事組織，ゲリラ，軍閥，犯罪者集団，警察部隊，傭兵などといった多様な組織形態をとっており，アイデンティティ政治に基づいて他の集団を一定地域から排除するような戦術を用いている。そして，戦争を支える資金調達のしくみは深くグローバル経済に依存しているのである。戦争がこのように新しい形態をとるようになってきた結果，従来の戦争防止のメカニズムは機能不全を起こしてしまうのである。

時，戦場と非戦闘地域，戦闘員と非戦闘員を区別しつつ，正規兵同士がルールに則って戦争を戦うという国際政治上の制度が，根本的に崩れていることは明らかである。多くの紛争は，国内に由来し，むしろ，暴力や軍事力が経済的な利益と結び付き，アイデンティティのような妥協を困難にするようなシンボルを用いて展開されている。さらに，内戦と国際紛争の区別もすでに容易ではなくなっており，両者はむしろ連続する側面を持っているのである。

2　現代の紛争と本質主義的理解の誤り

■「民族紛争」?

冷戦後の紛争は，しばしば，「民族紛争」であると理解されることが多い。

旧い戦争の展開

	17-18世紀	19世紀	20世紀初頭	20世紀後半
政体の型	絶対主義国家	国民国家	国家間同盟，多民族国家，帝国	ブロック
戦争目的	国家理性，王朝間紛争，国境線の確定	国家間紛争	国家間紛争，イデオロギー紛争	イデオロギー紛争
軍隊の型	傭兵／職業軍人	職業軍人／徴兵	大衆軍	軍事－科学エリート，職業軍人
新しい軍事技術	火器の使用，防衛戦術，包囲攻撃	鉄道と電信 急速な動員	巨大な火力 戦車や飛行機	核兵器
戦争経済	課税の常態化と借り入れ	行政機構と官僚制の拡大	総動員経済	軍産複合体

［出典］ Kaldor, 1999, p.14 より筆者が翻訳。

　カルドーは，「新しい戦争」に対応するには，普遍主義やヒューマニズムを基礎とし，市民社会が深く関与するコスモポリタンな統治メカニズムを強化することこそが重要であると指摘している。この本の出版2年後に，G.W.ブッシュ米大統領が「新しい戦争」という言葉を使いながら，圧倒的な軍事力を駆使してテロとの戦いを開始した。カルドーがグローバルな制度変革の必要性を唱えていることと，ブッシュ政権が旧来の武力行使による解決を求めたことの対比はあまりにも鮮明である。

　あるいは，ハンティントンのように「文明の衝突」とする議論もある。また，9.11テロ以後の世界の展開を見ると，紛争を論ずる際に，イスラム対西洋という対立の構図がクローズアップされ，「文明」と「野蛮」といった二分法が用いられる傾向も見られる。前節で論じたように，アイデンティティが問題化し，妥協が困難となるような紛争が起こっていることや，「文明」のルールが適用されないような残虐な紛争が広がっていることを考慮すると，これらの議論に大きな説得力があるように思われる。しかし，それは正しいのだろうか。
　「民族紛争」説，「文明の衝突」説，「『文明』対『野蛮』」説，それぞれの主張の内容は微妙に異なる。「民族紛争」説は，民族やエスニック集団が単位であり，民族やナショナリズムが紛争の動因だと考える。そして，既存国家内部や国家間で異なる民族集団が反目したり，既存の国家において不利な立場に立

> **Column ⑨◇　民族・部族紛争**
>
> 　冷戦後の紛争には「民族紛争」や「部族紛争」と考えられるものが多い。本文中でふれた旧ユーゴスラヴィアやルワンダの紛争以外にも，スーダン内部のアラブ系住民と黒人系住民の間の対立，チェチェン紛争などが代表的な「民族紛争」あるいは「部族紛争」と考えられるが，これらを単純に民族の相違による紛争と理解することには大いに問題がある。まず「部族」という言葉は，しばしば「アフリカの遅れた地域の住民集団」を暗に意味する言葉として恣意的に用いられているが，その意味内容は不明確である。ルワンダ，ブルンジ，コンゴ民主共和国などに「ツチ族」と「フツ族」は分布しているが，「ツチ」と「フツ」のアイデンティティを作り出し，紛争の遠因となった「ツチ」の優生学的優位の神話やそれに対抗する「フツ」解放のイデオロギーを生み出したのはヨーロッパの帝国主義支配であった。
>
> 　ソマリアでは，1990年以来15年以上にわたり内戦が継続しているが，この内戦は，基本的に宗教・言語・文化を共有する人々の間で起こっている。ソマリア社会では「氏族（clan）」と呼ばれる血縁集団が，重要な意味を持っていること

たされている少数集団が自前の国家を持とうと分離独立を求めることに紛争の原因や根本があると考える。

■「文明の衝突」？

　「文明の衝突」説は，民族国家の時代が終わりつつあることを前提としている。そして，世界が七つあるいは八つあると考えられている「文明」に分かれていく傾向が見られ，各文明の内部では紛争が起こりにくくなるのに対して，異なる「文明」が接触する「断層」地域では，きわめて激しい紛争が起こると主張するのである（Huntington, 1993）。このハンティントンの説は，カトリック，セルビア正教，イスラム教が接する旧ユーゴスラヴィアの解体過程に見られた複合的な紛争や，ロシア正教とイスラム教が拮抗する中央アジアの紛争，ユダヤ教とイスラム教が接するパレスティナ紛争など，重要な紛争を説明するうえで有効であると多くの人々に考えられた。他方で，先進資本主義諸国相互間の紛争がほとんど考えられなくなったことも，うまく説明しているようにも思われた。

もあり、内戦も氏族間の争いという側面を持っている。このような「氏族」を「部族」と読み替えることができるかもしれないが、「氏族」はスコットランドやアイルランドの社会においても重要な意味を持っている。

　チェチェン紛争は、イスラム教徒チェチェン人がロシアの支配を脱して独立を達成しようとしたことから始まった。そのため「文明の衝突」とも「民族紛争」とも理解できるように思われる。しかし、チェチェン紛争は二つの民族の間の争いとして理解するにはあまりにも複雑である。ロシアの多様な国家機関の間の主導権争い、外部から流入してきたイスラム原理主義組織と現地のイスラム組織の間の連携や対立、チェチェンの多様な氏族間の争い、周辺地域の民族集団や国家の思惑や利害などが、複雑に絡み合っているからである。ちなみにチェチェン紛争においても石油の産地やパイプラインのルートなどが重要な争点となっていた。

　現代の武力紛争において民族のアイデンティティが政治的な争点となる場合があることは事実であるが、多くの場合は、民族紛争は結果として起こったものであり、真のあるいは唯一の原因ではないということを銘記すべきである。

■「文明」対「野蛮」？

　社会科学の分野において、「文明」対「野蛮」という考え方を正面から打ち出している議論は、さすがに少ない。日本ではあまり広く知られていないが、「文明」の倫理や道徳が通用する安定し繁栄する世界と「野蛮」で暴力的で貧しい世界が拮抗しているというイメージを、欧米において喚起したのは、紛争地域からの報道を得意としているジャーナリストのロバート・カプランの「迫り来る無政府状態 (coming anarchy)」という議論であった (Kaplan, 2000)。カプランは、西洋社会において常識的な倫理や道徳が機能せず、むき出しの力がものをいう「無政府状態」が、アフリカや中央アジアなどに存在するだけではなく、先進資本主義諸国でも大都市のスラムなどに存在しており、そうした混沌はごく一部の地域に封じ込められているのではなく地理的に拡大し、安定した世界を脅かすようになってきていると主張した。つまり、紛争の芽は世界の辺境地域だけではなくて、先進資本主義社会のすぐそこにも存在しているというわけである。彼の議論は、社会科学的に紛争の原因を説明したというよりは、世界各地の多様な紛争の実態を報告したという方が正確であるが、世界の政治

***Column ⑩*◇　本 質 主 義**

　民族やエスニック・グループなどの集団には歴史を超えて不変な「本質（essence）」があるという想定に基づいた思考のあり方を，ここでは本質主義（essentialism）と呼んでいる。民族紛争の説明においては，そうした超歴史的な「本質」や集団間の「本質」の相違が原因となって，紛争は不可避的に起こるという主張が広く見られる。しかし，民族であれエスニック・グループであれ，それらの集団がもつ特質は超歴史的に不変ではありえず，むしろ，さまざまな要因の帰結として歴史的に形成されてきたものである。特に，民族集団が紛争に直面する場合などに，他の民族集団との間の「差異」を意図的に強調する形で「民族の神話」が形成され，それが政治的な目的のために動員されていくというメカニズムに着目する必要がある。

経済システムの中で相対的な弱者の地位におかれている人々に問題があり，「彼ら」が「われわれ」の生活を脅かしているというイメージを伝えることになった。このようなイメージは，私たちの頭の中に無意識の内に根強く存在している，暴力を容易に受け入れ行使してしまうような「野蛮」な人々・社会・文化が，紛争や内戦の原因であるという考えと共鳴してしまうのである。

■ 本質主義的思考の問題点

　このような内容をもつ「民族紛争」説，「文明の衝突」説，「『文明』対『野蛮』」説は，それぞれに説得力があるように思われるが，他方で，それぞれに大きな問題もはらんでいる。しかし，ここでは，これらの議論がきわめて類似した認識のしくみをとっていることに着目しよう。それは，「本質主義（essentialism）」と呼ばれる思考方法である（*Column ⑩* 参照）。この思考方法自体が紛争の原因の正確な理解を妨げるのである。いずれの議論においても，「民族」「文明」「野蛮」といった「本質（essence）」が，歴史的につくられてきたものではなく，あたかも不変の実体としてとらえられている。そして，そうした不変の「本質」が問題を引き起こしていると考えられているのである。その際，民族間の差異，文明間の差異，文明と野蛮の差異は，乗り越えられない壁としてとらえられる。そのうえ，これらの差異が必ず紛争を呼び起こし，紛争は必ず暴力化すると想定されている。こうした想定は実証されていないにもか

かわらず，紛争の原因を説明するための基本前提とされているのである。

　冷静に考えてみれば，異なる民族同士，異なる宗教集団同士が平和的に共存してきた例は数多く存在している。たとえば，旧ユーゴスラヴィアでは，歴史的に存在していた民族集団間の多様性にもかかわらず，第二次大戦後，40年以上もの間，基本的には民族間の平和的共存は達成されていた。差異が存在するという現実は，紛争の発生以前も以後も共通しているのに，ある時期に紛争が発生したのだとすると，そのような差異があるから紛争が起こり，それが暴力的なものになるという説明は全く不十分であることは理解できるだろう。また，パレスティナ紛争の中核にあるエルサレムでも，オスマン・トルコ帝国支配下では，異なる宗教を持つ人々が全く平等というわけではないが，しかし，平和的に共存していくしくみを作り上げていた（したがって，問題の始まりは，そのようなしくみがヨーロッパ諸国による帝国主義的介入の下で壊されていったということにある）。現在の西欧社会では，もはや単一の民族からなる国家というのは幻想にすぎず，実際，数多くの異なる文化的背景を持つ人々が共存している。そうした中で，暴力が顕在化することもあるが，しかし，それを全面化しないようにする多様な工夫が施されている。つまり，差異の存在が必ず紛争を呼び起こすわけではないし，差異の存在によって必ず紛争の暴力化が引き起こされるわけでもないのである。

■ 差異の争点化と動員の過程

　現在問題となっている多くの武力紛争では，紛争の発生から暴力紛争への転化という変化において，差異を政治的な争点としていく動員の過程が存在する。紛争の原因を理解するためには，そのような差異の政治化の過程を正確に見定めることが重要である。こうした観点をとると，現在起こっている紛争の多くでは，特定の集団が自らの利益のために差異を作り出したり活用したりしていることが見えてくる。ボスニア＝ヘルツェゴヴィナにおける内戦には，まず，市場経済化や民主化という圧力を受けた旧ユーゴスラヴィアにおいて，失業者の増加や生活水準の急激で実質的な後退という背景があった。紛争の端緒は，そうした中で幅を利かせるようになった一部のアウトローや暴力集団が，クロアチアやセルビアの政治指導者と連携しつつ他民族に対する恐怖を煽り，自己

利益の追求のために,「民族」のシンボルを用いて選択的かつ戦略的に暴力を行使し,民族間の平和的な共存のメカニズム自体を意図的に破壊しようとしたことにあった (Woodward, 1995 ; 多谷, 2005)。ルワンダにおけるフツによるツチの大虐殺でも,フツ全体がツチ全体と対立していたわけではない。内戦の過程で窮地に陥ったフツ内部の過激派が自らの権力を維持しようとして,ラジオを用いて恐怖と不信感を煽り,民衆を虐殺へと駆り立てていった。特徴的なのは,これらの二つの紛争では,いずれも,民族間の平和的共存が可能であると考えて暴力に荷担しようとしない人々が,自民族による攻撃の対象とされたという点であろう。

　現代の紛争を理解するためには,まず過度な一般化を避け,現に起こっているさまざまな紛争の歴史的な背景を正確に知ることが重要である。それは,何よりも,私たちは現代の紛争の歴史的文脈を知らないからである。そして,そうした無知が本質主義的なアプローチを支えているからである。その意味でも,第6章が指摘するような植民地主義の遺産が現代の紛争に与えている影響を正確に理解することはきわめて重要である。

3　グローバリゼーションと紛争

■ グローバリゼーションと国家の能力

　第1節で見たような現代の紛争の特徴がもつ意味は,どのように理解することができるだろうか。個別の紛争の特徴に還元されない,重要な共通要素はないだろうか。ここでは,私たちが直面している多様な紛争のメカニズムを,グローバリゼーションと関連づけて理解してみよう。グローバリゼーションは,現在起こっているすべての紛争の原因を説明するわけではないが,現代の紛争に多様な影響を与えているからである (遠藤, 1999)。

　グローバリゼーションは,一般的には市場を媒介とする取引が国境とは無関係に展開していく経済的な過程ととらえられているが,実際には,世界の政治経済活動が相互に連関を深めていく過程である。当然ながら,その結果として,政治的な意義をもつ変化も起こっている。その中でも重要なのは,これまで国家を中心的な主体として展開してきた国際政治のしくみが崩れてきていること

である。だからといって，直ちに国家が無意味になるとか消滅するというわけではないが，国家以外の多様な主体が，国家を媒介としないで相互に結び付くようになってきたのである。その結果，国家が管理しきれない問題が多様な形で噴出している（遠藤，2000；サーニー，2002）。

そうした変化が起こっている原因は，輸送や情報の伝達などコミュニケーションにかかわる費用が急激に低下し，国境を越えた人，財，資本，情報などの流通量が巨大になったことにある。そして，国家は，従前であれば多様な資源を相当程度排他的に活用し，国境を越えた活動をかなりの程度管理できたし，現在もなお国境管理を強化しようとしているが，現在のグローバリゼーションは，国家の能力をはるかにしのぐ勢いで進行している。それとの関連で着目しておきたいのが，グローバルな市場を媒介として売買される財やサービスが極端に拡大し，一般的に「合法」な領域と考えられる取引と，非合法な取引との間の区別がそれほど明確ではなくなってきているということである。

■ 非国家主体の活動の拡大

このグローバリゼーションの過程では，一般的には国内の主体と考えられていたものが，自らの行動を計算したり判断したりする文脈もまた，グローバルになっていく。つまり，国家とは別に独自に判断し行動する主体が，世界というアリーナに多数現れてきているのである。その中には，グローバルな公共利益の発見と追求をめざすNGOもあれば，自社の利益の拡大を図ろうとする多国籍企業もある。それに加えて，麻薬や武器のような非合法の「商品」を売買することで利益をあげようとする組織や，軍事サービスを提供することで収益をあげようとする民間軍事企業のような組織もある。また，サウジアラビアのように独自の理解に基づく厳格なイスラム解釈を拡大するために国家資源を投入して途上国に広くイスラム教慈善組織や神学校の設立を援助しようとする国もあれば，宗教的な権威を無視して独自に解釈したイスラムの大義を掲げて行動する組織や個人も存在する。しかも，これらの多様な主体が，独自の判断で行動する結果として，相互間の結び付きがきわめて複雑な形で現れることになる。

Column ⑪◇ 破綻国家

通常の国家は，被治者による信任や黙従を背景として統治機構としての正統性を持ちつつ，一定の領土に対して治安や安全を提供するとともに，社会のニーズに応えるような法を制定し執行するための意思決定を行うという機能を果たしている。破綻国家（collapsed states）とは，そのような基本的な機能を果たすことができなくなった国家のことを指している。住民の抵抗，争乱，クーデタなどによって政権交代や体制の転換が起こったとしても，それだけで，国家の基本的な機能が失われてしまうとはかぎらない。国家の破綻は，それよりも深く広範な危機状況を指している。この概念を作ったザートマンは，アフリカの破綻国家にある程度共通するシナリオとして，独立第一世代の退場とともに起こった正統性の摩耗や空白，少数者への権力の集中による不満の広範な蓄積と政治的抑圧の悪循環といった背景の下で，国家が社会の要求や不満を吸収し対処する実効的な統治能力を喪失していき，独裁者が何らかの事情で権力を喪失すると，国家の破綻が起こると指摘している。1980年代末のチャド，ウガンダ，ガーナ，1990年代のソマリア，リベリア，モブツ統治下のザイール，アルジェリアなどが具体的な例としてあげられており，そのほかにも独立当初から内戦が継続し国家の正常な機能が確立しなかったアンゴラやモザンビークのようなパターンもあるという。

これに関連しているが異なるものとして「崩壊国家（failed states）」という概念が用いられることもある。アメリカのあるシンクタンクは，①人口圧力，②難民や国内避難民の大量発生，③暴力の応酬，④慢性的な人の流出，⑤国内集団間の発展の相違，⑥急激で深刻な経済的後退，⑦国家の犯罪集団化や正統性の喪失，⑧公共サービスの継続的悪化，⑨広範な人権侵害，⑩治安機構の国家内国家化，⑪派閥抗争をするエリートの台頭，⑫他国や外国の主体の介入を基準として，崩壊国家の指標を作成している。それによると，スーダン，コンゴ民主共和国，コートディヴォワール，イラク，ジンバブウェ，ソマリア，ハイチ，パキスタン，アフガニスタン，ギニア，リベリアが2006年の最悪の諸国であるという。

■ 現代紛争の構造的背景

そうした変化が，現代の紛争には大きな影響を与えている。非常に図式的になるが，現代の紛争に表れているグローバリゼーションの影響を例示してみよう。まず，第一に，現在進行中のグローバリゼーションは，新自由主義的な特

徴をもっており，国家間でも，国内でも，貧富の格差を拡大する傾向が強い。また，民営化や市場経済化を重視しているため，国家が社会を構成する多様な主体のために公共的支出を行うことを抑制する傾向が見られる。しかも，多くの開発途上国は，多大な対外債務をかかえていることが多い。債務返済負担は大きいため，それをどのように分担するのかは大きな政治問題であるが，それも政治経済的な強者に有利に決められることが多い。ただでさえ貧困人口が多い中で，国による給付が減少し，より大きな負担が弱者に押し付けられることで，格差に対する不公正感や不満が生じてくることになる。そうした，貧困，不公正感や不満が紛争の構造的背景を構成しているのである（ジョージ，1995）。

それに加えて，非西欧地域では，形式的には主権を備えていたとしても，国内に対する十分な統治能力を備えていない国も少なくない。公正に課税することや官僚組織・軍隊組織を公正に作動させることというのは，先進国でも容易ではないが，第二次大戦後に独立した諸国においては，そうした国家の基本的な機能も整っていないことが少なくない。そうした国のことをロバート・ジャクソンは擬似国家（quasi-states）と呼んでいる（Jackson, 1990）。そうした国家が，グローバリゼーションの圧力を受けて機能を低下させ，国内の問題に対処できなくなる場合もある。

特に，国家から配分されるべき利益に十分浴していないと考える人々や地域，あるいは自らの地域に存在する天然資源に由来する利益を公正に配分されていないと考える人々や地域は，既存の国家やその支配集団に対する不満をつのらせていくことになる。また，権力を握る側が，社会内部の不満を隠蔽しながら，権力の基盤を強化したり対抗勢力を弱体化したりする場合もある。そうした目的のために，人々を組織化し動員するために用いられるのが，民族やエスニシティのシンボルなのである。

不満が非暴力的な形で処理できれば紛争は暴力化しないが，統治能力を衰退させている国には，平和的解決に用いるべき資源が十分に存在しない場合が多い。特に，石油，ダイヤモンド，金，プラチナ，木材，ゴムなど，世界市場で売買可能な資源がかかわる場合には，紛争が起こりやすくなり，起こった紛争が暴力化する可能性も高くなる。これらの産地を支配することが，現金収入を

確保することを意味しており，政治権力を維持したり獲得したりするうえできわめて重要な意味をもつからである。

　そのような戦略的資源の売買には，多国籍企業が直接・間接にかかわる場合が多い。その中には，反乱勢力に「税」を支払い，資源の産地の治安維持や保護を求めるものもある。市場で売買できる「商品」が入手できるかぎり，売り手が正当な国家を代表する勢力であるのか，それとも反乱勢力であるのかということが，大きな問題にならないことも少なくないからである。こうして，反乱勢力も，政府側も，資源を世界市場で売り払って得られる収入を兵器の購入や兵士の調達に用いることになる。当然ながら，生産的な投資は行われないが，それが逆に，紛争を前提とした経済システムを固定化してしまうため，内戦が長期化してしまうという事例も見られる。

　また，第1節で見たように，戦争に用いられる小型武器も，グローバルな市場を媒介として入手することが容易になった。これらの兵器の場合，流通を管理するだけではなく，その売買代金を受け渡す金融システムも発達しており，その捕捉は困難である。また，戦争に参加する勢力もグローバル化している。アフガニスタンの内戦をはじめとして，ボスニア内戦でも，チェチェン紛争でも，イスラム義勇兵が参戦している。また遠隔地にいる移民や難民が，出身地の戦争に義勇兵や資金援助者として関与する例も多い。さらに，民間軍事企業のように，紛争を商売とする企業体が出現し，実際に，国内紛争において大きな役割を果たすまでに成長している。

　このように考えてくると，現在発生している紛争の多くは，たしかに戦われている現場は，世界のいずれかの地域であり，その地域で発生した武力紛争が世界大の軍事紛争に拡大する可能性が低いという意味では，「地域紛争」である。しかし，紛争の発生メカニズムや発生後に紛争が継続していくメカニズムは，グローバルな連関の中で展開している。このような理解が正しいとすると，現在の地域紛争を，私たちの生活からかけ離れた特定地域の特異な問題として対処しているだけでは，解決しがたいということになるであろう。

4　現代紛争のグローバルな構造と私たち

　グローバリゼーションが進むことで，世界の人々や物事が相互に深く結び付くようになった。その意味で，世界はますます一体化しつつある。しかし，一体化は均質化や連帯の強化を意味するわけではない。むしろ，世界は政治的権力と経済的富の配分において極端な格差をかかえて分断されている。こうした状況は，南アフリカのアパルトヘイトの構造を思い出させる。つまり，貧困や紛争の中にある「彼ら」と先進国の「われわれ」の間には深い亀裂があるものの，両者を切り離すことはますます難しくなってきたのである。南アフリカのアパルトヘイト（第6章 *Column* ⑳参照）を維持できなかったように，グローバルなアパルトヘイトも持続可能ではないかもしれない。そうだとすると，現代の紛争を回避するためには，紛争を引き起こしている構造そのものを，変革していく必要がある（遠藤，2002）。

　そこでの問題は，世界がかかえる問題を定義し，その解決方法を決定し，問題解決のために政治・経済・社会的な資源を投入していくのが，世界政治経済における強者だという点にある。世界各地の紛争は，それに巻き込まれてしまった人々にすら，その原因や意味を十分には理解できない場合が少なくないが，紛争の外部にいる人々が，事情を理解しているつもりで対応策や介入方法を決定し巨大な資源を投入する。しかし，介入する側の先進資本主義国政府，それを支える世論，先進国が中心となって形成している国際機関は，紛争の構造・原因・メカニズムを十分に理解しているといえるのだろうか。

　起こっている紛争を「民族紛争」と考えると，クロアチア人でもモスレム人でもセルビア人でもなくユーゴスラヴィア人として平和を求めていた人々や，ツチでもフツでもなく平和を求めていた人々は，世界のメディアに登場する機会を失い，「和平交渉」に招待もされない。そうした人たちこそ，本来的には最も支援されるべき存在であったのに，「ナショナリズム」を掲げて軍事紛争を引き起こした組織の方が「当事者」として「和平交渉」の主役になったのである。富を求めて鉱物資源の産地を暴力的に支配しようとする「野蛮」な勢力を非難するのは容易だ。実際，そこにはきわめて悲惨な暴力と貧困の支配が見

られるからである。しかし，彼らの提供する物資への需要を作り出し，彼らに武力紛争のインセンティブを与えているのは先進国である。

　私たちは，現代の紛争の性質をまだ十分に理解しているわけではない。しかし，現代の紛争がグローバルな連関の中で発生していること，その連関に私たちも深く関与していることは理解する必要がある。そのうえで，構造変革へ向けた努力を地道に進めていかなければならない。

引用・参考文献

遠藤誠治，1999 年「冷戦後紛争の政治経済学——核軍縮への構造変革的アプローチに向けて」坂本義和編『核と人間 II——核を超える世界へ』岩波書店，59-114 頁

遠藤誠治，2000 年「ポスト・ウェストファリアの世界秩序へのアプローチ——グローバリゼーションと近代の政治秩序構想の再検討」小林誠・遠藤誠治編『グローバル・ポリティクス——世界の再構造化と新しい政治学』有信堂高文社，27-48 頁

遠藤誠治，2002 年「『冷戦後の紛争』と国際社会——グローバルなアパルトヘイト構造の解体へ向けて」『法律時報』第 74 巻第 6 号（5 月号），22-26 頁

カルドー，メアリー／山本武彦・渡部正樹訳，2003 年『新戦争論——グローバル時代の組織的暴力』岩波書店

ゴーレイヴィッチ，フィリップ／柳下毅一郎訳，2003 年『ジェノサイドの丘——ルワンダ虐殺の隠された真実』上・下，WAVE 出版

サーニー，フィリップ・G.／遠藤誠治訳，2002 年「グローバル化する世界における政治的な主体的行為——構造化のアプローチに向けて」『思想』No. 938（6 月号），117-144 頁

ジョージ，スーザン／佐々木建・毛利良一訳，1995 年『債務ブーメラン——第三世界債務は地球を脅かす』朝日選書

シンガー，ピーター・W.／山崎淳訳，2004 年『戦争請負会社』日本放送出版協会

多谷千香子，2005 年『「民族浄化」を裁く——旧ユーゴ戦犯法廷の現場から』岩波新書

松本仁一，2004 年『カラシニコフ』朝日新聞社

松本仁一，2006 年『カラシニコフ II』朝日新聞社

Clapham, Christopher, 1996, *Africa and the International System: The Politics of State Survival*, Cambridge: Cambridge University Press

Huntington, Samuel P., 1993, "The Clash of Civilizations?," *Foreign Affairs*, Vol. 72, No.3, pp.22-49

Jackson, Robert H., 1990, *Quasi-States: Sovereignty, International Relations, and the Third World*, Cambridge: Cambridge University Press

Kaplan, Robert D., 2000, *The Coming Anarchy: Shattering the Dreams of the Post Cold War*, New York: Random House

Stockholm International Peace Research Institute (SIPRI), 2005, *SIPRI Yearbook 2005: Armaments, Disarmament and International Security,* Oxford: Oxford University Press

Woodward, Susan L., 1995, *Balkan Tragedy: Chaos and Dissolution after the Cold War,* Washington D.C.: Brookings Institution

さらに読み進む人のために

イグナティエフ, M./真野明裕訳, 1999年『仁義なき戦場――民族紛争と現代人の倫理』毎日新聞社
　＊旧ユーゴスラヴィア, ルワンダ, アンゴラ, ソマリアなどの紛争の現場をめぐりながら, 現代の紛争に先進国の人間がどのようにかかわるのかを検討した倫理・思想的考察。

カルドー, メアリー／山本武彦・渡部正樹訳, 2003年『新戦争論――グローバル時代の組織的暴力』岩波書店
　＊冷戦後の紛争を「新しい戦争」と位置づけ, 従来の国家間戦争を基軸とする戦争観が根本的に変化しつつあることを, グローバリゼーションと関連づけて論じた書物。

栗本英世, 1999年『未開の戦争, 現代の戦争』岩波書店
　＊南部スーダンやエチオピア西部を中心にフィールドワークを行ってきた人類学者による現代戦争論。人間と暴力性に関する考察をふまえつつ, 現代アフリカにおける紛争発生のメカニズムを人類学的な観点から批判的に分析する。

シンガー, ピーター・W./山崎淳訳, 2004年『戦争請負会社』日本放送出版協会
　＊安全保障の民営化という流れを背景に登場した民間軍事企業の実態を詳細に報告する本格的研究書。グローバリゼーションの下での政治経済と安全保障のメカニズムの変化を具体的に理解することができる。

松本仁一, 2004年『カラシニコフ』朝日新聞社

松本仁一, 2006年『カラシニコフⅡ』朝日新聞社
　＊内戦の現場に必ずといっていいほどあらわれるカラシニコフ銃を中心に, 戦場, 兵器生産の現場, 兵器流通にかかわる国際ネットワークをルポする。

（遠藤誠治）

第3章
国際法と国際組織の役割

　第1章では，リアリズム国際政治学が，権力を基礎として国際社会を分析したため，規範や制度にあまり関心を向けてこなかったことが紹介されている。では，本当に国際社会は，権力や軍事力のような「むき出しの力」だけがものをいう，ホッブズのいう「自然状態」の社会なのだろうか。たしかにリアリズム国際政治学は，規範や制度に対する批判的な視点を出発点としていた。しかし，そこで批判の対象となったのは，国内社会の規範や制度を分析する視点をそのまま国際社会の分析に導入することであり，現実の国際社会における規範や制度の存在そのものや，それらが実際に機能し，一定の役割を果たしていることまで否定したのではない（納家，2005）。考えてみれば，現在の国際社会の基礎とされるウェストファリア体制も，1648年のウェストファリア条約（第1章1参照）という国家間の法的合意によって形成されたものであった。

　そこで，本章では，国際社会における規範，特に国際法の役割を考えるとともに，国際法を通じて設立された諸組織の中でも，今日の国際社会で最も重要とされる国際連合（国連）について紹介することにしたい。

1　国際社会における規範

■ 国際法・国際組織とは何か

　国際法とは，「主権国家間の関係を規律する法」あるいは「国際社会の法」と定義できる。今日では，人権，環境，貿易，国際組織犯罪の防止など個人や

企業の活動に直接影響を及ぼす，幅広い分野について条約が作成されている。このような現実を見るならば，国際法は，国家はもちろんのこと，国家以外のアクターも含む「国際共同体（international community）全体にとっての共通関心事項について規律する法」と考える必要があるだろう。

　国際組織とは，複数国家が共通の目的を実現するために条約を通じて設立する組織体のことである。本章で中心的に取り上げる国連が最も代表的な国際組織であるが，そのほかにも現在では約 300 の国際組織が存在するといわれる。グローバル化やボーダレス化の進む今日の国際社会では，国際組織を通じた規範（ルール）の作成や，国際組織自身の活動も国家の行動に重要な影響を与えている。

　このような現実を前に，国際政治学や国際関係論でも，単に権力を分析の単位とするのではなく，国際社会における規範や国際組織をはじめとした諸制度の役割に注目した検討が盛んに行われるようになった（*Column* ⑫参照）。代表例としては，「グローバル・ガヴァナンス論」があげられる。これは，国際社会が分権的な構造であることを前提とし，「世界政府」の樹立ではなく，さまざまな制度を整備することで，国際共同体が直面している諸課題が解決されていくという考え方である。また，この立場は，国家や国際組織以外のアクター，特に NGO が果たす役割にも注目しているところが特徴的である。

■ 伝統的規範とその変容

　伝統的なウェストファリア体制の下では，主権国家相互の平等（主権平等）と互いの内政（国内問題，国内管轄事項）への不干渉（内政不干渉）が最も重要な規範と考えられてきた。相手の独立を尊重することを通じて，自らの独立を維持する，という考え方である。それに基づき国際法は主権国家よりも上位に立つ権威や権力の存在を認めず，主権国家は自らが合意した範囲でのみ，権利を持ち，義務を負うという考え方（「合意は拘束する」，pacta sunt servanda）を基礎とすることになった。

　また，伝統的な国家間関係において，侵略戦争こそ許されないものと考えられていたが，自国の権利が侵害された場合など「正当原因」に基づくものであれば，国際法上，合法なものとされていた。主権国家を超える権威や権力が存

Column ⑫◇ 国際関係理論と「多国間主義」

多国間主義（multilateralism）は，通常，二国間主義（bilateralism）と対比される概念である。多国間主義は，リベラリズムが想定する協調的なものであるとは限らない。なぜなら19世紀のイギリスのように，強大国が一方的に多国間の制度・秩序を押し付けることも，定義上，多国間主義と呼べるからである。本章とかかわってくるのは，そのような「押し付け」による多国間主義ではなく，協調・協力的な方法による多国間主義の構築・実現である。

国際関係理論において，多国間主義は，時代や検討対象となる素材，研究者相互の議論の進展によって，さまざまな理論枠組みが提示されてきた。冷戦後の多国間主義研究の中心人物とされるのがラギーとカポラーソである。彼らは国際関係の安定や平和的な変容において「制度」が果たしてきた役割を重視し，特に国連や世界銀行，IMFを積極的に評価したのである。ただし，本文でも説明しているように，これらの国際組織の設立にあたって中心的な役割を果たしたのが第二次大戦前後のアメリカであったことを考えれば，冷戦後のアメリカ外交の進むべき方向性として協調的な多国間主義を示したのであって，制度そのものの重要性よりも，制度を利用することの重要性が彼らの主張の根底にあったともいえるだろう。

在しない以上，究極的には自らの力で自らの権利を守るしか手段が残されていない半面，戦争開始の動機が「正当原因」に基づくかどうかも，主権国家自身が判断するという構図であり，戦争に対する国際法上の規制はないに等しかった。国際法を通じて戦争が規制されるようになるのは，1899年と1907年に開催された2回の「ハーグ国際平和会議」以降のことである。その後，国際連盟規約（1919年），不戦条約（1928年）を経て，後に詳しく見るように国連憲章（1945年）へとつながっていく。

今日でも，主権平等や内政不干渉は，国家間関係を規律する基本的な規範である。その一方で，国際組織の設立など国際社会の組織化が進むにつれ，これらの規範は，一定の変化・修正を迫られてもいる。たとえば，一国の人権侵害に対して，国連の内部機関である人権委員会（2006年3月15日の国連総会決議により，「人権理事会」への改組が決定された）が非難決議を採択しても，それが主権侵害あるいは内政干渉とみなされることはない。人権の保護・促進に対す

る国際的な関心が高まったことを通じて、「主権」や「干渉」の意味に変化が生じたのである。さらに、先進国と途上国の間の圧倒的な経済格差を考えれば、貿易や環境などの分野で、各国に全く同一の義務を課すことは、かえって公正さを損なうことになるだろう。

■ 国際社会における規範形成の多様化と国内実施

国際関係が複雑になり、また、科学技術が日進月歩で発達するようになると、長い交渉を経てようやく作成された条約◆も、発効と同時に意味を失うことになりかねない。そこで近年では、基本的な権利や義務をとりあえず設定し、その後の変化に合わせて、より詳細な内容を条約に基づく定期的な国際会議を通じて決めていくという方式が見られるようになってきた（いわゆる「枠組み条約」）。

しかし、国家や国際組織にとって、国際法という法的な規範だけを守っていればよいというわけではない。代表的なものとしては、国際組織の内部機関（特に加盟国すべてが議事に参加する総会）で採択される、法的拘束力を持たない勧告的な決議も、一定の範囲で国家や国際組織の行動に影響を与える。NGOもおのおのの活動分野での国際世論の形成に際して、条約や国際組織の決議に依拠したり、新たな条約や決議の作成をめざして国家や国際組織に働きかけをしたりすることもある（その代表例として、「対人地雷禁止条約」〈1997年〉採択における「地雷禁止国際キャンペーン〈ICBL〉」の活動がある。第7章 *Column* ㉕参照）。また、「主要8カ国首脳会合（G8サミット）」などの政治的会合で採択される「宣言」や「声明」も、国際社会全体にとって重要な意味を持つ。これらはいずれも国際法としての法的拘束力を持つものではないが、だからとい

◆用語解説

「条約」とは　「国の間において文書の形式により締結され、国際法によって規律される国際的な合意」（「条約法に関するウィーン条約〈条約法条約〉」第2条1(a)）を総称して「条約」といい、二国間で結ばれる「二国間条約」と、三カ国以上で結ばれる「多数国間条約」とに分かれる。

条約の名称には、「条約（例：日米安全保障条約）」「憲章（例：国際連合憲章）」「規程（例：国際司法裁判所規程）」「規約（例：市民的政治的権利に関する国際規約）」「協定（例：世界貿易機関を設立するマラケシュ協定〈WTO協定〉）」「議定書（例：難民の地位に関する議定書）」などが用いられる。

って無視することもできない。

　では，国際法など国際社会レベルでのさまざまな規範は，具体的にどのように実施されるのだろうか。欧州連合（EU）のような場合を除けば，国際法が，ただちに一国内で国内法としての効力を持つわけではなく，多くの場合，国内法の制定・改廃を通じて，国際法に基づいて国家に課せられた義務の実現が図られる。たとえば，「国際組織犯罪防止条約」を締結するにあたって，日本が「組織的な犯罪の処罰及び犯罪収益の規制等に関する法律（組織犯罪防止法）」を制定・施行したのが代表例である。また，後で見るように，国連が特定国に経済制裁を行う決議を採択した場合，日本では「外国為替及び外国貿易法」に基づく政令を通じて，決議の内容の実現が図られ，その結果として，日本国内の個人や企業の経済活動が制限されることになる。

2　国際社会の組織化と国際連盟・国際連合

■「国際社会の組織化」略史

　主権国家を構成単位とする国際社会に，「組織化」という現象が最初に現れたのは，18世紀後半のヨーロッパである。産業革命をきっかけとして，人や原材料，製品が国境を越えて移動するようになり，ヨーロッパ諸国は通商関係を円滑に行うために，国ごとに異なる基準や手続きを国家間で調整・統一する必要に迫られたのである（後にアメリカや日本もこの動きに加わった）。ちょうど，日本で豊臣秀吉が米・穀物の取引を円滑に行うために枡を統一したのと同様のことが，ヨーロッパ諸国の間で起こったのである。

　このような行政的・技術的分野での調整や規格統一のために，ヨーロッパでは，条約を通じて加盟国から独立した組織体を設立するようになった。物流の中心的手段であった河川交通については，主要な河川について国際河川委員会が登場し，統一的な航行規則の作成や通航料の徴収を国家からは独立して行うようになった。また，郵便・度量衡・鉄道輸送などについては，事項ごとに国際行政連合と呼ばれる組織体が設立された。国際行政連合は，加盟国が定期的に国際会議を開いて時代状況の変化にともなう条約の見直しを行うのに際し，会議の運営や資料の管理などを任務とする組織体であった。

さらに，第一次世界大戦後になると，国家間の戦争の防止や戦争にいたるおそれのある紛争・対立を平和的に解決することをめざして国際連盟が設立された。当時のアメリカ大統領ウィルソンが主唱して設立された国際連盟は，ドイツの哲学者カントの『永遠平和のために』に代表されるような，国際的な組織体を通じた戦争防止という構想と，1814-15年のウィーン会議以来の「ヨーロッパ協調」の経験が融合した，初めての国際組織である。

しかし，国際連盟は，第二次世界大戦を防ぐことはできなかった。その原因として，当時，国際政治において力を増しつつあったアメリカが議会（上院）の強い反対によって，加盟を見送ったことがあげられる。また，1930年代に入って，イタリアや日本による国際連盟規約違反の軍事行動に対して有効な対応ができなかったことが，国際連盟の失敗を決定づけたのである。

■ 第二次世界大戦中の動き

国際連盟が失敗に終わり，国際社会は第二次世界大戦へと向かう中，アメリカのルーズヴェルト大統領とイギリスのチャーチル首相は，1941年8月に会談を行い，「英米共同宣言（大西洋憲章）」を発表し，来るべき戦後の国際秩序のあり方について構想を示した。この宣言の中で，その後の国連に結び付くような文言は「一層広範かつ恒久的な一般的安全保障制度」（第8項）という間接的な表現以外，盛り込まれていない。その理由として，当時のアメリカは，失敗に終わった国際連盟の再来となるような，安全保障分野での国際組織の設立を早くから表明するのに消極的であったことがあげられる。その一方で，経済面での国際協力の重要性（第4項および第5項）や，ナチズムのような暴政からの解放（第6項）のような今日の「基本的人権の尊重」や「民主主義」につながる考え方が盛り込まれている。

経済・社会分野や人権問題での国際協力の必要性が認識されたのは，「ちょうど国内の一定の社会・経済問題が国内領域で適切な制度的対応を必要とするように，国際的な性格を持つ社会・経済問題も，国際協力なくしてその完全な解決は得られないので，国際レベルで同様に適切な制度的救済を必要とする」（スガナミ，1994）という考え方に根ざすものである。1929年の大恐慌や，世界経済のブロック化が第二次大戦の遠因であったことへの反省の上に立ち，社

会・経済分野での国際協力を進めることが戦争の防止にも貢献することになるという発想である。この考え方は,「機能主義」と呼ばれる,ミトラニーが主唱した考え方である。後に見るように,国際行政連合のいくつかが,第二次大戦後に国連の「専門機関」として組織的な発展を遂げたり,1944年のブレトンウッズ会議の成果として国際復興開発銀行（世界銀行,IBRD）や国際通貨基金（IMF）といった国際組織が設立されたりしたのは,この機能主義の発想に基づくものである。

■ 国連設立までの経緯

英米共同宣言では具体的に言及されなかった,国際連盟の後継となる国際組織設立問題は,1943年の後半にはアメリカ政府も同意するところとなり,10月にモスクワで開催されたアメリカ,イギリス,ソヴィエト連邦の外相会合で作成され,中国も署名した「一般的安全保障問題に関する四ヵ国宣言」で,新たな国際組織の設立について合意した。これを受けて1944年にアメリカのワシントン郊外で開催された「ダンバートン＝オークス会議」において,現在の国際連合憲章の草案が作成された。このときにアメリカとソ連の間で合意できなかった問題については,ヤルタ会談（1945年2月）で妥協が図られ,それをもとに,同年4～6月にサンフランシスコにおける「国際組織設立のための連合国会議（サンフランシスコ会議）」で最終的な交渉が行われた。その成果として採択された条約が「国際連合憲章」であり,51ヵ国がそれに署名し,日本の敗戦から約2ヵ月後の1945年10月24日,正式に国連が設立された。

3　国連の組織と活動

■ 国連の目的・原則と組織

国連憲章は,前文と本文111ヵ条からなる。そのうち,第1条に国連の「目的」,第2条に国連と加盟国が従うべき「原則」が規定されている。

国連には,総会,安全保障理事会（安保理）,経済社会理事会（経社理）,信託統治理事会（1994年以降,活動を休止している）,事務局,国際司法裁判所（ICJ）という六つの「主要機関」が設けられている。また,国連憲章によれば,

国連自身も総会や経社理を通じて，経済・社会分野での国際協力を促進することになっている（憲章第13条および第55条など）が，実際には，主として「専門機関」（経済・社会・文化・教育・保健など特定の分野を扱う，独立の国際組織であって，国連との間で「連携協定」と呼ばれる条約を結んでいる国際組織）が具体的な活動を行っている（国連の「主要機関」と主な専門機関については図3-1の通りである）。「国連ファミリー」という言葉は正式の用語ではないが，国連と専門機関，さらに国連の内部機関のうち，開発援助・難民支援・食糧援助などを扱う補助機関（国連の主要機関の決議によって設置された下部機関）を総称するときに使われている。2006年6月，192番目の加盟国としてモンテネグロが加わった国連には，地球上のほぼすべての国家が加盟している。国連そのものはもとより，国連ファミリー全体を通して，国際社会の共通関心事項が幅広く取り扱われているのである。

　国連は，専門機関に加え，各地域に設立された国際組織（地域的機関）とも連携することが予定されていた。国連憲章第8章の規定は，安全保障問題を扱う地域的機関を念頭においたものだが，現在では，それ以外の地域的な機関（条約を通じて設立されていないものも含まれる）にも参加を呼びかけた会合が開催されている。その意味で国連は，単に主権国家を構成員とする国際組織として多国間交渉の場を提供しているだけではなく，国際的な組織体相互の連携・調整のための場でもあるといえる。

■ 武力不行使原則と国連の集団安全保障

　国連加盟国は憲章第2条4項によって，「武力による威嚇又は武力の行使」を慎む一般的義務を負っている。19世紀末から始まった「戦争の違法化」の流れが，これで完結したのである。このような国連憲章の下で，加盟国が合法的に武力を行使できるのは，安保理の決定に基づいた軍事制裁を行う場合と，自衛権を発動する場合（第51条）に限られている。では，安保理は，国連憲章上，どのように位置づけられ，その権限を行使するのであろうか。

　まず，安保理は，「国際の平和及び安全の維持に関する主要な責任」（第24条1項）を負う機関として，事態が「平和に対する脅威，平和の破壊又は侵略行為」にあたるかどうかを決定する権限を有する（第39条）。その決定に基づ

き，安保理は，「経済制裁を含む非軍事的措置」(第41条)，さらには「軍事的措置」(第42条)を発動することになる。また，制裁前の段階で，事態がそれ以上悪化しないようにするための「暫定措置」(第40条)が取られることもある。その際には，常任理事国と呼ばれる五大国(アメリカ，イギリス，フランス，中国，ソ連〈後にロシア〉)の同意投票が求められ，「大国の協調」を確保するしくみとなっている。この安保理による制裁の決定に対して，すべての加盟国は「この憲章に従つて受諾し且つ履行する」(第25条)義務を負う◆。

　国連憲章第1条1項にもあるように，国際の平和と安全の維持は，国連の最大の目的である。すなわち，戦争を防ぎ，戦争になりそうな国家間の対立(紛争)を交渉・調停・裁判といった平和的な手段で解決することこそが，国連の第一義的な存在意義である。第一次大戦(1914-1918年)の反省に基づいて設立された国際連盟で初めて実現した集団安全保障は，第二次大戦を防げなかった。その理由の一つに，国際連盟規約に基づいて認められた連盟理事会や連盟総会の権限が弱かった，ということがあげられる。そのため国連憲章では，安保理の権限の明確化・強化によって，国際連盟の欠点を補う工夫が盛り込まれているのである。

　もっとも，このような国連憲章の構造は，国家間の紛争を前提としたものである。また冷戦後に多発した国内紛争に対しても安保理は，国内紛争であっても国際社会全体，あるいは少なくとも地域の平和と安全を脅かすことがありうる，という前提に立って，第39条に基づく決定を行ってきた。しかし，脅威の対象がテロリストのように特定の領域を持たない集団になると，このような安保理のしくみが機能するかどうか，疑問もある。たとえば安保理は，2004年4月，決議1540号を採択し，大量破壊兵器とその運搬手段がテロリスト集

◆用語解説
安全保障理事会の表決手続と「拒否権」　国連憲章第27条2項は，安保理での表決手続について，「手続事項」の場合，「九理事国の賛成投票」が必要と規定している。これに対し，同条3項は，「その他のすべての事項」，すなわち，憲章第39条に基づく「決定」や第40，41，42条に基づく措置を発動するかどうかといった事項については，「常任理事国の同意投票を含む九理事国の賛成投票」(第27条3項)を必要としている。すなわち，常任理事国のうち一国でも反対すれば，安保理は具体的な行動がとれないことになる。安保理の表決手続における，このような常任理事国の地位を「拒否権」と呼んでいる。

第3章　国際法と国際組織の役割　63

Column ⑬◇　国連の「目的」と「原則」

国際連合憲章

　第1条【目的】　国際連合の目的は，次のとおりである。

　1　国際の平和及び安全を維持すること。そのために，平和に対する脅威の防止及び除去と侵略行為その他の平和の破壊の鎮圧とのため有効な集団的措置をとること並びに平和を破壊するに至る虞のある国際的の紛争又は事態の調整又は解決を平和的手段によって且つ正義及び国際法の原則に従って実現すること。

　2　人民の同権及び自決の原則の尊重に基礎をおく諸国間の友好関係を発展させること並びに世界平和を強化するために他の適当な措置をとること。

　3　経済的，社会的，文化的又は人道的性質を有する国際問題を解決することについて，並びに人種，性，言語又は宗教による差別なくすべての者のために人権及び基本的自由を尊重するように助長奨励することについて，国際協力を達成すること。

　4　これらの共通の目的の達成に当つて諸国の行動を調和するための中心となること。

　第2条【原則】　この機構及びその加盟国は，第一条に掲げる目的を達成するに当つては，次の原則に従って行動しなければならない。

　1　この機構は，そのすべての加盟国の主権平等の原則に基礎をおいている。

団の手にわたらないようにするための国内法制の整備を加盟国に要請するとともに，加盟国の履行状況を監視するための委員会を設置することを決定した（加盟国は，憲章第25条に基づいて，この決議を履行する義務を負っている）。このような決議を採択することが安保理の権限として認められるか，という問題もあるが，同時に，テロ問題への対処においては，各加盟国の国内的な取り組みが重要であることをあらためて示したものともいえる（浅田，2005）。

■ 平和維持活動（PKO）

　冷戦期間中，機能不全に陥った集団安全保障システムに代わり，国連は「平和維持活動（PKO）」と呼ばれる方法を編み出し，一定の評価を得た。PKOの最大の特徴は，「非強制・中立」の立場で紛争の最終的解決を側面から支援するところにある。集団安全保障体制がめざしたように，国連が強制的に紛争を

2 すべての加盟国は，加盟国の地位から生ずる権利及び利益を加盟国のすべてに保障するために，この憲章に従つて負つている義務を誠実に履行しなければならない。

3 すべての加盟国は，その国際紛争を平和的手段によつて国際の平和及び安全並びに正義を危くしないように解決しなければならない。

4 すべての加盟国は，その国際関係において，武力による威嚇又は武力の行使を，いかなる国の領土保全又は政治的独立に対するものも，また，国際連合の目的と両立しない他のいかなる方法によるものも慎まなければならない。

5 すべての加盟国は，国際連合がこの憲章に従つてとるいかなる行動についても国際連合にあらゆる援助を与え，且つ，国際連合の防止行動又は強制行動の対象となつているいかなる国に対しても援助の供与を慎まなければならない。

6 この機構は，国際連合加盟国でない国が，国際の平和及び安全の維持に必要な限り，これらの原則に従つて行動することを確保しなければならない。

7 この憲章のいかなる規定も，本質上いずれかの国の国内管轄権内にある事項に干渉する権限を国際連合に与えるものではなく，また，その事項をこの憲章に基く解決に付託することを加盟国に要求するものでもない。但し，この原則は，第七章に基く強制措置の適用を妨げるものではない。

終わらせるのではなく，紛争そのものの処理・解決は紛争当事国などに委ね，国連の任務を停戦監視や兵力引き離しなどに限定しながら，国連が持つ政治的な権威を用いて，紛争の処理・解決を容易にしようというものである。

冷戦後の国連PKOは，一時期，「非強制・中立」の原則を離れたこともあったが，PKOの派遣先の国の協力が得られず，また，PKOに要員を提供する国にとっても自国軍兵士が犠牲になるリスクが高まることから必要な要員数を確保できないなどの欠点が露呈した。そのため，近年では再び「非強制・中立」という伝統的な原則に立ち返ったうえで，紛争後の平和構築など，紛争後の国家（社会）の再建に対する支援に力を入れるようになり，2005年12月20日には，「持続可能な平和を達成するために紛争状態の解決から復旧，社会復帰，復興にいたるまで一貫したアプローチに基き，紛争後の平和構築と復旧のための統合的な戦略の助言・提案を行う」ことを目的とした平和構築委員会を

図 3-1　国際連合組織図

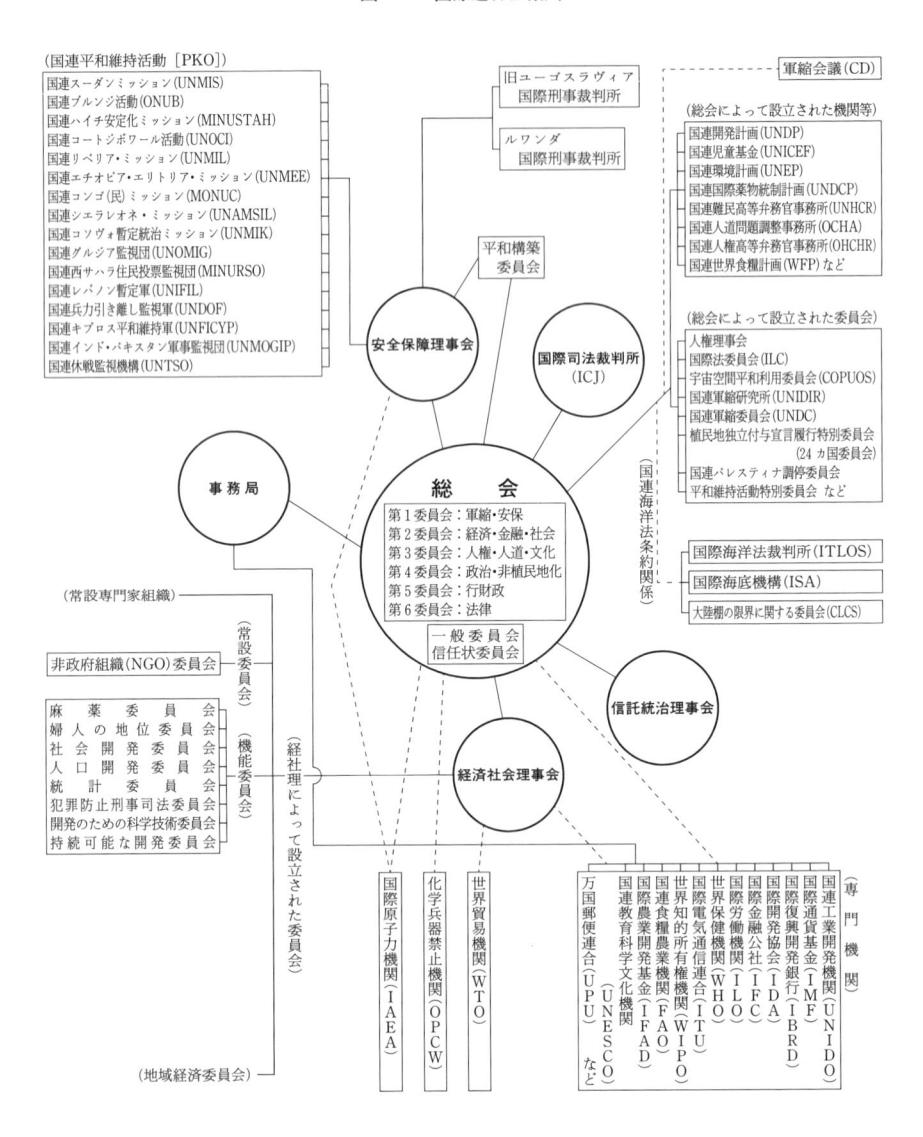

(国連平和維持活動 [PKO])
国連スーダンミッション(UNMIS)
国連ブルンジ活動(ONUB)
国連ハイチ安定化ミッション(MINUSTAH)
国連コートジボワール活動(UNOCI)
国連リベリア・ミッション(UNMIL)
国連エチオピア・エリトリア・ミッション(UNMEE)
国連コンゴ(民)ミッション(MONUC)
国連シエラレオネ・ミッション(UNAMSIL)
国連コソヴォ暫定統治ミッション(UNMIK)
国連グルジア監視団(UNOMIG)
国連西サハラ住民投票監視団(MINURSO)
国連レバノン暫定軍(UNIFIL)
国連兵力引き離し監視軍(UNDOF)
国連キプロス平和維持軍(UNFICYP)
国連インド・パキスタン軍事監視団(UNMOGIP)
国連休戦監視機構(UNTSO)

旧ユーゴスラヴィア国際刑事裁判所
ルワンダ国際刑事裁判所

軍縮会議(CD)

(総会によって設立された機関等)
国連開発計画(UNDP)
国連児童基金(UNICEF)
国連環境計画(UNEP)
国連国際薬物統制計画(UNDCP)
国連難民高等弁務官事務所(UNHCR)
国連人道問題調整事務所(OCHA)
国連人権高等弁務官事務所(OHCHR)
国連世界食糧計画(WFP) など

平和構築委員会

安全保障理事会

国際司法裁判所(ICJ)

(総会によって設立された委員会)
人権理事会
国際法委員会(ILC)
宇宙空間平和利用委員会(COPUOS)
国連軍縮研究所(UNIDIR)
国連軍縮委員会(UNDC)
植民地独立付与宣言履行特別委員会(24カ国委員会)
国連パレスティナ調停委員会
平和維持活動特別委員会 など

事務局

総　会
第1委員会：軍縮・安保
第2委員会：経済・金融・社会
第3委員会：人権・人道・文化
第4委員会：政治・非植民地化
第5委員会：行財政
第6委員会：法律
一般委員会
信任状委員会

国際海洋法裁判所(ITLOS)
国際海底機構(ISA)
大陸棚の限界に関する委員会(CLCS)

(常設専門家組織)
非政府組織(NGO)委員会

(常設委員会)

麻薬委員会
婦人の地位委員会
社会開発委員会
人口開発委員会
統計委員会
犯罪防止刑事司法委員会
開発のための科学技術委員会
持続可能な開発委員会

(機能委員会)

信託統治理事会

(経社理によって設立された委員会)

経済社会理事会

(地域経済委員会)

国際原子力機関(IAEA)
化学兵器禁止機関(OPCW)
世界貿易機関(WTO)

(専門機関)
万国郵便連合(UPU)
国連教育科学文化機関(UNESCO)
国際農業開発基金(IFAD)
世界食糧農業機関(FAO)
世界知的所有権機関(WIPO)
世界保健機関(WHO)
世界電気通信連合(ITU)
国際労働機関(ILO)
国際金融公社(IFC)
国際開発協会(IDA)
国際復興開発銀行(IBRD)
国際通貨基金(IMF)
国連工業開発機構(UNIDO)
など

◯は国連の主要機関

[出典] 大沼保昭編集代表『国際条約集 2006年版』有斐閣，をもとに，筆者が本書に関連する機関および国際組織を中心に再構成。

設立することが，総会と安保理によって決定された（平和構築についての詳細は第11章から第13章で扱う）。

■ 国連による規範の作成

　国連をはじめとする国際組織は，「決議」と呼ばれる文書を多数採択している。それらの文書の多くは，「勧告」と呼ばれるものであって，加盟国を直接に拘束するものではない。特に，国連総会の場合，分担金の割り当てや新規加盟国の承認に関する決議など国連憲章に明文の根拠があるものに限って，国家（加盟国）を拘束するにすぎない。しかし，国連加盟国のすべてが参加して採択する決議には，法的な拘束力はなくても，いわば「国際社会全体の総意」として政治的に意味を持つものも少なくない。たとえば，「世界人権宣言」（1948年第3回総会で採択）に盛り込まれた人権は，すべての国家が守るべき最低限の人権基準を示すものと考えられているし，「植民地独立付与宣言」（1960年第15回総会で採択）は，植民地保有を禁止する国際慣習法の成立を確認するという意味を持つ。

　また，国連総会や国連が特別に開催する国際会議を通じて，条約案の交渉が行われることもある。特に前者の場合，総会の下部機関である国際法委員会（ILC）が，条約案作成のための調査・研究・草案の作成を行い，その後，総会や臨時に組織された下部機関でさらに審議されることもある。ILC の議論に参加するのは個人的な資格で選出された専門家であって，国家代表（外交官）ではない。第14章で詳しく扱っている国際刑事裁判所（ICC）を設立した条約（ICC規程）も，ILC が作成した ICC 規定草案と「人類の平和と安全に対する犯罪条約草案」が基礎となっている。これらの事例は，いずれも「国連自身が」条約を作成しているわけではなく，「国連を通じて」条約交渉が行われているにすぎないのであるが，それでも加盟国すべてが対等な立場で議論に参加する場を提供し，国連事務局が持つ専門的知識が活用されているという意味で，国連の役割を見逃すことはできない。

Column ⑭◇　**国連事務局と事務総長**

　国連の事務局は，国連の組織全体の運営に携わる，加盟国から独立して任務を行う国際公務員によって構成されている。その任務は総会や安保理など国連で開催される諸々の会議の運営（資料の作成や翻訳・通訳など）から，現場（フィールド）で開発援助や難民支援などの業務にあたるものまでさまざまである。

　この国連の事務局の長が「事務総長（Secretary-General）」である。事務総長は，憲章第 99 条に基づき，「国際の平和及び安全の維持を脅威すると認める事項について，安全保障理事会の注意を促す」権限を認められている。また，年に一回，事務総長は総会に対して年次報告を提出することとなっており（第 98 条），国際情勢に関する事務総長としての見解や国連の活動のあり方について，加盟国の議論を促す契機となっている。年次報告のほかにも，事務総長自身の判断や，総会・安保理からの要請に応じて，随時，報告書を提出している。

　事務総長の任期は 5 年で，安保理の勧告に基づき総会が任命する（憲章第 97 条）。事務総長選出の際の安保理の勧告では，常任理事国は拒否権を行使できる。ブトロス=ガリ第 6 代事務総長は再選をめざしたものの，アメリカの拒否権行使により断念した。

4　国際社会の変容と国連改革

■ 国連改革の流れ

　2003 年 9 月，アナン事務総長は，「脅威，挑戦と変革に関するハイレベル委員会」を招集し，21 世紀における集団安全保障のあり方と，国連の役割強化について諮問した。その背景には，①冷戦終結後の国際社会における内戦（地域紛争）の多発を受けて，効果的な紛争予防・平和維持・平和構築へのあり方への関心が高まったこと，②コソヴォ紛争（1999 年）などを契機として，いわゆる「人道的介入」をめぐる議論が先鋭化したこと，③さらに「9.11 テロ事件（2001 年 9 月 11 日）」に代表される「新たな脅威」の出現と，それにともなって安保理常任理事国間の意見対立が表面化したことを受け，国連がこれらの状況に対応できないと，国連自身の存在意義を問われかねない，というアナン事務総長の強い危機感があったことがあげられよう。表現を変えれば，1945

表 3-1　歴代国連事務総長

代	氏　名	出身国	任　期
初代	トリグブ・リー (Trygve Lie)	ノルウェー	1946-1952年
第2代	ダグ・ハマーショルド (Dag Hammarskjöld)	スウェーデン	1953-1961年
第3代	ウ・タント (U Thant)	ビルマ（ミャンマー）	1961-1971年
第4代	クルト・ワルトハイム (Kurt Waldheim)	オーストリア	1972-1981年
第5代	ハビエル・ペレス・デクエヤル (Javier Pérez de Cuéllar)	ペルー	1982-1991年
第6代	ブトロス・ブトロス=ガリ (Boutros Boutros-Ghali)	エジプト	1992-1996年
第7代	コフィ・アナン (Kofi Annan)	ガーナ	1997-2006年

［出典］筆者作成。

年生まれの国連を21世紀の国際社会に対応させるには何が必要か，という問題意識である。もっとも，このような問題意識は目新しいものではなく，冷戦終結後の1992年1月に当時の安保理構成国首脳による「安保理サミット」やそれを受けたブトロス＝ガリ事務総長（当時）による報告書『平和への課題』など，国連は国際環境の変化に応じて，あるべき姿をつねに問い直し続けてきたのであり，今回のハイレベル委員会もそのような流れに位置づけられる。

　ハイレベル委員会は，2004年12月，『より安全な世界——我々が共有する責任』と題した報告書を提出した。この報告書は，今日の国際社会が直面する課題として，①貧困・感染症・環境悪化，②国家間紛争，③国内紛争，④核・生物・化学兵器といった大量破壊兵器，⑤テロリズム，⑥国際組織犯罪をあげ，これらに効果的に対処することの必要性を強調している（この報告書への批判的コメントとして，総合研究開発機構〈NIRA〉ほか編，2006）。この報告書を受けたアナン事務総長も，2005年3月，『より大きな自由を求めて——全ての人々のための安全，開発及び人権に向けて』という報告書を公表した。この報告書では，①欠乏からの自由，②恐怖からの自由，③尊厳をもって生きる自由，という表題の下で，貧困と開発，安全保障，法の支配・人権・民主主義をめぐる問題が扱われたうえで，問題解決に向けた国連改革のための具体的な提言が行われている。

　国連加盟国も，これらの提言に基づいて，国連創立60周年にあたる2005年9月，国連総会第60会期の冒頭に，加盟国元首および政府首脳レベルによる

Column ⑮◇　国連のグローバル・コンパクト

　グローバル・コンパクトとは，人権，労働，環境に関する理念を共有する国連，企業，労働団体，市民団体によるグローバルなネットワークのことであり，国連のアナン事務総長のよびかけに基づき，2000年に設立された。具体的には，国連がこれまでに指導して形成してきた人権，労働，環境に関する10の国際的規範を企業が公式に受け入れることをめざす。そして，10原則の受け入れを表明した企業には，こうした原則を企業内に浸透させるような行動を要請する。具体的には，10原則の経営指針への取り入れや企業の人材養成・研修プログラムへの取り込みなどが行われている。こうした企業の努力の成果について評価報告を行うことを求めている。ただし，10原則の遵守については，基本的に企業の自主性に委ねられており，グローバル・コンパクトは決して拘束力の強いネットワークではない。

　グローバル・コンパクトの意義は，まず，国連がこれまで築いてきた規範を企業の社会的責任（CSR）に関する国際基準として提示したことであり，また，企業にその遵守をもとめ，企業の社会的責任に関する国際的ネットワークを形成した点にある。国連は，かつてのような企業との対決姿勢を改め，今日では経済がグローバル化していることを事実として受け止め，企業との連携を求めるようになった。しかし，グローバル化した経済活動は，さまざまな環境・社会的な問題も引き起こしており，このままでは持続可能な発展を確保することはできないと考え，グローバル・コンパクトを設立し，その発展に取り組んでいる。

「世界サミット」を開催し，国連改革の具体策についての合意をめざした。しかし，日本国内で関心の高い安保理改革（常任・非常任理事国数の拡大や拒否権の取り扱い）について合意できなかったように，画期的な成果をあげるにはいたらなかった。国連改革へ向けた提案については，実現の可能性が低かったり，既存の組織・体制を簡素化・合理化するどころか，かえって複雑にしたり，国連憲章との整合性がとれないなどの批判を受けているのが現状である。

　たとえば，人権委員会を改組した人権理事会の場合を見てみよう。かつての人権委員会は年に1回6週間の会合を開くだけであったが，人権理事会は少なくとも年に3回合計10週間以上の会合を開くことになっている。その一方で，人権委員会の委員国数が53であったのに対し，人権理事会の理事国数は47であるから，全体として見た場合，より効率的に議論が行えるようになったかど

うかは疑わしい。また，人権理事会の理事国が重大な人権侵害を行った場合，総会の3分の2の多数決で理事国としての資格を停止できるという新たなしくみが取り入れられたが，どこまで実効性があるか，今後の運用を見極める必要があるだろう。

■ **市民社会と国連**

　国連は，設立当初から，NGO（国連憲章上の用語では「民間団体」）と協力を行うことが想定されていた（第71条）。具体的には，経済社会理事会で扱われる事項を活動分野とするNGOに，国連での「協議資格」（現在は，総合協議資格，特殊協議資格，ロスターの三つに分かれている）を与え，議題の提案や国連での会合への出席・発言を認めるというものである。国連設立当初の1948年の段階で何らかの協議資格を認められていたNGOが48にすぎなかったのに対し，現在では約2300団体に協議資格が与えられている（国連広報センターのホームページによる）。これは単にNGOの数が増えたということだけではなく，NGOの活動が持つ国際的な重要性が飛躍的に増し，NGOのより積極的な参加が国連の活動にとって不可欠なものとみなされるようになったことの証でもある。

　市民社会（シビル・ソサエティ）という語は，NGOと同義とされることも，NGOよりも広い意味で市民間の連携という意味でも用いられている。近年の国連は，「市民社会との連携」を重視するようになっている。先にも述べたように，そもそも国連は加盟国間での協力を実現するために設置され，国連ファミリーや地域機関などとの連携・調整の場であることも期待されてきたが，さらに「市民」との連携を模索しているのである。また，2000年以降，国連は「グローバル・コンパクト（GC）」という考え方の下に，企業とも連携を深めている（*Column* ⑮参照）。企業（特に大企業や多国籍企業）が市民社会の構成要素といえるかどうかという問題はあるものの，人権・労働・環境・腐敗防止といった分野では，単に国家レベルでの規範作成・実施だけではなく，企業からの協力もあってはじめて実効性が高まる分野でもあり，その成果が期待されるところである。

■ 国連を見る視点

　国連の活動分野は多岐にわたる。地域紛争に対してPKOを派遣するのも国連であるし，人権侵害を行っている国を非難するのも国連である。難民や自然災害の被災者に救援物資を配布するときも，開発途上国に対する開発援助においても国連は重要な役割を負っている。ひとくちに国連といっても，具体的にどの分野のどういう活動に注目するかによって，国連はさまざまな姿を見せる。このような国連に対する賞賛と批判もさまざまである。それは国連の活動が幅広く，一つの評価基準には収まりきらないことの証でもあろう。したがって，何か特定の分野・事項において国連が有益な活動を行っているからといって，それは国連に何の問題もないことを意味しないし，その逆も同じである。

　きわめて基本的なことだが，国連は世界政府ではない。国連の運営資金の大半が，分担金と呼ばれる加盟国からの拠出金でまかなわれている。アメリカや日本といった有力拠出国が分担金の支払いを拒否すれば，たちまち国連は財政難に陥る。また，国連の意思決定も加盟国の多数決による場合が多い。「国連の」活動といっても，究極的には一つ一つの加盟国が国連を活用しようとしなければ，国連はとたんに活躍の場を失ってしまうのである。言い換えれば，加盟国が国連に協力し，国連が加盟国の期待に応えている分野では国連が賞賛され，加盟国の協力が十分ではないか，国連の能力に問題がある分野では国連の存在意義が問われるのである。

＊

　国連は必要なのか，有効なのか。これは，国連設立以来，つねに繰り返されてきた問いである。この議論も究極的には，日々変化する国際環境の中で，加盟国が国連に何を求め，何を期待しているか，また，それに対して国連が十分応えられる体制（組織・人・資金）になっているか，を議論していることと同じである。特定の分野への評価をあたかも国連全体の評価にすりかえたような，単純な「国連不要論」も「国連中心主義」も国連全体を見通した議論ではない。国連に限らず，国際組織も人が作った制度である以上，時代の変化にあわせた改革が必要であるし，十分な改革が行われなければ，組織の存在意義そのものが批判の対象となる。加えて，国際組織に対する根強い不信を持っている人たちも存在するし，逆に，国際組織を通じた国際協力の意義を認め，国際組織に

対する，より一層の協力を訴える人もいる。アメリカが，冷戦後の「唯一の超大国」として，国連を無視するかのような行動（単独主義）をとっていることが批判されることがあるが，そのアメリカも大統領や国務長官の政治的信条や国内世論によって，国連に対する対応は変化しているのであり，「アメリカ＝反国連（国際組織）」という単純な図式化はできない。

　今日においても国際社会は，主権国家を単位とする分権的な社会である。と同時に，多様な文化（宗教・言語はもとより，思考や生活様式も含む）が並存する社会でもある。その国際社会全体が平和・安定・繁栄を享受するための規範や制度の形成と実施が行われるために，何が必要で，何が可能か，という視点で国連をはじめとした国際組織の役割，意義，限界を考えることが重要であろう。

引用・参考文献

浅田正彦，2005年「安保理決議1540と国際立法——大量破壊兵器テロの新しい脅威をめぐって」『国際問題』第547号，日本国際問題研究所

国連広報センター（東京）ホームページ〈http://www.unic.or.jp〉

スガナミ，H．／臼杵英一訳，1994年『国際社会論——国内類推と世界秩序構想』信山社出版

総合研究開発機構（NIRA）・横田洋三・久保文明・大芝亮編，2006年『グローバル・ガバナンス——「新たな脅威」と国連・アメリカ』日本経済評論社

納家政嗣，2005年「序文　国際政治学と規範研究」『国際政治』第143号，日本国際政治学会

さらに読み進む人のために

稲田十一編，2004年『紛争と復興支援——平和構築に向けた国際社会の対応』有斐閣
　＊紛争後の復興支援・平和構築に際して，国際社会がどのように取り組むべきかを実例もふまえて学際的・体系的に解説した書物。

佐藤哲夫，2005年『国際組織法』有斐閣
　＊国際組織に関する法的問題を，具体的個別的な活動もふまえつつ体系的に分析した概説書。

スガナミ，H．／臼杵英一訳，1994年『国際社会論——国内類推と世界秩序構想』信山社出版
　＊19世紀以降の世界秩序構想における，伝統的な国内制度の影響を分析した書物。国際連盟・国連についても詳しく論じられている。

中谷和弘・植木俊哉・河野真理子・森田章夫・山本良，2006年『国際法』有斐閣ア

ルマ
  *国際法の教科書。コンパクトではあるが，基本的な説明から最新の情報までが網羅されており，初学者にも扱いやすい書物。

納家政嗣，2003 年『国際紛争と予防外交』有斐閣
  *冷戦後の国際紛争や平和維持，予防外交，人道的介入などのテーマについて，国際政治学・安全保障論の観点から整理・議論した本。

日本国際連合学会編『国連研究』国際書院
  *学会誌（毎年 5 月頃に刊行）として，特集テーマを設定の上，編集している。第 7 号（2006 年 5 月）の特集は「持続可能な開発の新展開」。

最上敏樹，2006 年『国際機構論〔第二版〕』東京大学出版会
  *なぜ国際組織が登場したのか，それがどのような理論的意味を持つのかという点を中心テーマとした概説書。

横田洋三編，2005 年『新国際機構論』国際書院
  *国際組織の具体的活動を幅広く網羅しつつ，理論的な問題を検討した本。なお，上・下分冊版もある。

(山田哲也)

第4章
地域機構は役に立つのか

　おそらく日本の読者にとって、国際政治における地域機構は最もなじみの薄い概念かもしれない。それは、日本が、近代国家としての出発時点で、自らが地理的に属する「地域」からの意図的な脱却（「脱亜入欧」）を国策とし、それに続く「大東亜共栄圏」的発想の手痛い失敗の後、ごく最近にいたるまで、外交のプライオリティとして、「地域」を日米関係と国連中心主義の狭間に置き去りにしてきた当然の結果だろう。

　しかし、国際関係の中で、このような感覚はむしろ例外であって、世界の多くの国々は、近隣諸国との地域的な枠組みを国際関係・外交の重要な「場」としてとらえている。とくに冷戦終結後、地域機構は国際関係の構成要素として注目されつつあり、それは本書の扱う国際紛争と平和の問題においても顕著な潮流となっている。地域機構という分析視野は、現代国際関係、国際紛争の領域に新たな地平を切り開こうとしているエキサイティングな論点なのである。

1　冷戦終結と地域機構の再登場

■ 地域機構とは何か

　第二次世界大戦後の国際社会では、第3章で扱われているように、世界中のほとんどの国が参加しているという意味において「普遍的な」国際組織である国際連合（国連）を中心に、諸国が平和的に交渉し、その過程において明示・黙示的に、ルール、規範を形成していくという形式が、少なくとも原則として

は確立されてきた。とくに国際紛争にかかわる問題については，安全保障理事会（安保理）に権限と責任を集中させる点が，現在にいたるまで国連システムの最大の特徴であることはいうまでもない。

　しかし，難しい説明を省いたとしても，このような世界大の組織が，国際関係のすみずみまで把握し，対処することが困難であることは容易に想像がつくであろう。ここに，地域的国際組織の存在理由がある。実は，国連憲章においても，「地域的取極」と題した章が設けられており（第8章），国連の目的・原則に一致するかぎり，「地域的取極又は地域的機関」の存在を認め，むしろ地域の問題は，それを安全保障理事会に付託する前に，これらによって平和的に解決をはかることが奨励されている（第52条）。さらには，安全保障理事会の決定による強制行動に際しても，適当な場合には，それらの機関を用いることまで定められていたのである（第53条）。

　また，歴史的に見れば，国連創設後まもなく世界は東西冷戦の時代に突入し，アメリカ・西欧諸国の北大西洋条約機構（NATO）と，それに対抗するソ連・東欧諸国によるワルシャワ条約機構（WTO）に代表される，地域的集団防衛機構とは名ばかりの多国間軍事同盟が，世界の安全保障問題の中で絶大な存在感を持つことになった。

　同時に，経済社会領域でも，「西」の欧州経済協力機構（OEEC，のちに経済協力開発機構；OECD）と「東」のコメコン（経済相互援助会議）が大きな影響力を持ち，また，現在の欧州連合（EU）につながるヨーロッパの地域統合の動きも，冷戦体制下における西欧の地域機構として具体化していくことになる。

　これ以外にも，このような東西対立の構図には直接関係しない数多くの地域機構が世界に誕生した。石油輸出国機構（OPEC）なども，必ずしも地理的な意味での「地域」機構ではないが，通常，地域機構の範疇に含まれる。

　さて，このあたりで読者は困惑しているかもしれない。軍事同盟も，地域統合も，あるいはゆるやかな地域協力の枠組みも，同じ地域機構と考えてよいのかと。いったい，地域機構とは，どのように定義されるのだろうか。

　実は，これらの問いかけに対しては，明確な答えは存在しない。国内外の国際関係論，国際法の教科書を見ると，これまで国際関係をめぐる学問の中で，地域機構は（ヨーロッパ統合を唯一の例外として）主要テーマとしては扱われ

表4-1 主な地域機構リスト

地域	地域機構名	設立・発足年	備考
アジア・太平洋地域	アンザス条約機構(AOC)	1951年	オーストラリア,ニュージーランド,アメリカ。1980年代後半以降実質的には米豪同盟となる
	東南アジア諸国連合(ASEAN)	1967年	10カ国。ASEAN+3は1997年発足,ARFは94年発足
	アジア開発銀行(ADB)	1966年	
	南アジア地域協力連合(SAARC)	1985年	インド,パキスタン,ネパールなど7カ国
ヨーロッパ地域	欧州安全保障協力機構(OSCE)	1995年	CSCE(1975年〜)から改称
	欧州連合(EU)	1993年	
	アジア欧州会議(ASEM)	1996年	38カ国と欧州委員会
	欧州審議会(CE)	1949年	46カ国。欧州評議会とも訳される
	西欧同盟(WEU)	1955年	10カ国。多くの機能をEUに移行
	北欧会議(NC)	1952年	5カ国と3自治地域
	ワルシャワ条約機構(WTO)	1955年	1991年に解散
	欧州復興開発銀行(EBRD)	1991年	
	北大西洋条約機構(NATO)	1949年	
米州地域	米州機構(OAS)	1951年	35カ国
	北米自由貿易協定(NAFTA)	1994年	アメリカ,カナダ,メキシコ
	南米南部共同市場(MERCOSUR;メルコスール)	1994年	ブラジルなど4カ国
	米州開発銀行(IDB)	1959年	
中東地域	湾岸協力会議(GCC)	1981年	サウジアラビアなど6カ国
	アラブ・マグレブ連合(AMU)	1989年	リビア,チュニジアなど5カ国
	イスラム諸国会議機構(OIC)	1971年	
	アラブ連盟	1945年	21カ国とPLO
アフリカ地域	西アフリカ諸国経済共同体(ECOWAS)	1975年	15カ国
	西アフリカ経済通貨同盟(UEMOA)	1994年	8カ国
	南部アフリカ開発共同体(SADC)	1992年	タンザニア,ナミビアなど14カ国
	アフリカ開発銀行(AfDB)	1964年	
	アフリカ連合(AU)	2002年	アフリカ統一機構(OAU)から発展改組
中央アジア地域	独立国家共同体(CIS)	1991年	旧ソ連を構成していた共和国が結成
	中央アジア協力機構(CACO)	2002年	4カ国で発足,04年ロシア加盟
	カスピ海協力機構(CASCO)	1992年	イラン提唱。5カ国(ロシアなど)
	黒海経済協力機構(BSEC)	1992年	トルコ提唱,12カ国
	上海協力機構(SCO)	2001年	ロシア,中国,カザフスタン,キルギス,タジキスタン,ウズベキスタン(6カ国)。1996年からの「上海ファイブ」が前身。

[出典] 筆者作成。

ず，むしろ，論者の関心によって個別に言及されることがほとんどであることがわかる。また，後で述べるように，地域機構は類型化の難しい存在でもある。そのため，地域機構とは何か，という定義はおざなりにされてきたといってよいだろう。

しかし，はっきりしていることがある。それは，国連や世界貿易機関（WTO）に代表される普遍的な国際組織ではないもの，すなわち，加盟国限定的な機構であるということである。そこで，ここでは，加盟国が主に地理的近接性によって限定される多国間機構を，地域機構（＝地域的国際組織）とやや曖昧に定義して説明を進めていくこととする。

■ なぜいま「地域」なのか

これまであまり注目されてこなかった地域機構が，なぜ，いま存在感を増しつつあるのだろうか。それは，簡単に言えば，国際関係における「地域」という側面の重要性が急速に拡大したといえるのだが，その背景を，主に三つに分けて見ていこう。

まず，1990年以降，世界大の冷戦構造が崩壊したことが最大の要因である。前に述べたように，多くの地域機構が冷戦期につくられた。しかし，その多くは，東西対立という大きな構図の中で，独自の動きには制約があった。NATOなど，冷戦の中心的行為主体（アクター）にしても，米ソ両大国の意向と全面核戦争の恐怖の前に，その役割と行動の幅はきわめて限定されたものであった。

しかし，冷戦の終結によって，「地域」をめぐる状況は決定的に変化した。世界の各地域は，冷戦の論理と呪縛から解き放たれ，たとえば，ユーゴスラヴィア紛争，あるいはアフリカ各地での内戦の激化など，地域固有の問題が表面化するようになる。地域紛争（あるいは潜在的な紛争関係）が，冷戦期のような米ソの代理戦争ではなく，真に地域化することによって，地域機構は，自らの責任によってこれに対処することが要請され，またそれが可能になったのである。

二つ目に，グローバリゼーションの急速な進展である。第2章でも論じられているように，冷戦後の政治，経済，文化各側面での急激なグローバル化の波

Column ⑯◇ 「統合」をめぐる諸理論

　戦争が国家によって引き起こされるならば，国境を越えるような試みによって平和を維持しようという考えが出てくるのは当然であろう。それが，国際統合の原理的な思想である。その方法をめぐってはいくつかの源流がある。

　古典的な議論は世界的な「政府」をめざす連邦主義であり，また，そのような超国家的存在を目的とせず，経済，社会，文化などの非政治側面（＝機能分野）の協力を進めようとする，ミトラニーに代表される機能主義がある（国連の専門機関などがその事例とされる）。

　さらに，1950年代，ヨーロッパ統合を背景に，ハースらによって，新機能主義が提起され大きな影響力を持った。これは，経済分野での協力が波及（スピルオーバー）効果で拡大，政治統合にまでいたるとするもので，機能主義とは異なって超国家的機関への制度的統合をめざし，人々が忠誠心などをそれに移行させるとする（地域的な統合という意味で連邦主義とも異なる）。

　一方で，必ずしも超国家組織を目標にせず，ある地理的範囲において国家間で戦争の起こりえない状態，すなわち「多元的安全保障共同体」をめざす議論もある。そのために，統合を財・ヒトなどの交流を通じた社会的同化，学習過程としてとらえ，コミュニケーションや交流の増大の意義を主張するのが，ドイチュらの交流主義アプローチである。

　ヨーロッパ統合プロセスの停滞などで，統合をめぐる諸議論は影を潜めたが，1980年代のヨーロッパ統合の再活性化と世界的な地域主義の高まりによって，現在，これら源流をもとに新しい知的潮流も生まれつつある。

とアメリカ的価値観の浸透は，当然，それを受け止める側の，ナショナルな，そしてリージョナルなものとの軋轢を生み出している。そこにおいて，地域機構は，普遍的な理念・言説と「地域の事情」の媒介，あるいは，グローバル化，アメリカの影響力拡大への抵抗の砦として存在意義を高めている。ヨーロッパ統合の急速な発展による「ヨーロッパ合衆国」的な存在感の拡大や，2001年に中国，ロシアなど6ヵ国で発足した上海協力機構（SCO）などは，それぞれ全く異なった背景を持つとはいえ，このような文脈の中で理解できよう。

　そして三つ目に，環境問題など「国境を越える」諸課題の噴出によって，個別国家の機能的限界が認識されるとともに，普遍的国際機構の対処機能についてもまた，多くの疑念が呈されるようになってきている。簡単に言えば，多様

で異質なメンバーの集まった普遍的機構よりも，比較的同質性の高い地域機構の方が，意思決定や行動に迅速性，信頼性があり，かつ，地域の事情に即しているということである。これは，貿易の側面では，WTOでの交渉よりも，自由貿易協定（FTA）などの個別，地域的な取り決めを重視する近年の潮流と重なる。ただし，当然ながら，このような考え方は普遍的機構の意義を否定するものではなく，むしろ，役割分担の方向性が明確になってきたといえるだろう。

これらは，換言すれば，冷戦後の世界における「地域主義（リージョナリズム）」の台頭として理解することもできよう。このように，国際関係における地域機構は，この十数年の間に，過去に見られなかった大きな存在感を示すようになってきているのだが，次にその具体例を見ていこう。

2　国際紛争における地域機構の実際
――「主体」・「場」としての分析

■ 類型化の困難な地域機構の役割

すでに，地域機構についてそれが「何か」という厳格な定義が難しいことについてはふれたが，「どのような」という分類も実は容易ではない。通常，その目的から見て，軍事同盟組織であるか，地域経済協力・統合をめざした枠組みであるか，あるいは，社会文化的側面を含めた総合的な協力機構であるか，といった分類がなされることが多い。しかし，規約や憲章に掲げられた目的と実際の活動が必ずしも一致するとはかぎらないし，とくに冷戦後，NATOが軍事同盟の側面よりも平和維持を含む総合的な安全保障機構として変容しつつあるように，あるいは，EUが経済統合からより高度な政治的統合に向かって進化しているように，時代や国際環境とともに，それぞれの地域機構の役割は変化することがむしろ当然である。

このことは，国際関係，とくに国際紛争と地域機構とのかかわりを考えるうえで，「このようなタイプの機構はこのような役割を果たす」といった説明を難しくしている。本書の構成を見ればわかるとおり，国際紛争と平和の問題は，軍事的側面はもちろんのこと，経済開発から選挙支援にいたるまで幅広い側面を持っており，また，地域的紛争には，当然ながらそれぞれの地域での固有の

背景がある。したがって「国際紛争と地域機構」について，その一般的な分類や定型化はますます困難とならざるをえない。

そこで，以下では，国際紛争と平和の領域における地域機構の役割について，これを「主体（アクター）」と「場（フォーラムあるいはアリーナ）」としての側面に分けて，検討していく。

■ 国際紛争領域での主体としての地域機構

冷戦後に注目されている地域機構の役割として顕著なものは，地域紛争への介入，平和維持活動等のアクターとしての側面である。これらの具体的事例についての詳細は，第11, 12, 13章においてそれぞれの側面から個別に論じられているが，ここでは，地域機構の活動という視点から，いくつかの典型的な事例を見ていこう。

まず，これまでも何度かふれたNATOについてである。東西冷戦の「主戦場」であったヨーロッパにおいて，ソ連・東欧諸国の強大な軍事力への対抗軍事機構として，また，西欧諸国とアメリカの軍事・政治的な協力関係の推進をはかる同盟組織として誕生したNATOは，冷戦の終結とともに，東側のワルシャワ条約機構が消滅したように，その役割を終えるとの観測も有力であった。しかし，実際には，かつての敵国であった中東欧諸国を包含する地理的拡大をし（1999年にはハンガリー，チェコ，ポーランドの3カ国が，2004年にはバルト3国など7カ国が加盟），ロシアとの間でも常設協議機関の設置などの協力関係を構築，そして機能的にも，ヨーロッパ地域の安定を軍事的に担保する総合的な安全保障機構へと発展している。さらに，周辺地域の安定が重要課題であるとして，域外における紛争予防，危機管理などを新たな任務に加えた。

その「主体」としての活動が世界の注目を集めたのは，1999年の（旧ユーゴスラヴィア）コソヴォ空爆である。その詳細や当否の議論は他章に譲るが，NATO軍は，国連安保理の決定がないまま，「人道上やむをえない措置」として武力行使に踏み切った。その背後にある超大国アメリカの影響力も無視できない要素ではあるが，このNATOの「独走」は国際紛争における地域機構のアクターとしての存在感を示す決定的な出来事であったといえよう。さらに，NATOは，「NATO即応部隊」の創設や域外展開に備えた対応など，積極的

な変革を続けている。コソヴォでは，安保理決議に基づき，NATO 軍を主体とするコソヴォ国際安全保障部隊（KFOR）が治安維持にあたっていることや，アメリカのアフガニスタン攻撃とタリバン政権の崩壊以降，ヨーロッパ諸国が中心に治安維持にあたっていた国際治安支援部隊（ISAF）の任務を2003年に受け継いでいることはその一例である。

これらは軍事同盟組織であったNATO の変容を示すものであるが，同じヨーロッパで，地域統合組織であるEU も，同様の，紛争後地域の治安維持任務にも活動を広げている。2003年にはボスニア＝ヘルツェゴヴィナでの警察機構民主化支援やNATO から引き継いだ同地での治安維持，マケドニアへの緊急対応部隊の派遣による治安維持，域外でもコンゴでの平和維持兵力の投入や，イラクでの警察官訓練，ダルフール（スーダン）でのAU 平和維持活動への軍事的および非軍事的支援など幅広い活動を行っている。

活動範囲を域外にまで広げているのはNATO，EU に特徴的であるが，域内での平和維持活動を行っている代表的な地域機構としては，ほかに，アフリカ連合（AU）と西アフリカ諸国経済共同体（ECOWAS）があげられよう。

AU は，1963年設立のアフリカ統一機構（OAU）から2002年に発展的に改組したアフリカ大陸諸国をほぼ包括する（53 ヵ国・地域）地域機構である。OAU は，1993年に紛争予防・管理・解決メカニズムを導入するなど，域内紛争解決に努力をみせたが，各国の主権の壁や組織的な未熟さから，リベリア，シエラレオネの紛争などアフリカ各地の内戦の予防，解決に力を発揮できなかった。その教訓から，AU は，EU 型の高度な政治・経済的統合をめざし，域内の紛争予防・解決に向けた取り組みを強化するために，平和・安全保障理事会をはじめとする各種の機関を備えた。その能力はまだ未知数であるが，2004年にはスーダン西部ダルフール地方での内戦にAU 平和維持部隊を派遣している。

1975年創設のECOWAS は，加盟15 ヵ国のアフリカのサブ地域機構である。経済共同体という名称ではあるが，近年は域内紛争の介入に積極的であり，ECOMOG（ECOWAS軍事監視団）という軍事組織を持つ。これは90年のリベリア内戦の停戦監視のためにナイジェリア軍を中心に創設されたが，その後，97年のシエラレオネ内戦，98年のギニアビサウ内戦にも用いられ，99年の

「紛争予防・管理・解決・平和維持・安全保障メカニズム」議定書によって恒常的な待機部隊となった。またECOWASは2002年にはコートディヴォワールに平和維持ミッションを派遣，リベリア紛争に際しては，和平円卓会議開催や，03年には国連安保理決議を受け平和維持軍を派遣している。

さて，アメリカ大陸に目を移すと，1951年に発足した米州機構（OAS）も，当初は反共産主義軍事同盟的色彩の濃い組織であったが，現在は，加盟国の民主化支援に重点を移している（89年にカナダが加盟して，キューバを除く，すべての西半球諸国35ヵ国を包含した）。90年には民主主義促進室を設置し，加盟諸国での選挙監視活動や91年ハイチでのクーデター後の支援，あるいは92年ペルー，93年グアテマラにおける民主化支援活動を展開した。また，中央アジア地域では，ソ連を構成していた15ヵ国のうちの12ヵ国によって結成された緩やかな地域機構である独立国家共同体（CIS）が，域内の紛争について，93年にはタジキスタンに，94年にはグルジアに，ロシア軍を主体とするCIS平和維持軍を展開させた。

このように，冷戦後の地域紛争には，主に，その停戦監視，平和維持，選挙支援などの紛争後支援に地域機構が大きくかかわっていることがわかる。これらは，見方を変えれば，国連平和維持活動（PKO）の地域機構版ともいうべき活動であって，事実，少なからぬ事例で，国連PKOとの共同活動や，権限移譲など，実際に重なり合う局面がある。

地域機構の紛争過程での「主体」としての活動には，たとえば，ECOWASにおけるナイジェリア，CISにおけるロシアなど，域内大国の恣意的な運用や，その政治意図の「隠れ蓑」となる危険性が指摘されている。言い換えれば，地域機構の行為者としての「正統性」の問題である。しかし反対に，国連安保理が，しばしば，とくに常任理事国5ヵ国のそれぞれの思惑によって，機能麻痺，あるいは決定遅延に陥ることを考えたとき，準当事者である地域機構が迅速に何らかの行動を起こすことが「よりまし」な結果をもたらす可能性もあるだろう。その意味で，国連PKOとの組み合わせなど，普遍的機構と地域機構の両者の長所を取り入れた枠組みが，紛争解決・平和維持プロセスに重要な役割を果たすといえよう。

■ 地域機構＝「場（フォーラム）」としての側面

　国際紛争と地域機構の関係を考えたときに，見落とされがちな，もう一つの側面がある。それは，前項のように，紛争（解決）過程に直接の「行為主体」として関与するのではなく，紛争そのものを直接，間接に予防するようなメカニズム・規範の構築，そのためのフォーラムとしての機能である。

　実は，地域機構についての国際政治学的な関心は，むしろこれまでは，こちらに向いていたという方が正しいかもしれない。それは，地域統合をめぐる議論であり，具体的にはヨーロッパ統合であった。そもそも，ヨーロッパ統合は，二度の世界大戦を引き起こしたヨーロッパに不戦の構造を確立するために，第二次大戦直後から独仏を中心に地域経済統合の地道な試みとして始まったものである。つまり，目標を平和におきつつ，その達成手段として，経済的な統合を進めていくというものであって，とくにヨーロッパ統合過程の初期の成功によって，国際政治理論として国際統合論が一世を風靡し，また，他の地域でも統合が試みられた。その後，ヨーロッパ統合のプロセスは停滞し，他地域での統合をめざす動きはそのほとんどがきわめて低いレベルでの協力関係にとどまった。これによって，統合に関する理論的関心は，今にいたるまで停滞している。

　しかし，ヨーロッパ統合に限っていえば，1980年代以降，そのプロセスは再び勢いを得て，単一市場，単一通貨，人の移動の自由化などから，共通の外交・安全保障政策までも具体化させつつある。さらに冷戦終結後は，中東欧諸国を順次加盟させ，ほぼ全ヨーロッパ的な統合の地域機構となりつつある。その過程で，域内での不戦構造を確立させたことはもちろんだが，加盟条件として，経済要件以外にも，民主主義，法の支配，人権および少数民族の尊重と保護を保証する安定した諸制度を有すること（1993年のコペンハーゲン基準）を定めていることは注目すべきだろう。さらにヨーロッパに特徴的なのは，人権，基本的自由，法の支配などにかかわる「規範」の確立，浸透，保障のプロセスを地域機構として持っていたということである。

　その一つは，1949年に設立された欧州審議会（CE）である。冷戦期に西欧諸国を中心につくられたCEは，冷戦後になって東西ヨーロッパ46カ国を含むようになった。その目的は，軍事領域を除く，社会，法律，行政諸分野での

加盟国の協力であって，その決定が勧告にとどまるにもかかわらず，とくに人権分野では欧州人権条約（53年発効）に代表される，いわばヨーロッパの良心とも言うべき規約や，その保障を実現するために設立された欧州人権裁判所などを通して，多くの成果をあげてきた。

　もう一つは，欧州安全保障協力会議（CSCE，のちにOSCE；欧州安全保障協力機構）である。冷戦期中に米ソを含む東西ヨーロッパ諸国を包含して始まったCSCEには二つの大きな特徴がある。それは，第一に，一触即発が懸念されていた東西両陣営を含む全加盟国に，信頼醸成プロセスを展開させたことである。それは，ホットライン協定，軍事演習などの情報の透明化という緩やかな措置から始まり，やがて規制措置，それらの検証措置の拡充という三本柱によって，全ヨーロッパ地域に戦争の起こしにくいしくみを作りあげた。第二に，CE同様に，人権分野での規範構築と実際的活動の継続である。冷戦期にはたとえば離散家族問題などの実務的分野での活動や，東側諸国の人権団体との連携に力を発揮した。また民主制度・人権事務所（ODIHR）や少数民族高等弁務官◆を備え，とくに少数民族問題が周辺国との紛争につながりやすいことから，これらに関する民主化，人権問題は加盟国全体の関心であるとして，内政不干渉原則に大きな「穴」を開けたことは着目すべきである。冷戦後は旧社会主義諸国の民主化支援，選挙監視に重点を移し，1995年のデイトン合意以降のボスニア＝ヘルツェゴヴィナでの一連の選挙支援，コソヴォ暫定自治のための制度構築，あるいはナゴルノ・カラバフ紛争，モルドバにおける沿ドニエストル紛争，グルジアにおける南オセチア紛争での調停活動など，「主体」としての役割も大きくなっているが，OSCEの最大の特徴は，全ヨーロッパ横断的な「場」を冷戦期中から提供してきたということだといえよう。

　このようにヨーロッパでは，先に述べたNATOも含め，複数の地域機構によって，域内における規範の醸成，定着，発展，あるいはその監視によって紛

◆用語解説
少数民族高等弁務官（High Commissioner on National Minorities; HCNM）
さまざまな民族が国境をまたいで分布するヨーロッパでは，少数民族問題が国内的，国際的な紛争につながる危険性が高いため，その権利の法的整備や緊張状態の早期発見・解決による紛争予防に従事するために1992年に設けられた。

争予防の「場」としての機能が確立されている。経済統合のみがヨーロッパの平和を担保したのではない。

 他の地域でも，さまざまなレベルでの経済協力・統合の機構は多々存在するし，たとえば，ヨーロッパのレベルからはほど遠いとはいえ，機構的に人権保障のメカニズムを備えた OAS や AU，あるいは，近年，加盟国内政への「建設的関与」を議論し，またミャンマー民主化など加盟国の問題にも穏健的ながら相当の影響力を持つ東南アジア諸国連合（ASEAN）などの例がある。その ASEAN が中心となって 1994 年から始まった ASEAN 地域フォーラム（ARF）のプロセスも，東アジアの安全保障の「場」として存在感を示すようになっている。

 しかし，国際政治学，とくにリアリズムの議論からは，このような地域機構が，紛争の予防や解決においてどれだけ実効的であるかについて，疑問も出されている。実際の地域機構の活躍に比べて，それを包括的にまた理論的に検証する試みが遅れていることはまちがいない。

3　地域機構という分析視点の確立へ向けて

■ 地域機構の特徴とヨーロッパモデルからの脱却

 さて，前項では「主体」と「場」という分析軸を提示したが，ヨーロッパ，とくに OSCE の例でもわかるように，両者は別個のものではなく，規範をつくる「場」として機能することによって「主体」としての役割も大きくなるという関係性をみることができる。この点は前章で議論されている普遍的な国際組織と同様であり，また，討議，情報交換，問題意識共有，規範醸成，監視および現業的活動といった機能についても共通している。しかし，地域機構は，普遍的国際機構とは違った特性をもち，そのことが国際紛争，安全保障における地域機構にいくつかの特徴を与えている。それを三つの観点から見てみよう。

 第一に，当事者性である。地域機構には，その加盟国に，紛争の直接当事者，あるいは大きな影響を受ける近隣諸国を含んでいる。したがって，紛争への危機意識や，予防行動へのインセンティブが高く，また，情報が迅速に共有されやすく，さらに，当事者への地域機構としての影響力も大きいことが想定され

る。たとえば日本にとって、非常に関係の薄い南米の国家間の紛争よりも、近隣の朝鮮半島問題の方が切実であり、紛争予防にコストを払うに値するし、また影響力も行使しうるであろう。

　第二に、均質性である。地域機構は、まさにその「地域」性によって、価値観、方法などに、普遍的機構にはない加盟国の類似性を持っていることが多い（イスラム教の社会観などを想起してほしい）。たとえば、民主主義、人権などが普遍的概念だとしても、その実施状況が必ずしも世界で同程度に進展しているとは言えない。それを地域的文脈の中で、加盟国が受け入れやすい形に具体化し、浸透させることがしやすい。言い換えれば、普遍的機構よりも、合意にいたりやすいということである。

　第三に、具体性という観点である。ある課題、たとえば人権保障、経済協力あるいは安全保障問題などについて、普遍的機構による一般的な議論・決定よりも、地域の具体的課題に沿ったかたちで、交渉、協力、行動が可能である。これに関連して、現代国際政治における最も厄介なテーマである、国家主権の尊重と制約（介入）をめぐる諸問題について、地域機構は一つの解決策の可能性を提示している。その最たる例が、高度な政治統合と、内政不干渉原則の大幅な緩和を成し遂げたヨーロッパである。

　このように、普遍的機構にない利点を持つ地域機構は、普遍的機構の補完、代替あるいは役割分担として、国際安全保障の各局面で、相当の存在感を持ってきている。とくに、冷戦後の国際政治の新たな文脈と、地域主義の勃興の中で、今後その重要性は、各地域によって軽重はあるもののますます増加するであろう。

　しかし、ここで注意すべきは、「地域はそれぞれ異なる」という当然の命題と、「ヨーロッパモデルの呪縛」との相克である。ヨーロッパは、地域統合の「先進性」においても、また、重層的な地域機構のネットワークという点からも、非常に特徴的である。これが重要なモデルケースであることはもちろんだが、他に適当な「モデル」がないことから、私たちはしばしば、これを「理想型」と考えてしまいがちである。これまでの地域機構に関する議論は、ヨーロッパとの比較に過度に引きずられてきた面がある。

　そもそも近代の国際関係は、ヨーロッパにおける主権国家間関係の世界的拡

大という側面が強く，これを分析する国際政治学も，ヨーロッパの事例に依拠し，その基準を受け入れ，あるいは応用する手法に慣れてきた。しかし，とくに冷戦後の国際関係の分析では，そのような実態から乖離(かいり)した定式を再検討する必要がある。地域機構についても，ヨーロッパモデルの呪縛からの脱却，すなわち，地域は，まさに地域の事情によって異なり，地域機構のあり方や展開の仕方も多様な道がある，という当然の前提を受け入れてこそ，地域機構をめぐる理解と分析が真に有効なものとなるだろう。

■ 政策としての地域的アプローチ

これまで地域機構をめぐる諸論点を整理してきたが，最後に，「平和政策」という観点から，地域機構をめぐる「応用問題」を提起したい。

それは，地域機構をいかに用いるか，いわば政策としての地域的アプローチであり，これを検討するにあたって，日本とその周辺地域はまさにうってつけの事例となる。

東アジアを中心とするアジア地域は，包括的な地域機構を持たないという意味において世界で例外的な地域である。同時に，日本は，世界の主要国の中で，地域機構を実質的な外交政策の「想定外」としてきた点において特徴的である。

その背景には，この地域が経済規模，政治制度という重要な点で均質性が薄いことや，地域大国である中国が（統合やグローバル化と密接な）市場主義経済の潮流から外れていたこと，また近代以降，地域の中核国となった日本が（過去半世紀以上）独自外交への尻込みを続けてきたことがある。

しかし，最も重要な点は，冷戦期，日米安全保障条約に代表される二国間同盟による安全保障システムが構築され，ごく最近までアメリカが自国抜きの地域枠組みにことごとく反対してきたことであろう。1990年に提唱された，マレーシアのマハティール首相による東アジア経済協議体（EAEC）構想が，アメリカの強力な反対と日本の消極姿勢の中で結実しなかったことは象徴的である。

一方で，1989年にはオーストラリアの主導でアジア太平洋経済協力（APEC）がつくられ，最近は，テロ，朝鮮半島，大量破壊兵器拡散などのテーマも含む政治フォーラム化も進んでいる。またASEANは，近年は地域的

な安全保障機構としても機能し，ARFや，ASEAN＋3（日中韓）の対話枠組みも生まれた。しかし，ASEANが「東南アジア」の中小国機構であるように，また，APECが南米まで含むあまりに幅広い地理的広がりを持った組織であるように，この東アジア地域に，東アジアの主要国を中心にした地域機構は存在しない（その意味で，北朝鮮をめぐる「六カ国協議」は興味深い枠組みである）。地域の経済的な相互依存関係の進展と，97年のアジア通貨危機以降の地域協力の必要性の認識の高まりの中で，「東アジア共同体」をめぐる議論など，地域の枠組みについて急速に議論が高まっているのが現状である。

　日本では，このような地域枠組みへの関与について，強固な不信感，反対論がある。その最大の論拠は，この地域の前提条件が，ヨーロッパに比べて非常に異質であるということである。それは客観的に正しい指摘ではあるが，それだけではヨーロッパモデルのみを唯一の「正解」とする知的怠慢ともいえる。また，そのような機構は日米安保の代替にはならないとの警戒も根強い。この議論は，地域機構の役割を，集団安保機構と混同している。すでに見たように，現代国際関係における地域機構の活動は，そのほとんどが，そのような「同盟の代替」を視野にも入れておらず，それとは別の意義を与えられているのである。また，日本にとって，冷戦期のようなアメリカの抑止力にのみ依存した安全保障政策が今後も永続的に有効であると考えてよいのだろうか。

　もちろんそれは，地域機構の設立や有効な活動が容易だという意味ではない。朝鮮半島，中台関係，南シナ海領有権問題など，世界的な潜在的紛争地域で，また世界経済にとってもきわめて重要なこの地域で，どのような地域機構を構築すべきか，という問題に簡単な答えはみつからないだろう。ヨーロッパモデルに引きずられたり，あるいはかたくなにこれを拒んだりするのではなく，柔軟な発想と現実に即した創意工夫が求められている。「平和政策」としての地域的アプローチを，いま最も真剣に検討しなければいけない国家は日本かもしれない。そのために，これまで，あまりにも抜け落ちてきた地域機構に対する基本的認識の整理や理論的な考察が急務であろう。

引用・参考文献
　フォーセット，L.＝A. ハレル編／菅英輝・栗栖薫子監訳，1999年『地域主義と国際

秩序』九州大学出版会
最上敏樹, 2006 年『国際機構論〔第二版〕』東京大学出版会

さらに読み進む人のために
吉川元編, 2000 年『予防外交』三嶺書房
　＊ヨーロッパと OSCE を中心に, 紛争予防のための地域的メカニズムの詳細を多面的に検証し, 国際関係における普遍的インプリケーションにまで言及する。
辰巳浅嗣, 2005 年『EU の外交・安全保障政策――欧州政治統合の歩み』成文堂
　＊欧州統合の近年の進展の中で, 外交・安全保障政策の側面に焦点を合わせ, 制度, 政策の展開を網羅的に解説する。
広島市立大学広島平和研究所編, 2003 年『人道危機と国際介入――平和回復の処方箋』有信堂高文社
　＊現代国際関係における紛争と「介入」をめぐる諸問題という最新の課題に正面から取り組んだ貴重な文献。
森本敏編, 2003 年『アジア太平洋の多国間安全保障』日本国際問題研究所
　＊日本周辺地域の安全保障をめぐる最近の多国間の取り組みについて, さまざまな具体事例の検討を通して現状と展望を議論した良書。
山本武彦編, 2005 年『地域主義の国際比較――アジア太平洋・ヨーロッパ・西半球を中心にして』早稲田大学出版部
　＊アジア太平洋, ヨーロッパ, 西半球における地域主義の動態を取り上げ, 理論と実際の両面から, 地域主義の実態を多角的に分析している。

（坪内　淳）

第5章
紛争と国際経済組織

　戦争・紛争を回避するために国家はどのような経済政策をとればよいのだろうか。市場は，平和を創り，これを維持するためにどのような貢献ができるのだろうか。国際社会が変容し，戦争や紛争の起きる原因が変化するのにともない，平和のための経済政策のあり方や市場の役割も変化する。そして，市場がこうした役割を果たすことができるように国際経済組織が設立される。この国際経済組織の理念や設立規定には，人々の市場への期待が表現されていることが多い。そこで，本章では，平和のために人々が市場に何を期待してきたのか，そして現在，市場がいかなる役割を果たすことを望んでいるのかについて，国際経済組織の理念や政策の変遷を見ながら考えることにしたい。

1　戦後構想——自由貿易を通じた平和

　第二次世界大戦はそれまでの人類が体験したことのない未曾有の被害をもたらした。ヨーロッパではユダヤ人に対する大虐殺（ホロコースト）が行われ，アジアでは南京大虐殺が起こり，そして日本では広島・長崎に原爆が投下された。
　第一次世界大戦後，わずか20年ほどで，なぜ，再び世界大戦に突入してしまったのか。第二次大戦の原因について，帝国主義間では戦争は不可避だからとの説明がある。しかし，第二次大戦はこのような説明で片づけるにはあまりに悲惨であった。それゆえ，戦後の国際政治学では，もし大戦を回避できる可

能性があったとすれば，いつなのか，逆にいえば，どの時点で世界大戦は折り返し不可能になったのか，といった問いを設定し，その解明に真摯に取り組んだ（日本国際政治学会編，1962-63）。

　1930年代の排他的経済ブロックの進展も，しばしば第二次大戦を引き起こした重要な要因であるといわれる。1929年アメリカに大恐慌が起こると，英仏の植民地帝国は，本国と植民地との間でブロックを形成し，ブロック内部での貿易を進め，他国と植民地との貿易を縮小していった。このような近隣窮乏化政策◆は，英仏のような広大な植民地をもたない日本やドイツにとっては深刻で，両国は，自らを「持たざる国」として，近隣諸国・地域への武力侵略を展開した。こうして世界大戦にいたったからである。

　第二次大戦中，米英両国は，この戦争を民主主義とファシズムの間の戦争であると定義しながらも，しかし，1930年代の近隣窮乏化政策が大戦を引き起こす重要な原因となったことも強く認識していた。そこで，大戦後は，経済のブロック化を防ぎ，自由貿易を原則とする国際経済体制を築くことがきわめて重要であるとして，1944年，米国ニューハンプシャー州のブレトンウッズにおいて戦後経済秩序の構想を議論するために国際会議を開催した。

　このブレトンウッズ会議において，国際通貨基金（IMF）と国際復興開発銀行（世界銀行，IBRD）の設立が決定された。IMFは，加盟国が一時的に国際収支の赤字に陥った場合，いきなり為替レートの引き下げに走らずに，IMFから短期（1-2年）の融資を得て，財政を立て直すことができるようにする。これは，1930年代に各国が行った近隣窮乏化政策を繰り返さないためであった。また，世界銀行は，第二次大戦により被害を受けたヨーロッパ諸国や日本

◆用語解説
　近隣窮乏化政策　1929年にアメリカで起こった大恐慌により，世界は不況に陥り，経済力の弱い国は金本位制を離脱し，大幅な為替切り下げを行うことで，国際競争力を強化し，金本位制国への輸出を強化しようとした。これに対して，金本位制を持続する国は，輸入品に対する関税を引き上げたり，あるいは輸入数量割当を実施したりして，輸入の拡大を阻止した。このように，貿易の相手国を犠牲にして，自国の経済の立て直しを図ろうとする政策のことを近隣窮乏化政策という。
　各国は，自国と植民地地域をブロックとして形成し，スターリング・ブロック，フラン・ブロック，ドル・ブロックなどの間で近隣窮乏化政策がとられた結果，世界経済は縮小していった。

の経済復興を支援するために長期的な融資（返済期間は 10-15 年）を行う。

このようにして成立した戦後の国際通貨体制はブレトンウッズ体制と呼ばれ，自由・多角・無差別主義を原則とする「関税及び貿易に関する一般協定（GATT）」体制とともに，戦後国際経済秩序の支柱となった。貿易の縮小は戦争を招くというのが第二次大戦から学んだ教訓であり，貿易の縮小を招くような，政府による市場への介入はできるだけ抑制されることが望ましいという信念が存在した。そして，この信念は，戦後国際経済体制における政治と経済の分離という理念となる。そして，この政経分離の原則は，世界銀行および IMF は，融資を決定するときには，経済・財政的要因のみを考慮すべきであって，借入国の政治的要因に左右されてはならないとする規定として明記された。

2　冷戦時代の国際経済組織

■ 経済的封じ込め戦略を背負わされたブレトンウッズ機関

自由貿易体制の維持・運営を任務としてスタートしたブレトンウッズ機関であったが，冷戦が進展すると，しだいに西側諸国の冷戦戦略の道具として使われた。

まず，ブレトンウッズ機関は，マーシャル・プラン（欧州援助計画）とも連携して，西欧諸国や日本の復興を支援する。この目的は，単なる復興支援ではなく，社会主義勢力の拡大を防ぐことになった。すなわち，西欧や日本が経済復興を達成し，経済的繁栄に向かうならば，これらの国で社会主義が広まることを防ぐことができると考えたのである。

次に，ブレトンウッズ機関は，設立当初は，ソ連をはじめとする社会主義国の加盟を認めず資本主義陣営に限定した国際組織であった。加えて，ブレトンウッズ機関は，東欧諸国のソ連離れを金融支援という側面から応援した。まず，戦後まもなく，ユーゴスラヴィア連邦が，社会主義陣営の一員としてよりも，むしろ非同盟諸国として外交政策を展開する姿勢を打ち出すと，アメリカはこれを支援し，IMF および世界銀行もまたユーゴスラヴィアの両機関への加盟を承認した。次に，ルーマニアが 1973 年ころから，やはり自主的な外交政策

をとり始めると，両機関はこれを支援するために，ルーマニアのブレトンウッズ機関への加盟を認めた。さらに1983年には，ハンガリーの両機関への加盟も認めた。ハンガリーの経済水準は世界銀行から融資を受ける基準を超えていたが，当時，国内で民主化運動が進展していたため，これを側面から支援するという政策的配慮がなされたからである。

このように，ブレトンウッズ機関は，経済的手段によるとはいえ，西側の冷戦政策の道具として活用された。

■ 南北問題の登場と国連

第二次世界大戦後，かつて植民地とされていたアジアで次々に独立国家が登場し，1960年代にはアフリカでも新興独立国が大量に登場してきた。これらの新興国が政治的安定を確立するためには経済的自立が不可欠であり，世界銀行はこうした新興独立国に対する融資を主要な業務とするようになっていった。すなわち，世界銀行は国際開発金融組織としての性格を強めていった。1960年には譲許的（融資条件の緩い）資金を与えることを専門とする国際開発協会(International Development Association; IDA) を設立し，のちに創設されるいくつかの機関とともに，世界銀行グループを構成するようになった。

世界銀行は，政治的安定と経済的自立の間には強い関連性があることを認めつつも，かたくなに政経分離の原則を維持する。それゆえに，紛争をかかえている国に対しては，開発事業が進められないということから融資を行わない。また，政治的にきわめて不安定な国に対しても，クレジットワースネス（信用度）に欠けるという経済・技術的な理由に基づき，資金協力には慎重であった。政治的に不安定だからこそ，紛争予防のためにも，融資を行い，経済の安定をはかろうとする姿勢は，1960年代から70年代においてはなかった。

他方，国際連合も設立当初は，必ずしも経済協力に積極的だったわけではない。国連の中心的な役割は，安全保障理事会で平和の問題を扱うことであり，社会・労働・保健等の問題について，国連教育科学文化機関（ユネスコ）や国際労働機関（ILO），そして世界保健機関（WHO）などの国連専門機関が，技術的・専門的に問題解決にあたるという役割分担が行われていた。この国連専門機関では，政治以外の諸分野での国際協力を進め，これを積み重ねることが，

Column ⑰◇　南北問題

　南北問題とは，基本的には先進諸国と開発途上国との経済格差の問題であり，1960年代以降，アフリカで次々に植民地から独立する国が誕生するにつれて，注目されるようになった。先進諸国の多くが北半球に位置し，反対に開発途上国は南半球に存在していたことから，また東西冷戦に対比する意味から，南北問題と呼ばれた。

　1960年代には，開発途上国は国連総会などを舞台にグループ77として結束して，先進諸国に貿易条件での優遇措置や経済援助拡大を要求した。そして，1974年の国連資源特別総会では，開発途上国は，新国際経済秩序（NIEO）樹立宣言を行い，市場メカニズムによる国際経済秩序に代わり，石油輸出国機構（OPEC）が原油価格を決めるように，政府間の取り決めで決定していく国際経済秩序を要求した。こうして，南北は国際経済秩序の理念をめぐる対立となっていった。

　しかし，産油国と非産油国の格差拡大や，新興工業経済国・地域（NIEs）の登場など，開発途上国間の格差も拡大し，南南問題も登場してきた。また，1980年代には開発途上国では累積債務問題が深刻になった。さらに，冷戦が終結すると，西側先進諸国は，気兼ねすることなく開発途上国に人権保障や民主化，そして環境保護などを経済援助の際に要求できるようになった。こうして南北対決と呼ぶには，南北の力の格差は大きくなり，南北問題という言葉もあまり用いられなくなったが，しかし，貧困の問題はいっこうに解決していない。

迂回的ではあるが，ひいては国際平和につながるという，機能主義的な考え方が想定されていた（野林ほか，2003）。

　しかし，1960年代以降，新興独立諸国が国連に大量に加盟するようになると，国連は南北問題を討議する中心的な国際組織となった。新興独立諸国が，IMFや世界銀行，そしてGATTなど，先進諸国が主導する国際経済組織の政策や理念に批判的で，こうした機関に代わり，1国1票制が採用されている国連総会を重視したからである。1964年に国連総会の補助機関として国連貿易開発会議（UNCTAD）が設立され，その事務局（アルゼンチンの経済学者プレビッシュが初代事務局長）は，新興独立諸国からなるグループ77（77ヵ国グループ）の知恵袋として活躍した。さらに，開発途上国は，1974年に開催された国連資源特別総会において，政経分離を原則とする既存の国際経済秩序を根

第5章　紛争と国際経済組織　　95

本から否定し，新国際経済秩序（NIEO）の樹立宣言を行った。これは，市場メカニズムによる資源配分ではなく，政府間の取り決めで資源配分を行うという新たな国際経済秩序モデルであった。

　このような南北問題は，一般には経済発展の問題としてとらえる向きが強かったが，北欧の国際政治学者であるガルトゥングは，戦争などの直接的暴力に対して，貧困や社会的差別などの問題を構造的暴力としてとらえ，貧困と紛争が相互に強く関連していることを主張した。

3　国際社会における新たな脅威

　冷戦が終結し，経済・情報・市民社会などの多次元でグローバル化が進展し，さらに国際的なテロ事件が頻発するようになると，紛争・戦争を回避するためにいかなる経済政策が必要か，そして市場は何ができるかという問いに対する人々の回答も大きく変化し，また多様になった。そしてこうした状況を反映するように，国際経済組織は，国際紛争の問題に次のような点でかかわるようになってきている。

■ 理念の変化──経済発展・民主化・平和

　政経分離を国際経済秩序の原則とすることにより，国家の市場への排他的な介入を抑え，近隣窮乏化政策から戦争が生じることを防ごうとした，第二次大戦後の知恵に対して，冷戦後は西側先進諸国から挑戦が行われた。冷戦の終結により，政治的には人権・民主主義が普遍性をもち，経済的には資本主義が優越すると主張されるようになり，開発途上国への経済援助においても，人権保障や民主化のための努力と結び付けるべきであるとする政治的コンディショナリティ（条件付融資）の考え方が強まったからである（大芝，1994）。そして，先進諸国は非民主的な途上国に対して，経済援助を受けるためには複数政党制に基づく選挙の実施が条件であると要求するようになった。政経分離から政経不可分へと理念が変容してきたのである。

　さらに，この時期には，国際政治学で「民主主義国同士は戦わない」とする民主的平和（デモクラティック・ピース）論が注目されたことから，安易にこの

理論と政治的コンディショナリティ政策を結び付けようとする，誤解に基づく主張もなされた（ラセット，1996）。すなわち，民主主義国間においては戦争が起こる確率は低いのだから，民主化を支援することが平和につながるという主張である。しかし，このような民主的平和論に対する誤解に基づく主張に対しては，民主化の過程ではかえって紛争は増大するとか，紛争終結直後の選挙の実施は対立を再発しかねないといった批判が直ちに行われた。

いずれにせよ，先進諸国は次々にこの政治的コンディショナリティ政策を公式に採用していった。ちょうど，国連が，冷戦後，その平和維持活動（PKO）の中で，選挙支援に取り組んでいったこともあり，先進諸国が，経済援助を受けるためには民主的な選挙の実施が必要であると開発途上の非民主国に迫り，これらの非民主国は，国連等の応援も得て，選挙を実施する，というパターンが見られるようになった。

他方，世界銀行は，第二次大戦直後の国際秩序の理念である政経分離原則を世界銀行協定として法制化していたため，この協定を変更するかどうかという問題をかかえることになった。さまざまな議論が行われる中で，世界銀行は，この問いに直接に回答するのではなく，問いを設定し直した。すなわち，世界銀行の任務は開発途上国の経済発展を支援することであり，経済発展のためには，民主主義かどうかという問題よりは，グッド・ガヴァナンス（行政的統治能力）かどうかということが重要であると主張したのである。こうして，世界銀行は，借入国の政治体制が民主主義かどうかによっては融資の決定を判断しないとして，伝統的な政経分離の建前を維持するとした。とはいえ，ガヴァナンスの改善は民主化にも貢献することが多く，この点で，世界銀行の政策は先進諸国の政治的コンディショナリティ政策とも両立するのである。

■ 緊急課題としての復興支援

冷戦後，世界の各地で民族紛争や地域紛争が頻発した。悲惨な状況を生みながら，最終的に武力衝突が終わると，復興支援が始まる。世界銀行や国連開発計画（UNDP）などの復興支援における役割は次のように整理できる。

第一に，物理的障壁を除去することである。たとえば，対人地雷を取り除くことが必要である。工場を建てようにも，道路を建設しようにも，さらに学校

を造ろうにも，地雷が埋まっていては始まらない。そこで，国際開発金融機関は，地雷除去活動を支援するために元紛争国に資金協力を行う。また，UNDPなどは地雷の除去や被災者保護に関する研修，専門家の育成などの技術協力にも取り組む。こうした支援においては，何よりも，当該地域の政府・住民自身が，地雷除去のための能力を高められるように，支援することが重要である。そうでなければ，いつまでも，外部の機関に頼りっぱなしになるだけだからである。その意味で，エンパワーメント（自己の置かれている状況を理解・意識でき，かつこれを改善するための能力を高めること）の発想が必要である。

次に，武装解除もまた，市場メカニズムの再生をはかるうえで不可欠である。武力紛争がいつ再発するかわからないような地域では，経済的合理性に基づく市場メカニズムが働かないからである。国連PKOが中心になって武装解除に取り組むが，世界銀行も武器と食料の交換や武器と金銭の交換という方法で，武装解除が進みやすくなるように応援する。

第二に，武装解除された兵士の社会復帰および雇用機会の確保などの社会的障壁の除去である。ただし，武装解除が進んだあとでこの問題への取り組みが始まるのではない。むしろ，武装解除後にきちんと雇用されるチャンスがあるかどうかが，武装解除そのものの進展に大きな影響を及ぼす。それゆえ，先進諸国や国際組織は国際的な復旧・復興支援会議などを開催し，国際社会の強力な支援のもとで，経済発展のビジョンを提供し，元兵士にも雇用機会がきちんと確保されていることを国民に強くアピールすることが重要になっているのである。

第三に，心理的障壁の除去も見過ごせない課題である。というのも，内戦の場合，相対立したグループ間の怨念や相互不信は深く，復興・発展を目ざすうえで大きな足枷となる。戦争・紛争中の犯罪をいかに裁くかはポスト・コンフリクト（紛争後）社会の大きな課題であり，裁判による方法や真実和解委員会方式による対応など，さまざまな努力がなされている。国際経済組織も，たとえば旧ユーゴスラヴィアにおけるモスタル橋修復事業など，和解のシンボルとなるような事業を推進することで，この課題に取り組もうとしている。

紛争地域住民のトラウマ（心的外傷）問題も深刻である。身内が殺害され，レイプ・暴力の被害を受け，さらには子ども兵士として徴用され，自分自身が

加害者となった記憶などのために，紛争終結後にトラウマに悩まされる一般市民，そして元兵士は多い。復興支援においても，中長期的な取り組みが必要とされるのである。

世界銀行や UNDP は，このような障壁の除去に努めているが，しかし，国際経済組織は，復興支援を自らの主要任務とは認識していないという根本的な問題がある。あくまでも暫定的な活動であり，それゆえ，機関間の役割分担や調整についても，問題が残されたままである。

■ 国内政治対立（潜在的紛争）への新たな取り組み

グローバル化にともない，かつては国内問題であったのが，容易に国際社会の問題としても登場する。開発途上国における開発事業をめぐる国内政治対立も，現在では，しばしば国際社会の問題となる。そもそも開発事業のような公共事業は先進諸国でもしばしば国内対立を引き起こす。しかし，開発途上国の場合，開発事業は先進諸国や国際組織から援助を得て実施されることが多いため，国際問題化しやすい。現在では，開発途上国でも人権保護や民主化のためのNGOなどが成長し，開発事業を人権や環境という視点から批判することも増大した。そして，開発途上国の NGO と先進諸国の NGO との連携も強まっており，開発途上国の NGO は，先進諸国の援助機関や国際組織に対して，人権・環境などで問題のある事業に対しては援助を停止するように働きかけるようになった。

このような状況に対応するために，世界銀行やアジア開発銀行は，インスペクション・パネルおよびオンブズマン制度を設置した。これは，国際開発金融組織と開発途上国の地域社会とが連携して創設した，グローカルな（地球レベルと地域レベルの双方の視点をもつ）制度である（松本，2003）。

インスペクション・パネルはもともとは，世界銀行が融資したインドでのナルマダ・ダムをめぐり，地域住民とインド政府が対立し，世界銀行もインド政府へ融資していたために国際社会から強く批判された事件を反省したことに始まる。世界銀行はインスペクション・パネルを1993年に創設し，このパネルは1994年より活動を開始した。

インスペクション・パネルとは，国際開発金融組織などが融資するプロジェ

Column ⑱◇　人間の安全保障

　国連開発計画（UNDP）は，1990年には人間開発という概念（識字率，平均寿命，1人当たりGDPの3指標で測定される）を提示し，従来，支配的であった国家を単位とする見方に異議申し立てを行った。そして，1994年には，同様の視点から，人間の安全保障という，恐怖からの自由と欠乏からの自由の2要素から成る，新しい概念を打ち出した。

　しかし，人間の安全保障は，安全保障概念の総合性を強調する点では優れているものの，その対象となる問題領域が軍事から貧困，保健衛生，人権，そして環境にまで及び，あまりに広すぎるとの批判がなされた。

　また，このように広義であることから，各国はそれぞれの文脈でこの言葉を使用する。たとえば，カナダでは，アクスワージ外相が従来からPKOに積極的に参加してきた経緯を反映して，人間の安全保障における恐怖からの自由の確保を強調し，カナダのこの分野での貢献を主張する。また，日本政府は，政府開発援助（ODA）外交などで実績のあることからも，欠乏からの自由という側面を重

クトを実施すると，被害を受ける可能性のある地域住民などが，予想される被害の調査をパネル（専門家から構成される）に要請できるという制度である。パネルは，世界銀行執行部から独立している。具体的には，環境，移住，先住民などの問題への影響や，プロジェクトの実施・監督方法などが主な争点となっている。パネルにおいて，地域住民への悪影響が甚大であると判断され，国際開発金融組織の理事会や総裁がパネルの判断を支持した場合には，融資が停止されることもある。実際に，ネパールにおけるアルン第二ハイドロ発電ダム事業については，1995年に融資が停止されるにいたった。

　しかし，インスペクション・パネルはたしかにネパールなどの小国に対しては強い影響力を発揮できるものの，中国のような大国相手となると，融資停止という方法では，事業そのものを停止するにいたらない。中国西部地区貧困対策プロジェクトでは，チベット系およびモンゴル系住民の大量強制移住が問題となり，世界銀行理事会で，アメリカ，ドイツ，日本の理事などがこの事業への融資に反対し，融資は停止された。しかし，中国は，この事業を自己資金で実施しており，世界銀行は，事業そのものを停止させることはできなかった（Column ⑲参照）。

視し，人間の安全保障が重要な時代には，安保理は単なる軍事大国だけではなく，ODA 大国もまた加入すべきであると示唆(しさ)する。

このように，人間の安全保障は，分析概念というよりも政策用語であった。

とはいえ，この言葉に，より規範的な意味合いを含ませようとする主張もなされる。たとえば，人間の安全保障では，もっぱら市民は保護される対象として想定されているのではないかとの疑問も提示され，エンパワーメントの要素を強調すべきであるという主張である。

2000 年 9 月，国連でミレニアム・サミットが開催され，そこで「恐怖からの自由」と「欠乏からの自由」という二つの目標を達成する必要性があるとのことから，人間の安全保障委員会が国連事務総長の要請を受けて，2001 年 1 月，発足した。緒方貞子とアマルティア・センを共同議長とし，人道支援の包括戦略を提示し，また人間の安全保障の確保の方法として，より能動的な姿勢を打ち出し，従来の概念をいっそう発展させた。

■ 新たなグローバル戦略

UNDP は 1994 年の『人間開発報告書』において「人間の安全保障」という言葉を用いて，国家ではなく，個々の人間のレベルで見ると，貧困，人権侵害，紛争が相互に密接にかかわっていることを示した。人間の安全保障という概念をめぐり議論がなされ，また人間の安全保障という視点からは国際社会の新たな脅威にどのように取り組めばよいのかについて，研究者も実務家もさまざまな場で議論を展開した（*Column* ⑱ 参照）。こうした中から，ミレニアム開発目標が登場する。

2000 年 9 月，ニューヨークで国連ミレニアム・サミットが開催され，国連ミレニアム宣言が採択された。この国連ミレニアム宣言をもとに，1990 年代にサミットやその他の国際会議で採択された開発に関する目標を加えたものが，ミレニアム開発目標（Millennium Development Goals; MDGs）である。そこでは，八つの目標が掲げられ，これらの目標は 2015 年までに達成すべきものとされた。

このミレニアム開発目標は，貧困削減の問題と世界の安全保障問題とが強く結び付いていることを主張する。また，紛争，さまざまな暴力，政治的不安定，

第 5 章　紛争と国際経済組織　　101

Column ⑲ ◇　中国西部地区貧困対策プロジェクト

　1999年，世界銀行は16億ドルにのぼる中国西部地区貧困対策プロジェクトへの融資を計画した。しかし，このプロジェクトに対しては，チベット民族に対する人権侵害や環境破壊という点から国際的な批判が起こった。というのも，約6万人のチベット農民を，強制移住させることになるからである。

　この計画には次のような問題があった。第一に移住計画自体の問題である。すなわち，チベット亡命政府は，中国政府がチベット自治区へ中国人を入植させることにより，チベット自治区内の漢民族とチベット人その他の非漢民族との人口構成を変えようとしていると批判した。特にダライ・ラマの生誕地である西寧を含む青海省青海地区のプロジェクト（4億ドル規模）が含まれていたことから，政治的にもチベット文化を破壊するものとして反対運動が展開されていった。第二に，また世界銀行の環境アセスメント基準に合致するような詳細な検討がなされていない点も批判された。

　2000年4月，インスペクション・パネルは調査報告書を世界銀行の理事会に提出し，同年7月アメリカや日本は世界銀行理事会で，中国西部地区貧困対策プロジェクトに対する融資に反対した。世界銀行のマネージメントは条件付きで融資承認する方針であったが，アメリカの理事はもとより反対であり，さらに日本の理事も従来の態度を変更して反対の立場を表明した。理事会では合意に達することはできなかったが，このような状況を見て，中国は世界銀行のコンディショナリティは受け入れ難いとして，融資の要請を取り下げることで決着をみた。しかし，中国は，今後は自己資金でこのプロジェクトを行うとしている。その意味で，問題は一向に解消されていないのである。

そしてテロリズムなどをなくすためには八つの目標を実現しなければならず，紛争予防という点からもミレニアム開発目標に取り組むことが不可欠であると主張する。

　かつて，第二次大戦後は，国家による市場への自己中心的な介入が戦争の一因になったとの反省から，政治と経済を分離する国際秩序で平和を形成し，維持していこうとした。そして，この信念は国際開発金融組織の理念となった。しかし，戦後60年が過ぎ，国際関係の変化の中で，国際開発金融組織や国連の経済機関は新たな戦略を打ち出し，また政策を現実に適合させていった。

　現在では，国際経済組織は，貧困からの脱却を支援することが紛争予防のた

表 5-1　ミレニアム開発目標とターゲット

目標とターゲット

目標 1 ──極度の貧困と飢餓の撲滅
- ターゲット 1：2015年までに 1 日 1 ドル未満で生活する人口の割合を1990年の水準の半数に減少させる。
- ターゲット 2：2015年までに飢餓に苦しむ人口の割合を1990年の水準の半数に減少させる。

目標 2 ──普遍的初等教育の達成
- ターゲット 3：2015年までに，すべての子どもが男女の区別なく初等教育の全課程を修了できるようにする。

目標 3 ──ジェンダーの平等の推進と女性の地位向上
- ターゲット 4：可能なかぎり2005年までに，初等・中等教育における男女格差を解消し，2015年までにすべての教育レベルにおける男女格差を解消する。

目標 4 ──乳幼児死亡率の削減
- ターゲット 5：2015年までに 5 歳児未満の死亡率を1990年の水準の 3 分の 1 に削減する。

目標 5 ──妊産婦の健康の改善
- ターゲット 6：2015年までに妊産婦の死亡率を1990年の水準の 4 分の 1 に削減する。

目標 6 ──HIV/AIDS（エイズ），マラリア，その他の疾病の蔓延防止
- ターゲット 7：HIV/AIDS の蔓延を2015年までに食い止め，その後減少させる。
- ターゲット 8：マラリアおよびその他の主要な疾病の発生を2015年までに食い止め，その後発生率を減少させる。

目標 7 ──環境の持続可能性の確保
- ターゲット 9：持続可能な開発の原則を国家政策およびプログラムに反映させ，環境資源の損失を減少させる。
- ターゲット10：2015年までに，安全な飲料水および衛生施設を継続的に利用できない人々の割合を半減する。
- ターゲット11：2020年までに，少なくとも 1 億人のスラム居住者の生活を大幅に改善する。

目標 8 ──開発のためのグローバル・パートナーシップの推進
- ターゲット12：さらに開放的で，ルールに基づく，予測可能でかつ差別的でない貿易および金融システムを構築する（良い統治，開発および貧困削減を国内的および国際的に公約することを含む）。
- ターゲット13：後発開発途上国の特別なニーズに取り組む（①後発開発途上国からの輸入品に対する無税・無枠，②重債務貧困国（HIPC）に対する債務救済および二国間債務の帳消しのための拡大プログラム，③貧困削減にコミットしている国に対するより寛大な ODA の供与を含む）。
- ターゲット14：内陸開発途上国および小島嶼開発途上国の特別なニーズに取り組む（バルバドス・プログラムおよび第22回国連総会特別会合の規定に基づき）。
- ターゲット15：債務を長期的に持続可能なものとするために，国内および国際的措置を通じて開発途上国の債務問題に包括的に取り組む。
- ターゲット16：開発途上国と協力し，適切で生産的な仕事を若者に提供するための戦略を策定・実施する。
- ターゲット17：製薬会社と協力して，開発途上国において人々が安価で必要不可欠な医薬品を入手できるようにする。
- ターゲット18：民間部門と協力して，特に情報・通信における新技術による利益が得られるようにする。

［出典］　外務省ホームページを参照した。〈http://www.mofa.go.jp/mofaj/gaiko/oda/doukou/mdgs.html〉

めの重要な平和戦略であることを従来以上に，公式的にも打ち出すようになった。もとよりこのような考えは目新しいものではない。しかし，復興支援，インスペクション・パネル，ガヴァナンスの改善への支援などを通して，紛争の再発防止，潜在的紛争の平和的解決，さらに政治的安定化のために努力し，着実に実績を積んできている。それだけに，ミレニアム開発目標も，従来とは異なり，より現実的な目標として受け取られるようになってきた。

引用・参考文献

稲田十一編，2004年『紛争と復興支援――平和構築に向けた国際社会の対応』有斐閣

大芝亮，1994年『国際組織の政治経済学――冷戦後の国際関係の枠組み』有斐閣

ガードナー，リチャード・N./村野孝・加瀬正一訳，1973年『国際通貨体制成立史――英米の抗争と協力』東洋経済新報社

国連開発計画（UNDP）編，1994年『人間開発報告書』国際協力出版会

世界銀行，1982年『IDA――歴史と回顧 国際開発協会の20年』オックスフォード大学出版部

日本国際政治学会太平洋戦争原因研究部編，1962-63年『太平洋戦争への道――開戦外交史』1-7巻・別巻，朝日新聞社（新装版，1987-88年）

人間の安全保障委員会，2003年『安全保障の今日的課題――人間の安全保障委員会報告書』朝日新聞社

野林健・大芝亮・納家政嗣・山田敦・長尾悟，2003年『国際政治経済学・入門〔新版〕』有斐閣アルマ

松本悟編，2003年『被害住民が問う開発援助の責任――インスペクションと異議申し立て』築地書館

ラセット，ブルース/鴨武彦訳，1996年『パクス・デモクラティア――冷戦後世界への原理』東京大学出版会

さらに読み進む人のために

外務省，2005年，『政府開発援助（ODA）白書』。
　＊ミレニアム開発目標（MDGs）に対する日本の取り組みを理解するうえで有益な書物。

勝俣誠，2001年『グローバル化と人間の安全保障――行動する市民社会』日本経済評論社。
　＊人間の安全保障について，UNDPやカナダなどのとらえ方が紹介され，またグローバル化との関係について論じられている。

世界銀行，『世界開発報告』シュプリンガー・フェアラーク東京
　＊「投資環境の改善」（2005年），「貧困層向けにサービスを機能させる」（2004年），

「ダイナミックな世界における持続的開発——制度・成長および生活の質を転換する」(2003年) など，毎年，特集テーマを掲げて発行される。現代の開発戦略を理解するうえでの必読書。

日本国際連合学会編，2003年『国際社会の新たな脅威と国連』(『国連研究』第4号)，国際書院。
  ＊冷戦後の新たな脅威に関して国連の諸機関はどのように対応しているのか，また取り組むべきなのか，などの問題を国連の研究者や実務家が論じた書物。

(大芝 亮)

第Ⅱ部 ◇
現代国際紛争の実態

↑ピース ウィンズ・ジャパンの支援により，冬用のテントが設置されたアフガニスタン北部の国内避難民キャンプ（2002 年。写真提供：ピース ウィンズ・ジャパン）

第 6 章　植民地支配の遺産と開発途上国
第 7 章　兵器はどう規制されてきたか
第 8 章　核軍拡と核軍縮
第 9 章　人の移動と難民保護
第10章　テロリズムとテロ対策

◎ 第Ⅱ部のねらい ◎

　第Ⅱ部は，現在の紛争の背景と原因を扱っている。冷戦後の国内紛争・内戦に関連することを中心にしてはいるが，冷戦時代に最大の脅威とされた核兵器などの大量破壊兵器をめぐる問題など，国家間の戦争にかかわる問題も取り上げた。それは，冷戦の終結によって，アメリカとロシア（旧ソ連）の間での核戦争の危険性が減ったのは確かである一方，新たな核兵器所有国が事実上出現し，それを用いた地域紛争が発生する可能性を否定しきれないからである。同様に，生物・化学兵器の場合，事態はより深刻である。生産・所有が比較的容易であるため，十分な国際的検証制度が構築されていないと，国家間の戦争はもとより，国内紛争・内戦で使用されることさえありうるからである。

　まず第6章は，冷戦後の国内紛争・内戦の多くが，なぜ開発途上国で発生しているのか，という問題を植民地問題という観点から取り扱っている。今日の国内紛争・内戦のすべての原因がかつての植民地問題にあるというわけではないが，植民地支配を受けたことで，多くの国が共通の悩みをかかえているのは事実である。紛争発生の構造的な要因の一つとして植民地問題があるということを理解してほしい。第7章は，大量破壊兵器（生物・化学・核兵器）と通常兵器の拡散問題を取り上げている。先にも記したように，兵器拡散の問題は古くて新しいテーマであり，兵器の種類ごとに難しい問題をかかえている。これに対し，第8章は核軍拡と核軍縮に特化している。それは，日本が唯一の被爆国であるという歴史的事実とかかわっている。第9章は，移民や難民という「人の移動」がテーマである。これも人の移動がつねに紛争を発生させるわけではないし，難民や国内避難民がつねに紛争の結果として発生しているわけでもない。人の移動と紛争の間にどのような関連があるのか，という視点を持つことが国内紛争・内戦の理解における重要な論点の一つなのである。第10章は，テロリズムとテロ対策である。9.11テロ事件後，日本におけるテロリズムに対する関心は一気に高まったが，それ以前からテロは発生しており，条約も作られている。単に〈テロ＝新たな脅威〉と図式化することなく，これまでテロ問題がどのように取り扱われてきたかについて広い視野から眺めてみることを通じて，冷静な議論が可能になると思う。

　第Ⅱ部は，それぞれのテーマについて，実例やデータをあげ，具体的なイメージがわくように構成されている。それらを通じて，日本の国内では実感しにくい，今日の国際社会がかかえているさまざまな問題について理解を深めてほしい。

第6章
植民地支配の遺産と開発途上国

　地球上の圧倒的多数の人々は，それほど遠くない過去に植民地支配を受けた経験を持っている。一部の欧米諸国や日本といったわずかの例外を除いて，植民地支配は，自分たちの歴史の消すことのできない一部である。とりわけ，アジア，アフリカで植民地主義の影響を被らなかった国や地域は，事実上ゼロといってよい。それどころか，「国」というまとまり自体が，植民地支配の中で勝手に決まってしまった場合がほとんどである。

　開発途上国では，さまざまな種類の機能不全が起こっているが，それらの多くは，直接・間接に植民地主義の歴史と関係している。現在進行形で紛争が起こっているところもあれば，潜在的に危険が潜んでいる場合，つい最近まで対立が続いていた例もある。紛争や対立の原因として，しばしば人種や宗教があげられるが，それらにも，しばしば植民地の歴史が関係している。したがって，まじめに世界と付き合おうとする者なら誰でも，植民地支配とは何か，最低限の知識と認識を持つことが必要である。

　とりわけ日本人が国際的に行動する場合，この点をとくに強く自覚しないと危険である。日本は，産業革命に成功して国力をつけ，植民地支配を逃れたほとんど唯一の非ヨーロッパの国である。あろうことか，日本そのものが植民地主義国となってしまい，多くの国に現在も完全には修復しきれない傷跡をつけてしまった。十分な知識がないまま，日本が植民地化されなかったことを不用意に誇ったりすると，世界の人々と理解し合うことは難しいだろう。植民地支配の遺産とは，どのようなものだろうか。

1　開発途上国の国家形成

■「当たり前」ではない「世界の国々」

　現代の国際社会には，多くの国々が存在する。国際連合（国連）には2006年現在192カ国が加盟している。しかし，忘れてはならないのは，「世界にはたくさんの国がある」という「当たり前」の状態は，実はごく最近の展開にすぎず，全く「当たり前」とは言えないことである。国連が発足した1945年には，加盟国は現在の約4分の1の51カ国しかなかった。その他の土地は，非加盟国なのではなく，ほとんどすべてが従属的な植民地だったのである。インド，パキスタン，インドネシアといったアジア諸国は1940年代から独立を始めたが，アフリカでは1950年代末までほとんどの地域がヨーロッパ諸国の植民地であった。国連は新興独立国を次々と受け入れ，加盟国が100カ国を超えたのは1960年，150カ国を超えたのは1978年である。最後の独立ラッシュは，旧ソヴィエト連邦の崩壊後，1990年代に起こった（図6-2参照）。

　つまり，世界の約4分の3の国々は，独立国となってわずか50年にも満たない。開発途上国の中には，そもそも「国家」としてまとまるべき必然性が十分にあったとは思えないケースも多い。植民地化以前に存在していた国があり，それがほぼそのままの形で独立を回復したという単純なパターン（しいて言えばヴェトナムやエチオピアなど）はむしろ例外に属する。以前のまとまり方と独立後のまとまり方が全く異なることも珍しくない。また，歴史的に一つのまとまりとなったことがなく，中華帝国，オスマン帝国，ムガール帝国といった王朝の巨大な版図の一部であった場合も多い。

　近代国家の基本要素は，領土と国民である。国土の形やそこに住む人々といった「国家の定義」ともいえる根本要素でさえ，しばしば植民地時代に外部の力で決められてしまった。まず，中東の紛争地帯であるイラクを例にとって，国境線の問題を見てみよう。

■ イラクの人為的な国境線

　古代メソポタミア文明の地であることからわかるように，現在イラクとなっ

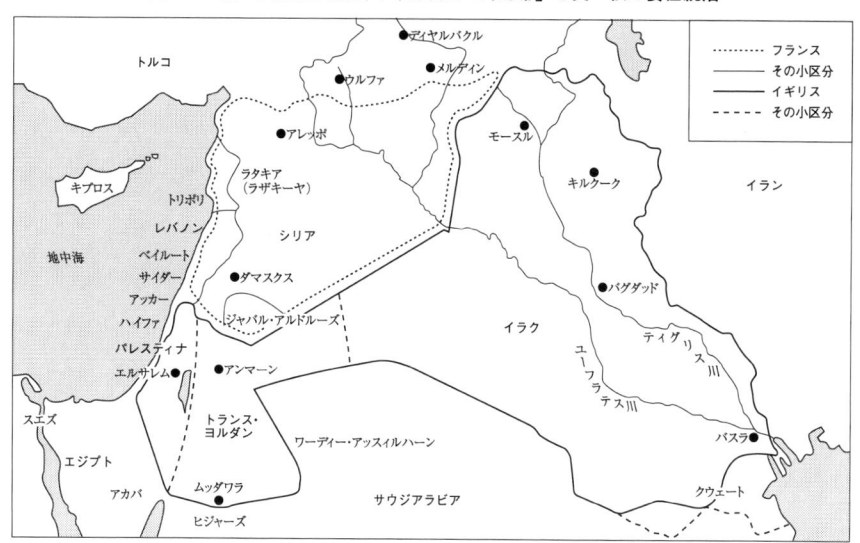

図 6-1　第一次世界大戦後の「肥沃な三角地帯」と英・仏の委任統治

［注］　アフリカと同様，エジプト，イスラエル，イラクや湾岸のミニ・ステートなど中東の国境線は，植民地時代の列強の勢力範囲に由来するものがほとんどである。
［出典］　山内昌之，1993 年『民族と国家——イスラム史の視角から』岩波新書，199 頁より，筆者作成。

ている地域の歴史は非常に古い。しかし，何千年にもわたって民族が複雑に入り混じったり移動したりを繰り返したので，一貫した歴史を持った一枚岩の「イラク民族」と呼べるほどの均一な集団は存在しない。現在のイラクのあたりは 16 世紀からオスマン・トルコ帝国の領土となったが，隣のペルシャ帝国（現在のイラン付近）との抗争もあり，領土の形は一定しなかった。オスマン帝国が最終的に滅亡した第一次世界大戦後，戦勝国であるイギリスの思惑により，バスラ，バグダッド，モスルの三つの州がまとめられて一つの単位となった。これを国際連盟の委任統治領という名目でイギリスが植民地支配したのが現在のイラク国家の原型である。

　イギリスの委任統治領イラク（当時はメソポタミアと呼ばれた）は，バグダッドを首都として 1932 年に形式的には独立した。イラクの大部分は，イギリスの利害と癒着したアラビア半島の王家ハーシム家の領土となったが，バスラ州の南部だけはクウェートとして切り離し，直接イギリスが支配した。その地域はイギリスがペルシャ湾からインドを支配する上での戦略的要衝であり，石油

第 6 章　植民地支配の遺産と開発途上国　　111

図 6-2　世界の国々の旧宗主国と独立年

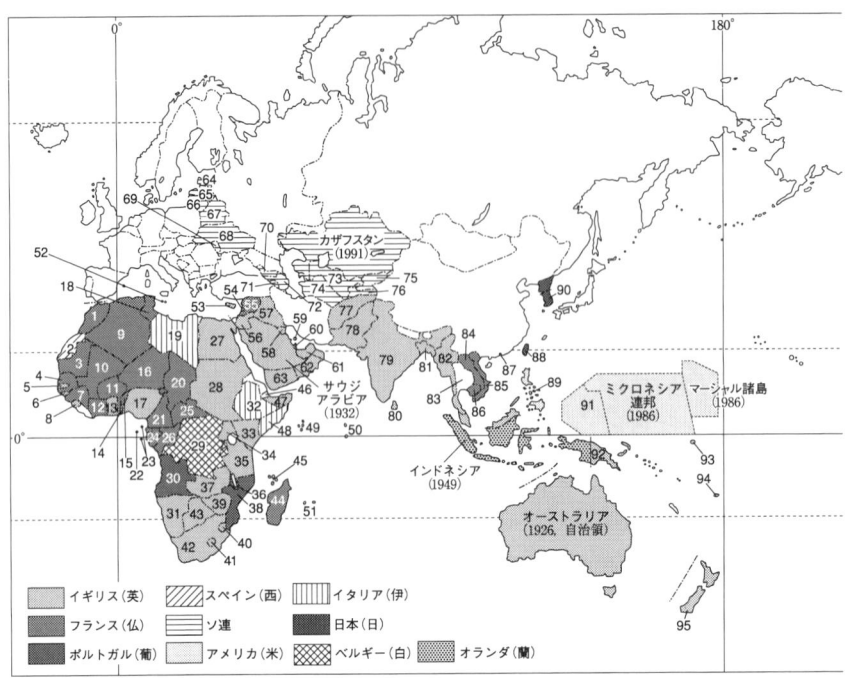

現在の国・地域名（旧宗主国，独立年）　1 モロッコ（仏，1956）　2 西サハラ（西）　3 モーリタニア（仏，1960）　4 セネガル（仏，1960）　5 ガンビア（英，1965）　6 カーボベルデ（葡，1975）　7 ギニア（仏，1958）　8 シエラレオネ（英，1961）　9 アルジェリア（仏，1962）　10 マリ（仏，1960）　11 ブルキナファソ（仏，1960）　12 コートジボワール（仏，1960）　13 ガーナ（英，1957）　14 トーゴ（仏，1960）　15 ベナン（仏，1960）　16 ニジェール（仏，1960）　17 ナイジェリア（英，1960）　18 チュニジア（仏，1956）　19 リビア（伊，1951）　20 チャド（仏，1960）　21 カメルーン（仏，1960）　22 サントメ＝プリンシペ（葡，1975）　23 赤道ギニア（西，1968）　24 ガボン（仏，1960）　25 中央アフリカ（仏，1960）　26 コンゴ共和国（仏，1960）　27 エジプト（英，1922）　28 スーダン（英，1956）　29 コンゴ民主共和国（白，1960）　30 アンゴラ（葡，1975）　31 ナミビア（南ア，1990）　32 エチオピア（伊，1941，ただし独立はしていたが，一時イタリアの植民地，1962）　35 タンザニア（英，1961）　36 マラウイ（英，1964）　37 ザンビア（英，1964）　38 モザンビーク（葡，1975）　39 ジンバブエ（英，1966）　42 南アフリカ（英，1961）　43 ボツワナ（英，1966）　44 マダガスカル（仏，1960）　45 コモロ（仏，1975）　46 ジブチ（仏，1977）　47 エリトリア（エチオピアより，1993）　48 ソマリア（伊，1960）　49 セイシェル（英，1976）　50 モルディブ（英，1965）　51 モーリシャス（英，1968）　52 マルタ（英，1964）　53 キプロス（英，1960）　54 レバノン（仏，1943）　55 シリア（仏，1946）　56 ヨルダン（英，1946）　57 イラク（英，1932）　58 クウェート（英，1961）　59 バーレーン（英，1971）　60 カタール（英，1971）　61 アラブ首長国連邦（英，1971）　62 オマーン（英，1971）　63 イエメン（英，1967）　64 エストニア（旧ソ連，1991）　65 ラトビア（旧ソ連，1991）　66 リトアニア（旧ソ連，1991）　67 ベラルーシ（旧ソ連，1991）　68 ウクライナ（旧ソ連，1991）　69 モルドヴァ（旧ソ連，1991）　70 グルジア（旧ソ連，1991）　71 アルメニア（旧ソ連，1991）　72 アゼルバイジャン（旧ソ連，1991）　73 ウズベキスタン（旧ソ連，1991）　74 トルクメニスタン（旧ソ連，1991）　75 キルギス（旧ソ連，1991）　76 タジキスタン（旧ソ連，1991）　77 アフガニスタン（英，1919）　78 パキスタン（英，1947）　79 インド（英，1947）　80 スリランカ（英，1948）　81 バングラデシュ（英／パキスタン，1971）　82 ビルマ（ミャンマー，英，1948）　83 タイ　84 ラオス（仏，1953）　85 カンボジア（仏，1953）　86 ベトナム（仏，1945）　87 香港（英）　88 台湾（日）　89 フィリピン（米／日，1946）　90 韓国（日）　91 パラオ（米，1994）　92 パプアニューギニア（オーストラリア，1975）　93 ソロモン諸島（英，1978）　94 バヌアツ（英／仏，1980）　95 ニュージーランド（英，1907，自治領）　96 グアテマラ（西，1821）　97 ベリーズ（英，1981）　98 ジャマイカ（英，1962）　99 ハイチ（仏，1804）　100 ドミニカ共和国（西，1821）　101 ニカラグア（西，1821）　102 コスタリカ（西，1821）　103 パナマ（西，1821）　104 ベネズエラ（西，1821）　105 コロンビア（西，1819）　106 エクアドル（西，1822）　107 ペルー（英，1966）　108 スリナム（蘭，1975）　109 ボリビア（西，1825）　110 パラグアイ（西，1811）　111 ウルグアイ（西，1825）

［注］1　この地図では，植民地，自治領，連邦，委任統治領，信託統治領など，しばしば宗主国主導で決定された地主義国の管理下にあった地域を細かく区別していない。
2　宗主国がアメリカであった国については，信託統治領を含む。
3　「独立」年をいつの時点ととらえるかは難しい問題であることが多い。独立を宣言した年か，旧宗主地がある。台湾や朝鮮半島のように現在も主権の問題が未解決の地域もあるし，ラテンアメリカの「独化」を意味していることも多い。したがって，それぞれの地域と旧宗主国などとの国際関係史の実態を
4　国際法上は認められていないが，日本はかつていわゆる「満州国」をほぼ実効的に植民地支配したこ
［出典］筆者作成。

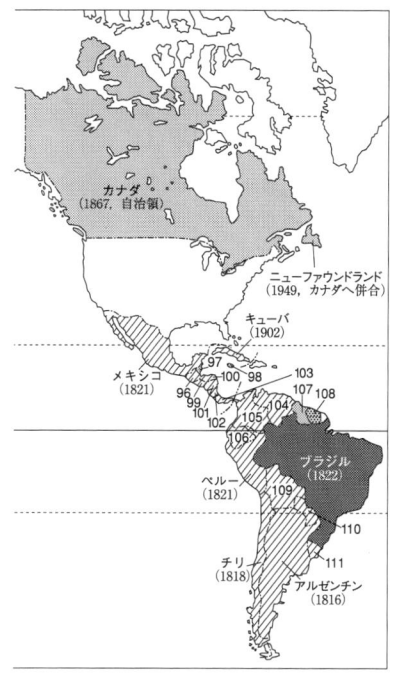

の埋蔵量も多いと期待されていたからである。つまり，クウェートはイギリスによっていわばイラクから「切り離された」ことになる。

アラブ世界全体に反植民地ナショナリズムが吹き荒れた第二次世界大戦後，イラクでは1958年にクーデターで親英的な王制が倒れ，イギリスの影響力は排除された。そこで今度は，イギリスは1961年にクウェートを「独立」させ，イギリスに協力的なザバーハ家に支配させたのである。つまり，クウェートの領土は，イギリス（そしてその背後のアメリカ）の中東戦略の思惑によって決定された。1990年にイラクがクウェートに侵攻し，翌年湾岸戦争が起こった。フセイン独裁体制による暴挙であったが，侵攻の大義名分は，イギリスによって切り離された土地を取り返すことであった。

現在のイラクには，北部にクルド民族が居住している。しかし，クルド民族はイラク領内だけでなく，イランやトルコ領内にも多数暮らしている。この地域全体を支配していたオスマン帝国が滅亡した時，クルド人たちは自分たちの民族国家を樹立する可能性に近づいたのだが，列強はクルドという国の成立を認めなかった。イラクの委任統治権を握ったイギリスは，とりわけキルクークという都市の周辺の石油資源を重視しており，クル

第6章 植民地支配の遺産と開発途上国

ド民族の居住範囲は無視して，キルクーク付近までをイラクに含めたというわけである。現在イラクは，クルド人を内部にかかえて困難な国家建設を強いられている。また，イランやトルコ領内では，クルド民族の分離独立運動が厳しく弾圧されている。

■ アフリカの国境線と変更の難しさ

イラクやクウェートのように，植民地保有国の都合で領土を決められてしまった例は，20世紀の新興独立国のほとんどすべてに見られる。中東から東南アジアまでの全域で，19-20世紀の帝国主義時代を通じてなんとか独立を保ったのはイランとタイだけであるが，この両国もロシア，イギリス，フランスに相当の広さの領土を割譲した。

アフリカにいたっては，大陸全体が帝国主義国によって分割されたため，1960年代から新興国が独立したときの国境線は，ほとんどが必然性に乏しく不自然なものばかりであった。驚くべきことに，アフリカの国境線は1960年代から現在まで，ほとんど変更されていない。線引きが結果的にうまくいったからではない。あまりにも国境線が不適切なために，いったん一部でも変更するとアフリカ全体に混乱が起こることが誰の目にも明らかで，変更することが政治的に不可能なのである。地図を一瞥するだけでも，エジプトとスーダン，ナミビアとアンゴラの間の直線的な国境が人工的なのは一目瞭然だろう。その他の国境線も，帝国主義時代の列強の勢力範囲をそのまま受け継いだものがほとんどである。

ところで，アメリカの州境やアメリカとカナダやメキシコとの国境線も直線が多い。それらも開拓植民時代の事情に由来するが，現在までに政治や経済，社会関係が比較的安定しているため，大きな紛争の原因とはなっていない。したがって，アジア，アフリカの国境線がどれほど不適切であっても，これを武力に訴えて変更するのではなく，経済的相互依存や地域レベルの相互理解を深めていくことで地道に不都合を解決していくしかない。援助機関やNGOは，現地政府と協力できさえすれば，そうした努力を助けることができる。まず大切なことは，できるだけ歴史を知り，現在の地図の国境線を「当たり前」のものとみなすような認識を改めることである。

領土や国境問題というと，日本人の多くは北方領土や尖閣諸島のような「周縁部」を連想しがちだが，世界のほとんどの国にとっては，そのようなレベルをはるかに超えた，文字通り，「国の形や位置」そのものなのである。

■ **矛盾の多い民族構成**

恣意的な国境線が引かれたために，その中に住む「国民」の民族構成も，クルド人の例で見たように，きわめて矛盾に満ちたものとなった。20世紀に独立した国々では，全く異なる民族的，宗教的，文化的アイデンティティを持つ諸集団が国内に混住しているのがむしろ当たり前である。長年の紛争が21世紀初頭にようやく一応収束した東ティモールや，インドネシアからの分離独立運動があるアチェ，ケニアの諸部族の対立，ビルマ（ミャンマー）のカレン族といった「少数民族」の問題は氷山の一角にすぎない。

「国民」のまとまりを阻害するもう一つ別の大きな原因がある。それは，大航海時代以来の植民地主義の歴史の中で，きわめて大量の人間が継続的に強制移動，半強制移動させられたことである。最初は，スペインやポルトガルなどによるアフリカ人の強制連行である。あまりに乱暴なやり方だったために信頼できる統計は残っていないが，少なくとも，当時のアフリカの総人口の何割かにあたる何千万人もの人々，とりわけ健康で優秀な人材がサトウキビ，たばこ，コーヒー，綿花などのプランテーション労働のための奴隷として連れ去られた。現在のアメリカ南部やカリブ海諸国に居住する黒人は，当時連行されて酷使されても何とか生き残った人々の子孫である。このことは，裏を返せば，アフリカからは，政治，経済，文化の成果やその貴重な担い手が根こそぎ奪い取られたことを意味している。

19世紀以降，イギリス帝国などによって資本主義経済が世界に拡大されると，ヨーロッパ人の植民活動に加えてインド人や中国人の大量移動が始まった。セイロン（現在のスリランカ）やインドのアッサムなど南アジアにおける紅茶，マレー半島におけるゴムや錫，アフリカの鉱山や商品作物のプランテーションで働くため，前借り制度に縛られて事実上の強制労働者として移動した人々であった。インド人や中国人の中には，商人や技術者としてヨーロッパ人の植民地帝国システムの一翼を担った人々もいた。中国人は東南アジア，インド人は

図 6-3　1850 年から 1920 年までの工業化にともなう労働移民

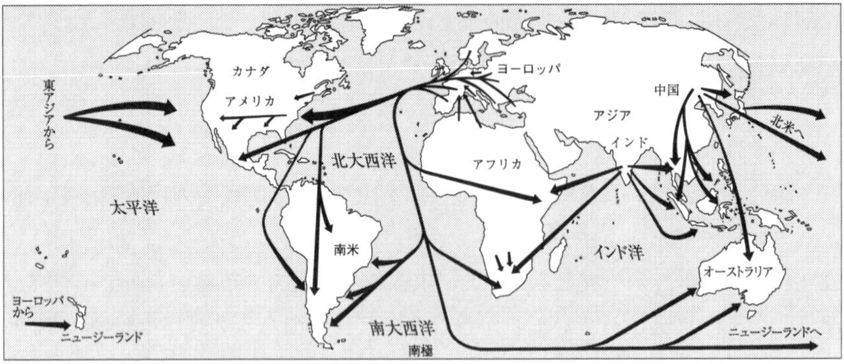

[注]　矢印の太さは移動の規模を示しているわけではない。
[出典]　カースルズ＝ミラー，1996，60 頁より引用。

アジア全域と東部アフリカ，南部アフリカに多く移動したが，その規模は，単なる移住という概念を超えるものであった。たとえば，現在のマレーシアでは，中国人とインド人を合わせると，植民地時代以前からの原住民であるマレー人の約半分の人口を占める。マレーシアの場合，中国人が突出して経済的に活躍していることから，マレー人との対抗関係が国家の内部に組み込まれてしまった。また，太平洋の国家であるフィジーでは，インド系と先住のフィジー系が政治・経済的につねに緊張関係にあり，クーデターもしばしば起こっている。

■ 人種差別とその後遺症

なお，南北アメリカやオセアニアでは，ヨーロッパ人が直接入植して植民地を築いた。「少数民族」としてわずかに残ったインディアンやアボリジニーなどを除いて，20 世紀初頭までに先住民は全滅させられた。しかし，南アフリカ共和国やジンバブエ（旧南ローデシア）のように，もともといた人々が圧倒的多数派の場合には，現在も深刻な問題が続いている。南アフリカ共和国では，1990 年代初頭までアパルトヘイト（*Column* ⑳ 参照）と呼ばれる露骨な人種差別制度があった。現在は，多数派の黒人にも政治的に平等な権利が保障されているが，経済や技術といった分野では白人の影響力は根強く，また，黒人の間には格差が広がって治安が極度に悪化している。ジンバブエでは，独裁的指

> **Column ⑳◇ アパルトヘイト**
>
> アフリカーナと呼ばれた南アフリカの白人植民者たちが，自分たちの特権的地位を維持するために設けた典型的な人種差別制度。約500万人の白人に対して，差別される側の黒人は約2500万人，インド系住民が約90万人いた。黒人には政治的権利が与えられず，白人が経営する農園や工場で酷使され，環境劣悪な土地に囲い込まれるなどした。1948年から正式に制度化されると，原住民土地法などで黒人を強制移住させたり，人種の違う男女による結婚や恋愛も法律で禁止された。こうした政策には，国連を中心に国際的非難が高まったが，欧米諸国や日本は国連制裁に賛成せず，先進国の大企業が白人政権と取引を続けた。正式に廃止されたのは1994年である。冷戦が継続している間は，西側は反共的，かつ核兵器に重要なウラニウムなどを産出する南アフリカの白人政権を支えることを優先したからである。のちにノーベル平和賞を受賞したネルソン・マンデラは，アパルトヘイトへの抵抗運動を行い，アパルトヘイト崩壊後南アフリカ大統領に選ばれた。しかし，人種間の溝は現在もそれほど埋まっておらず，治安悪化など新たな問題が生じている。

導者の黙認のもと，最近も実力で白人の農園主を追放するなどして，旧宗主国のイギリスなどと対立が繰り返されている。

　忘れてはならないのは，ロシアやソ連がバルト諸国やウクライナ，カフカス地方，中央アジアに対して行った植民地支配である。これら諸国では，現在もロシア人が多数居住したりロシア語が広く使用されたりしているほか，植民地時代に強制移動させられた民族間の緊張がある。ロシアの影響を強く受け，ロシアとの関係を重視する都市部の支配層と伝統的な非都市部との違いも大きく，現地情勢や国際関係を左右している。

　日本人には，古代の蝦夷征伐に始まり一貫してアイヌ民族を北に追い払ってほぼ全滅させ，沖縄を領土化して国家を形成した歴史がある。外見だけでは民族出自はわかりにくいが，日本の植民地支配の結果として日本に居住することになった朝鮮系，大陸系の人々は相当な数に上る。日本の場合，さまざまな理由で問題自体が「見えにくく」なっているため，多数派の国民にその自覚が乏しく，かえって厄介な面もある。いずれにせよ，多くの開発途上国における問題の深刻さは，日本人の想像を絶するものがある。

2 植民地支配の手法

■「分割して統治せよ」

　開発途上国の多くは旧植民地であるため，現在起こっている政治的対立や紛争が，歴史的な植民地支配のやり方に由来していることは珍しくない。最も典型的な植民地支配は，「分割して統治せよ」である。これは，ある特定の集団が力を持ちすぎたり，諸集団が団結して宗主国に反抗したりするのを防ぐため，人々をできるだけ分裂させて互いに争わせたり，宗主国が少数派に肩入れしてバランスを操作したりする手法である。

　その例は，インド，東南アジア，アフリカ，中東など世界各地で見られる。英領インド帝国では，ムガール帝国時代からの藩王国の割拠状態を巧みに利用し，わずか数千人のイギリス人によって運営されるインド政庁がインド全土を統治した。反英運動や民族運動を分断するため，たとえばベンガル地方では，ヒンドゥー教徒とイスラム教徒の居住地域を分割する命令を出した（1905年ベンガル分割令）。これは，激しい反発を招いてかえって独立運動が高揚したが，最終的に1947年にイギリスがインドを手放したとき，英領インドはビルマのほか，ヒンドゥー教徒のインドとイスラム教徒のパキスタンとに分裂した。その後インドとパキスタンのカシミール地方の帰属をめぐる紛争は，核開発競争まで招いている。また，1947年の独立当初東パキスタンとなったベンガル地方は，西パキスタン（現在のパキスタン）との戦争を経て1970年代初頭に独立し，バングラデシュとなった。

　また，中東の諸紛争の中心にあるパレスティナの悲劇は，イギリスによる「二枚舌外交」が発端である。現在のイスラエルは，1948年に国連決議で誕生した国家だが，その前身はイギリスの委任統治領パレスティナであった。イギリスは第一次大戦の戦費を調達するため，金融力を持つユダヤ人にパレスティナにおける将来のユダヤ人国家の樹立を約束する一方，パレスティナに住むアラブ人たちには同じ土地にアラブ人国家を認める約束をしてしまった。いずれの約束も果たさず，イギリスはひとまずパレスティナを委任統治したが，第二次大戦でヒトラーがユダヤ人を大量虐殺すると，一気にユダヤ人側に国際的な

同情が集まるようになった。こうした経緯があったため，アメリカの中枢で力をもつユダヤ人がアメリカ政府を動かして国連にイスラエルの建国を認めさせたのである。しかし，土地を追い出されたアラブ人の側が納得するはずはなく，半世紀以上の紛争には，現在も出口が見えていない。

■ 民族や宗教の違いを利用

　イギリスなどの旧宗主国には，民族や宗教の対立をあくまでも「現地の問題」であるとして，植民地支配の責任を曖昧にしようとする態度が見られる。しかし，宗派や民族の「違い」そのものが，植民地支配の過程でかなり人工的・意図的に「作られた」側面があることも忘れてはならない。「分割支配」の手法に加えて，植民地主義国はナショナリズムや「優等人種」「劣等人種」といった排他的な考え方を持ち込み，これを近代的なメディアやヨーロッパ語による教育システムによって広め，対立を煽った。

　たとえば，1990年代に深刻化したルワンダ内戦の際には，問題を多数派のフツ族と少数派のツチ族との紛争に還元する説明が多かった。しかし，実際にはこの二つの「民族」は，ベルギーが植民地支配をしていた時代に，支配を容易にするためことさら露骨に差別待遇され，その結果として分裂が先鋭化した面が大きい。

　もちろん，植民地支配がなくても，もともと対立していた集団は存在する。また，植民地支配によって，対立が調整されたり押さえ付けられていたりした場合もある。イギリスによるナイジェリア統治や，旧ソ連の中央アジアや東ヨーロッパにおける覇権支配はその例である。とはいえ，植民地以前の時代には，現在起こっている紛争の当事者同士が平和に共存・共生していた事実も数多いことは，多くの歴史学者が指摘している。

　インドにおけるヒンドゥーとムスリム，パレスティナにおけるアラブ人とユダヤ人，北アイルランドにおけるプロテスタントとカトリック，イラクにおけるシーア派とスンニー派といった，欧米や日本のメディアが単純化して示す対立図式は，いずれにしても，そのまま鵜呑みにするのは危険である。テレビ局や新聞社は政治・経済の事件からポップ・カルチャーまできわめて多くの分野を短時間でカバーしなくてはいけないため，専門家の業績を十分に咀嚼する余

裕はなく，ステレオタイプや公式発表に引きずられるからである。紛争が深刻化してはじめて先進国の関心を集めるのが実情の多くの途上国に関しては，それぞれの国や地域を熟知した専門家自体，日本はおろか欧米でも恐ろしくなるほど数が少ないのが実情である。

■ モノカルチャー

植民地支配の大きな目的は，経済利益である。植民地や半植民地においては，香辛料，サトウキビ，たばこ，コーヒー，綿花など，単一の品種に特化した大規模なプランテーションが一般化し，もっぱらヨーロッパや市場として確保された勢力圏で「売れる」作物の栽培が行われた。これを，モノカルチャーという。たとえば，イギリスで紅茶に砂糖を入れて飲むことがステータス・シンボルとなると，茶やサトウキビのプランテーション，産業革命や世界大戦で自動車や戦車に必要なゴムの需要が高まるとゴムのプランテーションが，といった具合につねに先進資本主義地域の都合に左右されてきた。

モノカルチャーは，世界経済の分業という観点からは一見すると効率のいい方法であり，植民地経営者に富をもたらし，彼らに協力する現地の一部の層には利益となった。しかし，植民地全体のバランスのとれた発展に寄与したとはいえない。世界経済の中で役割が固定化し，工業化など成長の可能性が阻害されるばかりか，環境や生態系が歪められる。さらに，生活の基本である生産活動が単調となるので情緒や陰影のある文化が破壊される。小麦，米，ジャガイモ，とうもろこしなど，高収入が期待される品種だけが栽培され，在来種が絶滅したり害虫の発生で大打撃を受けたりと不安定である。

最も直接的な問題は，先進国を中心とする国際市場に翻弄される点である。当然のことであるが，この点は政治的に独立国となったからといって一朝一夕には変化しない。それどころか，新興の途上国は，外貨を稼ぐために，植民地時代からのモノカルチャーに頼らざるをえないことが多いので問題は深刻化している。たとえば，1957年にサハラ以南のアフリカで初めて独立国となったガーナは，独立当初は好調であったが，唯一最大の輸出品であるカカオ豆の国際価格が下落するとたちまち苦境に陥った。フィリピンのバナナ栽培や東南アジアにおける海老の養殖などは，主要な市場である日本の消費者の嗜好に依存

しており，日本の市場が巨大であるために，流行などの急激な変化で大きな影響を受ける。いったん大規模化した農業経営は巨大な先進国資本が独占するため，途上国の側の再起は困難である。もちろん，農業に限らず，石油や特定の鉱物資源に特化した輸出型の経済構造を持っている途上国の場合も，国際市場の変動に脆弱である点では同様の問題をかかえている。

なお，鉄道や運河，道路網など，交通・運輸手段の整備を指摘して植民地主義の「プラス面」と評価する見方がある。しかし，アフリカやインドの鉄道網，シベリア鉄道，スエズ運河などをもって，植民地の利益が大いに増進されたということはできない。それらは，あくまでも植民地保有国の利益に資するように，モノカルチャーで生産された商品作物や鉱物資源の搬出，市場へのアクセスのほか，労働力の移送，さらに戦争や反乱鎮圧にも使用された。現地そのものの発展をもたらすタイプの，真の公共財にするためには，多くの修正が必要であり，道路や鉄道や運河などを建設したからといって，むやみに「現地のためにもなった」などと考えていると，実態を肌で知る者との認識が大きく乖離するであろう。

3　植民地支配の記憶

■ アンチテーゼとしての植民地支配

植民地支配を経験したほとんどの発展途上国では，当然のことだが，植民地支配の記憶は鮮明である。その結果，「反植民地主義」がイデオロギーのレベルに高められ，国家のあり方をさまざまに規定している。その国独自の発展の歴史が奪われたことで，いつでも「アンチテーゼ」として植民地支配の記憶を意識せざるをえないのである。

新興国の独立ラッシュからしばらくは，ガーナの初代大統領エンクルマ，インドネシアの初代大統領スカルノ，インドのネルー首相，ギニアの指導者セクトゥーレなどが「反植民地主義」と「非同盟」を掲げて国際的に注目された。「非同盟」とは，冷戦構造の中で米ソいずれの陣営にも与しないというスローガンである。ただ実際には，「非同盟」諸国は，西側資本主義システムとは距離をおき，ソ連や中国など共産主義陣営と接近するケースが多かった。モノカ

ルチャー的な経済構造を断ち切り，国をまとめていくには，経済的には保護主義的，政治的には権威的・強権的なソ連・中国型のモデルが適していると考えられたのである。「アフリカ社会主義◆」など，非資本主義的なモデルの実験を試みた例もある。

一方で，アメリカやイギリスの立憲政治，議会政治，大統領制といった西欧的統治モデルを採用した国もある。しかし，国家形成のプロセスや文化的土壌が根底的に異なる多くの途上国で，民主的選挙や三権分立，メディアの中立といった価値は簡単には定着しない。そのためもあって，多くの国において，クーデターや内戦などが繰り返されている。冷戦が終結に向かう1980年代からは，東側陣営に接近するという選択肢は難しくなり，経済危機をきっかけに民主化，自由化，構造調整◆といったアメリカや国際組織主導の処方箋を受け入れる途上国が増加した。しかし，これらの介入は必ずしも期待した効果をもたらさず，グローバリゼーションで貧富の格差が拡大する中，「新植民地主義」との反発は根強い。

■ 旧宗主国とのつながり

多くの途上国において，エリート層と旧宗主国とのつながりは強固である。イギリスの旧植民地はコモンウェルス，フランスはフランス連合といったフォーラムを通じて旧宗主国など先進国との政治的・軍事的関係が連続している。

◆ 用語解説

アフリカ社会主義　1960年代にサハラ以南に多くの新興国が生まれると，西側に対する反発，アフリカ独自のアイデンティティを求める気持ちから，アフリカ各地で「社会主義」と銘打った実験的な国有化，共有化が流行した。たとえば，タンザニアの初代大統領ニエレレは「ウジャマー（友愛）」というこの地域独特の拡大家族的な共同体の相互扶助精神を基盤に，共産主義的な農村共同体の育成を試みた。しかし，農民の強制移住に対する反発や，カカオなど換金作物を栽培する資本主義的農業の抵抗で頓挫した。

構造調整　1980年代から南アメリカで顕在化した発展途上国の累積債務問題をきっかけに，国際通貨基金（IMF）と世界銀行が主導して行った介入的な経済再建プログラム。救済策の見返りとして，債務国は国内の補助金などを撤廃するなどの緊縮財政，通貨の切り下げ，政府系企業の民営化が求められた。財政再建には期待されたほどの効果を上げず，自由化で先進国の大企業が進出した結果，農民やリストラされた人々が貧困化して現在も大きな問題を引き起こしている。

進出した多国籍企業で働くなどの場合には，英語など，言語の問題が大きい。現地のエリートは英語やフランス語に通じ，留学や研修，移民した同胞などを通じて先進国に豊富な人的なコネクションも有している。問題が起こっても，現地エリートの多くは欧米モデルを導入しようとする傾向が強く，そこには支配層としての先進国との共通の利害もある。法律や医療，技術など，考え方やノウハウのほとんどを先進国から「直輸入」した場合，現地の習慣や文化と相容れないだけでなく，専門家を教育してもすぐに先進国に流失してしまう。こうした状態はなかなか改まらないだろう。

＊

植民地主義の遺産は，途上国がかかえる問題の「すべて」とまでは言わないまでも，きわめて重要な部分を形成している。すべての前提である「国」のあり方，領土や国民，民族構成といった根本からして，しばしば植民地支配によって決定された。したがって，日本や西ヨーロッパ諸国のような意味での「国」や対等な国際関係が存在するかのようなイメージでものを語ることは実態に合わない。「その国の内部で解決すべきだ」などという言い方をしても，そうした言い方自体が意味をなさない場合が多い。

植民地を支配した歴史が長いイギリスやフランスの援助関係者などには，決して多数派とは言えないが，この点を理解し慎重に行動する人もいる。残念ながら，さまざまな理由から自国の植民地支配を忘却しがちな日本人の場合には，経済さえ改善すればすべて解決するといった表面的な考え方をしたり，歴史の重要性を理解していないケースが多い。また，平均して語学力がきわめて貧弱で，日本語以外の著作や情報源をあたったり日本人以外との人間的コミュニケーションを行うことに消極的である。当然，いまだに存在するそうした国民的な空気を反映し，メディアや専門家も，紛争が起こるたびに欧米の言説をただフォローし翻訳するのに精一杯のケースがある。

もちろん，すべての問題の責任を植民地支配に帰するような単純な考え方も誤っている。本章で見たように，植民地支配は構造的なものであり，非常に大掛かりで根底的ではあるが，個々の紛争や問題の直接的・短期的な原因とは区別されなくてはならない。「反植民地主義」がアイデンティティになっており，紛争が冷静さを失わせているような途上国では，当然，すべての責任を植民地

支配だけに押し付ける言説も多い。また，歴史解釈は民族間，集団間，階級間，地域間，国家間で鋭く対立している。したがって，途上国現地だけでなく，私たち自身が，今後さらに研究，教育，啓蒙を充実させ，適切な判断力をつけて良質なメディアを育成していかねばならない。

引用・参考文献

生田滋・岡倉登志編，2001年『ヨーロッパ世界の拡張——東西交易から植民地支配へ』世界思想社

岡倉登志編，2002年『ハンドブック現代アフリカ』明石書店

カースルズ，S.＝M.J.ミラー／関根政美・関根薫訳，1996年『国際移民の時代』名古屋大学出版会

さらに読み進む人のために

浅井信雄，2004年『民族世界地図 最新版』新潮文庫
　＊世界各地の紛争について，歴史的背景を含めて理解する第一歩。非常に手軽だが充実した入門書。

生田滋・岡倉登志編，2001年『ヨーロッパ世界の拡張——東西交易から植民地支配へ』世界思想社
　＊植民地主義の利益と密接に結び付いた造船，海運，運河・鉄道建設から西洋近代思想までを具体的に論じている。

岡倉登志編，2002年『ハンドブック現代アフリカ』明石書店
　＊アフリカの現代史が，ほとんどすべての面で植民地支配と不可分であり，現在も事態は本質的に変化していないことがわかる。

カースルズ，S.＝M.J.ミラー／関根政美・関根薫訳，1996年『国際移民の時代』名古屋大学出版会
　＊大航海時代からグローバリゼーションまでの国際的な人の移動について，現在出版されている中で最も包括的なもの。

川北稔・木畑洋一編，2000年『イギリスの歴史——帝国＝コモンウェルスのあゆみ』有斐閣アルマ
　＊イギリス植民地を個々ばらばらにではなく，歴史的な帝国システム全体の一部として有機的に理解することができる。

北川勝彦・平田雅博編，1999年『帝国意識の解剖学』世界思想社
　＊植民地支配の遺産の中でも最も厄介で改善しにくい，意識レベルの植民地主義を宗主国別に分析している。

木谷勤，1997年『帝国主義と世界の一体化』山川出版社（世界史リブレット40）
　＊さまざまなタイプの帝国主義の読み取り方。現代の途上国が置かれた位置を立体的に理解するためにも役立つ入門書。

浜渦哲雄，1991年『英国紳士の植民地統治——インド高等文官への道』中公新書

＊植民地支配を人材面から検討する。インドを拠点に，イギリスが中東から東南アジアまでを支配した方法についても説明してある。
村井吉敬，1988年『エビと日本人』岩波新書
＊植民地的な経済関係の代表であるモノカルチャーの現代版を，私たち日本人の食卓から考える。

(半澤朝彦)

第7章

兵器はどう規制されてきたか

　武力紛争が生じ，兵器による死傷者を目の当たりにするとき，兵器の規制は望ましいものと映るだろう。兵器の規制を実現するためにはいくつかのアプローチがありうる。たとえば使用・製造・保有を禁止する規範（条約など）を作る，製造・保有をめざす国家が出現してもそれが困難になるように原料・機材・技術へのアクセス（接近）を制限する，そして製造・保有の禁止が受け入れられるための動機づけを行う（放棄することに対する利益供与，放棄しないことへの不利益供与，兵器が不要となる環境の整備）などである。ここでは武力紛争において使用される兵器にはどのようなものがあり，それらへの規制がどこまで達成され，またどのような問題をかかえているのかを検討する。

1　武力紛争と兵器の規制

■ 兵器はどのように使われてきたのか

　19世紀ヨーロッパにおける科学技術の革新は産業革命をもたらした。同時に科学技術の発展によって生まれたダイナマイト，自動車，飛行機は兵器へと応用され，19世紀以降現在まで軍事戦略の中核を担うこととなる戦闘機や戦闘ヘリコプター，戦車やミサイル，銃火器などの開発につながった。これらの兵器を総称して通常兵器と呼ぶ。通常兵器の発達により，第一次世界大戦は市民が大量に戦闘員として動員される初めての総力戦争となった。

　第二次世界大戦は第一次世界大戦を上回る戦死者を出した。戦死者数の規模

にとどまらず，第一次大戦と第二次大戦の大きな違いとして，核兵器の出現がある。核兵器は1945年に初めて兵器として広島・長崎に投下された。核兵器の投下による死者は広島では約7万8000人，長崎で約2万7000人と言われる。その驚異的な殺傷能力および戦闘員と市民とを区別なく殺害する無差別性から見て，核兵器は第一次大戦の主軸を担った通常兵器とは異質の兵器であった。

甚大な殺傷能力と無差別性を持つ点では，化学物質を用いた兵器である化学兵器も同様である。化学兵器の歴史は古く，第一次大戦ではドイツ軍が塩素ガスを用い，1万4000人が死傷したと言われる。そのほか1980-88年のイラン＝イラク戦争中には，イラン領域内での化学兵器（マスタード・ガス，シアン）の使用が国際連合（国連）によって確認されている。化学兵器とは毒性の化学物質を兵器として用いるもので，肺に損傷を与える窒息剤（塩素ガス，ホスゲンなど），皮膚や呼吸器に傷害を与えるびらん剤（マスタード・ガスなど），神経組織に傷害を与える神経剤（サリンなど），血液中の酸素循環を阻害する血液剤（青酸など）などの種類がある。

また，細菌や微生物などが持つ毒素（生物毒素）を用いて殺傷する生物兵器もまた，甚大な殺傷能力と無差別性を持つ。天候や地形などに影響を受ける兵器ではあるが，生物兵器の開発の歴史は古い。近年でも1990年の湾岸危機／戦争をきっかけとしたイラクに対する国連の査察により，同国がボツリヌス毒素や炭疽菌などを用いた兵器の開発を進めていたという事実が判明した。2001年にはアメリカ国内で炭疽菌による死傷者が出る事件が発生している。ボツリヌス毒素や炭疽菌のほか，コレラ，チフス，赤痢などのバクテリアや，天然痘なども生物兵器として用いられうる。生物兵器は開発にかかる費用が低廉なことから，「貧者の核兵器」とも呼ばれている。

核兵器，化学兵器，生物兵器は，その殺傷能力と無差別性から通常兵器と区別され，大量破壊兵器と総称される。

■ 兵器を規制する二つの視点と三つのアプローチ

世界政府の存在しない国際社会では，自国の安全を確保する権威はなく，国家は自国の安全を自ら担保しなければならない。そのため無条件に兵器の保有を制限するまたはすべて廃棄するという規制は，国家にとって選択しにくい。

しかし戦闘における殺傷・破壊方法を無制限に許容することは，戦時の被害の拡大につながり人道性に欠ける。そこで兵器の規制は，兵器は存在しても武力行使を決断しにくい状況を作るための戦略的配慮と，戦争が始まった場合の被害を縮小化するためという人道上の配慮の，二つの視点に立って進められてきた。

武力行使を決断しにくい状況作りにはまず，武力行使の違法化や，勢力均衡の考え方に基づいた同盟の創設，また集団安全保障体制の導入などにより，国家に武力行使を思いとどまらせる国際環境を整えることによって追求された。そこでの兵器規制は，いたずらに国家間の軍事バランスを崩すことがないような手法で実施する必要がある。結果として軍備の規制は必ずしも数量を削減する軍縮の形態をとらず，場合によっては保有兵器数の上限設定や配備制限などの軍備管理も用いられる。いわば国家間に戦略的安定性を確保するための規制であり，代表的なものとして米ソ間核軍備管理条約であるSALT II条約（戦略兵器制限条約）や，核兵器を保有できる国家を限定する不拡散の考えに立った核不拡散条約（NPT）があげられる。

戦争が始まった場合の被害の縮小に向けては，戦闘方法の規制が行われてきた。戦時国際法を通じた，戦闘員と非戦闘員の区別や，捕虜の扱い，中立国の扱いの規制の歴史は古い。さらに戦争中であっても戦闘目的に照らして不要な被害は避けられるべきであるという人道上の配慮は，戦争中に使用する兵器の規制を実現した。たとえば1868年のサンクト・ペテルブルク宣言は不必要な苦痛を与える兵器の使用の禁止を謳い，一定の兵器の相互放棄を規定した。さらに1899年と1907年に開催された2回のハーグ国際平和会議で成立した毒ガス禁止宣言とハーグ陸戦法規（陸戦ノ法規慣例ニ関スル条約）に加え，1925年のジュネーヴ議定書（窒息性ガス，毒性ガスまたはこれらに類するガスおよび細菌学的手段の戦争における使用の禁止に関する議定書）などが明文化された初期の例としてあげられよう。これらはいずれも兵器の残虐性に着目し，そのような兵器は戦時であっても使用してはならないと定めた。人道性に基づいた規制要請はその後，使用禁止からさらに進んで，残虐な兵器の保有そのものを禁止する条約作りの基盤となった。

戦略性・人道性のいずれの視点に立つものであれ，兵器の使用，製造，保有

を禁止したり、保有する兵器の廃棄を実現するためには、いくつかのアプローチがありうる。たとえば使用・製造・保有を禁止する条約を作ることは、その代表的な手法である。また、製造・保有をめざす国家が出現してもそれが困難になるように原料・機材・技術へのアクセスを制限する手法がありうる。たとえば兵器開発につながる技術や資機材の輸出管理制度を各国が国内で整備することは、このアクセス制限の代表例である。さらに、特定の兵器の製造・保有禁止や保有する兵器の廃棄を国家が受け入れられるよう、動機づけを行うことも有益である。たとえば特定の兵器を放棄することに対する経済支援などの利益供与や、経済制裁などの兵器を放棄しないことへの不利益供与、また国家間信頼醸成などによって兵器への依存を緩和しうる環境の整備などである。

2　大量破壊兵器の不拡散レジームの発展

■ 核兵器の登場と不拡散アプローチ

　核兵器という新たな大量破壊兵器の登場を受け、国際社会はその取り扱いについて議論することとなった。まず国連総会の決議によって1946年に設立された国連原子力委員会が核兵器の管理の討議の場とされた。国連原子力委員会では結局、核兵器の国際機関による管理というアメリカの提案（バルーク案）と核兵器の使用と保有の禁止というソ連の主張（グロムイコ案）が対立し、合意を見ることはなかった。管理方法に合意できない中、1949年にはソ連が核兵器の開発に成功する。核兵器の開発をめざす国家はさらに増え続け、1952年にはイギリスが、1960年にはフランスが、1964年には中国が核実験を成功させるにいたる。

　このような核兵器の拡散は、いくつかの懸念を国際社会にもたらした。兵器は本質的に使用が前提とされるものであり、ある兵器を保有する国家が増加することはその兵器の使用が検討される機会が増加することを意味する。すなわち、核兵器が使用される可能性が高まったのである。次に、安全保障上の緊張をかかえる国家間で、一方が核兵器のような強力な兵器を保有することで戦力バランスが崩れ、武力行使の可能性や軍備拡張競争につながる可能性が懸念された。また、核兵器の威力により武力紛争発生時に甚大な被害がでることも予

> **Column ㉑◇　多国間軍縮交渉の場の変遷**
> 　国連の枠内には核軍縮を討議する場として1946年に原子力委員会，通常兵器の軍縮を討議する場として1947年に通常軍備委員会が設置された。両者が1952年に統合され，国連軍縮委員会（Disarmament Commission ; DC）と改称された。しかし1950年代にDCでの軍縮交渉は冷戦構造の余波で停滞してしまう。そのため，国連の枠外に東西ブロックから同数が参加する軍縮交渉の場を設けることが合意され，1960年に10カ国軍縮委員会，その後1962年に拡大して18カ国軍縮委員会が設置された。1969年にはさらに参加国も増え，名称は軍縮委員会会議（Conference of the Committee on Disarmament ; CCD）となる。1978年の第1回国連軍縮特別総会を機に国連との関係性を強化した会議体へと改組され，名称を軍縮委員会（Committee on Disarmament ; CD）とした。同委員会は1984年に軍縮会議（Conference on Disarmament ; CD）とさらに名称が改定された。これらは多国間の軍縮交渉を行いうる唯一の場として機能し，部分的核実験禁止条約やNPT，生物兵器禁止条約や化学兵器禁止条約などの重要な条約を作成したが，1990年代後半から実質的な成果をあげていない。

想できた。
　核兵器を保有する国家が増加する状況を受け，これらの懸念は深刻化した。そこで1965年に核兵器の拡散防止をめざした条約作りがジュネーヴの18カ国軍縮委員会で開始され，1968年に国連総会においてNPTが署名され1970年に発効した。ここに軍縮でも軍備管理でもない，不拡散というアプローチに基づいた核兵器の規制が始まった。すなわち不拡散とは，特定の兵器を保有する国家を限定し，その他の国家の取得を制限する考え方と言える。

■ 核不拡散とNPT
　NPTは現在では加盟国189カ国を数え，国際社会のほとんどの国家が加盟している。NPTの最大の目的は核保有国の増加を阻止することにある。NPTは核兵器の保有を1967年1月1日までに核兵器を開発・取得した国（旧ソ連，アメリカ，イギリス，フランス，中国）に限定し，その他の国が将来核兵器を製造・保有しないことを規定している。核兵器の保有を認められる5カ国を核兵器国，認められない国を非核兵器国と呼ぶ。核兵器国は核兵器その他の核爆発

Column ㉒◇　検証・査察制度とその問題点

　国家間で兵器規制に合意した場合，その規制が誠実に履行されていることを確認することは，合意の信頼性を担保し，規制目的を達成するために不可欠である。その確認のための措置が検証と呼ばれ，代表的な手法として，兵器の解体や保管状況を現場に赴いて確認する「査察」がある。査察には定期的または事前通告の後に実施されるものから，抜き打ちで実施するものまでありうる。また現地査察は国家が直接実施する場合と，国際組織が担う場合がある。

　たとえばNPTの履行についてはIAEAが検証を担当しておりNPT加盟国の申告に基づき査察官が核物質の存在する場所に立ち入り，核物質の種類や量を確認することで，核物質が秘密裏に核兵器開発へ流用されていないことを確認する。

　査察の信頼性と正確性を確保するためには，査察官にあらゆる場所に事前通告なしで立ち入る権限が与えられることが重要だが，国家は，そのような権限を査察官に認めることで自国の軍事機密が流出したり重要な産業技術が流出したりすることを恐れる。このような国家の懸念から，無条件であらゆるアクセスを査察官に認めるような検証制度が合意されることは稀である。たとえばIAEAによるNPT加盟国に対する検証制度においても，当初，査察は加盟国からの申告に基づいて行う体制であった。このような国家からの申告に基づく検証は，国家が誠実に情報を開示していない場合に有効に機能しない。実際に，NPT加盟国であったイラクが核関連施設の情報を隠匿することでIAEAによる施設への査察を回避し，核開発計画を進めていたことが，1991年の湾岸戦争後の安保理決議687などに基づく査察によって明らかになっている。

　このように検証措置の導入と履行には困難がともないがちではある。しかし検証措置により，条約上の義務が加盟国によって誠実に履行されていることを国家が相互に確認することが可能となり，加盟国間の信頼醸成にも寄与するのである。

装置を移譲せず，また，非核兵器国は原子力の利用を平和目的のみに限り，核兵器やその他核爆発装置を受領・製造しないことを義務づけられる。非核兵器国は平和利用の結果として生じる核関連物質を軍事目的に転用していないこと，または平和利用と偽って軍事目的での開発を行っていないことを証明するために，1957年設立の国際原子力機関（IAEA）による査察を受ける必要がある。

　このように核兵器の規制は，第8章で詳述されるように具体的な核軍縮交渉は核兵器国間，特に米ソ間に委ね，同時に核兵器の拡散を防止するためのレジ

Column㉓◇　NPT 再検討会議

　5年ごとに開催される再検討会議は，NPT 加盟国が5年間の核軍縮・不拡散と原子力の平和利用について討議するもので，会議の最後には最終合意文書が採択されることになっている。たとえば1995年再検討会議においては条約の無期限延長が合意された。包括的核実験禁止条約（CTBT）の交渉完了，兵器用核分裂性物質生産禁止条約（カットオフ条約）の即時交渉開始・早期締結，核兵器の廃絶に向けた漸進的核軍縮の努力の継続などがとられるべき課題として盛り込まれた。2000年の再検討会議では，ブラジル，エジプト，アイルランド，メキシコ，ニュージーランド，南アフリカ，スウェーデンによる新アジェンダ連合が中心となり，最終文書を通じて「核兵器の全廃を達成するという，核兵器国による明確な約束」を求めることに成功した。しかし2005年の再検討会議は，討議事項についての合意がなされない状況下で会議が開催され，最終文書の合意にいたらないままでの閉会となった。その理由はすべての決定がコンセンサスで行われるという手続上の問題のほか，イスラエルの核に対する二重基準問題やイランの核問題への評価，また CTBT への批准拒否問題などにつき，加盟国間で利害が激しく対立したためである。

ーム（制度）を強化する方向性が確立したのである。将来にわたって核兵器を保有する権利を放棄するという不平等性をはらんだ内容を多くの国家が受け入れたのは，核兵器国のみならず非核兵器国にとってもそれが現実的な選択であったからである（納家，2000）。まず多くの国では，核兵器の非人道性から反核世論が高まっていた。さらに，核兵器の開発には先進的な技術と膨大な資金が必要であり，1960年代には軍拡競争により核兵器を大量に保有していた米ソにその他の国が対抗することは困難であったことから，多くの国にとって米ソの核抑止力に依存することが合理的選択肢であった。

　なお NPT では，非核兵器国は核兵器の保有は放棄するが，原子力の平和利用の権利が認められるとともに（第4条），核兵器国に対して核軍縮の誠実な交渉の義務（第6条）を課すなど，非核兵器国の不満を緩和するしくみも導入されている。また5年ごとに開催される再検討会議は，不拡散に向けた議論を深める場であるとともに，非核兵器国が核兵器国に対し条約に定められた核軍縮の誠実な交渉義務を果たすよう求める場ともなっている。

■ 核実験禁止と非核兵器地帯の設定

他国からの支援を得ず単独で核兵器を開発したり，弾頭を小型化するためには核実験が不可欠とされ，核実験の禁止は新たな核兵器国を防止する効果が期待できた。そこで1960年代以降，核実験の禁止をめざした条約作りが行われた。まず，1963年には地下を除く大気圏内，宇宙空間および水中での核実験を禁止する部分的核実験禁止条約（PTBT）が実現した。その後，地下を含むすべての核実験を禁止する包括的核実験禁止条約（CTBT）の交渉が1994年に開始され，1996年に条約文が確定している。CTBTには加盟国が条約に反して核実験を行わないよう監視するCTBT機関（CTBTO）の設置とともに，検証制度を導入している。しかしCTBTは発効要件◆を厳格化したことから，核実験を察知するための国際監視制度の観測所整備は進められているものの，未発効である（2006年8月時点）。

核実験の禁止が議論された1960年代には，併せて核兵器の拡散を防止するために非核兵器地帯の設置が進んだ。非核兵器地帯とは，複数の国家が条約を締結し，加盟国の領域内では核兵器の生産・取得・配備を禁止するものである。非核兵器地帯はラテンアメリカおよびカリブ地域（1967年署名，1968年発効のトラテロルコ条約），南太平洋地域（1985年署名，1986年発効のラロトンガ条約），東南アジア地域（1995年署名，1997年発効のバンコク条約），アフリカ地域（1996年署名，未発効のペリンダバ条約），中央アジア地域（2005年仮署名，未発効の中央アジア非核兵器地帯条約）に導入されており，1959年の南極条約で軍事利用が禁止された南極を含めると，非核兵器地帯は地球上のかなりの部分を包含していると言える。

◆ 用語解説
CTBTの発効要件 NPTが非加盟国による核開発という課題を残したことを受け，CTBTは核保有が疑われる国や核開発の能力がある一定の国家の批准を発効の要件とした。しかし批准が必要とされた44カ国のうち，2006年8月現在署名をしたものは41カ国，うち批准をしているのは34カ国にとどまっている。核保有が疑われているイスラエルは署名したものの未批准であり，インド，パキスタンやNPTの脱退を宣言している北朝鮮については署名も行っていない。さらに，アメリカは署名をしたものの，1999年になって批准をしないことを明らかにしている。これらの国々が署名・批准する兆候はなく，CTBTの発効の見通しは立っていない。

非核兵器地帯の特徴は，その加盟国が核兵器の開発・保有・配備を放棄するのみならず，核兵器国による域内への配備も禁止するところにある。また，非核兵器地帯の加盟国に対し核兵器国は，核兵器の使用や使用の威嚇（いかく）は行わないという，「消極的安全保障◆」を約束している。

■ 核不拡散と輸出管理

　核不拡散レジームはNPT，核実験禁止条約，非核兵器地帯条約によって強化されたが，拡散を完全に止めることはできていない。たとえばカシミール地方の領有をめぐって長年対立関係にあるインドとパキスタンはそもそもNPTには加盟せず，1998年に両国は連続して核実験を実施して核兵器の保有を宣言した。さらに周辺のアラブ諸国との対立をかかえるイスラエルは核の保有を否定も肯定もしないという「曖昧政策（あいまい）」を採用しているが，NPTには加盟せず，実際は200発程度の核兵器を保有していると見られている。また，NPT加盟国であった北朝鮮やイラクが核兵器を秘密裏に開発◆していた事実は，NPTの限界を国際社会に突きつけた。

　NPT非加盟国による核開発は，核保有国にNPTによらない拡散防止策を模索させた。NPT加盟国による原子力の平和利用が進んだことで核兵器開発

◆ 用語解説

消極的安全保障・積極的安全保障　消極的安全保障とは，核兵器国が非核兵器国に対して核兵器の使用または使用の威嚇を行わないというもの。1995年にアメリカ，ロシア，イギリス，フランスの4カ国が消極的安全保障を提供するとの政治宣言を出している。これに対して積極的安全保障とは，非核兵器国が核兵器による攻撃を受けた場合，核兵器国は当該非核兵器国に支援を行うとの約束を意味する。核兵器の使用または使用の威嚇の対象となったNPT加盟国に対しては，米英仏中ロの5核兵器国が積極的安全保障を提供するという安保理決議が，1968年および1995年に採択されている。

核開発疑惑国・違反国　冷戦中，核兵器の開発を試みる国は複数存在した。アメリカ，旧ソ連，イギリス，フランス，中国のほかにも，冷戦期には南アフリカ，ブラジル，アルゼンチン，リビア，インド，パキスタン，イスラエルなどが核兵器開発計画を進めた。南アフリカ，ブラジル，アルゼンチン，リビアは，その後核開発計画を放棄しNPTに加盟したが，インドとパキスタンはNPTに加盟せず核兵器を開発し1998年にその保有を宣言した。北朝鮮はNPT加盟国であったが脱退し，2005年に核兵器の保有を宣言した。また2003年ころからNPT加盟国であるイランが核開発をめざしているのではないかとの懸念が高まり，2006年3月にイランの核開発問題は国連安保理に付託された。

Column ㉔◇　**輸出管理と民間企業への制約**

　原子力供給国グループ，オーストラリア・グループ，ワッセナー・アレンジメント，ミサイル技術管理レジームなどの兵器拡散防止のための輸出管理レジームに属する国々は，兵器製造につながる機材・物質の輸出を規制するための国内法制度を作っている。たとえばフリーズドライ食品の加工に用いられる冷凍乾燥装置が生物兵器の製造装置に転用可能であるなど，軍事用に転用可能な汎用品が増加していることから，民生品の輸出に関しても厳しい規制が行われている。汎用品の輸出に際し企業は，その輸出先国，用途（輸出する機材・物質が大量破壊兵器等の開発に結び付く可能性の有無），そして顧客（最終的な荷受人が大量破壊兵器等の開発に関与している可能性の有無）を検討し，いずれであれ懸念があるものに関しては事前に申請し輸出許可を取らなければならない。

　たとえば日本の場合，軍事転用が可能な製品を無許可で輸出した場合，外国為替及び外国貿易法（外為法）により5年以下の懲役もしくは200万円以下の罰金となる（ただし対象の物品の価格の5倍が200万円を超える場合は，罰金は当該価格の5倍以下）。法人による違反は，行為者への処罰とともに法人に対する罰則金も課される。さらに行政制裁として3年以内の貨物輸出・技術提供の禁止が課される場合もある。

　このように拡散防止のための輸出管理は，民間企業の活動に直接制限を加えつつ実施されている。しかしながら違反行為も後を絶たない。たとえば2006年1月にはヤマハ発動機が農薬散布用の無人ヘリコプターを中国に輸出しようとしたところ，軍事転用が可能な技術が含まれているとして外為法違反容疑で捜索を受けた。また同年2月には，精密測定機器メーカーのミツトヨが，核兵器製造時のウラン濃縮のための遠心分離機の管理に用いることのできる三次元測定器を中国とタイに輸出したとして，同じく外為法違反に問われた。いずれも，経済産業大臣の許可を得るべきところ，無許可で輸出したための告発である。違反行為には転用の可能性を認識していない事例もあるが，制度の意義について十分に認識していない企業による営利優先の行為といわざるをえない事例も後を絶たない。

につながる放射性物質が増加したことも，核開発をめざす国家へ放射性物質が移転する可能性への懸念を深めた。そこで導入されたのが輸出管理レジームである原子力供給国グループ（NSG）である（2006年8月時点で45ヵ国が参加）。1977年に設立された同グループはロンドン・ガイドラインと呼ばれる原子力関連資機材および技術の輸出国が守るべき指針を策定し，参加国は指針に基づ

いた国内法を整備することで核兵器開発につながる資機材・技術が他国に移転することを防止しようとしている。

■ 生物兵器の規制

ジュネーヴ議定書で使用のみが制限されていた生物兵器と化学兵器は，その後別々に保有禁止が実現する。まず実現したのが生物兵器であった。生物兵器はその効果が天候状況や地形などに影響を受けやすいことや，自軍の防護が困難であるなどの問題点から，兵器としての利用価値は他の大量破壊兵器よりも低い。そのため核兵器による抑止が可能となった段階で生物兵器は，実戦での使用経験を通じて兵器としての価値を認められていた化学兵器よりも早期に全廃が実現した。

生物兵器禁止条約は1972年に採択され1975年に発効した（2006年8月時点で加盟国は155ヵ国）。同条約は「防疫（ぼうえき）の目的，身体防護の目的その他平和目的による正当化ができない種類および量の微生物剤その他の生物剤又はこのような種類および量の毒素」の開発・生産・貯蔵・取得・保管を禁止している。また，他国が生物兵器を生産することを支援することも禁止している。ただし同条約には，規制対象となる生物剤や施設の種別が列挙されておらず，検証措置も設けられていない。

生物兵器禁止条約は生物兵器の全廃を定めた点では大きな成果である。しかし大量破壊兵器の拡散が懸念される中東地域において，イスラエル，シリア，アラブ首長国連邦が未加盟である。ロシア，中国，エジプト，イラン，リビア，北朝鮮など，条約に加入しながら開発や保有が疑われる加盟国も存在している。これは生物兵器禁止条約に検証制度が導入されず，現在もその導入のめどが立っていないことの帰結である。

■ 化学兵器の規制と輸出管理

化学兵器はジュネーヴ議定書で使用が規制されつつも，保有の禁止が合意されるまでに時間を要した。それは生物兵器と比較して化学兵器は実戦での使用の歴史があり，保有する価値のある兵器とみなされていたことが理由の一つにある。しかし，核兵器の出現により化学兵器の抑止兵器としての価値が低減し

たことで，全面禁止が交渉される素地が生まれた。

　化学兵器禁止条約は1993年に署名され，1997年に発効した（2006年8月時点で加盟国は172ヵ国）。同条約は化学兵器の使用および生産，保有，移転を禁止し，締約国はすでに保有している化学兵器については一定期間内に全廃する義務を負う（加入から2年以内に開始し，条約の発効から10年以内に完了する）。化学兵器に用いられうる物質は民生部門でも用いられることから，それらが化学兵器の生産に使用されていないことを確認するための検証措置も導入されている。また保有する化学兵器の廃棄も，検証の対象となっている。これらの検証は条約により設置された化学兵器禁止機関（OPCW）が担っている。さらに，同条約には条約義務の違反が疑われる場合に行われる抜き打ち査察（チャレンジ査察）制度も導入されている。なお，生物兵器禁止条約と同様に，化学兵器禁止条約も，化学兵器の保有が疑われる国家のいくつかが加盟していない。たとえばイラク，シリア，エジプト，イスラエル，ミャンマー，北朝鮮などである。

　生物兵器・化学兵器の規制は，ジュネーヴ議定書，生物兵器禁止条約，化学兵器禁止条約という国際法による規制にとどまらない。開発につながる原料や技術へのアクセスを制限することで拡散を防止する輸出管理も用いられている。そのきっかけは1980年から88年にわたるイラン=イラク戦争に際して，化学兵器が使用されたことにあった。オーストラリアが化学兵器の開発につながる技術や物質の輸出管理を協調して実施することを提案し，その結果1985年に生まれたのがオーストラリア・グループである（2006年8月時点で40ヵ国が参加）。オーストラリア・グループは化学兵器の製造につながる汎用品や関連技術のリストを作成し，大量破壊兵器開発の可能性のある国への輸出を各国が防止することをめざしている。オーストラリア・グループはその後，生物兵器の開発につながる汎用品や関連技術の輸出管理も規制の対象に含めている。

3　通常兵器の軍備管理レジーム

■ 国連軍備登録制度と輸出管理

　兵器規制に向けた取り組みは大量破壊兵器にかぎらない。たとえばヨーロッ

パでは，冷戦中から東西両陣営の通常兵器を削減し，かつ均衡させるための条約作りが検討されていた。しかしながら欧州諸国が保有する通常兵器の約23％の削減をともなう欧州通常戦力条約（CFE条約）に合意できたのは，冷戦が終結したのちの1990年になってからであった。多くの国が保有しその国家防衛の中心を担う兵器体系が通常兵器であることから，通常兵器の削減や保有制限の合意には困難がともなうのである。

そのため通常兵器については，兵器の流通の透明性を向上する手法が主に採用されている。たとえば，通常兵器の流通の透明性を強化する制度として日本および欧州共同体（EC）諸国による提案により1991年に国連総会で設立されたのが，国連軍備登録制度である。国連軍備登録制度が導入された背景には，1990年の湾岸危機／戦争があった。イラクがクウェート侵攻に先立ち急激に兵器輸入を増やしていた事実が明らかとなったことを受け，兵器の過剰な備蓄が国際社会に明らかになるよう環境を整えることで，過剰な備蓄を抑止し，また，過剰な備蓄を試みる国家に対して国際社会の注意喚起を可能にする制度が導入されたのである。

国連軍備登録制度により国連加盟国は，戦車，装甲戦闘車両，大型口径火砲システム，戦闘用航空機，攻撃ヘリコプター，軍用艦艇，ミサイルおよびミサイル発射装置という，七つの兵器カテゴリーにつき毎年，前年の輸出入量，輸出先・輸入元情報を国連に提出することが期待されている。輸入国のみならず輸出国からもデータが提供されることから，輸入国が情報を提出しなくても輸出国側からのデータによって輸入国の存在と数量を明らかにすることができる。必ずしもすべての国が提出するわけではなく，毎年継続して提出があるわけでもない。制度導入当初は90ヵ国程度の参加にとどまり，その後国連加盟国の制度への関心が低下した時期もあった。しかし近年では100ヵ国を超える国連加盟国がデータを提出しているうえ，主要な武器輸出国がデータを提出していることから，ほとんどの通常兵器の輸出入が明らかになっている。

通常兵器移転の透明性を向上させることに加え，移転そのものを規制するための輸出管理制度も導入された。通常兵器の輸出管理は，対共産圏輸出統制委員会（COCOM）の後継枠組みであるワッセナー・アレンジメント（2006年8月時点で40ヵ国が参加）参加国によって行われている。参加国は，通常兵器関

連技術・関連汎用品につき規制対象とする品目や技術のリストを作成し，国内法により輸出規制を実施している。また，ミサイル技術については大量破壊兵器の運搬手段にもなることから特に，1987年にアメリカの主導でミサイル技術管理レジーム（MTCR）が設立された（2006年8月時点で34ヵ国が参加）。ただしこれらの輸出管理レジームも，非参加国からの物品・技術の流出は防止できないという限界がある。

■ 新たな課題——小型武器の規制

　小型武器とは広義には通常兵器に区分され，兵士1人で携帯・使用が可能な兵器および兵士数名で運搬・使用が可能な兵器の総称である。具体的には拳銃，ライフル銃などの小火器や，重機関銃や携帯式の対戦車砲などの軽火器，さらに地雷や弾丸などの爆発物を含む。冷戦期は主に国家間武力紛争の防止が主要な関心事であったために，大量破壊兵器や戦闘機・戦車などの大型の通常兵器の取り扱いに国際社会の関心が集中していた。さらに小型武器の一部は多くの国の警察組織の装備に含まれ，アメリカに代表されるように市民の銃保有が認められる国も存在していることもあり，国家間の規制になじまないものとみなされていたという事情もある。

　しかし冷戦終結後，地域紛争が多発するようになると，そこで主に使用される小型武器が多くの被害者を生み，また，国連や地域的国際機構による平和活動を危険にさらすことが明らかになった。ブトロス＝ガリ国連事務総長も1995年の『平和への課題・追補』報告書において，小型武器軍縮を「ミクロ軍縮」と称してその重要性を強調している。小型武器は安価で使用が容易であることから紛争地域での需要が高く，小型ゆえに国家を介さない非合法取引もさかんである。また安全保障環境の改善した国家から余剰武器が紛争地帯へと流入する現象も指摘されている。そこで，特に小型武器に対する規制強化が急がれるのである。

　民間人への被害を生む通常兵器の非人道性に着目した規制として，サンクト・ペテルブルク宣言やハーグ国際平和会議で体内で分裂するダムダム弾の禁止が実現していたが，さらに1980年には特定通常兵器の使用禁止・制限条約（CCW）と三つの議定書が合意された。同条約と議定書はたとえば，一見無害

Column ㉕◇　オタワ・プロセス

　国際的な NGO 活動によって高まった国際世論に支えられ，普遍性に固執することなく，条約の最終的な目標を共有する国家のみが集まり対人地雷禁止条約を実現した一連の流れを，オタワ・プロセスと呼ぶ。

　対人地雷の全廃をめざす欧米の六つの NGO が中心となって，1992 年に NGO の国際的ネットワークである地雷禁止国際キャンペーン（ICBL）が形成された。ヴェトナム，カンボジア，アフガニスタンなどでは内戦が終結した後も，埋設されたままの対人地雷によって，多くの市民が犠牲になっていた（第 15 章 Column ㊺参照）。ICBL はこのような対人地雷の非人道性を強調し，各国政府へ対人地雷の全廃を求める働きかけを行った。1995 年には地雷を含む通常兵器の規制を定めた特定通常兵器の使用禁止・制限条約の再検討会議が予定されており，ICBL はその再検討会議の準備会合で対人地雷の全廃に肯定的な姿勢を示した国家への働きかけを強めた。

　対人地雷全廃を求める国際世論の高まりを受け，カナダは地雷の全廃という目標を共有する国々を集め，1996 年 10 月に国際会議をオタワで開催した。オタワ・プロセスとの呼び名は，この会議がオタワ会議と呼ばれたことに由来する。オタワ会議で参加国は 1997 年末までに対人地雷の生産，委譲，貯蔵，使用を全面的に禁止する条約を採択することをめざすことに合意し，実際に対人地雷禁止条約は 1997 年 12 月に署名されている。

　オタワ・プロセスは NGO の活動が国家の具体的行動を促したことから軍縮分野で NGO が貢献しうることを示した例として，また，大国の関与を必須とせず，条約目的を共有する国家によるイニシアティブにより軍縮分野での成果があげうることを示した例としても，評価されている。

に見え，思わず手にすると爆発するブービートラップ，化学反応によって火災や熱を発生させる焼夷弾，そして地雷などは過度または不要に苦痛を与えるとして，市民への使用を禁止している。これらは小型武器への規制を実現したものの，主に国家間紛争を前提とした規制であり，保有そのものを規制したものではない点に，大きな問題を残していた。

　ただし，特に内戦において甚大な被害を出してきた小型武器の一つである対人地雷についてはその後，オタワ・プロセスと呼ばれる NGO ネットワーク「地雷禁止国際キャンペーン（ICBL）」の活動とカナダなど地雷禁止を支持す

る国家の協調により，全廃を定める条約が成立した。1997年に署名され1999年に発効した対人地雷禁止条約（対人地雷の使用，貯蔵，生産および委譲の禁止ならびに廃棄に関する条約，2006年8月時点で加盟国151ヵ国）は，加盟国に対し条約の発効から4年以内に貯蔵している対人地雷を廃棄し，敷設してあるものについては10年以内に廃棄することを義務づけている。

　対人地雷以外の小型武器の包括的な規制は，端緒についたばかりである。ボスニア紛争やチェチェン紛争の深刻化を経験したヨーロッパは，1997年から98年にかけて欧州連合（EU）が武器移転のライセンスに関する管理体制を強化し，輸出先規制や過剰備蓄の基準を設定した。さらに欧州安全保障協力機構（OSCE）においても2000年に「小型武器に関する文書」を採択し，小型武器の非合法取引の規制と，すでに出回っている非合法小型武器の回収に合意した。2001年時点でヨーロッパおよび独立国家共同体（CIS）諸国は小型武器生産国の42％を占め，生産企業の47％が存在し，北中米諸国は小型武器生産国の5％と生産企業の34％を占める。ヨーロッパと北米諸国すべてを加盟国に持つOSCEにおいて小型武器の製造や輸出入に対する規制が合意されたことで，今後世界に流通する大部分の小型武器の管理に道が開けたといえる（A Project of the Graduate Institute of International Studies, 2002）。さらにアフリカや中南米地域においても域内に流入する小型武器への対処が議論され，2000年にアフリカ統一機構（現在のアフリカ連合）が「バコマ宣言」を，中南米諸国が2001年に「ブラジリア宣言」を採択した。

　各地域での議論をふまえ，2001年には国連小型武器会議が開催され，小型武器の非合法取引の撲滅をめざした「行動計画」が策定された。行動計画には，非合法取引を規制するための措置として，小型武器への刻印と取引記録による追跡制度の導入や輸出入管理制度の強化が含まれ，また，行動計画を実施するための技術・資金支援などが盛り込まれている。ただし国連小型武器会議での行動計画そのものは政治的な宣言にとどまり，普遍的な小型武器追跡制度や輸出規制が確立されたわけではない。

4 軍縮・不拡散強化に残された課題

　国家が兵器の規制に合意するためには，その規制によって国家間の戦略的安定が危うくならないことが前提となるため，規制合意への道のりは険しい。その一方で戦略的な考慮とは別に，特定の兵器の残虐性から，人道上の要請に基づいた兵器の規制が実現することもある。たとえば核実験が人体と環境に与える影響への批判が高まった時期にPTBTが成立したり，非戦闘員への被害が深刻であった対人地雷の全廃が合意されたことなどはそのよい例である。

　大量破壊兵器についても，通常兵器についても，軍縮・軍備管理，そして不拡散のための条約や輸出管理が実現してきた。しかし条約への未加盟国の存在や，加盟国による違反行為も確認されるなど，限界があると言わざるをえない。条約による兵器の保有規制や廃棄の実現は，加盟国に条約を誠実に履行する意思があるか否かによって，その成果が大きく左右されるためである。そこで既存の規制の限界を補完するため，不拡散を重視する国々による新たな取り組みが開始されている。

　たとえば既存の輸出管理レジームに加え，G. W. ブッシュ米政権は2002年に「大量破壊兵器と闘う国家戦略」を発表し，大量破壊兵器の拡散防止策を強化する姿勢を明確に示した。そして翌2003年に同政権は「拡散に対する安全保障構想（PSI）」を発表した。PSIは，兵器の拡散を脅威と認識する国々に対し，大量破壊兵器やミサイル，またそれらの関連資機材の非合法の移転を阻止するために，自国領域外でも他国と協調して対処することをめざすことを提案していた。アメリカの提案を受け，日本，イギリス，イタリア，オランダ，オーストラリア，ドイツなどの15カ国からなるコア・グループが，PSIのための具体的行動を討議し，大量破壊兵器および関連資機材を，拡散を行う可能性のある国（拡散懸念国）との間では輸送しないことに加え，拡散懸念国との間での大量破壊兵器および関連資機材の輸送に対しては臨検・押収に協力することなどを，とるべき行動として合意した（「阻止原則宣言」）。そしてPSIに賛同する国家は，大量破壊兵器・関連資機材の移転や輸送を阻止するための海上訓練などを重ねている。

また，2001年の9.11テロ事件によって，国際社会はテロ集団のような非国家主体に大量破壊兵器がわたることの脅威を再確認した。特に先進8ヵ国主要国首脳会議（G8）諸国を中心に，非国家主体による大量破壊兵器取得の防止は重要な課題と位置づけられている。そして2004年4月には国連安保理において，非国家主体への大量破壊兵器の移転や取得支援を禁止し，国連加盟国に輸出管理制度等を整備することを義務づける決議1540が採択された。同決議は大量破壊兵器規制を定めた既存の「条約には大量破壊兵器の『非国家主体への拡散』の防止といった発想はほとんどなく，新しい脅威に直面してその点に緊急に対応したもの」と言え，非国家主体への拡散問題への関心がこれまでになく高まっている証左であろう（浅田，2005）。

　PSIや安保理決議1540に見られるように，不拡散のための取り組みは近年強化される傾向にある。このような取り組みは，すでに先進的な兵器を保有している先進国が主導する傾向がある。しかしNPTが五つの国家にのみ核兵器保有を認めたことに象徴されるように，持つものと持たざるものの格差を固定化する不拡散アプローチは，国家間の実質的な不平等に対する不満の素地となる。そのため，不拡散重視の傾向が普遍的かつ無条件の支持を得ているわけではない。また，輸出管理のような不拡散のための国内措置をとるだけの十分な能力のない国家も存在するのである。

　武力紛争は避けられるべきものであり，国際社会はそのためのしくみを築き上げてきた。兵器の使用・保有に対する規制も，その努力の一部である。冷戦期を通じて，国際社会は国家間武力紛争の防止をめざした。兵器が用いられる様式が変化するのであれば，兵器の規制方法も変化する必要があろう。しかし，兵器の規制はNPTなどの規範設定や，輸出管理などのアクセスの禁止のみで達成できるものではない。中東地域における大量破壊兵器の拡散はパレスティナ問題に根ざしている。北朝鮮による核開発問題は，地域の安定を脅かしている。インドとパキスタンの国境線をめぐる対立は，両国による核兵器の使用の可能性を懸念させてきた。国際的なテロ集団の活動には，グローバリゼーションの中で発展から取り残された人々の不満が影響していると言われる。軍縮・軍備管理も不拡散レジームも，そして輸出管理も，これらの問題を解決するものではない。兵器の拡散を防ぎ軍縮へとつなげるためには，それぞれの国がお

かれた状況を理解し，兵器へ依存する原因となる問題を解決することが必要である。

引用・参考文献

浅田正彦，2005 年「安保理決議 1540 と国際立法——大量破壊兵器テロの新しい脅威をめぐって」『国際問題』第 547 号，日本国際問題研究所

納家政嗣，2000 年「大量破壊兵器不拡散の思想と展開」納家政嗣・梅本哲也編『大量破壊兵器不拡散の国際政治学』有信堂高文社

A Project of the Graduate Institute of International Studies, 2002, *Small Arms Survey 2002*, Oxford University Press

さらに読み進む人のために

浅田正彦編，2004 年『兵器の拡散防止と輸出管理——制度と実践』有信堂高文社
　＊オーストラリア・グループやワッセナー・アレンジメントなどの兵器の輸出管理レジームに焦点をあて，現状と課題を分析している。主要国家別の取り組みについても，併せて取り上げている。

黒澤満，2003 年『軍縮国際法』信山社
　＊冷戦後，核兵器がどのように規制され，その背景にどのような問題があったのかを包括的に分析した大著。

黒沢満編，2005 年『軍縮問題入門〔新版〕』東信堂
　＊軍縮・不拡散制度について網羅的に取り上げた入門書。大量破壊兵器・通常兵器の規制に加え，宇宙空間・南極・海底の軍事利用に対する規制も取り上げている。

納家政嗣・梅本哲也編，2000 年『大量破壊兵器不拡散の国際政治学』有信堂高文社
　＊大量破壊兵器の不拡散体制を理論的に検討したうえで，各レジームを分析している。さらに地域的な拡散問題の分析も収録されている。

藤田久一，2003 年『国際人道法〔再増補〕』有信堂高文社
　＊戦闘方法や兵器を規制する国際法（戦争法）の歴史的発展を，人道性の観点から分析している。

藤田久一・浅田正彦編，1997 年『軍縮条約・資料集〔第 2 版〕』有信堂高文社
　＊軍縮・不拡散に関係する国際条約を網羅的に収録している。

（佐渡紀子）

第8章
核軍拡と核軍縮

1 世界の核兵器の現状

■ 平和と核兵器

　第二次世界大戦後の国際社会では，アメリカ，ソ連，イギリス，フランス，中国の5ヵ国による核兵器の独占が長く続き，中でも米ソ2ヵ国が世界の核兵器の9割以上を保有してきた。このため冷戦期には，米ソ間の核戦争を防ぐことが世界の生存と平和にとって最も緊急な課題だった。核兵器の拡散が進んだ冷戦終結後においても，核兵器の危険を回避することは，依然として最重要課題の一つである。

　だが，解決へ向けた具体的な方法論に関しては，国際社会の立場は必ずしも一致していない。大多数を占める非核兵器国は，核兵器の存在そのものをなくす「核廃絶」や「非核化」を求めてきたのに対し，米ソに代表される核兵器国は，核兵器の存在を前提としつつ，核兵器の安定した均衡を維持する「核軍備管理」を追求してきた。一方，多国間対話の場である国際連合などでは，両方の考え方を包含する現実的な手段として，段階的で現実的な核兵器削減をめざす「核軍縮」が交渉課題とされてきた。

　日本においても，核兵器の危険性にどう対処するかは，戦後の重要な平和の課題の一つであった。だが，被爆地の広島・長崎をはじめとする市民運動が核廃絶を目標としたのに対し，日本政府や外務省は，国連など軍縮外交の場で現

Column ㉖◇ 軍備管理と軍縮

核兵器の規制には、大きく分けて軍備管理（arms control）と軍縮（disarmament）という二つの考え方がある。

軍備管理は米ソ間で核軍拡競争が激化した 1960 年代以降、主にアメリカで理論化が進められた。一般的に軍備管理論者は、核兵器にも一定の効用を認めて「必要悪」とみなし、敵対国との間で核兵器の均衡による核抑止を維持することが重要だと考える。このため、核兵器の極端な増強も削減も、敵対国との間の戦力バランスを崩すので、戦略的安定を損ない、戦争の危険を高めると主張する。1960 年代末から 1980 年代にかけての米ソ間の戦略兵器制限交渉はこうした軍備管理の考えに基づいて行われた。

これに対して軍縮は、核兵器が開発される以前から、国際社会の間で戦争を防ぐ手段として何度か試みられてきた。核軍縮支持者らは、核兵器の保有そのものが戦争を引き起こす可能性があると考え、核兵器の削減を求めてきた。核不拡散条約も第 6 条で核兵器国に軍縮義務を課している。

なお、核廃絶は核兵器が 0 の状態であり、核軍縮の究極的な形態といえる。だがその実現方法をめぐっては、核兵器の段階的な削減で実現できるとする考え方、核兵器は「絶対悪」だから即時なくすべきだとする考え方、核兵器の違法性を根拠に禁止すべきだとする考え方などが存在する。

実的な核軍縮を主張してきた。また他方、アメリカの「核の傘」を支持する防衛政策の専門家らは、米ソの均衡を維持する核軍備管理の重要性を強調してきた。

このように、戦後世界において核兵器は平和の重要なテーマであったにもかかわらず、規制の方法論をめぐっては、複数の意見が存在し、国際社会においても、国内においても、意見の統一は難しい。その背景として、以下のような要因があげられる。

第一に、核兵器を危険なだけの存在と見るか、それとも究極の兵器としての核に、何らかの軍事上の意義を認めるか。前者は核廃絶を求める主張につながり、後者は核軍備管理の考え方につながる。核兵器は持たないが「核の傘」の下にある国も、核兵器に依存しており、存在意義を認めていることになる。

第二に、核兵器に軍事上の意義を与える機能の一つとして一定の「抑止力」

表 8-1　各国の核兵器および運搬手段

国　名	核兵器保有数（内訳）および運搬手段
アメリカ (2006年)	9,960 （現役；5,735〈戦略核；5,235，非戦略核；500〉，予備・解体待ち；4,225) ICBM；500基，SLBM；336基，戦略爆撃機；72機
ロシア (2006年)	16,000 （現役；5,830〈戦略核；3,500，非戦略核；2,330〉，予備・解体待ち；約10,000) ICBM；549基，SLBM；192基，戦略爆撃機；78機
イギリス (2006年)	200 原子力潜水艦；4隻，SLBM；64基
フランス (2006年)	348 （戦略核；288，非戦略核；60） 原子力潜水艦；4隻，SLBM；48基，戦闘機；60機
中　国 (2006年)	200 ICBM；20基，その他の地上発射ミサイル；59基，潜水艦発射ミサイル；12基，爆撃機；20機
イスラエル (2005年)	75-200？ （核爆弾，ミサイル核弾頭，核砲弾，核地雷など） 地上発射ミサイル；100基，戦闘機；200-300機
インド (2005年)	40-50？ 戦闘機；171機，地上発射ミサイル；72基，海上発射ミサイル開発中
パキスタン (2005年)	24-48？ 戦闘機；32機，地上発射ミサイル開発中

［出典］ *Bulletin of the Atomic Scientists*；SIPRI Year Book 2005などから筆者作成．

を認めるかどうか。その場合も，抑止の対象として，核兵器，生物・化学兵器，通常兵器のどこまでが含まれるかにより，立場は異なる。核兵器の抑止力を認める立場は，軍事戦略としての核抑止理論に発展し，それらが国家レベルや国際レベルで体系化されると，核兵器の存在はますます肯定されることになる。これに対し，核廃絶を求める人たちは核抑止という考えそのものが破綻していると主張する。

　以上の点に関し，核軍縮の考え方には，核兵器の軍事上の意義を認めない立場と，抑止機能は認める立場がある。

　第三に，核兵器をひとたび手にした国家や人類が，それを簡単に手放すことができるかどうか，という現実的な問題がある。手放すことは困難だという立場の中には，次のようなものが含まれる。核兵器を持つことで国家が大きな政

治力を持つと考える指導者がいる限り，核武装の動機はなくならないとする見方。科学技術としての核兵器の知識そのものを消滅させることは不可能だという見方。人類はたえず究極の破壊力を持つ兵器を求めるから，核兵器を規制しても，さらに危険な兵器を開発するだろうとの見方。これらの考え方は，容易に核兵器の規制に対する悲観論と結び付く。

このような見方が存在することをふまえつつ，核兵器の廃絶や禁止をめざして核軍縮を進展させるための方法を模索することが，平和政策に求められている。

■ 核兵器保有の実態

それでは世界の核兵器保有の実態はどうなっているのだろうか。核兵器国が保有する核兵器の数は軍事機密であり，各国政府とも公表していないが，国際的な研究機関などが毎年，かなり詳しいデータを発表しており，おおよその実態をつかむことができる。アメリカの核問題専門誌『原子力科学者雑誌（Bulletin of the Atomic Scientists）』などで 2006 年 6 月までに明らかにされたデータから，各国の保有する核兵器および運搬手段の実態をまとめたのが表 8-1 である。

今日では，核兵器の大半はミサイル弾頭で，これらは射程距離 5500 km 以上の「戦略核」と，それ以外の「非戦略核」に分かれる。非戦略核はさらに射程距離 1500 km 以下の「戦術核」と，射程距離 1500-5500 km の「中距離核」に分かれる。またそれらを運ぶ運搬手段も多様で，戦略核には大陸間弾道ミサイル（ICBM），潜水艦発射弾道ミサイル（SLBM），戦略爆撃機，非戦略核には巡航ミサイルや砲弾，地雷などがある。

■ 核兵器をめぐる国の分類

核兵器をめぐる各国の位置づけについては，核不拡散条約（NPT）で核保有を認められている米ロ英仏中の 5 ヵ国を「核兵器国」，残りのすべての国々を「非核兵器国」と位置づける二分法が一般的だが，実際にはもっと細かく分けて考える必要がある。

まず位置づけられるのが，イスラエル，インド，パキスタンの「事実上の核

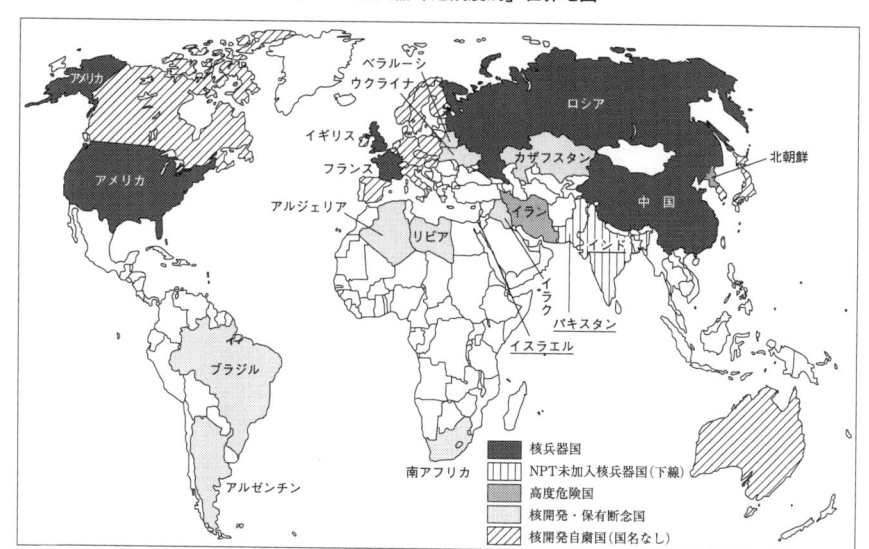

図 8-1 核兵器「危険度別」世界地図

[出典] *Carnegie Endowment for International Peace; Nuclear Weapon Status 2005* などから，筆者作成。

兵器国」だ。これらの国は長い間，核兵器開発という「敷居」に足をかけた，という意味で「核敷居国」と呼ばれていた。このうちイスラエルは1950年代末ごろから核兵器開発に着手する一方，対外的には核兵器の有無に関して言及を避ける曖昧戦略（不透明核戦略）をとってきた。しかし1980年代半ば以降，核開発を裏づける情報が国外に伝わり，核保有は確実視されてきた。一方，インド，パキスタン両国は1998年5月に核実験を行い核兵器の保有をアピールした。3カ国ともNPTには加盟していない。

また，南アフリカは1970年代に核実験を行い1980年代末までに原爆を6個完成させたが，1991年までにそれらを廃棄し，非核兵器国としてNPTに加盟した。1993年にデクラーク大統領が原爆開発と廃棄の事実を公表して世界を驚かせた。一方，旧ソ連から独立する際に旧ソ連の核兵器を引き継いだウクライナ，カザフスタン，ベラルーシはいずれも1994年までに核兵器をロシアに移送し，非核兵器国としてNPTに加盟した。これらは，国家が核兵器を手にした後に手放した数少ない例として，検証に値する。

次に，NPTに加盟していながら，核開発疑惑が持たれてきたのが，イラク，

イラン，北朝鮮などである。このほか，ブラジルとアルゼンチンは軍事独裁政権下にあった1980年代までに核開発計画を立てたが，民主政権への移行後に計画を廃棄し，いずれも1990年代に非核兵器国としてNPTに加わった。

残る国々についても，細かく見れば日本やドイツ，欧州連合（EU）に加盟する大半の先進諸国が「核開発能力を持ちながら核武装しない国」と見なすことができる一方，大半の途上国は「核開発能力がなく，核武装もしない国」と位置づけられる。核軍縮を進めるためには，こうした国ごとに，核兵器に頼らない政策を促すきめ細かい処方箋が必要である。

2　核軍拡と核戦略の変遷

■ アメリカの原爆開発

「アメリカはなぜ原爆を開発したのか」。日本で平和の課題として核問題を考える時，この問題はほとんど顧みられず，出発点はつねに被爆体験であった。一つには，原爆を投下した側の論理を分析することに対する，心理的な抵抗感のためだろう。しかし，原爆投下から60年以上が過ぎた今，最初の事例としてのアメリカの原爆開発と日本への投下の経緯を整理しておくことは，人類史的立場で平和を考えるうえでも重要である。その要点をまとめてみたい。

歴史を振り返る時，アメリカの原爆開発の大前提として，二つの出来事が指摘できる。1938年にドイツで核分裂が発見されたことと，ドイツにおけるナチスの台頭である。核分裂の発見は膨大な核エネルギーの軍事利用可能性を意味した。またナチスに率いられたドイツは組織的にユダヤ人を迫害するとともに，1939年9月に第二次大戦を引き起こしてヨーロッパの脅威となった。その直前の1939年8月，アメリカに亡命していたユダヤ系科学者シラードが，著名な科学者アインシュタインを説得し，ドイツに先駆けての原爆開発を促す手紙をルーズヴェルト米大統領に送った。これが原爆開発の直接のきっかけとなった。

次に指摘できるのは，脅威の対象がドイツから日本に移行したことである。原爆開発の技術的可能性を検討したアメリカは1941年10月，ホワイトハウス会議で開発を正式に決めた。日米開戦の2カ月前である。翌42年8月から

「マンハッタン計画」と呼ばれる原爆製造計画に着手し，イギリスとカナダの科学者も加わった。その後，最大の懸念であったドイツが原爆開発に着手していないと判明し，ドイツ降伏の見通しも立ったため，米英首脳は1944年9月のハイドパーク会談で原爆の対日投下に合意した。1945年5月にドイツが降伏したため，アメリカは日本への投下目標の選定を進め，広島，小倉，新潟，長崎が最終候補地として残り，8月6日に広島，9日に長崎に原爆を投下した。

原爆投下をめぐっては，トルーマン米大統領が「原爆投下による戦争終結」というシナリオを実行するため，意図的にポツダム宣言で強硬な無条件降伏要求を突き付けたとする見方や，ドイツ降伏後3カ月以内に予想されたソ連の対日参戦を牽制するねらいがあった，など政治的な側面が指摘されている。また戦後の1947年1月，スティムソン元米陸軍長官が「原爆により地上戦で死亡が予想された100万人の米兵が救われた」とする論文を発表した。この数字を否定する研究も数多く存在するが，原爆投下を肯定する米国世論形成に大きな影響を与えたことはまちがいない。

こうした経緯をふまえ，私たちは被爆体験に基づく日本の反核意識だけでなく，最初で最大の核兵器国・アメリカが今日も，原爆は「戦争終結に不可欠だった」「100万人を救済した」とする正当化論を維持していることを視野に入れて，核問題を考えていく必要があろう。

一方，当時は世界の物理学者が原子核の研究でしのぎを削っており，もし第二次大戦やドイツの脅威がなかったとしても，どこかの国が核エネルギーに着目して軍事利用していた可能性は高い。核兵器の登場は科学の発達がもたらした必然でもあった。日本でも陸軍の依頼により東京の理化学研究所で原爆研究が行われていた。1944年にはウラン濃縮に用いる六フッ化ウランの米粒大の結晶を抽出したが，翌年の東京大空襲で研究所が破壊されて中断した。

■ 米ソの核軍拡と核戦略

第二次大戦後の4年間，アメリカによる核の独占期間が続いたが，トルーマン政権は原爆を戦略上それほど重視せず，1946年には国連で，原子力の国際管理を求めるバルーク案を提案した。しかし東西冷戦構造が強まる中，1949年8月にソ連が原爆実験に成功して核独占が崩れると，アメリカは「核抑止」

と「封じ込め」をセットとする対ソ軍事外交戦略を固めた。これはその後の長い冷戦時代を通じて，アメリカの基本政策となる。

　続くアイゼンハワー大統領は1953年，「ニュールック」と呼ばれる国家安全保障政策を発表し，核兵器への依存の強化を打ち出した。すでに1952年には初の水爆実験に成功していたが，1954年には小規模の侵攻にも大量核兵器で応じる「大量報復戦略」を発表し，ビキニ環礁で水爆実験を繰り返し行った。国際的な原水爆禁止運動のきっかけとなった第五福竜丸の被曝（ひばく）事件が起きたのはこの年の3月である。

　これに対してソ連は核より通常戦力を重視していたが，1953年に水爆実験に成功し，1957年には世界初の人工衛星スプートニクの打ち上げにも成功し，核兵器の新たな運搬手段であるICBMの開発に先行したことでアメリカに衝撃（スプートニク・ショック）を与えた。以後，米ソの核競争は激化していく。

　だが，あらゆる規模の攻撃に核で報復するというアメリカの戦略は，あまりに危険であった。このためケネディ政権は1960年代，敵の攻撃に応じて通常戦力，射程距離の短い「戦術核」，および敵の本土まで届く「戦略核」の3者を使い分ける「柔軟反応戦略」を新たに採用した。ちなみに北大西洋条約機構（NATO）も1967年，柔軟反応戦略を正式に採用している。

　ちょうど戦略の転換期にあたる1962年10月，核戦争の危険を世界に痛感させる「キューバ危機」が発生した。これは，ソ連によるキューバへの核ミサイル持ち込みをアメリカが発見して臨戦態勢をとり，米ソが核戦争の一歩手前までいった事件である。幸いアメリカがトルコから自国のミサイルを撤去するのと引き換えに，ソ連がミサイルの撤去に応じ，ぎりぎりで衝突が回避された。

　その後，アメリカは敵の核第一撃に耐えて第二撃で敵の「人口の5分の1から3分の1」「産業の2分の1から3分の2」を破壊する「確証破壊（assured destruction）」能力をめざして核兵器の量産を続けた。また核兵器の運搬手段として，ICBM，SLBM，戦略爆撃機のいわゆる「戦略核3本柱」も完成した。しかしソ連もICBMやSLBMの開発で応じたため，アメリカは1960年代後半，ソ連と互いに確証破壊能力を持つことで核戦争を防ぐ「相互確証破壊（MAD）」戦略へと移行し，ソ連側も事実上MADを受け入れた。MADはその後，冷戦期を通じてアメリカの核戦略の基本となる。

1972年には，双方の第二撃の確証破壊能力を維持するため，弾道弾迎撃ミサイル（ABM）の配備を制限するABM条約と，ICBMおよびSLBMの上限を決める第1次戦略兵器制限条約（SALT I）の暫定条約が締結され，米ソ間で戦略核のパリティ（均衡）が成立したといわれる。だがその後も，米ソの核戦力増強は続いた。

　アメリカの核弾頭数はすでに1964年に3万発を超え，数の上ではソ連の6倍近くに達して優位に立っていた。このため1970年代から1980年代にかけてアメリカは，核兵器の質的向上に力を注いだ。まずニクソン政権時，ソ連の核攻撃への反撃が全面核戦争へと発展するのを防ぐため，対ソ第二撃を軍事施設に限定する「エスカレーション・コントロール」や，ソ連の核戦力のみを攻撃する「限定核オプション」を採用した。また1基のミサイルに別々の標的に向かう10発前後の核弾頭を搭載する，個別誘導多目標弾頭（MIRV）システムを開発するなど核の小型・軽量化を進め，核戦力の質的強化をはかった。

　さらにカーター政権時には，ソ連の主要都市200以上を破壊できる能力を確保し，1980年にはソ連の核戦力，軍事施設，国家指導者，産業基盤などの中枢を標的とすることであらゆるソ連の優位を相殺する「相殺戦略（countervailing strategy）」を発表した。また，1979年12月のソ連によるアフガン侵攻で東西新冷戦時代に突入した1980年代には，レーガン大統領が先端技術を用いて宇宙空間から弾道ミサイルを迎撃する戦略防衛構想（SDI）を発表し，実現にはいたらなかったが，ソ連に大きな動揺を与えた。

　これに対してソ連はまず，核弾頭数の劣勢を挽回しようと，急ピッチで核弾頭の製造を続けた。1960年に1605発だった核弾頭は，1970年には1万1643発，1970年代後半にはアメリカを数の上で上回るにいたった。さらに1980年には3万発を超え，1986年にはついに4万発に達した。並行して，MIRV技術も開発してICBMの重量化を進めるなど質的向上もはかった。

　米ソの核軍拡により，世界全体の核弾頭数も1986年にはピークの6万5000発に達し，1990年までは5万発を上回ったが，その98％が米ソの核弾頭で占められた。冷戦終結後の今日も，米ロの核弾頭が世界のほぼ95％を占めており，核軍縮における両国の責任の大きさを表しているといえよう。

　なお，米ソにやや遅れてイギリスは1952年にオーストラリアで原爆実験を

表 8-2　世界の核兵器保有数の変遷（1945-2000年, 5年ごと）

年	アメリカ	ソ連／ロシア	イギリス	フランス	中国	計
1945	6					6
1950	369	5				374
1955	3,057	200	10			3,267
1960	20,434	1,605	30			22,069
1965	31,642	6,129	310	32	5	38,118
1970	26,119	11,643	280	36	75	38,153
1975	27,052	19,055	350	188	185	46,830
1980	23,764	30,062	350	250	280	54,706
1985	23,135	39,197	300	360	425	63,417
1990	21,211	33,417	300	505	430	55,863
1995	10,953	14,978	300	500	400	27,131
2000	10,615	10,201	185	470	400	21,871

［注］　イスラエル，インド，パキスタンは除く．
［出典］　*Bulletin of the Atomic Scientists*.

行い，1957年にはクリスマス島での水爆実験にも成功して3番目の核兵器国となった．第二次大戦中イギリスは，科学者をマンハッタン計画に参加させるなど，核開発でアメリカと一定の協力関係にあったが，戦後，米側が核開発の技術協力を断ったため，独力での開発に踏み切った．

フランスもNATO内部でのアメリカの覇権に対抗して1959年10月，ドゴール大統領が核開発を宣言し，1960年2月，サハラ砂漠で原爆実験を行い，4番目の核兵器国になった．1968年8月には水爆実験も行った．一方，中国はソ連の技術協力による核開発を計画していたが，1950年代末から次第に中ソ関係が悪化したため，独力での核開発に踏み切った．1964年10月に原爆実験に成功し，1967年6月には水爆実験に成功している．

これら主要核兵器5カ国の保有数の変遷をまとめたのが表8-2である．

3　戦後の核軍縮の歩みと課題

■ 核軍縮交渉の舞台

核軍縮を進めるには，国際世論の盛り上がりや市民運動も大きな力になりうる．だがそうした圧力だけで，国家が自発的に核兵器削減や廃棄を進めることは稀なため，現実的には外交交渉の場で，拘束力を持った条約を実現することが必要である．国際社会で今日まで続いている多国間核軍縮交渉の場は，国連とジュネーヴである．

まず，国連についての経緯を見てみよう。国連憲章が最初にサンフランシスコの創立会議で署名されたのは，核兵器が登場する前の1945年6月だった。また，国際連盟の規約に比べると国連憲章は，軍縮を重視せず，むしろ集団安全保障による平和の維持を想定している。ところが，アメリカによる原爆の投下が世界を変えた。1946年1月の第1回国連総会は，原子力の国際管理や核兵器の廃棄などを扱う「原子力委員会」の創設を全会一致で承認している。

原子力委員会は，原子力の国際管理を求めるバルーク案などを審議したが，米ソ対立であまり機能せず，国連安保理に翌年設けられた通常軍備委員会と，1952年に統一して国連軍縮委員会となった。メンバーは11の安保理理事国とカナダである。1954年のビキニ環礁での第五福竜丸被曝事件をきっかけに国際的な原水爆禁止運動が盛り上がると，軍縮委員会の中に米ソ英仏中の5カ国による小委員会が設けられ，核兵器の禁止などが審議されたが，東西対立を反映して交渉はまとまらず，1957年にはソ連が参加を拒んで暗礁に乗り上げた。

各国は新たな軍縮交渉機関の設立を模索したが，ソ連が「東西同数」を強く主張したため1960年，ジュネーヴに国連機構外の「10カ国軍縮委員会」が東西5カ国ずつで発足した。これが徐々に拡大されて，1984年には「軍縮会議」と改められ，2006年現在65カ国による定期的な会合が行われている（第7章 *Column* ㉑参照）。

この間，ジュネーヴでは核不拡散条約や包括的核実験禁止条約をはじめとする，さまざまな核軍縮条約の交渉が行われてきた。一方，国連においても1978年，82年，88年に国連軍縮特別総会が開かれたほか，毎年の通常総会でも核軍縮に関する決議を採択している。

多国間以外の核軍縮交渉の場としては，米ソの核軍縮交渉に見られる2国間交渉や，1963年の部分的核実験禁止条約にみられる米英ソの3カ国交渉，さまざまな非核兵器地帯条約に見られる地域間交渉などがある。

■ 主要な核軍縮条約

以上のような外交交渉を通じて，核軍縮に関するいかなる条約がこれまで成立してきただろうか。タイプごとに分けて見てみよう。

①国際公域での規制　　国際社会で最初に成立した核軍縮に関連する条約

は，特定の国家に属さない国際公域での核の規制を定めた「南極条約」だ。1959年に日米英仏ソなど12ヵ国により署名され，1961年に発効した。南緯60度以南の地域での軍事活動，核爆発，あらゆる兵器の実験などを禁じており，2006年3月現在の締約国は45ヵ国である。

　1966年には国連総会で宇宙の平和利用を定めた「宇宙条約」が採択され，翌年署名された。宇宙を宇宙空間と天体に分け，宇宙空間への核・大量破壊兵器の配備や，天体における兵器実験などを禁じているが，周回軌道に乗らない弾道ミサイルや軍事衛星は規制の対象外となっている。2006年3月現在の締約国は98ヵ国である。

　さらに海底への核・大量破壊兵器の設置を禁じた「海底核兵器禁止条約」が1970年，国連総会で採択され，翌年署名された。しかし海面や潜水艦の航行は規制の対象外で，検証手段も緩やかとなっている。2006年3月現在の締約国は92ヵ国である。

　②核実験禁止　南極条約に続いて早い段階で成立した核軍縮条約に，部分的核実験禁止条約（PTBT）がある。1963年，米英ソ3ヵ国で交渉が行われ，署名・発効した。大気圏，宇宙空間および水中における核爆発実験を禁止する内容で，これ以降，地下核実験が主流となった。背景には，1954年の第五福竜丸被曝事件以降，国際的に盛り上がった，「死の灰」を撒き散らす大気圏内核実験への反対運動があげられる。国際世論も条約を支持し，発効時の締結国は108ヵ国にのぼったが，核開発を進めていたフランスと中国は参加を拒否し，それぞれ1974年と1980年まで大気圏内核実験を続けた。

　核兵器開発にともない，核兵器国はこれまで，地球上で実に2000回以上の核実験を繰り返し，周辺住民だけでなく，地球環境に深刻な放射線の影響を与えてきた。その国別，年別の一覧をまとめたのが表8-3である。

　次の課題は，地下核実験も含めたすべての核実験を禁止する包括的核実験禁止条約（CTBT）の締結である。本格的な交渉は冷戦の終わった1994年からジュネーヴの軍縮会議で始まり，条約は1996年の国連総会で採択された。爆発をともなうあらゆる核実験を禁止し，細かい検証制度などが設けられており，2006年3月現在，176ヵ国が署名し，うち132ヵ国が批准している。

　一方，条約発効の条件として，核兵器国に加え原子力施設を持つ国も含む特

表 8-3　これまでに行われた核実験（1945-98年）

年	アメリカ		ソ連／ロシア		イギリス		フランス		中国		計
	大気圏	地下	大気圏	地下	大気圏	地下	大気圏	地下	大気圏	地下	
1945	1										1
1946	2										2
1947	0										0
1948	3										3
1949	0		1								1
1950	0		0								0
1951	15	1	2								18
1952	10	0	0		1						11
1953	11	0	5		2						18
1954	6	0	10		0						16
1955	17	1	6		0						24
1956	18	0	9		6						33
1957	27	5	16		7						55
1958	62	15	34		5						116
1959	0	0	0		0						0
1960	0	0	0		0		3				3
1961	0	10	58	1	0		1	1			71
1962	39	57	78	1	0	2	0	1			178
1963	4	43	0	0	0	0	0	3			50
1964	0	45	0	9	0	2	0	3	1		60
1965	0	38	0	14	0	1	0	4	1		58
1966	0	48	0	18	0	0	6	1	3		76
1967	0	42	0	17	0	0	3	0	2		64
1968	0	56	0	17	0	0	5	0	1		79
1969	0	46	0	19	0	0	0	0	1	1	67
1970	0	39	0	16	0	0	8	0	1	0	64
1971	0	24	0	23	0	0	5	0	1	0	53
1972	0	27	0	24	0	0	4	0	2	0	57
1973	0	24	0	17	0	0	6	0	1	0	48
1974	0	22	0	21	0	1	9	0	1	0	55*
1975	0	22	0	19	0	0	0	2	0	1	44
1976	0	20	0	21	0	1	0	5	3	1	51
1977	0	20	0	24	0	0	0	9	1	0	54
1978	0	19	0	31	0	2	0	11	2	1	66
1979	0	15	0	31	0	1	0	10	1	0	58
1980	0	14	0	24	0	3	0	12	1	0	54
1981	0	16	0	21	0	1	0	12	0	0	50
1982	0	18	0	19	0	1	0	10	0	1	49
1983	0	18	0	25	0	1	0	9	0	2	55
1984	0	18	0	27	0	2	0	8	0	2	57
1985	0	17	0	10	0	1	0	8	0	0	36
1986	0	14	0	0	0	1	0	8	0	0	23
1987	0	14	0	23	0	1	0	8	0	1	47
1988	0	15	0	16	0	0	0	8	0	1	40
1989	0	11	0	7	0	1	0	9	0	0	28
1990	0	8	0	1	0	1	0	6	0	2	18
1991	0	7	0	0	0	1	0	6	0	0	14
1992	0	6	0	0	0	0	0	0	0	2	8
1993	0	0	0	0	0	0	0	0	0	1	1
1994	0	0	0	0	0	0	0	0	0	2	2
1995	0	0	0	0	0	0	0	5	0	2	7
1996	0	0	0	0	0	0	0	1	0	2	3
1997	0	0	0	0	0	0	0	0	0	0	0
1998	0	0	0	0	0	0	0	0	0	0	5**
計	215	815	219	496	21	24***	50	160	23	22	2,051

[注]　*インドの核実験を含む。
　　　**インドとパキスタンの実験を含む。
　　　***イギリスのすべての地下核実験は、アメリカ国内で行われた。
[出典]　*Bulletin of the Atomic Scientists*.

定の44カ国すべての批准が明記されたが，このうちアメリカ，中国，イスラエル，北朝鮮などが批准を拒み，インド，パキスタンは署名すらしていないため，発効の見通しは立っていない。

③非核兵器地帯条約　PTBTの成立に続いて国際社会が実現した条約の一つに，非核兵器地帯条約がある。これは，地球上の一定の地域を非核兵器地帯とし，地域内の国家に核兵器の実験，製造，使用などを禁ずるとともに，核兵器国による持ち込みや配備も禁止する条約である。このため，地域内国家および核兵器国が当事者となる。核軍縮関連条約の多くは，核兵器国が主導権を握っているのに対し，非核兵器地帯条約は，地域内の非核兵器国が主導権を握ることで成立可能な点に，大きな特徴がある。

1950年代後半，国連で東側首脳が東西ドイツ周辺や中欧に非核地帯を提唱するなど，いくつかの案が出されたが，最初に実現したのは1962年のキューバ危機を間近で経験した中南米だった。1963年に交渉が始まり，ラテンアメリカ核兵器禁止条約（トラテロルコ条約）が1967年，署名された。

フランスの核実験場があった南太平洋地域では，南太平洋非核地帯条約（ラロトンガ条約）が1985年に署名された。放射性廃棄物の投棄なども禁じている。1995年には，現在の東南アジア諸国連合（ASEAN）加盟10カ国により，東南アジア非核兵器地帯条約（バンコク条約）が署名された。1996年にはアフリカ非核兵器地帯条約（ペリンダバ条約）が署名されたが，発効に必要な28カ国の批准が集まらず，2006年8月現在まだ発効していない。

冷戦の終結が動きを加速した地域もある。1990年代に旧ソ連の核兵器を放棄したカザフスタンを含む中央アジア5カ国は1997年以来，非核兵器地帯条約に関する交渉を続けてきたが，2005年2月，ようやく中央アジア非核兵器地帯条約に仮署名した。社会主義国から非同盟主義に転じたモンゴルは1992年，「一国非核兵器地帯」を宣言していたが，1998年の国連総会で「非核兵器地位」を承認された。一方，依然として冷戦構造の残る朝鮮半島では，1991年に韓国と北朝鮮により，朝鮮半島非核化共同宣言がなされたが，内容は形骸化し，非核化へ向けた進展はない。

④核不拡散条約　21世紀を迎えた今日，国際社会の大多数の国家が加盟している唯一の核関連条約は，1968年に署名され1970年に発効したNPTで

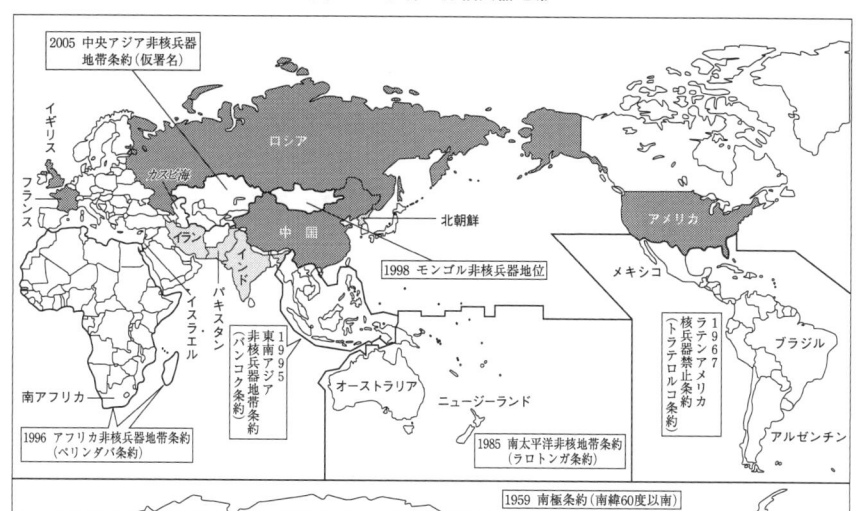

図 8-2　世界の非核兵器地帯

[注]　条約はいずれも署名された年を記す。
[出典]　黒沢, 1999；ピースデポ『核兵器・核兵器モニター』第225・6号などから筆者作成。

ある。2006年3月現在, 締結国は189カ国。米ロ英仏中5カ国を「核兵器国」として核兵器保有を認める代わりに, 誠実に核軍縮交渉を行う義務を課し, 残るすべての締結国を「非核兵器国」として核兵器保有を禁じる代わりに, 原子力平和利用の支援を約束する内容だ。

しかし, 当初から核兵器国と非核兵器国の義務の不平等性が指摘されてきた。またNPT上は非核兵器国のはずのイラクや北朝鮮などで核開発疑惑が生じ, 国際原子力機関（IAEA）に頼っている検証能力が問われている。また事実上の核兵器国であるイスラエル, インド, パキスタンが加わっていないことも, NPTの実効性が疑問視される大きな要因となっている。

⑤ 米ソ（ロ）間の核軍縮問題　　核軍縮の成否を最も左右してきたのは, 世界の核兵器の95％以上を保有してきた米ソ2国間による核軍備管理・軍縮交渉であろう。

最初は1960年代末以降,「戦略兵器制限交渉（SALT）」として始まった。第2節の「米ソの核軍拡と核戦略」で述べたように米ソは1972年, MADを

Column ㉗◇　どうなる「核廃絶への明確な約束」？

　核軍縮交渉において長い間，「究極の目標」とされてきた「核廃絶」が，2000年4-5月の核不拡散条約（NPT）再検討会議において，「明確な約束」へと変わった。会議最終日に全会一致で採択された最終文書に，締結国がこれから取り組むべき課題の一つとして，「核軍縮に関する13項目の具体的措置」が盛り込まれた。その第6項目に「核兵器の全廃を達成するという，核兵器国による明確な約束」が明記されたからだ。

　会議では，核軍縮に最も熱心だといわれるブラジル，エジプト，アイルランド，メキシコ，スウェーデンなど7カ国からなる「新アジェンダ連合」（NAC）が積極的に交渉し，核兵器国の譲歩を引き出したと言われた。

　この年から，日本政府が秋の国連総会に提出する核廃絶決議案の表題からも，「究極的」という言葉が姿を消し，「全面的」という言葉に代わった。ようやく核廃絶という目標がおぼろげに見えてきたかのようだった。

　ところが，2001年の9.11テロ事件以降，「核軍縮」という目標自体が，世界の外交指導者たちの口から姿を消してしまった。2005年のNPT再検討会議では，2000年に掲げた13項目の具体的措置の進展状況すら，ほとんど議論されず，「明確な約束」はアメリカを含む核兵器国の代表から，完全に反古にされたようだ。

維持するため弾道弾迎撃ミサイルの数を限定するABM条約と，ICBMおよびSLBMの数を現状で凍結する第1次戦略兵器制限条約（SALT I）の暫定条約に署名した。条約自体は，両国が5年以内に批准せず，失効したが，米ソともに内容は遵守し，一定の軍備管理の効果はもたらされた。

　ついで米ソは1979年，第2次戦略兵器制限条約（SALT II）に署名した。双方ともICBMおよびSLBMの発射装置，重爆撃機，空対地弾道ミサイル（ASBM）の合計を2400に制限し，1981年末までに2250に削減するなどの内容だったが，1基のミサイルが10前後の弾頭を持つMIRV化の進展などで実質的に核軍拡の側面を持ち，また1979年のソ連アフガン侵攻などによる米ソ関係の悪化で，批准・発効にはいたらなかった。

　米ソ2国間の核軍縮が実現した数少ない成果の一つが，1987年に署名された中距離核戦力（INF）条約である。主にヨーロッパの同盟国に配備されてい

た射程距離500-5500 kmの中距離および準中距離ミサイルとその発射台が廃止・閉鎖された。核弾頭そのものは廃棄の対象ではなく，米ソ本国へ移送されたが，米ソ間に一定の信頼関係が生まれた。

SALTの中断後，1980年代後半から米ソ間で，新たに核兵器の「削減」を全面に出した戦略兵器削減条約（START）交渉が始まった。冷戦終結後の1991年，米ロは双方の核弾頭総数を6000発に減らす内容のSTART Iに署名し，翌年発効した。さらに1993年，核弾頭総数を3000-3500発に減らすSTART IIに署名して，さらなる進展が期待された。アメリカは1996年，ロシアは2000年にSTART IIを批准したが，2001年に発足した米ブッシュ政権がSTART交渉から離脱したため発効しなかった。

アメリカは2002年，ABM条約から離脱する一方，ロシアとの間で2012年までに，実戦配備される戦略核弾頭を1700-2200発に削減する戦略攻撃兵器削減条約（モスクワ条約；SORT）に署名した。だが，運搬手段の削減や検証方法などが明記されず，実効性を疑問視する見方もある。

■ 市民社会および日本の役割

核軍縮を進めるうえで，国家と並んで重要な働きをしてきたのが，国境を越えた市民社会やNGOの活動である。アメリカの中距離核ミサイルがヨーロッパに配備された1980年代には，ヨーロッパで反核運動が広がり，自治体が核廃絶を求める非核自治体運動が欧米や日本で広がった。1990年代には，ニュージーランドの市民運動が発端となり，核兵器の違法性に関して国際司法裁判所（ICJ）に勧告的意見を出すよう求める「世界法廷プロジェクト（WCP）」という運動が広がり，各国のNGOが参加した。その成果は1996年，「核兵器の使用は一般的に国際法に違反する」とのICJの勧告的意見につながった。

また2000年のNPT再検討会議が核軍縮の具体的措置を最終文書に盛り込むなど，一定の成果をもたらした背景には，市民社会の後押しも存在した。イギリスのアクロニム研究所（The Acronym Institute for Disarmament Diplomacy）などのように，NGOでありながらレベルの高い報告書を定期的に刊行し，軍縮外交の分野で高い評価を受けている組織もあり，核軍縮の分野で調査・提言活動を行うNGOは少しずつ増えている。

ところが2001年の9.11テロ事件以降，米ブッシュ政権が「対テロ戦争」の遂行を掲げ，核兵器の先制使用や核開発・核実験の再開も辞さないとの姿勢を明確にして以来，こうした市民社会の後押しを受けてきた多国間協調による核軍縮の流れは停滞しているかのようだ。

その中で，海外の市民社会からは被爆60周年を迎えた2005年，広島，長崎の声にあらためて耳を傾けようとする動きも見られた。広島からは，核兵器ではないが，湾岸戦争やイラク戦争で使用され，人体や環境に深刻な放射線被害を引き起こしていると言われる，劣化ウラン弾被害の実態調査や告発を求める運動も広がっている。

今後，日本が果たすべき役割を考えるには，私たちが置かれている核をめぐる現状を理解する必要があろう。日本には現在，核をめぐる四つの政策が存在している。①「核兵器を作らず，持たず，持ち込ませず」という非核三原則に集約される非核政策，②いわゆる「核の傘」，すなわち核の脅威にはアメリカの核抑止力に頼る安全保障政策，③原子力発電により電力需要の3分の1をまかない，核燃料サイクルに頼る核エネルギー政策，④国連やジュネーヴでリーダーシップをめざす核軍縮外交である。

だが，これら4政策の推進主体が異なるため，日本の核政策は整合性に欠けるのが現状であり，国民の側にも，その過半数が非核政策を支持しながら，同時に「核の傘」も，プルトニウムの蓄積をともなう原子力発電も支持するというジレンマが存在する。

平和政策としての核軍縮を考えるうえで，これからますます必要となるのは，被爆体験を土台とする反核意識だけに頼るのではなく，安全保障，エネルギー，外交といった分野を視野に入れながら，平和を構築していく努力であろう。そのためには，政府と立法府，市民社会（NGO），研究者らが，垣根を越えて互いに知恵を出し合うことが求められている。

引用・参考文献
黒沢満，1999年『核軍縮と国際平和』有斐閣
黒沢満編，2005年『軍縮問題入門〔新版〕』東信堂
平和資料共同組合（ピースデポ）『核兵器・核実験モニター』
広島平和研究所編，2002年『21世紀の核軍縮——広島からの発信』法律文化社

山田浩・吉川元編，2000年『なぜ核はなくならないのか——核兵器と国際関係』法律文化社
Bulletin of the Atomic Scientists

さらに読み進む人のために

川崎哲，2003年『核拡散——軍縮の風は起こせるか』岩波新書
　＊2001年9.11テロ後の核兵器をめぐる現状の中で，市民社会やNGOの立場から核軍縮の必要性を論じている。
佐藤栄一，1989年『現代の軍備管理・軍縮——核兵器と外交 1965-1985年』東海大学出版会
　＊NPT体制の成立から新冷戦時代までの核をめぐる外交を詳述した文献。中国，インド，ブラジルの核開発にも言及している。
前田寿，1968年『軍縮交渉史 1945年-1967年』東京大学出版会
　＊国連創設や原爆投下から核不拡散交渉までの交渉史を，きめ細かく史料を引用しながらたどった古典的な文献。
山田克哉，2004年『核兵器のしくみ』講談社
　＊理論物理学者が核兵器や核エネルギーのしくみをわかりやすく解説している。社会科学を学ぶ者にとっても，核兵器の物理的な危険性の理解は必須。

（水本和実）

第 *9* 章

人の移動と難民保護

　人の移動は先史時代から続く現象であり，人の移動が歴史を作ってきたとも言える。今日のグローバリゼーションの進展とともに，人の移動は，その規模や速度において，これまでと比較にならない程度で進展している。しかし，モノ，カネ，サービス，情報の交流ほどには，人の移動は自由化していない。これは，人の移動の分野では，出入国制限，市民権や国籍制度を通じて，主権国家のコントロールがより強く行使されてきたためである。グローバリゼーションについては，第2章に譲るとし，本章では，難民や移民労働者など「移動する人々」のおかれた状況を平和政策という観点からとらえ，現代の国際社会に突き付けられた課題を考えたい。

　人が移動する理由・原因は，貧困，武力紛争，ジェノサイド（集団殺戮），人権侵害などからの逃避，仲介者の手による国際的人身取引（ヒューマン・トラフィッキング）など多岐にわたる。ここには，自発的な移動も，非自発的で強制された移動も含まれるし，合法な場合も非合法な場合も含まれるだろう。人々にとって，移動とは，直面する脅威から逃れるための重要な手段となりうる。しかし，同時に，移動する人々は，自らの意見を述べる機会を制限され，所得・食料・住居など生存のための資源を持たず，最も脆弱な状況にさらされている。一方，多くの場合，移住者の受入国政府や社会においては，国家の安全保障や，社会の一体性，雇用の確保にとって，脅威として受け取られ，さまざまな規制策が採用されることが多い。このように，人の移動が多様な側面をもつことに留意しながら，以下では，こうした具体的な個々の移動する人々

の安全の問題と，受入国や地域の安全の問題をとりあげ，それらが相互に関連しているために，複雑な状況を考慮した政策が必要とされていることにふれる。

1 「移動する人々」の実態

　国連人口部の統計（2005年修正）によると，国境を越えて移住する人々の数は，1960年の7500万人から，2005年にはその倍以上の1億9100万人に増加している（増加分の5分の1は，ユーゴスラヴィアやソ連などで連邦内移動であった分が，国際移動とみなされるようになったため）。これは，全世界の人口の約3％にあたる。移住者一般で見た場合に，最大の受け皿となっている地域は，ヨーロッパ（6400万人）であり，次いでアジア（5300万人），北アメリカ（4400万人），アフリカ（1700万人）である。ヨーロッパ全体では人口の9％を移住者が占めるように，移住者の半数以上が先進諸国に移動している。国別では，アメリカ，ロシア，ドイツ，フランスが多くの移住者を受け入れている。

　ひとことで人の移動といっても，その形態は多様である。そこには，①受入国における開発と永住を目的とした入植，②短期雇用のための専門性の低い契約労働者の移動，③経済的目的などのために許可なく他国に移住する不法滞在の移民，④難民条約に定められた政治的迫害等を事由として申請を行い，受け入れられた難民，あるいは国連難民高等弁務官事務所（UNHCR）の保護の下にある広義の難民（*Column* ㉘参照），⑤国内で戦火などを逃れて移動したものの，国外には流出していない国内避難民などがあげられよう。また，これ以外にも，⑥政府や世界銀行など開発援助諸機関の農業開発プロジェクト推進のために，「自発的」にあるいは，強制されて，一国内でありながら，住み慣れた土地を離れ移住する人々もある（石原，2006）。このうち不法就労移民は，ヨーロッパとアメリカにそれぞれ500万人程度，世界で3000万人前後に上るといわれる（Graham, 2000, p. 189）。正確な数字は不明だが，毎年60-80万人ほどが人身取引の対象となっている（U. S. Department of State, 2005, p. 6）。

　全移住者のうち難民は1割弱を占める。難民人口は，1600万人程度であった1993年をピークとして減少傾向にあるが，国内避難民は年々ほぼ増加傾向にある。UNHCRによる2005年の数値を見ると，難民が920万人，国内避難

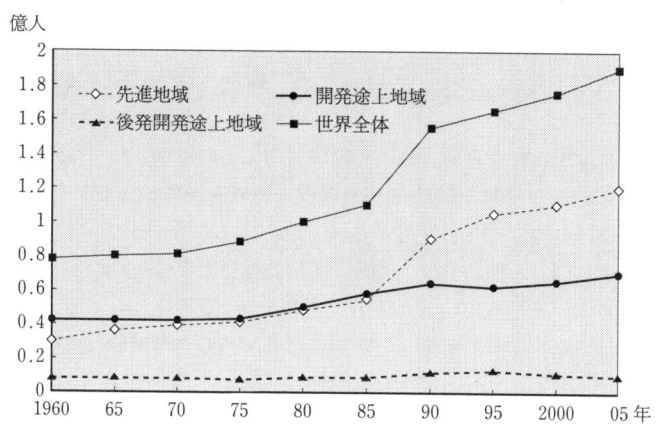

図 9-1　国際移住者の受け入れ人数の推移（1960-2005年）

［出典］ Department of Economic and Social Affairs, Population Division, 2006, p.2をもとに作成。

民が560万人，帰還難民が150万人であり，同機関の保護対象者の合計は1920万人となっている（UNHCR, 2005）。UNHCRが支援の対象とするうち，2000年の数字では，5割が難民，2割が国内避難民，1割が帰還難民であったが，2004年には5割が難民，スーダンなど国内避難民の増加を受け3割が国内避難民，0.8割が帰還難民となっている。別の資料によれば，実際の国内避難民の数は2003年で2400万人と，圧倒的に難民を上回っている（Human Security Centre, 2005）。国内避難民の多くは人道国際機関の支援の対象となっていないため，UNHCRの統計とにずれが生じるのである。

2004年時点での最大規模の難民には，アフガニスタン難民（200万人），スーダン難民（73万人），ブルンディ難民（48万人），コンゴ難民（46万人），ソマリア難民（39万人）などがあげられる。これらの難民の，最大の受入国は周辺国であり，つまりアジア，アフリカの途上国となっている。地域的に見ると，難民の受け入れは，6割が南アジア，中東，アフリカに集中しており，ついでヨーロッパが2.5割となる。これは，先にあげた移住者全体の受け入れ先に先進国が多いことと対照的である。

ただし，このような移動する人々の類型や，それぞれの統計は必ずしも実態を反映していない場合もある。たとえば，1990年代以降，先進諸国が難民受

Column ㉘◇　難民と国内避難民の保護体制

　国連難民高等弁務官は，1950年に国連総会によって設置され，難民を保護・援助する権限を与えられた。1951年には「難民の地位に関する条約」（難民条約）が採択され，1954年に発効したことにより，初めて世界大で難民を保護するための制度が形成された。難民条約が条約以前に難民となった人々——第二次世界大戦と戦後の動乱を機に生じた難民——のみを対象としていたため，1967年には「難民の地位に関する議定書」が発効し，時間的制約が取り払われた。難民条約によれば，人種，宗教，国籍，政治的意見を理由に，迫害を受けるおそれがあるために，国籍外にいる人々が，難民として定義される。難民は，保護（庇護）を付与され，生命や自由への危険のある国への送還が禁止される（ノン・ルフールマン原則）。

　難民条約の定義に基づく保護体制では，国内紛争などによって一度に大量難民が流出した場合に適切に対処できないため，大量の難民を集団として認定し，数ヵ月から数年間，各国政府やUNHCRが最低限の人道的支援を与える「一時保

け入れ政策を厳格にする中で，特定の社会集団の構成員であることや，政治的意見を理由に迫害から逃れることを目的とした，本来は難民条約の下で保護されるべき人々が，非合法移民として入国する場合もある。「移住する人々」が区分されるようになった起源を遡ればいくつかの要因があるが，最近の研究によれば，20世紀半ばに，移動する人々の中から，難民を区別して保護する体制が生み出され，その結果，移民という区分を作り出したという（*Column* ㉙参照）。

2　人の移動はなぜ起きるのか

　人々が移動する要因は，一般に，プッシュ要因（母国側が押し出す要因），プル要因（受入国側が引き寄せる要因）から説明することができる。たとえば，移民が発生するプッシュ要因として，母国での貧困や不均衡発展などが考えられ，こうした背景の下に，移民労働者たちが，合法であれ不法就労であれ，経済的状況の改善を求めて，自発的意思をもって他国に移動することが多い。バングラデシュ，ヨルダン，モロッコなど，一部の移民の送出国にとっては，移民に

護」制度が導入されていった。たとえば，1990年代の西欧諸国において，旧ユーゴスラヴィアからの難民に対して，この制度が利用されている。もう一つ，国内的紛争が深刻化した冷戦終結後において，武力紛争や民族浄化によって国外に脱出して難民にならず，国内で別の地域に移動する人々——国内避難民——の保護もUNHCRの重要な任務として浮上している。

　国内避難民についての明確な国際法的な権利保護規範はなかったが，1992年には国内避難民担当国連事務総長代表ポストが設置され，1998年には「国内避難民に関する指針」が提出された（墓田，2003）。同指針は，避難民の保護，人道支援へのアクセス，帰還，再定住，統合についての30原則を規定しており，法律ではないが，各国や国際機関が支援を行う際の目安になるものである。避難民保護の明確な職務権限を与えられた機関はないが，予算も制約される中で，UNHCRや世界食糧計画（WFP）など諸機関の活動を，国連人道問題調整事務所（OCHA）などが調整することによって有効性を高める努力がなされている。

よる本国への送金が国民所得の2-3割を占め，大きな恩恵となっている。一方，プル要因としては，受入国経済における安価な移民労働力の需要（市場経済化の要請）などが考えられる。受入国に移住した同胞たちの結び付き，エスニシティや宗教上の近似性などが呼び寄せ要因となって働く場合もある。

　難民や避難民の場合には，武力紛争，ジェノサイド，人権侵害，国家の崩壊などからの緊急の逃避が主要因である。基本的には非自発的な移動であり，したがって非常に強いプッシュ要因が働いているといえる。もちろん，どこに逃げるかを考えるにあたっては，先進国に定住した同胞たちの存在，文化的・宗教的類似性などを考慮する場合もある。一般に，難民や避難民の場合には，生活基盤が欠如し，地縁・血縁などの人的ネットワークに欠き，またキャンプ生活が長期化するなど，いっそう脆弱な環境におかれやすい。

　政権の正統性の欠如，反体制活動の存在などにみられる，難民の母国の「国家としての脆弱性」は，難民発生の大きな構造的要因である。たとえば，東南アジアで最大の難民受入国であるタイには，隣国のミャンマー（ビルマ）をはじめとして周辺国から多くの難民や不法就労者が生活している。ミャンマーでは，軍事政権が，1988年に民主化デモを鎮圧し国内を掌握した。これに対し

図 9-2 難民と国内避難民数の推移（1964-2003 年）

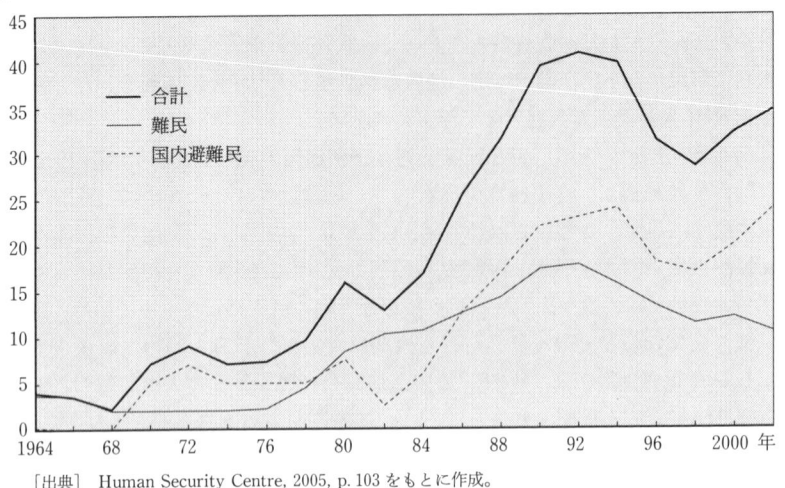

[出典] Human Security Centre, 2005, p. 103 をもとに作成。

て，アウン・サン・スー・チー率いる民主化勢力が反体制活動を展開，また民族的少数派の中でもカレン族は，1980 年代より反政府の闘争を続けている。これに対して軍事政権によって弾圧が行われたり，カレン族居住地域では強制移住や強制労働が行われており，多くの人々が難民としてタイなど周辺国に流出している。タイの都市部にはビルマ人反政府活動家，不法就労者（50 万人），その他キャンプには，カレン，モン，シャンなどの民族的少数者（12 万人）が存在する。

■ 長期難民状況

いったん流出した難民は，キャンプへの収容，地方への定住，都市への定住などの形態をとりつつ，多くの場合が，集中した人口として他国に滞在することになる。すべての難民のうち約 600 万人（2004 年）が，長期的に継続して，繰り返し難民状況におかれる「長期難民状況」にあり，近年，地域の安定と人間の安全保障の双方の観点から注目を集めるようになっている。長期難民状況の半数はアフリカで発生しており，ついで中央アジア，南西アジアである。長期難民状況とは，UNHCR の定義によれば，2 万 5000 人以上の人口で 5 年

Column㉙◇ 「移民」と「難民」概念の起源

　各国が人の移動を管理する政策をとり始めるのは，第一次世界大戦後のことである。当時，西欧諸国に流入した人々は「余剰人口」としてみなされ，「移民」「難民」の区別は明確ではなかった。こうした状況において，国際労働機関（ILO）を中心として国際機関は，移動する人々を包括して支援する国際協力制度の構築を模索した。

　この試みは，1950年代初頭に頓挫する。この問題を追究した研究によれば，その背景には二つの要因があった。第一に，20世紀初頭から移民の制限を実施してきた米国政府の政策があった。アメリカは，自国の移民政策への国際機関による関与を回避するため，国際機関主導で包括的な移動をする人々の保護レジームが形成されることに反対した。もう一つには，東西冷戦の文脈において，東側諸国の閉鎖的体制を批判するために，難民を「本国によって迫害を受けるもの」と定義し，他の移住者とは区別して国際的な保護活動の対象としようとする西側諸国の動きがあった。これによって難民という普遍的概念が創出され国際的保護の対象となるとともに，そうではない「移民」が創出されることとなった（柄谷，2004）。

以上継続する難民をさす。2004年現在，世界で38件の長期難民状況のケースがあり，全体の難民発生ケースのうち，1993年には4割であったものが，9割を占めるまでに増加している。難民として滞在する平均的期間は，1993年に9年であったものが，2003年には17年にまで長期化している（UNHCR, 2004）。

　長期難民状況の発生には，以下のような要素が複合的に影響している。①母国における人権侵害が長期間たっても解決されない等，母国側の政治情勢の悪化による帰還困難，②エスニックな結び付きをもつ周辺国における政治状況との連鎖による地域紛争の長期化，③国際社会からの母国や受入国への関与・支援の欠如，すなわち，国連や地域機構などによる関与の不在や介入の失敗（たとえば，アメリカと国連の介入失敗による，ソマリア難民の長期化），ドナー国による受入国支援の減少，④難民集団への武装勢力や民兵の混入，⑤キャンプ収容など難民の移動制限，職業機会の制限など受入国側の政策などである（Loescher and Milner, 2005）。後述のように，難民状況の長期化は，複合的な政

第9章　人の移動と難民保護　　173

Column ㉚◇　難民発生の連鎖──ルワンダ難民の例

　ルワンダ，ブルンディ，コンゴ民主共和国（1971-1997年はザイール共和国に国名変更），ウガンダなどアフリカ中東部の大湖地域では，独立以来大規模な人口移動が発生したが，1990年代に入って大きな政治的変動を生み出している。1962年に独立したルワンダでは，その前後に人口の8割を占めるフツによって，植民地時代の統治エリートであったツチ系住民が排斥され，一連の過程でツチの多くが周辺国へ難民となって流出した。

　ルワンダ政治はフツ系エリートによって掌握されたが，1990年になるとツチ系難民の第二世代からなるルワンダ愛国戦線（RPF）が，ウガンダ政府によって支援を受け，ルワンダに侵攻した。ルワンダ難民の周辺国での長期化が，さらなる紛争原因となったのである。これに対し，フツ系のハビャリマナ・ルワンダ大統領機墜落に端を発して，1994年4月から7月の間に全土において，80万のツチ系ならびに穏健派フツ系住民の虐殺が行われた。展開中の国連平和維持活動（PKO）部隊であった国連ルワンダ支援団（UNAMIR）は，紛争下で民間人を保護する権限も能力も持たなかったため規模を縮小した。国際社会が何も手を打てない中，唯一，同地域に利害をもつフランスによって多国籍軍が導入されたが（「トルコ石」作戦），その効果については一万数千人の人命を救った程度といわれる。

　この内戦においてツチ系のRPFが勝利したため，虐殺にかかわった指導者だけでなくフツ系民間人もが難民として流出した。難民に紛れた一部の武装勢力は，武装解除されないままコンゴの難民キャンプに収容され，そこを拠点にルワンダを襲撃した。ルワンダ軍は，対抗してコンゴの難民キャンプを襲撃するなど，いっそうの地域の不安定化を引き起こした。このようにルワンダにおける虐殺と難民問題は，複雑なエスニック集団の関係と，隣国の政情との連鎖の中で悪化していった（武内，2006）。

治的要因によって発生しているため，人道支援のみでは解決することはできず，政治的対応が必要とされる。ルワンダ難民の例が示すように，長期化した難民状況への対応を怠ったことが，紛争の要因となり，さらなる難民や避難民を生み出した事例もある（*Column* ㉚参照）。

3 人の移動が突き付ける課題

■ 移動する人々の脆弱性

　難民，避難民，あるいは移民であれ，移動の形態は多様でありうるが，共通する特徴として，本国による保護から除外された人々であることがいえる。つまり，彼らは，他国との間で明確に境界を設定し，領域内の活動を管理しようとする国民国家の原理から外れて，国境を越えて移動し，生きていこうとする人々である。国家の持つ空間的領域性と国境を越えた人間の活動とのギャップのために，母国による直接的な保護の対象から外れ，また市民権や合法的在留資格がないために，受入国による十分な保護・権利付与も得られない場合がある。

　移動する人々は，自国の保護を受けられない一方で，次のような危険にさらされる。①不法就労移民の場合には，摘発の危険を避けるため，必要であっても滞在国の医療・教育など社会サービスを受けられない，②キャンプに収容された難民の場合には，キャンプ内の治安の悪化や，外部の盗賊や武装勢力からの襲撃の対象となる，③人身取引の対象者は，売春など性的搾取を目的として入国させられたうえに，不法滞在のため，犯罪者として扱われてしまう。摘発側には，これらの人々が被害者であるという観点が欠けている。緒方貞子とアマルティア・センらによる人間の安全保障委員会の報告書『安全保障の今日的課題』が示すように，移動する人々をめぐる危険な状況は，人間の安全保障という観点からとらえることができる（人間の安全保障委員会，2003）。

　にもかかわらず，移動する人々の権利を，包括的に保護するための基準や制度はこれまでに存在しない。難民や移民など，個別の分野を担当する専門的な国際組織は存在する。たとえば，移民労働者の保護は国際労働機関（ILO），移住は国際移住機関（IOM），難民と避難民はUNHCR，避難民のための国際組織相互の調整に国連人道問題調整事務所（OCHA）などである。しかし，これらは，ばらばらの制度にすぎず，統一的に，あるいは十分な機構間の調整の下に，移動する人々を保護するための枠組みは，後述する萌芽的な動きはあるものの，いまだ形成されていない。

■ 受入国にとっての意味

　第二次世界大戦以後の欧米，西側社会においては，少なくとも難民については，世界人権宣言と難民条約において認められた人権問題として扱われてきた。このような欧米・西側諸国の対応は，東西冷戦という戦略的考慮と密接に結び付いており，閉鎖的な東側社会を批判する姿勢を示す意味で，難民受け入れへの積極的取り組みが進められた。難民問題はヨーロッパで高い関心をよぶこととなり，難民の再定住が進められ，各国で受け入れ枠が設定され，1960年代までにヨーロッパの難民問題は多くが解決された。1970年代末から80年代にかけてのインドシナ難民のアメリカへの受け入れもそうである。西側諸国は東西冷戦に関連した難民問題，強制移住の問題に積極的に取り組み，欧米諸国間での負担分担，再定住政策が進められた。

　しかし，東西冷戦が終結した1990年代になると，難民や移民の存在は，受入国の住民にとって，経済的，社会的負担として，あるいは国家や社会にとっての安全保障上の脅威としてみなされる傾向が顕著になっている。第一に，移民労働者や難民は，不法であれ合法であれ，現地社会からは医療や教育など社会的サービス，あるいは雇用をめぐる競争相手として見られることが多い。その結果，地域住民による不満を高めることにつながっている。その一方で，実際には，移民の受け入れ増加が，安価な労働力の提供により，国内総生産の増加に貢献する場合もあることは，看過されてしまうのである。

　第二に，移民や難民の集団の背景にある文化，宗教が，受入国社会と異なる場合には，市民たちは自分たちの文化の維持が脅かされるのではないかと危惧し，アイデンティティをめぐる政治となって顕在化する。たとえば，1990年代のヨーロッパにおいて，反移民の政治活動が活発化した。フランスの国民戦線，イタリアの北部同盟，オーストリアの自由党などは，そのような移民排斥の主張を行ってきた政党である。

　第三に，受入国にとっての安全保障上の脅威として，移住者が扱われることがある。たとえば，移民や難民が，テロや反政府活動，小型武器などの拡散，麻薬取引など国際犯罪と結び付けられたり，難民の母国の武力紛争が受入国に波及するという懸念が主張されたりする。ヨーロッパ諸国によるボスニアやアルバニア難民（双方ともムスリムの比率が高い）の扱いがその例であるが，とく

に 9.11 テロ事件以後，移民や難民を安全保障上の脅威とみなす傾向が強くなっている。難民の受け入れにより，その地域のエスニック・バランスが変わり，社会において緊張が高まることを懸念することもある。

　もちろん，人の移動が安全保障の問題として認識されるのは，1920 年代のアメリカにおける排日移民法など移民を制限する政策にみられるように，古くからある現象である。逆に，これまでにも国家安全保障の手段として，人の移動が利用されることがあった。たとえば，分離独立や領土帰属をめぐる問題で，入植者を送り込むことによって人口構成を変えようとすることがある。

　こうして，受入国社会は，大規模な人の移動・流入を，社会や国家の安全保障にとっての攪乱要因と認識し，移民人口問題は政治化していく。このように，本来は安全保障分野に属さない問題が，安全保障の問題として扱われるべき，すなわち「高次の政治」問題であるという認識や主張が，社会における議論の中で現れることを，セキュリタイゼーション（安全保障化）と呼ぶ。とくに東西冷戦という各国にとって最大の安全保障上の関心事が消滅したことにより，冷戦後の世界において顕著になってきた。

　ヨーロッパなど先進諸国における移民・難民受け入れ政策は，上述のような諸要因によっていっそう厳しくなっている。冷戦期には東側諸国からのドイツ系住民の受け入れや，ガスト・アルバイターと呼ばれるトルコ等からの外国人労働者を受け入れてきたドイツも，1990 年代になって，規制的な受け入れ政策をとるようになっている。ただし，これまでのところ，移民や難民の方が，受入国の市民よりも犯罪率が高いという明確な統計的裏づけはないし，移民集団が本国の政情に呼応し，社会を不安定化させるとは限らないことは注記したい。

　とはいえ，こうした懸念が現実の問題となる場合もある。たとえば，ミャンマーからタイに流出したカレン族が，反政府活動を行ったことにより，2 国間関係が緊張し，一時はタイ政府が国境を封鎖し，ミャンマー軍によるタイ国境難民キャンプへの侵攻も発生した。ミャンマー軍の侵攻は，強制労働従事者の確保に加え，反政府勢力への難民による物資提供の阻止などの理由から行われた作戦であった（Loescher and Milner, 2005, p. 59）。また，先にルワンダ難民の例として述べたように，武力紛争にともなう難民流出に際しては，難民集団の

中に武装勢力が混入するという状況が近年深刻な問題になっている。

　国境の安全性が脆弱であり，経済状況が悪く，隣国との緊張関係がある途上国は，このような状況が難民状況の長期化によって悪化している，と認識している。紛争地域や破綻(はたん)国家から先進諸国への移動がクローズアップされがちであるが，実際には，途上国から途上国への移動が多い。UNHCRによれば，同機関が対象とする難民の受入先の7割が貧しい途上国である。

　途上国は，難民の流入以外にも，人の移動が引き起こす問題に直面している。貨幣経済の浸透と自給自足生活の崩壊は，農村地域の人々の都市への移動を引き起こす。都市化にともない感染症，犯罪，環境悪化，政治活動の活発化など，多様な問題が安全保障の脅威として感じられるようになる。構造調整政策の下で社会支出が削減されるなかで，限りある社会的サービスをめぐって現地住民と移住者の軋轢(あつれき)が起きている。また，ドナー国がいっせいに難民キャンプへの支援を削減する中で，燃料などの稀少資源をめぐっての争いが生まれている。とくに，タイをはじめとする東南アジア諸国では，1997年の経済危機以降，受け入れ社会の地域住民と難民・不法滞在者との緊張が高まっている。

　平和政策という観点から見れば，移動する人々の不安定な状況を改善するとともに，滞在する国において社会的な受け入れを促進する方策を模索し，受入国社会の不安をなくす，双方への目配りが課題となろう。しかし，現実には，難民や移民の存在が政策担当者や市民の認識において安全保障の問題としてとらえられる傾向がある。そのため，政府は，難民を国境付近のキャンプに隔離して収容せざるをえなくなったり，新しい難民の流入を阻止したり，あるいは，強制的な帰還や，第三国への送致を進める政策をとることになる。

　さらに，冷戦期のインドシナ難民と比較して，現在のミャンマー難民のように，地政学的に大国の関心が低い場合には，国際社会の関与が限定されてしまう。国際社会による関与が行われるにしても，国際連合や欧州連合（EU）など国際社会側の支援の重点は，人道的側面と，経済的側面にあり，途上国が憂慮する国家の安全保障への配慮（たとえば，武装勢力と難民との切り離しを重視した政策）は少ない。その結果，途上国では，難民を孤立した国境付近のキャンプに隔離し，キャンプから出ることを制限し，就業や教育の機会を与えないケースが増えている。難民のおかれたこうした状況は，人権という観点から問

題であるだけでなく，キャンプ内における性的，物理的暴力を許すことにつながっている。

4　移動する人々の問題にどう対処するか

　一般に，難民や移民など国境を越えた人の移動への国家の対応には，二つの異なる方向性がある。すなわち，移動する人々の権利を保護するという動きと，移動を管理・規制しようとする動きである（柄谷，2003，138頁）。具体的には，主に，出入国管理政策や，社会における移民・難民に対する政策一般を通して実施される。

　難民保護については，難民条約と議定書ならびにUNHCRによるシステムが形成された。しかしこれ以外には，人の移動を管理または保護するための，単一の包括的な国際的規範とルールのセット（レジーム）は存在せず，基本的には各国政府の判断による，ユニラテラル（単独主義的）な移民政策か，分野別の多国間管理制度の下に置かれてきた。

■ 移民の管理と保護

　第二次世界大戦以後，人権規範が普及する中で，先進諸国の場合，いったん人々を受け入れると，リベラルな体制であるだけに，社会的サービスなど一定の権利を保障せざるをえなくなっており，それがまた新たな移民や難民の流入を生み出すというスパイラル（連鎖的）現象が見られる。したがって，入国する際に，水際で阻止する，あるいは，経由地で食い止めてもらう，という管理政策がとられるようになっている。その際に，望まない移民の流入を制限し，一方で，利益となる移動について門戸を開放するという基準で管理政策を導入している。経済にとって利益をもたらす高度専門職従事者を受け入れ，同時に，テロなど国家安全保障上の観点から不法就労者の流入を規制しようとする動きが顕著になっている。

　こうした先進諸国による動向は，多国間の政策協調や制度形成にも反映されるようになった。たとえば，主要8カ国（G8）の司法内務閣僚会合において人身取引や不法移民対策は主要な議題となっているし，2002年には国連国際

組織犯罪防止条約（2003年発効）と3議定書（人身取引〈2003年発効〉，密入国〈2004年発効〉，銃器〈2005年発効〉）が署名されている。また，多国間で人の移動を管理しようとする地域的試みの一つには，ヨーロッパ諸国が，加盟国相互の国境規制を漸進的に簡素化し，同時に移民や避難民についても共通の出入国管理政策をとろうとするシェンゲン条約（1990年署名，95年発効）がある。

　移民や難民の安全を高めるため，また地域の安定のためには，第二世代以降が社会に統合されること，市民権（国籍や永住権）の取得が困難でないことが重要である。しかし，移民の流入を規制するための政策・制度の発展と比べて，移動する人々の権利を保障するための国際的な制度形成への契機は活発ではない。

　これまでに存在するものとして，合法的な移民労働者の権利保護については，ILOの1949年改正の一般的保護を定めた「移民労働者条約」（第97号）と，劣悪な条件での移住について定めた1975年の移民労働者（補足規定）条約（第143号）において規定されている。しかし，これらの条約を批准している諸国は，それぞれ45ヵ国，19ヵ国と少なく，実効性に問題がある。また，不法就労者やその家族はその対象に含まないという問題点があり，ILO条約のみでは保護が十分ではないという認識が国連の中で生まれている。こうした流れにおいて，1990年代半ばには，国連のさまざまな会議において，移動する人々の権利と保護について強化する努力がなされるようになった。1990年に国連総会で採択され，2003年に発効した「すべての移民労働者及び家族構成員の権利の保護に関する国際条約」は，違法労働者も，その家族も含めて包括的に移民労働者を保護するものとして注目されている（人間の安全保障委員会，2003）。また，アナン事務総長のイニシアティブにより，2003年には，包括的でグローバルな協力枠組みの形成のために，「国際移動に関する世界委員会」が設置され，2006年に報告書『国際移動と開発』が提出されるなどの進展もある。

　なお，政府間協力に基づく移民の国際的な保護制度が不在の状況にあって，市民社会が果たすべき役割は大きいだろう。市民社会は，移民が，合法でも不法就労であるにもかかわらず，人間の安全保障という観点から，移住者の権利を守るために政府に働きかけたり，実際に支援を行うことに適している。

Column ㉛◇ ケニアのソマリア難民支援——薪プロジェクト

1991-1992年の飢餓,バレ政権打倒をめざすグループによる内戦勃発,国家崩壊などの複合的危機によって,ソマリアから難民が流出した。国連やアメリカの軍事介入が失敗し撤退した後,ソマリアでは国際社会から見捨てられた状況が続いた。周辺国であるケニア政府は,ソマリア難民を受け入れる一方で,安全保障上の関心から都市近郊のキャンプを閉鎖し,孤立した未開発地域へとキャンプを移動させた。その結果,難民への盗賊による襲撃などが絶えなかった。このような危険な状況への対応として,UNHCRは,セキュリティ・パッケージとして,ケニア警察の能力強化の支援を行うとともに,女性・子どもが襲撃されるのを防ぎ,かつ地域的な燃料をめぐる紛争を緩和する二つの目的をもって「薪プロジェクト」を実施し,一定の成果を収めたといわれる(Loescher and Milner, 2005, p. 43)。

■ 難民の保護

難民や避難民の保護を一連の流れの中で包括的にとらえるならば,まず予防的措置としては,①難民発生の予防(武力紛争の予防,早期警戒・警報など),②武力紛争下や内戦における民間人への人権侵害や虐殺の阻止(たとえば,国連の決議に基づく軍事力を用いた介入)によって,難民の発生を防ぐことが必要である。しかし,とくに武力紛争下における介入については,ソマリアやルワンダの失敗が示すように,国際的な合意も能力も不十分であった。こうしたことから,ようやく2005年9月の国連総会特別会合では,大規模な民間人の殺害や民族浄化を行っている人権侵害国の国家主権が制限され,国連加盟国政府は強制力を用いてでも「保護する責任」をもつ,という考え方が宣言に盛り込まれるなどの展開が見られる。規範面ではこのような合意が見られるようになったが,加盟国が,実際に武力紛争に要員を送る意思や能力をもつかどうか不明であり,さらなる努力を要する分野である。さらに,③いったん流出した難民や避難民の緊急保護には,食料や医薬品の緊急人道支援が考えられる。1990年代になると,UNHCRは,紛争や迫害から逃れた難民・避難民をキャンプに収容し,緊急的に,軍の部隊による要員保護を受けながら,食料や医療を支援することが多くなった。

さらに長期的に見れば，①受け入れ社会への統合，②第三国への再定住，③本国への帰還促進などの政策がとられている。すでに述べたとおり，1980年代半ばまでの難民政策は，現地での庇護と定住を促進するものが中心であり，受入国において耕作地などの土地が与えられたり，市民権や教育が付与された例もあった。しかし，受け入れ社会への統合は，難民が安全保障上の脅威や，社会にとっての負担としてみなされることにより，難しくなっている。

　受け入れ社会への統合や，第三国定住は，国際社会の協力・支援を要する。受入国の住民の間で難民への不満が高まり，新たな不安定状況を生み出すことがないよう，ドナー（開発援助供与）諸国による受入国への支援，受け入れコミュニティへの重点的支援は不可欠である。しかし，冷戦終結後の世界では，ヨーロッパ以外で発生した難民への関心は低く，欧米のドナー諸国からの途上国の受入国への資金援助は減少している。こうした中で受け入れ社会への負担を軽減するような，難民支援のプロジェクトへの関心が集まるようになっている（*Column* ㉛参照）。

　欧米諸国における再定住の受け入れもまた，1990年代から難しくなり，とくに9.11テロ事件以降減少の途をたどった（なお，2004年ごろから再び増加傾向）。ヨーロッパ諸国では，入国要件としてのビザ取得を義務づけたり，また，「安全な第三国」を経由したり，安全な国から直接入国した者は，難民として認めないという方針が導入されている。先進諸国の受け入れ政策の厳格化により，最近では難民申請の多くが拒否されている。その結果，非正規化された滞在者の増加や不法就労者が増加し，それにともない人身取引，組織犯罪ネットワークの介在という問題が生じている。

　こうした各国の動向を受け，現地社会への統合や第三国への再定住を進めるよりも，「安全で尊厳ある条件のもとでの母国への自発的帰還」を促すことが，UNHCRの重要な手段となっている。難民の帰還を実現するためには，本国の政情が改善されることが必要であるため，近年では，開発援助を通じた難民帰還の促進策も導入されており，また紛争後の平和構築という観点から難民の帰還をとらえるようになっている。難民帰還の推進は，本国における住宅，土地などの財産権問題，食糧をめぐる競争，コミュニティへの再統合などと関連させながら進める必要がある。難民が集団となって帰還することにより，対立

する集団の中から新たな避難民や難民を生み出す場合もある。したがって，難民の帰還は，紛争後の平和構築の中で包括的に取り組むべき課題である。

　国内避難民や難民問題への対応にあたっては，第一に，彼らが国家安全保障にとって持ちうる政治性と，母国や受入国社会，あるいは周辺諸国の政治状況に与えるインプリケーション（含意）に配慮することが必要となろう。これを怠ると，本来守るべきであった難民や避難民の安全が損なわれかねないことは，武装集団と難民の切り離しに失敗し，政府軍による難民キャンプ攻撃を誘発してしまった，ルワンダの事例から見てとることができる（武内，2006，167頁）。第二に，国境を越えた地域におけるエスニックなネットワークの存在など，対立関係が波及しうる範囲を視野に入れ，地域の複雑な安全保障関係（いわゆる「地域的安全保障複合体」）を考慮した対応も求められている。たとえば，開発から取り残されがちな，国境地域の発展のための地域協力も含め，包括的な地域計画が必要とされている。最後に，難民保護は，国家と国際組織だけの責任ではなく，市民社会や移民・難民自身の課題でもある。難民は自らのニーズを明確にして，能力強化していくことが求められる。また，市民社会は，難民の教育や訓練，雇用機会の創出など地域社会の開発，定住のために貢献することができよう（人間の安全保障委員会，2003，92頁）。

＊

　移動する人々の問題を考えるとき，社会の安定のための人口移動の管理と，移動せざるをえない人々の保護という二つの側面の間でどうバランスをとるかが不可欠な視点となる。すなわち，生きていくために移動を必要とする人々に対して門戸を閉ざさず，しかし秩序ある移動を実現するということである。人々の移動には，政治的，社会的，経済的な要因が働いており，受入国だけでなく送出国や周辺地域の状況も含めて，包括的な対応策が必要となっている。とくに，難民や避難民などの強いられた移動者には，人道支援のみでなく，平和構築や開発の問題として包括的対処が求められると同時に，地域全体の政治的，戦略的関係への配慮も欠かせない。日本に住む私たちにとっても，こうした問題は対岸の火事ではない。少子化が進み移民労働者の受け入れ政策は本格的な議論の対象となろうし，日本政府の厳格な難民受け入れ政策に対しては厳しい批判が投じられている。こうした課題に対して，どのような結論を出すべ

きなのか，考えをめぐらせる必要があろう。

引用・参考文献

石原美奈子，2006 年「『移動する人々』の安全保障——エチオピアの自発的再定住プログラムの事例」望月克哉編『人間の安全保障の射程——アフリカにおける課題』アジア経済研究所，193-249 頁

ウェイナー，マイロン／内藤嘉昭訳，1999 年『移民と難民の国際政治学』明石書店

梶田孝道編，2005 年『新・国際社会学』名古屋大学出版会

柄谷利恵子，2003 年「人の国際的移動の管理と移民の権利保護に関する国際レジーム——その萌芽的形成と問題点に関する試論」『比較社会文化』第 9 巻，137-146 頁

柄谷利恵子，2004 年「『移民』と『難民』の境界——作られなかった『移民』レジームの制度的起源」『広島平和科学』26 号，47-74 頁

人間の安全保障委員会，2003 年『安全保障の今日的課題——人間の安全保障委員会報告書』朝日新聞社

武内進一，2006 年「紛争が強いる人口移動と人間の安全保障——アフリカ大湖地域の事例から」望月克哉編『人間の安全保障の射程——アフリカにおける課題』アジア経済研究所，151-192 頁

墓田桂，2003 年「国内避難民（IDP）と国連——国際的な関心の高まりの中で」『外務省調査月報』1 号，33-55 頁

本間浩，2005 年「破綻国家からの難民に関する諸問題——難民認定における迫害主体をめぐる諸問題を中心にして」『国際法外交雑誌』第 104 巻第 1 号，22-48 頁

UNHCR 編，2001 年『世界難民白書 2000——人道行動の 50 年史』時事通信社

Department of Economic and Social Affairs, Population Division, 2006, *Trends in Total Migrant Stock: The 2005 Revision*, United Nations

Executive Committee of the High Commissioner's Programme, 2004, "Protracted Refugee Situations," EC/54/SC/CRP.14, 10 June

Graham, David, 2000, "Human Movements and Humans Security," in David Graham and Nana Poku eds., *Migration, Globalization and Human Security*, NY: Routledge, pp. 186-216

Human Security Centre, 2005, *Human Security Report*, University of British Columbia

Loescher, Gil and James Milner, 2005, *Protracted Refugee Situations: Domestic and International Security Implications*, Adelphi Paper no.375, London: Routledge for the International Institute of Strategic Studies

Report of Secretary-General, *International Migration and Development*, 2006, UNA/60/871

UNHCR, 2003, *Statistical Year Book*

UNHCR, 2004, *Global Refugee Trends*

UNHCR, 2005, *Global Appeal: Strategies and Programmes*
U. S. Department of State, 2005, *Trafficking in Persons Report*
United Nations, *2005 World Summit Outcome*, A/Res/60/1

さらに読み進む人のために

緒方貞子，2006 年『紛争と難民――緒方貞子の回想』集英社
　＊元国連難民高等弁務官による，回想録。武力紛争下においてできるだけ多くの難民を保護しようとする現場からの発言。
小井土彰宏編，2003 年『移民政策の国際比較』明石書店
　＊アメリカ，イギリス，ドイツなど各国の移民受け入れ政策を比較検討。
土佐弘之，2003 年『安全保障という逆説』青土社
　＊難民や避難民の存在を，国民国家のシステムから分析し，難民支援活動にともなう問題点を指摘。
簑原俊洋，2002 年『排日移民法と日米関係』岩波書店
　＊太平洋戦争のきっかけの一つともなった，アメリカにおける日本人移民を規制する法（排日移民法）の成立過程の分析。

（栗栖薫子）

第10章
テロリズムとテロ対策

1 なぜ区役所でバイオテロ対処演習か

　2005年10月，東京都杉並区では区長以下，職員多数が参加してバイオテロリズム（生物剤テロ）対処の図上演習を実施した。天然痘ウィルスが散布され，その10日後に患者が複数発生するという想定で開始されたが，区長など演習のプレーヤーにはシナリオの展開は事前に知らされずに，刻々と変化する情勢に応じて的確な判断，対処が試される状況付与型の演習であった（この演習のシナリオ，実施状況，演習結果と反省点は，日本では異例なことであるが細部まですべて公開されている。この種の演習の準備マニュアルも含めて，『新たな脅威とのたたかい――東京都杉並区・バイオテロ対処図上演習・報告と提言』PHP総合研究所，2006年3月，全108頁〈http://research.php.co.jp/seisaku/suggestion/seisaku01_teigen32.html〉を参照のこと）。

　なぜ区役所がテロの図上演習をしたのか，しかもなぜバイオテロリズムなのか，と思うかもしれない。2004年6月に「武力攻撃事態等における国民の保護のための措置に関する法律」（国民保護法）が制定され，すべての自治体がそれぞれ「国民の保護に関する計画」を策定することになった。簡単にそのしくみを述べると，まず国が発生した事態を認定して，それから，自治体に対して避難，救援，災害対処の指示を発令することになっている。その前提は，現場が異変を察知したら，迅速に情報を伝達し，国によって事態認定されるまでの

Column ㉜◇　テロリズムの定義

　普遍的なテロリズムの定義は存在しない。政治的に利用されてきた用語でもあるので，万人を満足させる定義は今後も出ないであろう。しかしテロ対策上，たとえ曖昧さがあっても定義づけがされていると共通了解の拠り所になるからプラスである。日本は，警察組織令など一部を除き，取り締まりの対象としてのテロリズムの定義は法律上明確になされていない。法的には国際テロリズム関連条約（表10-3）で対象とされるテロ行為を国内法で犯罪としており，あえて定義は必要ないという主張も聞かれる。だが，テロ組織への勧誘禁止，支援禁止，資産凍結，入国禁止など国際的に要請されている措置を，もし日本独自の判断で取り締まりの対象（テロリスト）を指定して，主体的に執り行うには独自の定義（テロリズム，テロ組織，テロリストなど）が必要になる。さらに，将来，通信傍受の対象をテロ犯罪に広げたり，共謀罪をテロに適用したりするという動きが出てくれば，テロの定義がないと恣意的に運用されるかもしれないという懸念が増すであろう。現在は，法律上の定義がないために「北朝鮮の拉致はテロ」であるとか「アメリカの軍事行動こそがテロである」というように国家行為も含めて広く自由にこの言葉が使用されており，現存する国際テロ対策分野に対する一般の理解の妨げとなっているマイナス面がある。

間，的確に初動対処を行うものとされている。だがここで問題とされているのは，現場が，それがいかなる事態なのか，事件か事故か，テロなのか武力攻撃事態なのか，何が災害因なのか，被害が拡大するのかなどがよくわからず，通報や初動対処の遅れがありうるということである。そうなる可能性が高いのは感染症を引き起こす病原体が散布されるバイオテロリズムの場合であり，テロの実行には全く気づかれずに，しばらくしてから患者が出始め，しかも感染者はその間も日常生活において移動し不特定多数と接触する。テロの予兆もなく，犯行声明も出ていない無警戒な状況下では，当の患者，診断した医者，保健所，自治体ともに判断が鋭敏に下せないと考えた方が自然であろう。

　バイオテロリズムは数あるテロの形態の中でも，いま国際的に最も注意されている。とくに1990年代以降，オウム真理教によるボツリヌス菌や炭疽菌の散布をはじめ，他にも数多くの未遂事件が発生しており，2001年のアメリカの炭疽菌手紙事件（Amerithrax事件と呼ぶ）のような致死的なテロも起きた。

いわゆる「反テロ法」を有する主要国では法律上，テロリズムが規定されている。一例をあげるとイギリスの2000年テロリズム法では「政治的，宗教的，イデオロギー的な目的を達成するために，政府に影響を与える，あるいは公衆に脅威を与えることを意図して，以下の行為をなすこと，または脅迫すること」として，続いてその行為が列挙されている。

　さらに，ヨーロッパ（締約時 EC），米州（OAS），旧ソ連（CIS），南アジア（SAARC），アラブ諸国（アラブ連盟），イスラム諸国圏（OIC），アフリカ（締約時 OAU）各地域の地域機構がそれぞれ反テロ協定を締結しているが，そこでも独自にテロリズムの定義づけがなされている。国連では *Column* ㉟ で述べるようにテロリズムを定義づけていないが，審議されている「包括的テロ防止条約」がもし策定されれば，条文上にテロリズムそのものの定義が盛り込まれる可能性がある。

　また，各種の統計を見るときも，テロの定義によって数値が変わってくるから注意すべきである。テロリズムを分析するには，まず他の暴力形態と分けなければならないので定義の問題は避けて通れない。海外，国内ともテロリズムのテキストをひもといてみると，第1章は定義にあてていることが多い。

この犯人は逮捕されていない。「白い粉」を使って人々の不安につけ込む悪戯，脅迫も全世界で無数に発生し，日本でもこの問題は国の機関ばかりでなく，旅客，運輸，あるいはテーマパークなどを運営する会社を悩ませ続けている。他国では本物の生物剤がテロリストから押収されたこともある。バイオテロリズムの危険性は安全保障専門家や当局だけが強調しているのではなく，研究施設等での病原体管理の実情を知り，ワクチンの限界を理解しているウィルス，細菌学の専門家によって国際的に警鐘が鳴らされているのである。

　東京都杉並区がバイオテロ対処演習を実施したのは，杉並が現実にテロの標的になりそうだったからではない。グローバル化した世界においてはヒト・モノの移動が激しいだけに，他の国で発生したバイオテロリズムや感染症を，その国だけの問題として封じ込められるわけではない。初動対処からすべてを国に依存するのは誤りであり，住民の安全を確保するために自治体がなすべき判断と措置の重要性を杉並区は認識していたのである。

今日のテロリズムとテロ対策は，伝統的な外交や安全保障あるいは治安の維持という枠組みだけでとらえることはできないだろう。テロの脅威は国内と国際の敷居を容易に越えて伝播する。その中で国家機関とそれ以外のさまざまなアクターが取り組みに参加している実態を広く視野に入れる必要がある。

2　国際テロリズムの動向──脱組織化

■ テロの主体

　国際テロリズムの全般的な動向からおさえておこう。冷戦時代の国際政治はソ連を中心とする共産主義諸国が一方の極を形成していた。それに関係して，共産主義イデオロギーに基づくテロ組織が多かった。1960年代後半に創設されたパレスティナの代表的なテロ組織であるパレスティナ解放人民戦線（PFLP）も，その戦いを宗教的なものではなく反帝国主義と規定してマルクス＝レーニン主義を標榜していた。このようなことは今ではほとんど忘れられている。その反面，冷戦時代はまだ宗教的なテロ組織は数少なかった。

　21世紀に入ると宗教的なテロ組織による事件が急増し，テロ問題＝イスラム過激派とあたかも同義のように思われることもあるが，もちろんそうではない。アイルランド共和軍（IRA），タミール・イーラム解放の虎（LTTE），バスク祖国と自由（ETA）などに代表されるナショナリズム的性質を持ち分離独立を目標としてきた組織は政府との間で停戦や和平の動きが見られるが，それでもなお全体的に見るとナショナリズム・分離主義的な主体は数多くのテロ事件を引き起こしている。共産主義のテロもなくなったわけではない（表10-1参照）。特に，宗教色とナショナリズム・分離主義を併せ持った組織が最も先鋭化し数多くのテロを起こしている。いまや選挙に勝利して，パレスティナ自治区では体制側に立ったイスラム原理主義組織ハマスの2005年までのテロは，組織別に確認されている中で最も多く，表10-1の中では，〈宗教テロ〉と，〈ナショナリズム・分離主義〉の双方の欄にカウントされている。

■ 進行する脱組織化

　そして何よりも脱組織化ともいえるような現象によって，主体が見えにくく

なり，各国がテロ対策上厄介な状況に直面している。つねに一定以上の勢力を保持し，指揮系統が確立し，役割が分担され，メンバーシップが明確な集団を「組織」というならば，未組織でごく一時的な集まりにすぎない小集団によるテロも目立ってきた。表10-1と同じデータによると2001年から2005年末まで全世界で1万3753件のテロが記録されているが，その6割以上が実行者（実行組織）不明である。もちろん犯人が捕まらないので不明なのだが，大事件でさえ垣間見えるのは有志連合的に集まりまた離れていく諸個人である。2005年7月のロンドン同時テロ事件や，2004年3月のマドリード列車同時テロも，メンバーが強く結び付いた一つの組織が単独で行ったのではない。

　イスラム過激派の形状をイメージするには「砂丘の砂」を想起するのがよいであろう。砂丘は風雨などによって侵食作用にさらされ，その起伏，風紋などの外観を変える。イスラム過激派もまさに砂丘である。砂粒がテロリストでありテロ予備軍になる。きちんと組織立っているわけではないが，求心力のあるイデオロギーやシンボルの下に目標を一つにする。そして環境の変化に応じて小グループが離合集散を繰り返し，相互に連携する。本物の砂丘が植林や河川工事で砂の供給が止まればいずれは消滅するのと同様に，イスラム過激派も新規の勧誘源を断つことができればメンバーの高齢化によって自然消滅するはずだが，一つ二つの個々の組織への加入ではなく，大義に賛同して運動に加わるという性質もあるのでその取り締まりは厄介このうえない。

　同様に封じ込めが難しいグループがある。多国籍で非常に活発な地球解放戦線（ELF）や動物解放戦線（ALF）は，組織の憲章的な規定はあるものの，実際のテロは単独，あるいは少人数が任意で実行する。1995年のオクラホマ連邦ビル爆破事件によってその危険性が広く知られたアメリカの「極右」は，現在も無数のグループから成り，指導者に命じられるわけではないテロを「指導者なき抵抗（leaderless resistance）」と自ら呼んでいる。

　いつの世も決して群れない一匹狼的なテロリストはいた。それでも今日，組織なくしてもテロ活動を増殖ならしめる要因として通信情報技術の発展をあげることができる。1990年代後半以降のインターネットの急速な普及によって自らの思想を外部に拡散するだけでなく，不特定多数の間でのネットワーク作りを加速させた。

表10-1　テロ主体の類型別の件数（2001年1月1日～2005年12月31日）

	2001年	2002年	2003年	2004年	2005年
アナーキスト系	3	6	17	14	11
反グローバリスト系	7	8	8	3	0
共産主義系	157	411	187	257	346
過激環境保護系	18	12	15	5	5
ナショナリズム・分離主義	261	282	245	480	736
人種差別主義	1	7	9	5	0
宗教テロ	99	108	154	425	666
右翼	16	17	17	3	2

［注］　期間総件数13,753（うち主体判明は約36％）。この期間，組織別にテロ件数が多いのは，①ハマス502件，②コロンビア革命軍355件，③ネパール共産党毛沢東主義派315件，と記録されている。
［出典］　アメリカMIPTテロリズム・ノリッジ・ベース〈http://tkb.org〉より，筆者作成。

　武器製造のマニュアルもネットで入手できる。もちろんある程度の組織力がないと一定の規格以上に高度で精巧なものをつくることはできない。核兵器は作り方（原理）こそ広く知れわたっているが，いかなるタイプのものであれ個人レベルでは実際に作れない。しかし，生物兵器の基になる病原菌やウィルスを取得培養することや，容易に入手可能な原料で手製爆弾（とくに問題になっているのは有機過酸化物）を作ることは，組織力がなくても個人レベルで可能である。

■ 国家を離れるテロリスト

　テロリストは特定の国家にも依存しない傾向がいっそう進むであろう。つまり国家支援テロリズムの減少である。1992年，国際連合安全保障理事会は，米パンナム機の爆破テロ（1988年12月）に関係したリビアに制裁を科した。これはテロ問題で安保理が国家を制裁する初めてのケースになった。その後，スーダンとアフガニスタンに対しても国連安保理はテロ支援で制裁決議を採択した。これらは1990年代のことである。2001年の9.11テロ事件以降，国家支援テロに反対する国際規範はよりいっそう強固になった。国家にとっては特定のテロ組織と関係をもつことはリスクを背負うことになった。現在アメリカが「テロ支援国家」として国内法に基づいて指定しているのはわずか5カ国（イラン，シリア，キューバ，北朝鮮，スーダン）しかない。そのうち北朝鮮は古

い事由で指定されており（1987年の大韓航空機爆破事件），スーダンはテロ支援を止めたとみなしつつもその様子見が続いている（米国務省テロ対策調整室〈http://www.state.gov/s/ct/〉がネット上でも公表している国際テロ年次報告書を参照のこと。2004年版から *Country Reports on Terrorism 2004*，それ以前は *Patterns of Global Terrorism* として発表されている）。

テロリスト側にとっても特定の国家に頼らず，自ら合法，非合法の商売を営み，他のテロ組織や犯罪グループとの取引によって活動基盤を維持することができる。それがグローバル化という時代なのである。

3　テロリズムの原因をどのように見るか

■ 原因は一つではない

さて，テロリズムの原因を探ることは対策を考えるうえでも重要である。その原因として経済的貧困，政治的抑圧，社会的不平等，教育の欠如，宗教，特定の国の特定の政策などがよくあげられてきた。しかもこのうち貧困や抑圧など負の環境は「根本原因」（ルート・コーズ）ともいわれ，それを改善しないとテロはなくならないとも言われている。

しかしひとことで原因といっても，何らかの影響はあるものの直接的な因果関係はない「背景」，テロ行為の引き金になる直近の「出来事」，テロ組織の幹部または実行者の「動機」は，分けて考えるのが適切ではないだろうか。そもそも原因論は，テロ組織が生まれた原因なのか，個々のテロ行為の原因なのか，テロが続く原因なのか，焦点が互いにかみ合わないままに議論されることも多い。戦争の原因や犯罪の動機については多くの研究の下に理論的な類型化も進んでいる。何か一つの因子を除去しなければ戦争や犯罪はなくならない，という主張は少なくとも学術的には聞かない。テロリズムが戦争や犯罪に比べて単純な現象というわけでもなく理論的なテロリズム研究も多いのだが，あまり知られていないためか，一足飛びに「根本原因」が語られてしまう。同一環境下にいてもテロリストにならない者の方が数多くいる事実は，テロリストになる者の心理，認知過程もまた分析すべき対象であることを意味している。

■ プロセスとしてのテロリズム

　ここではまずテロリズムをテロリスト（テロ組織）の盛衰プロセスとしてとらえておこう。そのプロセスを，①何らかの社会的・政治的運動が生まれる段階，②それが過激化，拡充していく段階，③テロ組織として広く認知される段階，④当局との闘いを通じてテロ組織が変容する段階，⑤テロ組織が弱体化，消滅または政党化する段階，と分けてみる。

　社会に突如としてテロ組織が誕生するわけではなく，その前段がある。①はまだ表現手段が非暴力的であるか，もしくは問題だと認知されない段階である。この段階での監視や取り締まりは民主主義国家では慎重にならざるをえないし，それ以前にその運動や集団に将来の過激化の芽があっても見抜かれることはなかなかない。②に移行すると，すでに暴力行為がなされ関係者や当局など一部はその危険性や異常性に気づくこともあるが，一般的には見過ごされることが多い。外国でのことならばなおさらである。③は当局からテロ組織と認知され，ようやく広く一般にもその危険性が知れわたる段階である。当局の対策や対応も表立って激しくなる。その結果，テロ組織も変容を余儀なくされるのが④段階である。組織はつねに分裂，合併，リーダーの交替，目標の変更などによって変化するものであるが，当局との対決が激しくなれば③以前の段階よりも変化は急である。最後に⑤は弱体化，消滅するか，あるいは逆に，組織の政治部門が政党のような形態で正統なものとなり，一概にテロ組織とは言えなくなる。

　社会の多くがテロリズムの危険性に気がつき，その原因を論じるときには③以降の段階であり，しかもテロ組織は変容している。そのときに①や②に遡って原因を求めても，時間の経過によってテロ集団を取り巻く環境，動機や目標が変化していることもあるので，いまの対策に役立つとは限らない。以上の5段階プロセスを私たちに最もなじみのある二つの組織（オウム真理教とアル・カーイダ）に当てはめたものが表10-2である。

　このようにテロリズムをプロセスで見ていくと，テロの「根本原因」とは何か，どの段階の何を指すのか迷うはずである。オウム真理教の場合は教団の前身であるヨーガ教室時代にあったのか，それともそれ以前の松本智津夫（麻原彰晃）の人間性か，麻原に引き寄せられた信徒の心理か，1980年代という時

表10-2　テロ組織のプロセス

	①運動の誕生	②組織の拡充・過激化	③テロ組織として認知	④変容	⑤弱体消滅または政党化
オウム真理教（アーレフ）	1984年，ヨーガ教室（オウム神仙の会）として始まる。87年からオウム真理教に。	1988年〜　教団内部で事件（殺人など），次に外部と対決，多数の事件を起こす。	1995年〜　地下鉄サリン事件ほか。国際社会からテロ組織として認知される。	1999年〜　団体規制法によって観察処分下にある。内部分裂の様相。	現況は信徒1200人，全国30箇所施設（公的発表）。一部の信徒離散はかえって危険。
アル・カーイダ	1980年〜　ビンラーディンは対ソ聖戦支援。88年にアル・カーイダ立ち上げ。	1991年〜　スーダンで活動。96年から再度アフガニスタンへ。対米聖戦宣言など。	1998年，米大使館同時爆破事件によってアメリカその他主要国，国連安保理と敵対。	2001年の9.11テロ後，アフガニスタンの拠点を失う。多数が殺害，拘束される。	2002年〜　パキスタン北西部潜伏。本体は弱体化するものの関連団体が活発にテロ。

［出典］　筆者作成。

代的背景か，それとも個々の事件を起こすときの動機にあるのか，信奉していた宗教か。心理学者は麻原やメンバーの心理に，社会学者は社会に，宗教学者は宗教にそれぞれ注目して分析するだろう。それらをすべて寄せ集めて何が最も重要か，誰かが「根本原因」を一つに特定したとしても見解の一致は得られないであろう。

　アル・カーイダはもっと複雑になる。①と②の段階でアル・カーイダの性格は全く異なる。1991年から1996年までスーダンにビンラーディンが居住していた時代に，事業を拡大しながら，過激主義者と接触し，武力でカリフ制を実現させる信念を強固にし，ソ連と戦ったアル・カーイダとは違う新生アル・カーイダの構想を深めていった。しばしば，1980年代のアフガニスタン戦争でアメリカがイスラム義勇兵を支援したことが身から出た錆だと言われるが，当時と1990年代以降は国際政治の時代背景が全く違うし，イスラム過激主義の起点や発展をアフガニスタン戦争だけに求めるのは単純化した見方である。もしかすると，いまも国際社会は同じようなミスを犯しているかもしれない。当然の如く支援している集団が10年後に過激なテロ組織にならないともかぎらない。また，ビンラーディンが対米憎悪を決定づけたのは湾岸危機勃発直後（1990年8月）に米軍がサウジアラビアに駐留したことだと言われているが，

> **Column ㉓◇　テロ抑止と未然防止**
>
> 　抑止と未然防止は互換的に使われることもあるが，その意味はやや異なる。抑止とは相手に行われては困る特定の行為をやらせないことである。国際政治の世界では侵略の抑止とか核抑止としてよく使われる。抑止には懲罰的抑止と拒否的抑止の二つがある。懲罰的抑止とは，もし当該行為を行えば耐え難いほどの報復を被ることを知らしめて，それをやらせないことである。拒否的抑止はある行為を物理的にとらせないようにすることである。対テロに当てはめると，懲罰的抑止はテロ犯罪を重罰化したり，テロリストの暗殺を実行して震え上がらせることであり，拒否的抑止は標的を防護することである。だが，抑止はあくまで特定の行為に対するもので，相手の存在や活動は認めていることになる。それは国家相手ならば妥当であっても，テロリストのように捕まえて法で裁くべき相手を認めるような消極的ニュアンスが感じられ，あまり適切な表現ではない。未然防止という用語の方が法執行的な意が込められ，テロ対策の世界ではよく使われる。

国際政治は無名の一私人の思惑に調子を合わせることはない。

　問題は②の過激化の段階で食い止めることであろう。テロリズムの過激化の研究はなされてきた。しかし何らかの指標を導入して，何以上の状況ならば黄色信号だから断固とした処置を行うとか，そのような政策は困難であろう。国際社会も個々の国も，今まで多くのテロ組織の過激化を止めることができなかった。根本原因の除去は言うは易くで，後知恵的なところもあり，政策的に具体化するのは難しい。他国の問題であればなおさらであろう。まして，前述したようにテロの世界は脱組織化の現象がみられるだけに，テロリズムの原因探究やそれに基づいた対策の構築には単一の解答や速効薬を求めてはならない。

4　テロ対策の四つのフェーズ

　実際のテロ対策は国際的な領域と国内対策が複雑に関係し，テロ対策に取り組むアクターもきわめて幅広い。それらを一つ一つあげていくよりも，ここではテロ対策が四つのフェーズ（局面）から成ることを概観しておこう。①未然防止，②被害管理，③実行犯・組織の追及，④失敗の検証である。順番をつけたのは，時間でとらえると，まず未然防止に努めたが，テロが発生してしま

図10-1　テロ対策四つのフェーズ

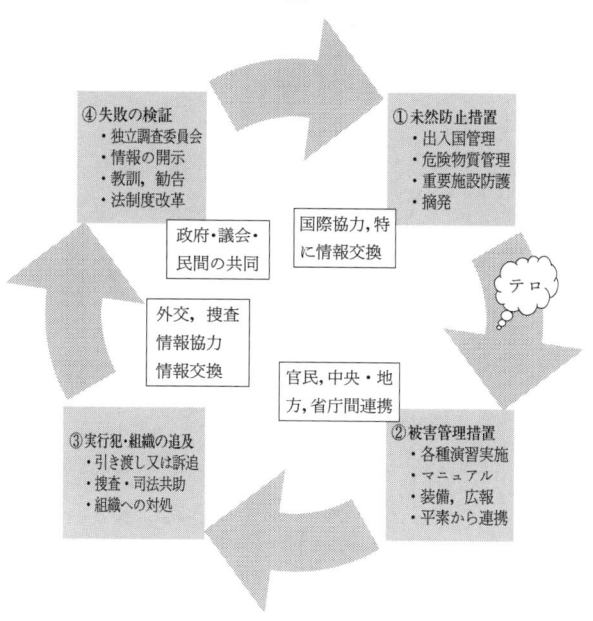

④失敗の検証
・独立調査委員会
・情報の開示
・教訓、勧告
・法制度改革

①未然防止措置
・出入国管理
・危険物質管理
・重要施設防護
・摘発

国際協力、特に情報交換

政府・議会・民間の共同

外交、捜査
情報協力
情報交換

官民、中央・地方、省庁間連携

③実行犯・組織の追及
・引き渡し又は訴追
・捜査・司法共助
・組織への対処

②被害管理措置
・各種演習実施
・マニュアル
・装備、広報
・平素から連携

［出典］筆者作成。

い直ちに被害管理、実行犯の追及を行い、しばらくしてテロを招いた失敗を検証して、次の未然防止に役立てるということを意味する。実際にはテロが1回とはかぎらないし、未然防止は恒常的な取り組みであるから、他のフェーズと同時に取り組まれることもある（図10-1参照）。

まず未然防止措置には、テロの脅威が特定できない段階で重要施設の防護や警備を強化する。加えて、テロの特定情報が得られれば、そのアジトを急襲してテロリストを逮捕するなどの先制的な措置も含まれる。用意周到に準備するテロほど未然防止のチャンスが拡大する。そのようなテロの準備には時間をかけるものだし、その間情報をキャッチする時間も当局に与えられる。しばしばテロは防止または抑止できないという意見もあるが、それは発生した事件しか見ていないからで、防止した例はたくさんある。多くのテロリストが国境を越えて活動しているから国際的にさまざまな措置が求められているのであって、無策でよいというのはありえない。未然防止のいかなる措置も国際的なテロリ

スト情報の交換が不可欠である。テロの防止が難しいのは，比較的無計画あるいは便乗犯的に行われるときである。そもそもそのようなテロを行う者は当局からノーマークだからであり，特定の標的や実行日にこだわることもないからテロリストに有利になる。

　未然防止は不可欠にして有効ではあるが，万全ではありえない。そこで第二のフェーズとして被害管理（consequence management）が重要になる。被害管理は，万一大規模テロ事件が発生した場合に，まずその現場で被害規模を最小化するために関係各機関が連携して対処する措置である。警察が現場を封鎖し，捜査，秩序回復に努め，消防が被害者の搬送を行い，救急救命活動をフル回転させる。またNBC（核・生物・化学）テロであるならば警察，消防，軍隊等が現場で災害因となった危険物質の除染活動を行う。同時に，中央での指揮，指令体制の立ち上げも一刻を争う。現場の住民と国民全体への情報提供も適切に実施しないと，人々が社会不安やパニックを引き起こす一因になる。

　未然防止と被害管理は車の両輪であり，どちらかが欠けていてもテロ対策は機能しない。ところで，被害管理よりも危機管理（crisis management）という言葉の方が一般的にはなじみがあるかもしれない。通常，危機管理とは，ある時点で危機が発生し短時間に対応が迫られるような状況の中で，関係者の間でうまく意思疎通を働かせ，リーダーシップを発揮し，判断を下し，危機を終息させる，そこまでの手法である。国際政治の場では対峙する両国が戦争にはいたっていないが高度に緊迫した段階を指す。この意味を対テロで使えば，人質事件にせよ爆弾テロにせよ被害がすでに発生しているのであるから，被害管理と言った方が適切である。平素からさまざまな準備なくして危機が発生してからうまく立ち回れるものではない。テロリストに関する情報がなければ，実行犯の見当すらつかない。その意味でも未然防止措置と被害管理は一体として取り組むべきものである。

　第三に実行犯やその所属組織の追及である。つまりテロ事件を実行した者を逮捕・起訴し，それが組織的犯罪ならばその組織を追い詰め，活動を封じ，さらにもし事件の背景に特定の国の関与があればその国に対して制裁を行う。これは，その後のテロの抑止のためにも必要となる。テロ犯罪の重罰化，犯罪人引き渡し，共同捜査，支援者の国外追放，組織の禁止など厳しい措置をとらな

くては，国民からもテロリストからも弱腰だと思われる。その一方で過剰な対応，たとえば空爆のように無関係な市民を巻き込むようなときには，かえって人々の反発を招き，テロリストを利する場合もある。

　第四は事件後当面なすべき措置をとり，少し落ち着いたら，なぜテロを防げなかったのかその失敗の検証を行い，新たな法制度，政策に反映させる。大規模な事件であればあるほどこの作業は必要になる。これは外務省なり警察なりが自己検証することにとどまらず，民主主義国家である以上は，国会がイニシアティブをとって第三者による独立調査委員会を設立し（独立調査委員会の例としては，9.11テロを扱ったNational Commission on Terrorist Attacks upon the United Statesが有名である），事件にいたるまでのテロリスト側とテロ対策側の分析を行わせ，改善策を含めた提言をまとめさせ，それを広く国民に知らしめ，法制度の改革に役立てることが望まれる。

　以上四つのフェーズは図10-1のようにサイクルでもあり，どこかの環が欠けてもテロ対策全体の効率が低下する。また，実際のテロ対策の大枠は国連，各地域機構，主要8カ国（G8）などで国際的に決定される。各国はその中で措置をとっている。国際的な共通性，標準化が求められているが，たとえ各国がそれらに賛同しても技術レベルに格差があったり，官吏の汚職がはびこっていると，そこに穴が開いてテロリストにつけこまれてしまう。そこでキャパシティ・ビルディング（テロ対策能力向上）のために国連を中心に国際的な支援がなされている。その領域は入管，税関，資金規制，交通保安，犯罪捜査など幅広い分野に及ぶために平素からの関係機関同士の国際的な対話が欠かせない。この過程で，テロ対策の名の下に弾圧を行うような国（最近ではウズベキスタン）への支援は見直されるし，警察がより科学的な捜査能力を高めるならば拷問などに依拠する必要も減ることが期待できるので，長い目で見れば「グッド・ガヴァナンス」に近づく一歩になるかもしれない。

■ 日本とテロリズム

　それでは日本とテロリズム，そして日本のテロ対策の現状はどうなっているのだろうか。歴史をひもとけば日本国内では数多くのテロが発生している。近年では日本赤軍やオウム真理教という国際的なテロ集団が生まれた。この二つ

Column ㉞◇　リオネル・デュモン事件

　この事件は，日本国内に国際テロの脅威が浸透したことを主張する際に必ずと言っていいほど言及される一件である。デュモンはフランス生まれのフランス人で，1990年代初頭にソマリアに行きイスラム教に改宗し，帰国後，強盗集団「ルーベ団」に加わり犯罪を繰り返した。イスラム教徒が紛争当事者でもあったボスニアにも潜入し，警官殺しで収監されていたが脱走し，国際指名手配されていた。国連安保理の制裁委員会の指定に基づく日本政府の「タリバーン関係者等に対する資産凍結措置対象リスト」の353番目に彼の名前が含まれていたことから，報道では「アル・カーイダのメンバー」などと書かれていたが不明。2002-2003年にかけて4回にわたって他人の真正旅券の写真部分を偽造して入国し，新潟市内のマンションに居住し，新潟東港でパキスタン人業者とともに中古車の輸出に携わっていた。国際指名手配されていたから，もし入国時に生体認証チェックができれば拘束できたと考えられる。デュモンは2003年12月にミュンヘンで逮捕され，日本への出入国の事実が一斉報道されたのは2004年5月であった。2005年12月にフランスの重罪院で初公判が開かれ禁固30年の評決が出た。日本潜伏の「真の狙い」は不明である。逃亡中の身で土地勘のない新潟に一人であてもなく来るわけがないから，入国前から日本在住者と何らかのつながりがあったと考えるのが自然である。

　ところでデュモンのようにヨーロッパ人がイスラムに改宗して過激化するのは珍しくなく，一つのパターンとして注目されている。なお，国際的に見るならば，デュモンは日本にだけ潜伏していたのではない。日本から東南アジアにも出国している。日本がテロの標的になっていたのかという問題だけにとらわれてはならない。国内がテロ準備の踏み台とされ，それを摘発はおろか察知すらできずに，他国で大規模テロでも起こされたときには，国際的な信用が大きく失墜するであろう。9.11テロの実行犯や後方支援担当の多くが集結し共謀を重ねていた場所がドイツのハンブルクであった。そのようなことを防止するのが国際的な責務である。

は数多くのテロ事件を起こしてきたが，それらは一時的なものと受け止められる傾向があった。日本赤軍は，国内で追い詰められた過激派の離合集散の中から生まれたが，海外を拠点にしていたために国民の多くにとって身近には感じられなかった。またオウム真理教もこの教団に関係または関心を持たない多数の者にとって1995年というわずか1年の出来事にすぎない。

Column ㉟◇　国際テロリズム関連条約・議定書

　国連決議等で言及される国際テロリズム関連条約・議定書は13本ある（2006年現在）。締約国はそれぞれの条約が対象とするテロ行為を国内法で犯罪として規定することと，その容疑者を「引き渡すか訴追するか」のどちらかを義務づけられる。国連ではテロリズムの定義を規定することはせずに，条約上の行為をもってテロとみなしている。条約締結国は条約上の行為がすでに国内法で犯罪とされていれば，新規立法をする必要はない。なお，表10-3の⑥核物質の防護に関する条約は，2005年7月に改正「核物質及び原子力施設の防護に関する条約」へ，⑧シージャック防止条約と⑨プラットフォーム議定書も2005年10月に改正議定書が採択され，2006年以降に発効する見通しである。⑬核テロ防止条約も2006年以降に発効するものと思われる。これら以外にも海上人命安全（SOLAS）条約が港湾テロ対策の観点から改正され，それを締約した日本は「国際航海船舶及び国際港湾施設の保安の確保等に関する法律」（2004年）を施行した。この条約はもともとテロ対策用ではないので，表10-3には入っていない。

　1990年代後半以降，今日にいたるまで，国連加盟国はこれら条約を早期に締約することが繰り返し要請されており，各国の締約状況（国連ホームページ等で調べられる）をもってその国が対テロの国際的な責務を果たしているか否かが評価される。日本は表10-3のすべての条約・議定書を批准している。

　オウム真理教の事件の後も，海外で大きなテロ事件は発生し少なからぬ日本人が巻き込まれた。しかしテロ事件が発生したその時か，あるいは人質が解放されるまでの一時的な危機としてとらえられる傾向が続き，テロリズムが継続的に社会的関心の一端を占めることはなかったと言えるだろう。この要因はいくつか考えられるが，日本国内にナショナリズム的・分離主義的なテロがなかったことが大きいのではないだろうか。スペインのバスク問題，イギリスの北アイルランド問題，スリランカのタミール問題のような分離主義を内包していれば，問題は長期に継続するのであるからテロがより重要だとみなされていたはずである。9.11テロが発生したあとしばらくの間も，テロは一時的な，危機管理的なものと受け止める空気が残った（宮坂，2004，第1-3章）。

表10-3　国際テロリズム関連条約・議定書

順番	〈上段〉条約名（通称），〔採択場所〕 〈下段〉条約に対応する日本国内実施法	作成年（発効年） 日本の（条約）締結年
①	航空機内で行われた犯罪その他ある種の行為に関する条約（東京条約），〔ICAO：国際民間航空機関〕	1963（1969）
	航空機内で行われた犯罪その他ある種の行為に関する条約第13条の規定の実施に関する法律	1970
②	航空機の不法な奪取の防止に関する条約（ハーグ条約），〔ICAO〕	1970（1971）
	航空機の強取等の処罰に関する法律	1970
③	民間航空の安全に対する不法な行為の防止に関する条約（モントリオール条約），〔ICAO〕	1971（1973）
	航空の危険を生じさせる行為等の処罰に関する法律	1974
④	国際的に保護される者（外交官を含む）に対する犯罪の防止及び処罰に関する条約（外交官等保護条約），〔UNGA：国連総会〕	1973（1977）
	人質による強要行為等の処罰に関する法律（1978）の改正	1987
⑤	人質をとる行為に関する国際条約，〔UNGA〕	1979（1983）
	人質による強要行為等の処罰に関する法律（1978）の改正	1987
⑥	核物質の防護に関する条約，〔IAEA：国際原子力機関〕	1980（1987）
	核原料物質，核燃料物質及び原子炉の規制に関する法律の一部を改正する法律改正	1988
⑦	民間空港での不法な暴力行為の防止に関するモントリオール議定書，〔ICAO〕	1988（1989）
	新規立法なし。	1998
⑧	海上航行の安全に対する不法な行為の防止に関する条約（シージャック防止条約），〔IMO：国際海事機関〕	1988（1992）
	新規立法なし。刑法または人質による強要行為等の処罰法律で担保。	1998
⑨	大陸棚に設置された固定プラットフォームの安全に対する不法な行為の防止に関する議定書（プラットフォーム議定書），〔IMO〕	1988（1992）
	新規立法なし。	1998
⑩	可塑性爆薬探知のための識別装置に関する条約（プラスチック爆薬探知条約），〔ICAO〕	1991（1998）
	＊	1997
⑪	テロリストによる爆弾使用の防止に関する国際条約（爆弾テロ防止条約），〔UNGA〕	1998（2001）
	関連7法（生物兵器禁止法，化学兵器禁止法，サリン等人身被害防止法，爆発物取締罰則，核原料物質・核燃料物質及び原子炉規制法，放射線障害防止法，火炎びん使用等の処罰法）のそれぞれ一部改正	2001
⑫	テロリズムに対する資金供与の防止に関する国際条約（テロ資金供与防止条約），〔UNGA〕	1999（2002）
	公衆等脅迫目的の犯罪行為のための資金の提供等の処罰に関する法律	2002
⑬	核によるテロリズムの行為の防止に関する国際条約（核テロ防止条約），〔UNGA〕	2005（2007）
	放射線を発散させて人の生命等に危険を生じさせる行為等の処罰に関する法律	2007

〔注〕　＊「プラスチック爆薬探知条約」は，締約国の国内法による犯罪化が義務づけられていない。
〔出典〕　筆者作成。

■ 変化する日本のテロ対策

　しかし，その後，アメリカの「対テロ戦争」は継続され，世界各国で比較的大規模なテロ事件が続発し，国際社会全体でも次々に新たなテロ対策が打ち出されてきた。その流れの中にあって，日本のスタンスもただ単に発生した事件に対して危機管理的に対応すればよいという姿勢が徐々に改められていった。

　最大の変化は，未然防止措置の強化である。リオネル・デュモン事件（*Column* ㉞参照）が一つの推進契機になり，政府は，2004年12月に「テロの未然防止に関する行動計画」（国際組織犯罪等・国際テロ対策推進本部）を発表した。ここには出入国管理，重要施設の防護，テロの道具になる危険物質の管理などの分野で計16項目にわたって新たにとるべき措置が列挙され，しかも実現する目標年度まで定めている。危機管理的な事件対応に終始してきた日本にとって，このような平素から取り組む「行動計画」は過去にはなかった。これは関係省庁が合同で作成したものであり，その意味でも画期的である。

　被害管理の強化も，特にNBCテロ対処については最近，中央・地方，官・民が共同して取り組み，関係機関や専門家をまじえて全国的に研究会が活発である。安全保障問題の専門家というと今までは社会科学者が専有していたきらいもあるが，テロリズム対処の分野では医学をはじめ自然科学者の参加が当たり前のようになっている。さらに，早期警戒や探知，除染，防護などの技術開発に取り組む企業や，テロの脅威に比較的敏感な運輸・物流・レジャー関連企業，原子力事業，化学産業など業界を越えて研究交流の場も増えている。演習も各レベルで実施されている。2002年以降，警察と陸上自衛隊が全都道府県で治安出動の合同図上演習が行われ，そして今は実動演習の段階に入っている。任務も組織文化も異なる両者が日常的に協同するのは新たな現象と言ってもよい。本章の冒頭で記したように区役所レベルでも高度な演習が行われている。

　事件を起こしたテロリストの追及については，2004年4月に改正警察法が施行され，たとえば海外で邦人が事件に巻き込まれた場合，警察庁は国際テロリズム緊急展開班（TRT-2）を現地に派遣し情報収集にあたり，現地治安機関への支援も行う。日本国内で事件を起こした人物が海外に逃亡した場合には引き渡しを要求することになる。ただし犯罪人引渡し条約は現状では米国と韓国との間のみしか締約されていないので，外国人の場合は日本人よりも引き渡

しの交渉は容易ではない。

　実行犯が単独ではなく，組織的に実行された場合，そのテロ組織への対処や，さらには仮にそれを支援する国が背後にあることが判明した場合に，その国に対していかなる対応策を講じるのか，その戦略は定まっていないので，出たとこ勝負であろう。被害者が多国籍にわたるなどの国際テロの場合は当然に，関係各国との協力が模索されるであろうが，日本人のみが被害者で，日本で事件を起こされ，外国人のテロリストが海外逃亡した場合に，日本単独でどこまで対処できるのかはわからない。

　第四のフェーズである事件の検証は不十分であった。ペルー日本大使公邸占拠事件（1996-97年）にせよ，オウム真理教による一連の事件にせよ，少なくとも国会から権限を付与された第三者による独立調査委員会のようなものは立ち上げられたことがない。テロ対策は関係機関が責任を持って行うものという意識が国民の間に依然として根深く，国全体でテロの教訓をさぐり，法制度を改善しようとする意識が弱い。

　日本のテロ対策を国際協力という観点から見ると，「国際テロリズム関連条約・議定書」のすべてを批准している点で評価されている（*Column* ㉟参照）。ある国が国際基準でテロ対策を行っているか否かを診断するときに真っ先に見るべきなのはこの点になる。再三かつ継続的な国連や国際機関の要請にもかかわらず，ほとんど締約していない国もある。また，アジア各国に対してキャパシティ・ビルディング（テロ対策能力向上）を各種行っている。それはハード面での支援としての技術，装備，機器の提供などにとどまらず，ソフト面でのセミナー，国際交流も日常的に非常に活発である。

■ 課題と展望

　以上見てきたように，日本のテロ対策は最近大きな変化が見られる。しかし変わらない部分もある。日本にはテロ対策を包摂するような大きな枠組みがない。特に何を目標にして国際社会でテロと闘うのか，目標に向けての諸段階をいかに設定するのか，対外的な支援の重点をどこに置くのか，という点がまだ曖昧なままである。さらに，テロの組織的な活動をいかにして封じるのか，脱組織化しているテロリストの情報をどのように収集分析するのか，国民に対す

る情報提供のあり方——たとえば脅威の度合を具体的に示す方法——を改善できないか，など課題は多い。そしてテロリズムの定義づけはどうするのだろうか（*Column* ㉜参照）。また，何よりも被害者救済措置は喫緊の問題である。それについては国家的な賠償制度が確立していない。たとえばオウム真理教（アーレフ）のメンバーには，被害者からの損害賠償請求を履行するためにその分大いに稼いでもらわざるをえない。皮肉を言えば，無差別大量殺人を犯した団体の存在意義を国家的に認めていることになる。それに加えて被害者配当も進んでいない現状がある。

*

最後に今後の展望だが，テロ対策には新たな技術的手段が取り込まれていくであろうし，新しいテロの形態に応じて新しい措置が次々に国際的に求められていくであろう。それに対して民主主義国家は，基本的人権，プライバシーを侵すことなく取り入れていくことが求められる。同時に，自由で民主的な国家であるからこそ，そこからテロリストが生まれる可能性，あるいは海外から浸透され活動される余地は決して皆無にはならない。

対外的にもテロを根絶することはできない。それでも紛争解決を実現できれば，テロの勢いは止まるであろう。歴史をふりかえればテロが盛んな時期とそうでない時期があったが，今後も小休止の時が来るだろうが根絶できるわけではない。それは，ちょうど感染症との闘いに似ている。天然痘，ポリオなどを個別に根絶しても，新興・再興感染症が次々に出現している。サーベイランス体制の強化やワクチンの準備と接種，患者の隔離，接触者モニタリングなど予防，対症療法に努めることが最善の策であり，「根本原因」の病原体そのものを一気に絶滅させたり，それが変異する因子を除去したりすることはできない。

いつの時代でも致死的な感染症が流行するリスクがあるのと同様に，自由で民主的な社会は，テロリズムを根絶させることはできないので，つねにテロが発生するリスクもある程度までは受け止めなければならない。

引用・参考文献
宮坂直史，2004年『日本はテロを防げるか』ちくま新書

さらに読み進む人のために

MIPT テロリズム・ノリッジ・ベース〈http://tkb.org〉
* アメリカの研究機関 MIPT (National Memorial Institute for the Prevention of Terrorism) が運営する包括的なテロリズムの無料データベースの一つ。件数，地域，テロ集団，時期などユーザーのニーズに沿ってさまざまな検索ができるので非常に有益。ただしデータは標記されているように1997年までと（国際テロ），1998年以降（国際テロと国内テロ）では異なる。

テロ対策を考える会編，2006年『［テロ対策］入門――遍在する危機への対処法』亜紀書房
* 法執行，情報，外交，軍事，資金規制，国際法，メディアとテロなど領域別に編纂されたテロ対策に関する基本書。7人の執筆者が学術，政策研究をわかりやすくまとめた。複雑に入り組み広範囲にわたるテロ対策を鳥瞰し，その課題を考えるには恰好の書。

ユルゲンスマイヤー，マーク／立山良司監修／古賀林幸・櫻井元雄訳，2003年『グローバル時代の宗教とテロリズム――いま，なぜ神の名で人の命が奪われるのか』明石書店
* 現代の宗教テロリズムを理解するためには必読の一冊。イスラム教，キリスト教，ユダヤ教，シク教の宗教暴力からオウム真理教のようなカルトまでを比較分析している。テロ行為を政治的戦略の表出ではなく象徴的な表現行為と見ている。

（宮坂直史）

第Ⅲ部 ◇
平和構築の実際

↑東ティモールの制憲議会選挙で投票箱に封印する投票所管理員とそれを見守る選挙監視員たち（コバリマ県スアイ市，2001年。写真提供：上杉勇司）

第*11*章　軍 事 介 入
第*12*章　平和構築における政治・法制度改革
第*13*章　紛争後選挙と選挙支援
第*14*章　国際犯罪と刑法
第*15*章　開 発 協 力
第*16*章　平和構築とジェンダー
第*17*章　NGO と市民社会

◎ 第Ⅲ部のねらい ◎

　第Ⅲ部は，国内紛争・内戦が発生した後の，事後的な処理にかかわる問題を扱っている。最近では「平和構築」という語をさまざまなところで見かけるが，まさに第Ⅲ部は平和構築にかかわる論点を中心としている。

　第11章では，武力による介入の問題がテーマとなっている。平和を創り出すための政策を考える際に軍事介入を取り上げるのは，一見すると矛盾しているようにも見えるが，国連の集団的安全保障システムは，平和を回復するために集権化された軍事力を用いることを構想したものであった。国際社会の現実を考えると，限定的で正統性を持った軍事力を行使せざるをえないのだが，どのようにして介入を限定的にし，正統性を持たせるか，という点が問題なのだということを理解してほしい。これに対し第12章は，紛争後の国・地域にどのようにして民主的な政治制度や司法制度を（再）構築するかという問題を扱っている。紛争の再発予防のためには，社会的経済的な基盤も重要であるが，社会が持続的に安定するための統治システムの存在がより重要である。それが実際にどのように行われ，どのような問題があるのか，ということを学んでほしい。民主的な政治制度を構築する際の手段として重要なことが，選挙である。第13章は，平和構築の手段としての選挙の意義を論じている。また，紛争後の国・地域で選挙が行われる際には，各国・国際組織からさまざまな支援を受ける必要がある。実際にどのような支援が行われ，そこにどのような問題が潜んでいるかについても説明している。第14章は，国内紛争・内戦やテロにも関係する，「国際犯罪」に対する刑事法（刑法）による対処がテーマである。ひとくちに国際犯罪といっても，多様な類型があり，類型ごとに国際法・国内法上の対応は異なる。また，刑法は伝統的に一国の国内社会を前提として構築されてきたため，国際化する犯罪に効率的に対応できていない部分もある。また，より国内紛争・内戦に直結する問題として，戦争犯罪の責任者の処罰があり，この点についても解説が加えられている。第15章のテーマは開発協力である。開発と紛争は，紛争の原因とならないような開発は可能か，ということと，紛争後の平和構築において，どのような開発が紛争の再発を予防できるか，という二つの相互に関連した論点を含んでいる。第16章は，ジェンダー論の観点から平和構築を議論している。第17章では，今日，さまざまな分野で活躍するNGOについて，実際にNGOを運営している執筆者が，現場の視点から意義と問題点を紹介している。読者の中にはNGOの一員として平和を作り出す作業にかかわりたいと思っている人もいるであろう。他章はもとより，本章を読んでイメージを膨らませてほしい。

第11章
軍事介入

「国際の平和と安全」のために軍事力が用いられなければならないという矛盾は，平和政策を考えるうえでも最も根源的な疑問の一つといえるだろう。そこには，平和や安全が脅かされている状態をなぜ平和的な（非軍事の）手段だけでは解決できないのかというもどかしさもあれば，たとえ最後の手段として軍事力が必要だとしても，現実にはそれがあまりに粗暴に用いられているのではないかといういらだちがあるに違いない。そもそも，20世紀に2度にわたる世界規模の総力戦を経験し，その勝者・敗者を問わず，戦争のもたらす惨害が深く実感され，戦争の違法化が今日の世界の最も重要な国際規範になっているはずにもかかわらず，湾岸戦争やイラク戦争，さらにはテロとの戦争などと，本来否定されてしかるべき「戦争」という言葉が政策当局者の発言やメディアで公然かつ頻繁に使われていることへのとまどいもあるだろう。

実際，冷戦終結後，世界各地で発生したさまざまな武力紛争や人道危機などの事態に国際社会が対応する選択肢として軍事力が用いられるケースが格段に増えた事実がある。その中には，対象国の同意，不偏中立的な立場，自衛のみの武器使用を3原則として軍隊が展開する国連平和維持活動（PKO）もあるが，「国際の平和と安全に対する脅威」と認識される事態を打開するため，国際社会の名の下に，相手国の同意を必ずしも前提とはせず，圧倒的な軍事力を用いて強制介入が実施されるケースも増加した。国連PKOは，任務が多様化し，国連安保理決議によって軍事的な強制措置の実施が容認されたケースが出てきている。さらに，9.11テロ事件（2001年）以降の世界では，国際社会が国際

テロ組織という非国家主体に軍事力で対抗する事例も見られている。私たちはこうした動きを，どのように理解したらよいのだろうか。

1 「平和強制」としての軍事介入

■「武力不行使」原則の例外規定

「戦争の違法化」という国際規範は，国連憲章第2条3項と同条4項に基づくものである。すなわち，「すべての加盟国は，その国際紛争を平和的手段によって国際の平和及び安全並びに正義を危うくしないように解決しなければならない」（3項）として「紛争の平和的解決」原則を強調し，「すべての加盟国は，その国際関係において，武力による威嚇又は武力の行使を，いかなる国の領土保全又は政治的独立に対するものも，また，国際連合の目的と両立しない他のいかなる方法によるものも慎まなければならない」（4項）として「武力不行使」を促す基本原則の規定である。

この第2条4項をよく読むと，「(他国の）領土保全又は政治的独立に対する」武力の威嚇・行使と，「国際連合の目的と両立しない」それを慎むように規律している。なぜならこうした行動は，自国の利益・目的のみに基づく，いわば「私的」な武力行使であり，「平和に対する脅威，平和の破壊又は侵略行為」を構成すると考えられるためである。他方，この条項があえて「国連の目的と両立しない」武力の威嚇・行使の可能性に言及したのは，「国連の目的と両立しうる」ものの存在を示唆するためであった。これが一般的な武力不行使原則の例外（すなわち，「合法的」な武力行使のケース）とされるものであり，主に（個別的および集団的な）自衛権の発動（憲章第7章第51条）と国連安全保障理事会の決定に基づく「軍事的措置」の実施（第7章第42条）の二つが想定されている。これらは，「国際の平和と安全の維持」という国連の主要な目的を達成する上での必要な，いわば「公的」に容認された武力行使である。

一例をあげるならば，1990年8月のイラクのクウェート軍事侵攻は，たとえイラクの主張が何であれ，国際的に確立された国境線を軍事的に変更し，相手国の正統政府を打ち倒して併合するという明確な国際法違反であり，イラクの国益に基づく「私的」な軍事介入であった。この侵略事態に対処するため，

表11-1 「平和強制」としての軍事介入の目的と根拠

ケース	介入主体(主導国／機関)	介入目的	根　　拠
イラク 1990-91年	多国籍軍（米英）	侵略対処	安保理決議678 （国連憲章第7章に言及）
イラク北部 1991年	多国籍軍（米英）	人道的介入（難民・避難民救援）	安保理決議688 （国連憲章第7章への言及なし）
ソマリア 1992年	多国籍軍（米）	人道的介入（難民救援）	安保理決議794 （国連憲章第7章に言及）
ソマリア 1993年	国連PKO （UNOSOM II）	治安確保・安定化 (指導者逮捕)	安保理決議814 （国連憲章第7章に言及）
ルワンダ 1994年	多国籍軍（仏）	人道的介入（集団虐殺対処）	安保理決議929 （国連憲章第7章に言及）
ボスニア 1992-95年	有志連合（NATO）	人道的介入（民族浄化対処）	安保理決議836 （国連憲章第7章に言及）
ボスニア 1995年	多国籍軍 （IFOR→SFOR→EUFOR）	治安確保・安定化	デイトン合意
ユーゴ(コソヴォ) 1999年	有志連合（NATO）	人道的介入（民族浄化対処）	明確な授権決議なし
ユーゴ(コソヴォ) 1999年-	多国籍軍（KFOR）	治安確保・安定化	安保理決議1244 （国連憲章第7章に言及）
東ティモール 1999-2000年	多国籍軍 （豪・INTERFET）	人道的介入＋治安確保・安定化	安保理決議1264 （国連憲章第7章に言及）
アフガニスタン 2001年	有志連合 （米英，NATO）	反テロ＋（個別的・集団的）自衛	安保理決議1368 （自衛権確認，国連憲章第7章への言及なし）
アフガニスタン 2002年-	有志連合（ISAF）	治安確保・安定化	ボン合意＋安保理決議1386ほか （国連憲章第7章に言及）
イラク 2003年	有志連合（米英）	反テロ＋大量破壊兵器拡散対抗	明確な授権決議なし

［出典］　筆者作成。

米英を中心とする国連加盟国がイラクに圧力をかけ，最終的には国連安保理の武力行使容認決議に基づき対イラク軍事介入を行うが，これは「公的」な性格を持つものとして，前者とは区別されなければならない（なお，「湾岸危機／戦争」という表現は主に西側諸国のメディアを中心に用いられたものであり，国連での議題名はあくまでも「イラク＝クウェート間の事態〈the situation between Iraq and Kuwait〉」というものである）。

■「必要なすべての手段」の行使権限

　冷戦終結後の最初の国際的な危機であったイラクのクウェート侵攻と、それに対する国際社会の対応は、それ以降に発生することになる多様な事態への集団的な対応（軍事的な対応を含む）の萌芽となる、いくつかの前例を生み出した。対象とされる事態（この場合、イラクによるクウェート侵略・併合）を「国際の平和と安全の破壊」と認識（決議660、1990年8月2日）し、「国連憲章第7章の下」に行動し、「必要なすべての手段（all necessary means）」を用いる権限を国連安保理決議によって確保したうえで相手国に決議の遵守を迫り（決議678、同年11月29日）、最終的には多国籍軍を組織して軍事作戦にあたる、という形式である。きわめて政治的な動きであり、ここでは「憲章第7章の下」での行動が厳密には同章の第何条にかかわるものかを必ずしも明記していない。また、「国際の平和と安全に対する脅威」とされる事態についても本来は侵略事態など国家間のものであったが、1990年代には深刻な国内的・人道的な事態にまで対象が広がり、軍事オプションを含む「必要なすべての手段」という表現を用い、問題解決に向けて国際社会としての圧力をかけるパターンが定着していくことになる。

　イラクの侵略事態に国連安保理が一丸となって対応（特に冷戦終結を受けて米ソが協力し、5常任理事国が団結して対応）したことは、まさに新時代の到来を印象づけ、国連本来の集団安全保障システムへの期待を高めることとなった。ブトロス゠ガリ国連事務総長が『平和への課題』報告書（1992年6月）を発表し、予防外交、平和創造、平和維持、平和構築、といった一連の政策オプションを打ち出し、国連を通じた紛争解決メカニズムの強化に意欲的に取り組んだのも、そうした時代背景を反映していた。

■「平和強制」の六つの類型

　『平和への課題』報告書は、「紛争の予防と（和平合意後の）平和維持活動の間には、敵対する当事者を平和的な手段を通じて（和平）合意にいたらしめようと努力する責任が存在する」として、和平の周旋・仲介などを含む「平和創造」活動の重要性を強調している。しかし、そうした平和的な努力（非軍事的制裁措置を含む）が実を結ばなかった場合として、事務総長は、「武力の行使」

と「平和執行部隊（peace enforcement units）」という二つの項目で軍事的な強制措置の可能性を論じている。前者は，国連憲章が当初より予定している集団安全保障システムの再確認であり，憲章第7章第42条および第43条の規定に回帰して，常設的な部隊の設立について再検討するように加盟国に提案している。後者は，停戦合意が破られた場合などに迅速に対応できるような部隊の設置に関する構想であって，PKO部隊よりも重武装で，憲章第40条（暫定措置）を援用し，事務総長の指揮下で行動する部隊の必要性を訴えている。

　ブトロス=ガリ事務総長のこれら二つの野心的な提案は，その後の国際情勢の動きの中でいずれも後退を迫られ，そのままのかたちで実施されたことはなかった（実際，同事務総長が1995年に発表した報告書『平和への課題・追補』では，安保理が加盟国に対して強制措置の権限を付与した場合，問題が生じうることを指摘し，平和強制部隊に関しては，ごく小規模なものを除き，現在の国連の能力を超える，としてこの構想を事実上撤回している）。しかし，さまざまな場面で国連加盟国のプラクティス（国家実行）として軍事介入が実施されていることは周知のとおりである。では，これらはどのように整理し，理解したらよいのだろうか。

　冷戦後から今日にかけて実施された公的な軍事介入——「国際の平和と安全に対する脅威」への対応という限定された目的のための軍事的強制措置という意味で，広義の「平和強制」措置——は，発生した事態の性格に対応し，おおむね次の六つの類型に分けられる。それらは，侵略対処，大規模人道危機対処（人道的介入），秩序回復・安定化，反テロ，自衛，大量破壊兵器の拡散対抗，である（これらの複合型もありうる）。次節では，具体的な事例に沿って軍事介入の実態を検討する。

2　軍事介入の実態

■ 侵略対処

　先に述べた，イラクによる隣国クウェートへの軍事侵略に対処する多国籍軍の軍事作戦（「砂漠の盾」作戦および「砂漠の嵐」作戦）が典型的な事例である。戦略的にも重要な湾岸地域での危機を受け，国連安保理はイラクを徹底非難し，イラク軍の撤退とクウェート正統政府の回復を求める安保理決議660を皮切り

表11-2 冷戦後の主要な武力紛争・武力介入と国際社会の対応

ケース	国際社会の対応の流れ（上段：対応の手段，下段：具体的活動）	事態/体制
イラク 1990-91年	平和創造＋平和強制　　平和強制　　**合意**　平和維持＋平和強制 説得　　経済制裁　MNF（米英等）　決議　UNIKOM＋MNF＊（米英等）	収拾/体制存続
カンボジア 1991-93年	平和創造　**合意**　平和維持／構築 説得　　協定　　UNTAC	収拾/暫定管理
ソマリア 1992-94年	平和維持　　事態悪化　　平和強制　　　平和強制［撤退］ UNOSOM　　　　　　UNOSOM II　UNITAF	混沌/国家破綻
ルワンダ 1994年	**合意**　平和維持［撤退］　事態悪化　　平和強制 　　　UNAMIR　　　　　　　　MNF（仏主導）	収拾/体制存続
ハイチ 1994年	平和強制　**合意**　平和強制 経済制裁　　　　MNF（米主導）	収拾/体制変更
ボスニア 1995年	平和強制　**合意**　平和維持＋平和強制　　**合意**　平和強制 経済制裁　　　UNPROFOR＋NATO　　　　　MNF（IFOR）	収拾/体制変更
コソヴォ 1999年	平和創造＋平和強制　　平和強制　　　　**合意**　平和維持／構築＋平和強制 説得　　経済制裁　MNF（NATO）＊＊　　　UNMIK＋MNF（KFOR）	収拾/暫定管理
東ティモール 1999年	平和創造　**合意**　選挙実施　事態悪化　　平和強制　　　　平和維持／構築 説得　　　　UNAMET　　　　　　MNF（INTERFET）　UNTAET・UNMISET	収拾/暫定管理
イラク 2003年	平和創造　　最後通告　　平和強制　　戦闘終結　平和維持／構築＋平和強制 説得　　　　　　　　MNF（米英等）＊＊＊　UNAMI　　　MNF	混沌/体制打倒，暫定管理

［注］　＊MNFは多国籍軍（Multi National Force）を示す。
　　　＊＊NATO軍の行動は，国連安保理決議の明示的な授権を得ずに実施された。
　　　＊＊＊米英軍等の行動は，国連安保理決議の明示的な授権を得ずに実施された。
［出典］　星野俊也，2004年「国際平和回復政策の構想と実際──『多国間主義の危機』を越えて」『国際政治』第137号，37頁の表に加筆・修正。

に，圧力を高めていく。その頂点は，決議678であり，内容は，国連憲章第7章に基づき，イラクには「決議660およびそれに引き続くすべての関連諸決議を完全に遵守することを要求し，かつ，すべての安全保障理事会決定を維持しつつ，善意の猶予として，イラクに対して諸決議の完全遵守のための最後の機会を与え」，国連加盟国には，イラクが1991年1月15日の期限までに決議の完全遵守を怠った場合，「クウェート政府に協力している加盟国に対して，決議660号およびそれに引き続くすべての関連諸決議を堅持し，かつ，履行し，その地域における国際の平和と安全を回復するために，必要なすべての手段 (all necessary means) をとる権限を与える」というものであった。イラクのサダム・フセイン大統領は，この最後通告や土壇場の国連事務総長の仲介に応じず，1月17日には米英中心の多国籍軍によってイラクに対する軍事作戦が開始された。戦闘は，同年4月6日，イラク政府が停戦条件を盛り込んだ安保理

決議 687 を受諾して終結する。

■ 人道的介入

　侵略対処は，ある主権国家の行動が他の主権国家の安全保障（国家安全保障）に対する脅威となった場合の国際的な対応の例であった。冷戦後の世界でもこうした事態が発生する余地は十分あるが，実際により多く発生した事例は，主権国家内部での暴力的な紛争（内戦）や，それらによってもたらされた深刻な人道的な危機（大量虐殺や大規模な飢餓，難民・国内避難民の大量流出など）であった。こうした危機事態への人道救援目的の国際社会の活動は，一般に「人道的介入（humanitarian intervention）」と呼ばれている。オックスフォード大学のロバーツは，人道的介入を「ある国において住民の広範な苦痛や死がもたらされているときに，それを防止するため，当該国当局の同意を得ることなしに実施する，軍事力の使用を含む強制的な行動」と定義している（Roberts, 2004）。1991年以降の人道的介入の例としては，イラク北部のクルド難民保護やソマリアなどでの大規模難民流出事態への対応や，ルワンダでの大量虐殺，ボスニア＝ヘルツェゴヴィナおよびコソヴォでの「民族浄化」，あるいは東ティモールにおける暴行・騒乱の阻止，などが注目された。

　湾岸戦争直後の1991年2月以降，イラク北部でクルド人が政府の弾圧を逃れ，100万を超す人々が移動を始める事態が発生した。その多くは難民となってイランやトルコ国境を越えるが，やがて対トルコ国境が閉鎖され，大多数が国内避難民として厳寒の山岳地帯で生死の境目をさまようようになると，国連安保理はこれを「当該地域における国際の平和と安全に対する脅威」と位置づけ，イラク政府に弾圧を即時停止し，援助を求める人々への国際人道機関のアクセスを許可するよう求める決議 688 を採択した。アメリカ主導の多国籍軍は，クルド難民保護（「プロバイド・コンフォート」作戦）に乗り出した。冷戦後の最初の人道的介入といわれるこの作戦だが，決議は憲章第7章に言及しておらず，その点，イラク内政への干渉であるとの批判の余地を残すものではあったが，人道的な目的による多国籍軍の活動を既成事実化した意義は大きいといえる。

　1992年12月，内戦が続くソマリアでの大量の飢餓難民保護のために派遣された多国籍軍（アメリカ主導の「統一タスクフォース（UNITAF）」による「希望

回復」作戦)は,「可及的速やかにソマリアにおいて人道救援活動のための安全な環境を確立するために必要なすべての手段」を授権する安保理決議794に基づいて行動した。もっとも,1993年3月,多国籍軍の活動が国連PKO(第2次国連ソマリア活動〈UNOSOM II〉)に引き継がれ,憲章第7章の下の強制権限が与えられ(決議814),停戦の履行監視のみならず,武装グループの指導者の逮捕まで職務権限(mandate)に含まれると,不偏中立性を失い,同年10月には米軍のヘリコプターが撃墜され,兵士が死傷する衝撃的な事件も発生する(米軍は,この結果,UNOSOM IIから離脱を宣言し,翌1994年3月までにソマリアからの完全撤退を決定する)。

ルワンダでは,民族対立が先鋭化する中で,国連ルワンダ支援団(UNAMIR)が展開するが,1994年4月からは多数派のフツ系住民による少数派ツチ系住民に対する集団虐殺(ジェノサイド)がエスカレートしていく。事態の深刻さを認識したブトロス=ガリ国連事務総長は5000人規模の国際部隊の現地派遣を提案するが,要員は集まらず,拡大UNAMIRが十分に増強されるまでの間,「人道目的を達成するために必要なすべての手段をとること」を容認する決議929を受けたフランス主導の多国籍軍による軍事介入(「トルコ石」作戦)によって事態はようやく沈静化に向かう。しかし,それまでに80万人もの尊い人命が失われたことは,国際社会の対応の遅れとその帰結の大きさを見せつけることとなった。

ヨーロッパ・バルカン半島での民族紛争は,一つの民族が他の民族を徹底的に排除する「民族浄化◆(エスニック・クレンジング)」をともなう残虐なものとなった。旧ユーゴスラヴィア連邦から独立したボスニア=ヘルツェゴヴィナでの3民族(ムスリム人,クロアチア人,セルビア人)間でもそれぞれの勢力拡大をめざして衝突が繰り返された。国連安保理は紛争最中の1992年3月にPKO部隊である国連保護軍(UNPROFOR)の派遣を決定し,累次の決議で憲章第7章に基づく強制権限も付与し,「安全地域◆」の保護や人道援助に努力するが,内戦は激化していく。1995年7月には,ボスニア東部のスレブレニツァの「安全地域」が重武装のセルビア人勢力に攻撃され,ムスリム人男性7000人が虐殺される衝撃的な事件も発生する。こうした事態の悪化は1995年8月から9月にかけての米軍主導の北大西洋条約機構(NATO)軍の空爆(「デリバ

レート・フォース」作戦〈作戦は国連とNATOの「二重の鍵◆」決定によって実施され，NATOには新戦略概念に基づく初の本格的な域外軍事作戦となった〉）を招き，ようやく3勢力の代表が米オハイオ州デイトンの空軍基地で和平交渉に臨むこととなった。アメリカが仲介し，この基地での3週間に及ぶ集中的な討議の結果，同年11月21日に仮署名された和平合意がデイトン合意である（正式な合意文書への署名はパリで12月14日に行われた）。

　同じく旧ユーゴの分裂後，新ユーゴの主要な一部を構成するセルビア共和国のコソヴォ自治州で，再び「民族浄化」の悪夢が独立を求めるアルバニア系住民にのしかかる。NATO諸国は，ユーゴ全土への武器禁輸措置や政治決着に向けた外交努力を重ねるが，1999年2月から3月にかけてのフランスでの交渉（ランブイエおよびパリ）でユーゴ側が和平案の受諾を拒否すると，セルビア人武装勢力によるアルバニア系住民虐殺を阻止することを主要な目的として3月24日からユーゴ側への空爆（「同盟の力」作戦）を実施する。NATO諸国は，国連安保理での中ロの反対を見越して武力行使容認決議の採択を見送ったことから，この軍事介入の合法性をめぐり大きな論争となった。

　紛争は，アナン国連事務総長が協力して主要8ヵ国（G8）の和平提案が作成され，それをロシアおよびフィンランドの仲介でミロシェヴィッチ・ユーゴ大統領が受諾して収束する。コソヴォに関する独立国際委員会の『コソヴォ報告書』は，NATOの軍事介入を「違法だが正当」と判断した。また，ユーゴ

◆**用語解説**
民族浄化　民族紛争が激化した1990年代の旧ユーゴスラヴィアにおいて，一つの民族が，敵対する他民族への組織的で徹底した追放，虐殺，暴行を通じ，自民族の領域を拡大しようとした行為を指して用いられた表現。
安全地域　ボスニア＝ヘルツェゴヴィナ紛争においてセルビア人勢力の攻撃にさらされていた主にムスリム系住民の保護を目的として，安保理決議に基づいてスレブレニツァ，ジェパ，サラエヴォ，ゴラジュデ，ツズラ，ビハチの6都市に設定された地域。国連保護軍が安全の確保の任務を与えられたが，他方で，これらがボスニア政府軍の基地として軍事利用された経緯もあり，スレブレニツァ事件のように安全地域の中で国連PKO要員が襲撃され，多数のムスリム人が虐殺されるような事態も発生した。
二重の鍵　国連安保理決議836は「安全地域」の安全確保のため国連とNATOが協力することを規定しており，空軍力を行使せざるをえない場合には国連とNATO双方の同意が必要であることを示す表現。しかし，ボスニアの戦況を一定の方向に誘導したいNATOと，不偏中立な立場からつねに内戦当事者との交渉を行わなければならない国連との間には行動原理の違いがあり，両者の調整は困難を極めた。

空爆を国際法違反として即時停止を求めたロシアの決議案が安保理において否決（賛成3，反対12）されたことからも，やむをえない措置との見方が一般的であった（コソヴォのケースは，地域的機関による軍事介入が事後の安保理決議で「支持〈endorse〉」されたリベリア内戦に対する西アフリカ諸国経済共同体〈ECOWAS〉の事例とは異なる）。

　東ティモールは，インドネシアからの独立の是非を問う投票（1999年8月30日）で大多数の住民が独立の意思表示をすると，併合維持派の民兵が騒乱を巻き起こし，住民の虐殺や焼き討ちを開始する。こうした事態は現地に展開していた国連の政治ミッションである国連東ティモール・ミッション（UNAMET）の手に負えるものではなく，国際社会はインドネシア政府に人道危機の収拾と秩序回復を目的とした国際部隊の受け入れを強く求め，同国大統領の了承を得，かつ，国連安保理決議1264の権限の下，オーストラリア軍主導の多国籍軍（INTERFETによる「安定化」作戦）が現地に展開し，事態の収拾を図った。

　選挙実施前後の治安確保に問題はあったが，東ティモールでの人道的介入は，1990年代の軍事介入の教訓を生かそうとした努力が見受けられる。それは，ルワンダの時のように介入が遅れることなく，コソヴォの時のように安保理を迂回することなく，そしてソマリアの時のように紛争当事者になることのないよう現地政府の了解を得る，という周到なものであった。このように1990年代を通じ人道的介入の実践は重ねられているが，人道理由による国内管轄事項への介入には根強い反対があり，これが国際法の規範として確立するまでにはいたっていないのが現状である。

■ 治安確保・安定化

　内戦で荒廃した国家における軍事介入は，激烈な武力衝突や大規模人道危機の阻止が仮に成功したとして，そこで終わるものではない。外交努力や軍事圧力によってかろうじて成立した脆弱な和平合意を履行し，より中長期的な平和の持続と紛争の再発防止に向けた基盤づくりも重要である。いわゆる紛争後の平和構築活動も，現地の秩序が回復してこそ効果が期待できるものである。このように，紛争や人道危機において緊急救援段階が和平合意の成立などでひとまず収拾した後の治安確保・安定化のための継続的な軍事介入のケースが増

えたことも，1990年代以降の特徴といえる。従来，こうした役割は国連PKOの役目であった。だが，軍事的なリスクが高く，不安定な状況の下，引き続き多国籍軍に治安の維持や安定化の任務が与えられるケースも増えてきた。

デイトン合意（1995年）後にボスニアに派遣されたNATO主導のIFOR（和平履行部隊）やSFOR（安定化部隊。なお，同多国籍軍は，2005年よりEU主導のEUFORが引き継ぐことになった），コソヴォ問題をめぐる和平合意（1999年）後に派遣されたKFOR（国際安全保障部隊〈コソヴォ〉），東ティモールで国連PKOによる国軍・警察の再建が完了するまで現地に残ったINTERFET，後に述べるアフガニスタン戦争後，カブール周辺を中心に展開しているISAF（国際治安支援部隊），さらにイラク戦争後も混乱が長引いているイラクにおける各国部隊はみな，治安確保・安定化を主要な役割としているものである。また，コソヴォや東ティモールで見られるように，これらの多国籍軍が，行政・立法・司法などの国家機能を，ガヴァナンス機構の再建のためにシビリアン（文民）部門を束ねて暫定統治を担う国連PKOと並行して果たし，現地の復興に寄与しているケースもある。アフガニスタンやイラクでは，軍事介入によって既存の政権が崩壊したため，新政府の樹立が大きな政治的課題となった。この両例では，コソヴォや東ティモールと異なり，国連による暫定統治は行われていないが，アメリカなど主要国が現地の指導層との間で統治機構や権力共有（パワー・シェアリング）などの枠組みづくりを続けている。

3　9.11テロ事件以降の新展開

■ 反テロおよび自衛

9.11テロ事件以降の世界における新たな問題関心としてテロとの戦いがある。国際社会の軍事介入の正当化事由としても反テロが注目されるようになった。最も顕著な行動は，9.11テロの首謀者とされるオサマ・ビンラーディンと彼の組織である「アル・カーイダ」を保護しているアフガニスタンのタリバーン政権に対する米英などの武力行使（「不朽の自由」作戦，2001年10月〜）がある。アメリカは，これを個別的自衛権の行使で説明し，イギリスは集団的自衛権の行使であると発表した。NATOも設立以降初めて北大西洋条約第5条

（集団的自衛権）を発動してアメリカを支援した。

　アフガニスタンに対する軍事介入の法的根拠を求めるならば，9.11テロ発生の翌日に安保理で採択された決議1368の前文で「憲章に従って，個別的または集団的自衛の固有の権利を認識し」と書かれており，主文第3項に「すべての国に対して，これらテロリストの攻撃の実行者，組織者および支援者を法に照らして裁くために緊急に共同して取り組むことを求めるとともに，これらの行為の実行者，組織者および支援者を援助し，支持しまたはかくまう者はその責任が問われることを強調する」とされている部分だろう。ただし，同決議は「(国際社会として)国連憲章の下での責任にしたがって，9.11テロ攻撃に対応し，すべての形態のテロと戦うためにあらゆる必要なステップをとる態勢」にあることを表明しているが，それを憲章第7章の下で行うとする文言はない。なお，日本はインド洋で「不朽の自由」作戦に参加する関係国の艦船に給油支援をしているが，これは9.11テロ事件が決議1368で「国際の平和と安全に対する脅威」と認められ，また関連する決議で「国際的なテロリズムの行為を非難し，国際連合のすべての加盟国に対しその防止等のために適切な措置をとることを求めていることに鑑み，わが国が国際的なテロリズムの防止および根絶のための国際社会の取り組みに積極的かつ主体的に寄与」し，「もって，わが国を含む国際社会の平和および安全を確保すること」を目的とした行動，としている。すなわち，集団的自衛権の行使である，という解釈はとっていない。

　アメリカが反テロと自衛を目的に武力攻撃を行った事例としては，1998年8月にケニアとタンザニアのアメリカ大使館が同時多発的に爆破された事件への対応としてスーダン（首都ハルツーム郊外の薬品工場）とアフガニスタン（テロリスト訓練キャンプ）に対しての単独の行動（このときも個別的な自衛権の発動が正当化事由であった）があるが，2001年の作戦行動は，「有志連合（coalition of the willing）」による集団行動であった点が特徴的である。

■ 大量破壊兵器の拡散対抗

　テロの脅威と並んでアメリカが神経を最も尖らせている脅威が大量破壊兵器（核，生物，化学兵器およびそれらの運搬手段）の拡散の問題である。冷戦時代であれば，米ソ間の核戦力の「戦略的安定」（それは「恐怖の均衡」を招くもので

もあった）が主要な関心であったが，冷戦後には「ならず者国家（rogue states）」やテロ組織にこれらの兵器や兵器開発能力が広がることに深刻な懸念を持つようになった（背景には，湾岸戦争の際，イラクがスカッド・ミサイルを実戦に用い，反撃するようすを目の当たりにした原体験などがある）。こうして，大量破壊兵器の不拡散（nonproliferation）のみにとどまらず，「拡散対抗（counter-proliferation）」といい，軍事介入を行ってでも問題国家がこうした能力を持つことを否定する動きが顕著になった。

たとえば，湾岸戦争の停戦条件の一つである大量破壊兵器廃棄を査察する特別委員会（UNSCOM）がイラクの非協力を安保理に報告したことを受けて実施された1998年12月の米英軍によるイラク空爆（「砂漠の狐」作戦）などはその例であるが，より大規模なものとして，2003年3月のイラク戦争は，反テロとともに拡散対抗を正当化の理由の一つとする軍事介入の例と考えることができる。ここにはさらに，今後拡大が予想される脅威を見越しての自衛（先制自衛）も目的に含まれるだろう。

もとよりイラクの大量破壊兵器開発疑惑は，国際社会全体にとっても深刻な懸念であり，問題の外交決着の期待も込めて，安保理は決議1441（2002年11月8日）でイラク側に疑念の払拭に向けた働きかけを行った。これは，イラクが過去の安保理決議に対し「重大な違反」を続けていることを指摘し，イラクに武装解除義務を履行する「最後の機会」を与えるが，イラクが一連の決議を履行せず，国連の査察に協力しなければ決議の「さらなる重大な違反」と認定し，「深刻な結果」を招く，と警告するものである。「深刻な結果」という表現は，国際社会による武力行使の可能性を色濃く示唆しているが，常任理事国であるフランスやロシア，非常任理事国の立場で議論をリードしたドイツが主張したように，武力行使権限を明示的に認めたものではない。

2003年の対イラク軍事介入は，仏ロ独などが査察の継続を求める中，米英がイラクに伝達した最後通告に盛り込まれた条件が48時間以内に満たされなかったことを受けて実行に移されたものである。米英が提案していた武力行使容認決議案は，仏ロ中独などの強硬な抵抗で採択が見送られた。その結果，軍事作戦は明示的な安保理決議に基づかない「有志連合」による「単独主義（unilateralism）」的な行動とされた。しかも，この攻撃は，イラクの脅威が具

体的なかたちで現前に切迫する前に先制的 (preemptive) に実施され, さらにサダム・フセイン政権の打倒というイラクの既存体制の変化 (レジーム・チェンジ) も計画されていた。脅威の対象には, 必要とあれば, 単独行動・先制攻撃・体制変更も辞さないとする強硬な姿勢は, ブッシュ大統領の名前を冠した「ブッシュ・ドクトリン」と呼ばれるようになった (米政府は, この方針を2002年9月の「国家安全保障戦略」の中で正式に採用している)。

イラク戦争は, 多くの面で国際社会の公的な軍事介入のあり方に関する問題点を浮かび上がらせた。根本的にはイラクが国際社会に背を向け続けたことが問題であり, その軍事能力やテロ組織とのつながりは十分に軍事介入を正当化する事由になりうるものである。しかし, 今回は根拠や情報のあやふやさ, 先制的・予防的で相手国政府の打倒までめざす攻撃の妥当性, 安保理の授権を必ずしも要件としない「有志」国のみによる対応, など, 米英側の問題も指摘される。軍事介入は国際社会の利益だとアメリカは主張するが, 結局, アメリカの本土安全保障が第一の関心事項だったのではないか, という猜疑心が国際的なコンセンサスを難しくした理由でもあった。他方で, 国際法の遵守を看板に掲げて米英に抵抗した仏ロ中独などの行動の背景には, イラクにおける利権の維持や, 冷戦後唯一の超大国となったアメリカを頂点とする国際システムの一極優位体制を牽制したいという権力政治的な意図があったことなども見逃してはならない。

4 介入の「責任」と今後の課題

■ **介入の論理・不介入の論理**

国家間の内政不干渉・領土不可侵・武力不行使を基本原則に成り立っている国際社会において, 他国への「介入 (intervention)」——とりわけ軍事介入——は原則として禁止された行為である (その意味もあり, 日本の国際法の文献でinterventionは, non-intervention〈不干渉〉原則との対比の上で, 強制のニュアンスが強い「干渉」という表現が用いられる場合が多い)。だが, 本章で検討したように, 国連憲章は「国際の平和と安全」の維持・回復という国際公益にかかわる介入 (「平和強制」行動) は, 例外として合法的なものとしている。そして,

具体的には，自衛と国連憲章第7章に基づく軍事的強制措置が予定されていた。

さらに，1990年代から今日にいたる世界では，自衛と軍事的強制措置の両面において，新たな展開が見られていることもわかった。自衛に関しては，国家間の侵略事態への対応という従来型の脅威も以前存在するが，非国家のテロ組織による攻撃や，国境を容易にまたいで瞬時に甚大な被害を及ぼしうる大量破壊兵器の使用が現実的な脅威と認識され，それらに対抗するためにはある程度「予防的」な自衛も正当化しうるのではないか，という問題が提起された。国連憲章第7章に基づく行動は，国家の安全保障に対するものに加え，大規模な人道危機に苦しむ人々の救出も含まれるようになった。紛争によって国家機能が麻痺・破綻した国家の治安回復や安定化も国際社会が提供する現実的なニーズも高まった。

これらの動きを概観すると，一般に冷戦後の世界で，（公的な）軍事力の使用をともなう介入が急速に増えた印象を持つことだろう。実際そうした介入を必要とする望ましくない事態が多発したことが第一に理由にある。だが，冷戦期であれば，米ソの厳しい対立から，地球の片隅での紛争であっても，米ソが本格介入すればエスカレートし，核戦争にまで発展しかねない懸念から軍事力の使用に抑制が働いたものだが，冷戦後，大国間の協調が進む一方，介入せず，放置すれば際限なくエスカレーションしかねない紛争や人道危機が多発した事情もある。

■ 保護する責任

しかし，ここで立ち止まって考えるべき問題の一つは，介入の要否の判断がきわめて政治的にならざるをえないことである。本章で検討した事例は，さまざまな試行錯誤があったにせよ，あくまでも国際社会が具体的な行動をとったケースである。そこでは介入の遅れが多大な犠牲を生んだルワンダのケースもあるが，これらは曲がりなりにも国際社会が実際に介入した数少ない事例であり，戦略的利益にからまない地域には介入しないなどといった政治的意思の欠如（あるいは，介入の一般化が将来，自国ないし自国の勢力圏への介入を招くことへの懸念）から不介入が選択されたケース（介入・不介入のダブル・スタンダードの問題）も多いことは見逃してはならないだろう。

介入の問題は、もっぱらそれを容認する安保理決議の有無という合法性の観点から議論されることが多いが、より根源的な問題としては、目に余る深刻な事態であれば、それがたとえ遠隔の土地の、主権国家の内側で発生したものであったとしても、国際社会として介入をし、被害を最小限にとどめるように努める必要性という観点からも議論されるべきだろう。1990年代に顕在化したさまざまな人道危機に対し、一方で人道的介入の実践例は見られたが、これを権利とする見方には抵抗が強かった。こうした状況を受けて、国連とカナダ政府は有識者による「介入と国家主権に関する国際委員会」を組織し、2001年に『保護する責任（Responsibility to Protect）』という報告書をまとめた。これは、国民の保護は第一義的には当該主権国家の責任だが、その国が保護の能力や意思を持たない場合、人々を保護する「責任」は国際社会に移管されるとの考えである。この「責任」論が、人道的介入は国際的に確立した「権利」なのかをめぐり膠着していた議論を一歩前進させたことは評価できる。

■ 包括的な取り組みを

　もちろん、軍事介入を考える際には、軍事的な手段の有効性という本質的な課題も論じられなければならないだろう。冷戦後の多様な脅威に対し、国際社会の意思の表明として軍事力が用いられる事案が増え、実際、それによって事態が好転したケースもあり、また、軍事力の後ろ盾が外交カードを切る圧力となって事態の打開が図られたケースもあった（1998年2月から3月にかけて、大量破壊兵器の廃棄義務の不履行を繰り返すイラクに対し、米英が湾岸戦争以来最大規模の兵力をペルシャ湾一帯に配備し、「砂漠の雷鳴」作戦を準備する中、アナン国連事務総長がバグダッドでサダム・フセイン大統領と長時間にわたる直接交渉の末、査察受け入れの了解覚書に合意、危機が回避されたケースや、同年10月、コソヴォでアルバニア系住民の抑圧を続けるユーゴ政府に対し、NATOが「出撃態勢命令〈Activation Order; ACTORD〉」を出し、圧力を強めたことでミロシェヴィッチ大統領が国際的な人権検証団の受け入れなどに同意したケース、などがある）。しかし、たとえ具体的な政治目的に限定された軍事力の使用であっても、必然的に人的・物的な被害は免れず、さらに、濫用やエスカレーションの余地を絶えず含むものである。また、9.11テロ以降、軍事的な問題解決が急がれる傾向が懸

念されるが，テロ対策こそ，軍事的手段のみでは対応できない。

　国連が創設60周年の節目を迎え，他方では国連安保理が十分に期待された役割が果たせずにイラクでの混迷が続く2005年，アナン国連事務総長は，国連改革に向けた事務総長報告書『より大きな自由を求めて』で，新しい時代，国際の平和と安全の維持のための武力行使の基準として，安保理が，対象とする脅威の深刻さ，軍事行動の目的の適切さ，武力の行使にいたらない手段で脅威の阻止に成功しうる見通し，行使する軍事オプションと脅威の度合いとの均衡性，成功の相当程度の見込み，において共通の認識を持つべきである，と強調している点は重要である。

　多国間の政治・外交の場である安保理でこうした共通認識を構築することは決して容易ではなく，時間を要することも多い（たとえば，イラクに大量破壊兵器放棄の完全遵守を要求した2002年の安保理決議1441の採択には8週間を要し，イランにウラン濃縮の禁止を求めた2006年3月の安保理議長声明の取りまとめには3週間がかかっている）。しかし，深刻な脅威に対する国際社会の共通の力強いメッセージを打ち出し，行動の正当性や合法性を高めるうえでも，国連を通じた多国間の意思決定メカニズムを積極的に活用することもまた重要といえよう（ただし，安保理そのものの改革により，実効性を損なうことなく透明性や代表性を高めていく努力も早急に進めていく必要があろう）。

　多様化する「国際の平和と安全に対する脅威」に対し，できるだけ軍事力を用いることなく事態の解決や改善を図れればそれにこしたことはない。紛争や危機の予防に向けた努力がいかに大切かもあらためて気づかされる。しかし，軍事力なしにつねに問題解決が成功するかといえば，必ずしもそうではない不幸な現実があることを私たちは直視するべきだろう。もちろん，軍事介入が唯一の手段であるわけではなく，そうあるべきでもない。その意味で私たちは，再び安保理決議がいう「必要なすべての手段」という言葉の真意を思い起こす必要がある。これは，軍事力の使用を正当化している言葉では決してなく，文字通り，軍事・非軍事のあらゆる方法・工夫・アイデアを用い，極限的な状況にある多くの人々の生命をつなぎとめるための手立てを考えるということである。軍事介入についても，私たちはこの原点に立ち返って考え抜くことが求められている。

引用・参考文献

Roberts, Adam, 2004, "Use of Force," in David M. Malone ed. *The UN Security Council: From the Cold War to the 21st Century*, Lynne Rienner

さらに読み進む人のために

広島市立大学広島平和研究所編，2003 年『人道危機と国際介入――平和回復の処方箋』有信堂高文社
＊冷戦後の世界における人道危機の諸形態や，それらに対する国際社会の諸主体（国家，国際機関，NGO，メディア）の介入をめぐる論理やジレンマを論じ，平和回復に向けた政策的オプションを検討する共同研究の成果。

藤原帰一，2005 年「軍と警察――冷戦後世界秩序における国内治安と対外安全保障の収斂」山口厚・中谷和弘編『安全保障と国際犯罪』東京大学出版会
＊冷戦後，軍と警察の役割が曖昧になってきたことを指摘すると共に，そのような現象が持つ理論的問題点を鋭く提起している。

星野俊也，2004 年「国際平和回復政策の構想と実際――『多国間主義の危機』を越えて」『国際政治』第 137 号
＊今日の世界で多発している紛争や人道危機を収拾に持ち込み，その後の平和維持や平和構築に向けた動きを国際社会として支援をする際，これらを一貫した流れとして政策的な統合を進めるための構想を「国際平和回復政策」と位置づけて議論している。

Finnemore, Martha, 2003, *The Purpose of Intervention*, Cornell University Press
＊国際政治において武力行使や武力を用いた介入の目的や形態がどのような歴史的な変遷をとげてきたのかを理論的に分析する研究書。

International Commission on Intervention and State Sovereignty, December 2001, *Responsibility to Protect* 〈http://www.iciss.ca/pdf/Commission-Report.pdf.〉
＊「人道的介入」に慎重な議論をする人々は，これが国際社会における「権利」とされることへの抵抗がある。カナダ政府が主催した「介入と国家主権に関する国際委員会」のこの報告書は，国際社会が国家主権の壁を越えて人道的な危機に取り組むことは人々を保護するための「責任」であるとする，発想の転換を求める視点を提供している。

UN Document A/RES/60/1 2005 World Summit Outcome, 24 October 2005 〈http://www.un.org/summit2005/documents.html〉
＊2005 年 9 月，国連創設 60 周年を記念し，大多数の国連加盟国の首脳・元首級が参集して開催された国連世界サミットの成果文書。武力行使の基準や「保護する責任」「人間の安全保障」などの項目に関して一定の認識の共有がなされた。

（星野俊也）

第12章
平和構築における政治・法制度改革

　日本が平和活動に関与する際に，日本国憲法上の制約から，武力行使にかかわる部分について，他国とは異なるアプローチをとっていることは，よく知られている。むしろ平和活動におけるあらゆる問題が，その点に還元されて解釈されてしまう傾向すらある。ところが日本が回避している問題は，それだけではない。たとえば武力行使にかかわる要素がないにもかかわらず，政治・法制度改革については，日本政府の援助はあまり実績がないし，日本国内においても関心は高くない。

　ある地域の平和構築について，関与はしつつも，実際にはそれほど特別の利害関心を抱いていない場合を想定してみよう。そうした場合には，関心があることを表明しつつも，現地社会の複雑な情勢がからむ部分にはあまり立ち入らないようにしておくというアプローチは，当然ありうる。政治的・法的部分への関与は，単なる開発援助などとは異なり，当然のことながら対象国または関係国などとの政治問題に発展しやすい。日本国内に目を向けても，政治的・法的部分にかかわること自体が，自動的に内政干渉に近づく行為であると考える者もいる。「帝国主義的，新植民地主義的，コロニアルな……」などの表現でとりあえず糾弾しておくべき行為であると考えたりする者も少なくない。

　複雑な事情を招くことを避けるのであれば，最初から関与を回避しておいた方が得策であると考えるのは，合理的である。かつて周辺国に軍事侵攻した経験を持つ日本が，そうした配慮を強く働かせる傾向を持ったとしても，それは全く不思議なことではないだろう。また国内で「帝国主義的，新植民地主義的，

コロニアルな……」と糾弾されやすい領域の活動を，あえて苦労して実施したいと考える政策当局の担当者が多いはずもない。

しかし言うまでもなくそれは，平和活動において政治的・法的支援の必要性が高いということとは，基本的に全く無関係なことである。つまり日本のような国に住む人々が「できれば日本が政治的・法的支援に関与しないまま，世界のすべての地域が平和になっていってほしい」という願望を持っていることは，現実に紛争が多発している世界において政治的・法的分野にメスを入れなければ解決が望めない状況があることとは，全く別の事柄なのである。

1 政治・法制度改革の必要性とその背景

平和構築とは，具体的な紛争状況に対応して，その必要性が求められるものである。つまり平和構築とは，何らかの普遍的な理念に基づく平和の理想像を，あらゆる地域にあてはめていくようなものではない。政治・法制度改革が求められるのも，何らかの抽象的な理念に基づいてのことではなく，紛争（後）地域でのニーズに基づいてのことである。政治・法制度改革が重要であると感じられるようになってきたのは，何らかの理念的な体系に基づいてのことではなく，経験的な教訓の積み重ねによってである。

冷戦終結後の世界においては，つねに20-30件程度の武力紛争が起こり続けてきた。武力紛争のほとんどが一つの国家内で起こる「内戦」であることはよく知られているが，多発しているのは，アフリカやアジアである。つまりかつて植民地化された経験を持ち，脱植民地化の流れの中で独立した，国家としての歴史が浅い国々において，多発している（Uppsala Conflict Data Program website）。

領土や統治をめぐって内戦が多発しているのが，脱植民地化の流れで生まれた新興独立諸国であることは，理解しやすいことだろう。この背景にある理由の一つは，植民地時代に引かれた人工的な国境線をめぐる争いが絶えないということである。東南アジアからアフリカ大陸にかけての地域の国境線の引き方の多くが，植民地支配者層の恣意的な判断に基づくものであったことは，よく知られている（第6章参照）。

しかし実は領土問題よりも多い数で武力紛争の要因となっているのは，統治をめぐる問題である。つまり国家の統治のあり方の改変を求めて，反政府闘争が起こるという構図での武力紛争が，統計的に見ると半分を超えているのである。これも新興独立諸国における武力紛争の発生に大きくかかわっている。国家の領域だけではなく，統治の実態も急場しのぎのものが多かったためである。したがって武力紛争の温床となっている統治のあり方を整備することは，平和構築において大きな課題となるわけなのである。

もちろん言うまでもなく，統計的に数が多いということは，つねに統治の問題にメスを入れることが平和構築の指針になるということを，全く意味しない。これはあくまでも蓋然性の問題である。しかし数多くの紛争が統治上の問題を理由として発生するのだとすれば，統治上の問題に対応する平和構築を行うのは当然であり，日ごろからそのための準備をしておくことも大切になるわけである。

■ 国連PKOおよび専門機関の役割の拡充

冷戦が終焉して国連の平和維持活動（PKO）は，質量の両面において，飛躍的に拡大した。1948年以降の40年間で設立された国連平和維持ミッションの数は，15であった。これに対して，1989年から2005年までの17年間では，45の国連平和維持ミッションが設立された（United Nations Peacekeeping website）。

こうした事情の背景には，冷戦が終わったことによって世界大の構造転換が訪れたことがある。たとえばカンボジアのように冷戦体制の対立構造を反映した内戦が起こっていた地域では，冷戦の終焉とともにそれぞれの陣営を支えていた勢力に和平を促す気運が生まれた。これによって和平合意が結ばれて，大規模なPKOが要請されるようになったのである。要請された国連の側でも，安全保障理事会が拒否権を持つ超大国の対立によって意思決定できないような事態は見られなくなった。したがって逆に，要請があれば，何らかの対応を迫られるようになったのである。

量的変化をもたらした国際社会の情勢は，質的変化についても当てはまる。1990年代前半は，新しいPKOの流れが生まれ，「第二世代PKO」という言葉

も使われるようになった時代であった。当時のナミビアやカンボジアでのPKOは，大々的な選挙実施への関与や，人権擁護活動への関与を示した画期的な事例となった。それまでの伝統的なPKOは，停戦合意を締結した紛争当事者の間に第三者としての平和維持部隊が展開することを基本パターンとするものであった。これに対して，「第二世代PKO」は，複合的な機能を持ち，文民職員が活躍するようなものであった。

こうして冷戦終焉後の時代のPKOにおいては，政治プロセスの促進から人権擁護活動までを，軍事部隊から文民要員までを使って幅広く扱うことが珍しくなくなった。そうした平和活動の質的拡充の流れの中で，単に停戦監視だけを行っていた時代には想定されなかった政治・法制度に踏み込んだ活動が行われるようになったのである。

■ 地域機関およびその他の国際組織の役割の拡充

冷戦時代と1990年代以降の国際平和活動の大きな違いの一つとして，主体的に関与する組織の拡大を指摘することもできる。冷戦時代において，国際平和活動の担い手は，ほぼ国連と同義であった。国連以外に大々的に国際平和活動を行う組織が存在していなかったからである。ところが冷戦の終焉とともに，こうした事情に変化が訪れる。

たとえば冷戦終焉にあたって大きな政治変動が起こったヨーロッパでは，ユーゴスラヴィア連邦が分裂し，その結果として，ボスニア＝ヘルツェゴヴィナで凄惨な内戦が起こった。欧米諸国の人々はヨーロッパで起こった戦争に大きな衝撃を受けた。国連平和維持部隊が展開したが，紛争終結にはなすすべがなく，むしろ国連安全保障理事会決議で安全地帯として設定した街で虐殺が起こるなどの失態も演じた。そのため世論の後押しを受ける形で1995年に北大西洋条約機構（NATO）が大規模な空爆を行い，アメリカのオハイオ州で紛争関与者が集まって結んだ「デイトン合意」によって，武力紛争は終結した。

その後に大々的な国際平和維持活動が展開することになったが，その担い手となったのは，ヨーロッパの地域機構であった。平和維持部隊をNATO軍が担当しただけではなく行政部門への支援を欧州安全保障協力機構（OSCE）が担当し，選挙の実施から民主化支援，さらには教育機構の改革などにまで手を

表12-1 「デイトン合意」の担い手

デイトン合意 附属書番号	領　域	履　行　組　織
1 A	軍　事	NATO軍（IFOR）（1996年よりSFORと改称）（2004年よりEUFORに権限委譲）
1 B	地域安定	OSCE
2	構成体間境界線問題	国際調停者
3	選　挙	OSCE
4	憲　法	欧州人権裁判所，国際通貨基金（IMF）
5	調　停	
6	人　権	OSCE，欧州評議会，UNHCR，欧州人権裁判所
7	難民・国内避難民	国連難民高等弁務官事務所（UNHCR）
8	国家遺産	国連教育科学文化機関（UNESCO）
9	公共事業	欧州復興開発銀行
10	文民行政	OHR
11	国際警察	国連（IPTF [United Nations Mission in Bosnia and Herzegovina; UNMIBH]），2003年よりEUPMが展開。

［出典］筆者作成。

広げた平和構築活動を行うことになった。その他，欧州人権裁判所や欧州復興開発銀行など，ヨーロッパの地域機構はさまざまなチャンネルでボスニア＝ヘルツェゴヴィナでの平和構築に関与した。国連は当初，文民警察部門を主にした平和維持活動ミッションを展開させたが，やがて欧州連合（EU）にとって代わられた（EUPM）。なお現在では軍事部門の活動も，NATO軍のSFOR（安定化軍，当初は和平合意履行軍；IFOR）に代わってEUFORが展開している。なおデイトン合意履行にあたって最高の権威を持つのは，特別に編成された国際組織であると言ってよい上級代表事務所（OHR）である。

ボスニア＝ヘルツェゴヴィナの事例は，国際平和活動の主体の多角化を決定づける事件であったと言ってよい。そのため1995年を，国際平和活動における一つの分水嶺的な年であると位置づける見方もある。こうした地域機構の活躍によって，国連だけでは手が届かないような領域にまで平和構築活動の対象が広がった。そして伝統的なPKOでは扱うことがなかった政治的・法的分野での平和活動の裾野も広がっていくようになったのである。

なお必ずしも政治的・法的分野の平和構築を手がける機関ではないが，地域

機構の平和活動への参加を象徴するのは，西アフリカにおける西アフリカ諸国経済共同体（ECOWAS）の軍事監視団（ECOMOG），中央アフリカにおけるアフリカ連合（AU），南部アフリカにおいては南部アフリカ開発共同体（SADC）などである。

■ NGOおよびその他の市民社会組織の役割の拡充

近年の平和構築活動の裾野の広がりを語るには，NGOなどの市民社会組織の活動にも着目する必要がある。市民社会組織には，外交交渉など国家機関が扱う領域には参入しにくいという制約があるものの，逆に国家機関が活動しにくい領域で活動できるという利点も持っている。

平和構築においては市民社会からの動きがきわめて重要である。人権擁護活動を例にとってみよう。それは国家機構の存立にかかわる政治的・法的規範であるが，草の根レベルでの取り組みがなければ十分な効果を持たない。なぜなら人権侵害を防止するためには，市民生活のレベルでの意識改善が必要だからである。あるいはメディアは国家機構として存在していないことが普通だが，政治的な意味は絶大であり，破綻している場合には支援の手が差し伸べられるべきである。戦争が終わった後に除隊兵士に施される職業訓練事業やそれにともなう教育的事業なども，市民社会組織が大きな役割を担うが，その政治的意味は大きい。

仮に冷戦体制時代には，市民社会組織の活動が，イデオロギー的な対立軸でとらえられてしまう傾向があったとしても，現在ではそれは当てはまらない。むしろ平和構築の分野であれば，平和構築に果たす結果の効果によって，評価される傾向が強まっている。

市民社会組織であれば，国家機構にかかわらず，政治的・法的分野にもかかわらないと考えるのは，まちがいである。平和構築の場面では，特にそれが言える。市民社会組織は，市民社会組織に特有の政治的・法的制度改革のための役割を持っていると言うべきである。

2　法制度支援

■ 法制度整備の必要性

　政治的・法的分野における平和構築では，まず依拠すべき法的枠組みがあるかどうかが重要になる。ここで法的枠組みとは，原理的な意味で言えば，必ずしも近代的な法体系に即したものである必要はない。社会的秩序を安定的に維持することが平和構築の観点から見たときの法体系の意味であるとすれば，それは個々の国々の独特の文化にそったものであってよいし，土着の習慣であってもよい。

　最も重要なのは，平和構築の見通しを立てるために，何らかの法秩序に依拠した社会的安定が必要になるということである。社会的安定を確保するために最も効果的な方法が，平和構築の観点から望まれる方法である。国際法や慣習法などの平和構築における意味は，社会的安定に貢献する度合いによって，決められる。国際人権法や国際人道法が適用されるということは，それ自体としては，肯定的な意味でも否定的な意味でも，平和構築の上での意味をあまり持たない。国際法体系を援用することによって，少なくとも長期的な意味での平和の基盤の確立が推進されるかどうかが，重要な点なのである。

　現実を見れば，脱植民地化の嵐の後，地表のほぼすべてが近代国民国家で覆われている世界が訪れた。あるいはそのような建前の上に，国際社会も，個々の国家も動いている。そうだとすれば，原理的な意味では近代的な法体系がなくてもよい，と言っても，実際にはそれを実行するための制度的余地は存在していない。存在しているのは，たとえ実質的な内実がどのようなものであれ，近代的な法体系を前提とする主権国家の枠組みである。

　そこで現実の世界においてより重要になるのは，円滑で望ましいやり方で近代的な法体系を導入する方法は何か，ということである。他のやり方で容易に平和構築を進めることができるのであれば，それにこしたことはない。しかしむしろ実際の現地社会の人々のニーズを考えるならば，近代的な法体系に属する形を前提としつつ，土着の文化に最大限に配慮するという方向性が，基本線となる場合がほとんどであると言ってよい。

Column ㊱◇ 「法の支配」の二つの意味

　「法の支配（rule of law）」は，今日の国際平和活動において多用されている概念である。国連事務総長も，アメリカ大統領も，平和構築において重要な概念の一つとして，「法の支配」をあげる。「法の支配」とは，平和構築における政治・法制度改革において，一つの大きな指針となる概念でもある。しかしそれにもかかわらず，「法の支配」の概念を理解するのは，意外に簡単ではない。

　日本人にとって理解が難しいのは，「法の支配」と「力の支配」の関係である。両者は対概念であるかのようにとらえられ，いつしか「力の支配」ではないものが「法の支配」であるかのような発想さえ広がっていくことがある。しかし豊穣な西洋政治思想の中から生まれてきた「法の支配」概念の淵源をひもといてみるならば，「法の支配」の対概念は「力の支配」ではない。「法の支配」の対極に位置するのは，「人の支配（rule of man）」である。恣意的な「人の支配」を排する思想として，「法の支配」は生まれてきた。かつてアリストテレスは，賢人による支配と比べて法による支配が優れているかどうかという問いを検討し，結論として後者に軍配を上げた。これが西洋立憲主義思想の淵源とも言うべきものであった。

　したがって単に支配が法律の公布という形態を通じて行われるということを意味しているにすぎない「実定法主義」は，必ずしも「人の支配」の対概念として

和平合意策定への支援

　武力紛争が発生した社会は，法秩序が崩壊した社会であると言い換えることができる。既存の法秩序を公然と無視する集団が現れたり，公権力の側が恣意的な法運用をしたりしていることが温床となり，通常の法秩序では想定されない武力紛争の構図が生まれるのである。

　近代国家の形態が樹立されているところでは，程度や性格の違いはあっても，多くの場合に，「社会契約」や「統治契約」の発想が採用されている。「社会契約」・「統治契約」論とは，ある一定の決まりごと，つまり「自然権」として保障されているような生存の権利のような諸個人の権利を守ることなどを約束事として，社会は作られ，統治のあり方も決められているという発想に基づいた政治理論である。武力紛争が発生した地域とは，まさにこのような立憲主義的な意味での法秩序が崩壊してしまった地域であると言うことができる。法秩序

の立憲主義的な「法の支配」と同義ではない。逆に，立憲主義的な「法の支配」の側に「力の支配」の要素が見られても，それ自体は「法の支配」を脅かすものではない。むしろ「人の支配」に対して「法の支配」の側に「力」を集めることこそが，立憲主義の本質であると言っても過言ではない。

「力の支配」という言葉に対応する英語の専門的用語は存在しない。あるのはせいぜい権力政治（power politics）という言葉だが，これは統治の原則を示す概念ではなく，単に政治状況の性格を描写した概念でしかない。驚くべきことかもしれないが，「法の支配」と権力政治とは，実は並存しうるものである。特にイギリスやアメリカにおいては，そもそも立憲主義とは，権力均衡や連邦制などの力の配分をめぐる規定によって，維持されるものであった。

ただし単なる「実定法主義」を超えた「広義の」「法の支配」は，国際社会の規範的立場を明確にするものであると同時に，介入主義的立場を正当化するものでもある。場合によっては「法の支配」を確立するために武力行使をともなう人道的介入を行うことは，少なくとも理論的には説明可能なものなのである。

「法の支配」は，単に全面的に賞賛されるべき概念ではないかもしれない。「法の支配」を単純に理想主義的なお題目としてとらえず，たとえば平和構築の観点などから，冷静にその意義を評価していくことこそが求められる。

が崩壊した状態とは，政治理論の表現を用いれば，社会構成員が互いに結び合う「社会契約」が崩壊した状態であり，あるいは少なくとも人民と政府との間に結ばれる「統治契約」が崩壊した状態なのである。

したがって紛争後社会における平和構築においては，この「社会契約」「統治契約」の基盤を作り直す作業から行っていかなければならない。その役割を担うのが，和平合意である。紛争当事者が集まって結ばれる和平合意は，崩壊した「社会契約」「統治契約」を書き直す意味を持っていると言うことができるのである。

こうした観点から，なぜ今日の多くの和平合意に，単なる停戦合意の取り決め以上のものが盛り込まれているかを説明することができる。和平合意を通じて，新しい国家機構を作り出すための政治プロセスの道筋が定められ，国家が遵守すべき人権法などの法規範が確認されるのは，それが崩壊した法秩序を作

り直して「法の支配」を確立するという平和構築において不可欠の作業だからである。そしてその作業は，平和構築の政治プロセスの開始点である和平合意作成時に行っておくことが望ましいのである。

■ 法制定過程への支援

ただし法制度の構築は，和平合意の締結のような劇的な場面だけで行われるものではない。形式的には整備されている法制度であっても，いくつもの制度的な不備があったり，現実との乖離があったりするものである。したがって不断に法制度を刷新し続ける必要があることは，どのような社会であっても同じである。

平和構築が行われる社会においては，平和を構築するという動機で法制度を整備することが強く求められる。したがって社会的安定を脅かすような制度がある場合には，それを是正することが強く求められる。わかりやすい例をあげれば，特定の民族を差別するような法律や，独裁制を支えるために設定されているかのような法律が，そうした法制度を構成するものにあたる。

具体的には，和平合意作成時に国際調停者が助言を与えるのが通常だとして，その後の和平プロセスの中で憲法典作成にあたって留意しておく点などを助言することもよく行われる。その後の個別的な法整備にあたっての助言も同様である。

広い意味での法制定過程への支援としては，国会やその他の法制定過程にかかわる職員に対する助言や訓練をあげることができる。政党活動の促進や支援，あるいは活動内容についての助言も，頻繁に行われる。選挙実施にあたっての助言や支援も，こうした文脈の中で位置づけることができる（選挙支援の詳細については，第13章における議論に譲る）。

3　法執行支援

■ 警察部門改革支援

法律は整備された形で存在していなければならない。しかし法律が存在しているだけでは，平和構築の観点からは，不十分である。法律は守られなければ，

意味がない。そこで法の適用に責任を持ち，法規範の逸脱者を取り締まる者がいなければならない。それが法執行者と呼ばれるものである。

法執行（law enforcement）活動に従事するのは，通常の場合，警察機構と呼ばれる組織である。警察機構は，国家の形態をとっているほとんどの場合に，存在しているものだと言える。もちろん法執行にあたるのは警察だけではなく，個別分野に応じたさまざまな法執行機関が存在しうる。日本の場合で言えば，地方検察庁の特別捜査部や公正取引委員会などを，端的な例としてあげておくことができるだろう。

およそ法を持っている社会においては，法の執行に責任を持つ機関が存在するのが普通である。その社会の法体系の実施形態は，決して法執行機関の性格によってだけ決まるものではないが，法執行機関が決定的な意味を持っていることはまちがいないだろう。もし法執行機関が人権抑圧を常習的に行う体質を持っているとすれば，その社会の法体系はきわめていびつなものになる。汚職や腐敗が常態化している場合も，少なくない。あるいはそもそも人権意識の面から，技術的な面までを含めて，法執行機関に，本来は必要とされるべき能力が欠けている場合も少なくない。

法執行機関の抑圧・汚職・腐敗・能力欠落は，社会不安に直結する深刻な事態である。したがってそのような状態は，平和構築の目的にてらしても，改善されなければならない。そこで平和構築活動としての法執行機関改革，特に警察機構改革への支援が，大きな議題となるのである。

もちろんことさら紛争後社会での平和構築活動といった言い方をしなくても，法執行機関の整備は，どのような社会であってもつねに怠らず実施していかなければならないものだろう。しかし特に平和構築活動の議題として重要になるのは，法執行活動の円滑な実施が，紛争後社会などではきわめて脆弱な社会的安定の基盤を左右するからである。

また警察機構の活動などは，国家の国内的な権力基盤の源泉である。この機構の改革を，紛争当事者である現地政府自身に任せておくのは，必ずしも実効性が期待できる態度ではない。何らかの程度の国際社会の支援を通じた監視体制が望ましい場合が，少なくない。また能力不足の法執行機関が，国際社会の技術支援によって，その能力を効率よく高めていくような場合も，少なくない。

そうした事情で，国際社会が積極的に取り組む法執行機関の改革支援が，平和構築の議題になるのである。

■ 軍事機構改革支援

　法執行機関の改革と並んで重要なのが，軍事機構の改革である。軍事機構の改革は，厳密な意味では法執行機関の改革とは区別されるはずのものである。しかし平和構築の基盤となる国内の治安面での安定を図るためには，警察機構などの法執行機関とならんで，大きな重要性を持つ。国際平和活動の場面では，こうした安全保障・治安維持部門の改革を，SSR（Security Sector Reform）と呼んでいる。「SSR」においては，法執行機関の改革と，軍事機構の改革が，有機的連関性を持つとされ，総合的な改革の枠組みに組み込まれることになる。換言すれば，軍事機構の改革も，紛争後社会における平和構築においては，国内の治安維持への効果を大きな目的として，実施されるのである。

　軍事部隊の整理は，戦争の社会から，平和な社会に移行するために，不可欠な作業だと言える。なぜなら平和な社会においては，戦時に存在していた数の武器や兵士は必要ないからである。また軍事部隊が好戦的な権力者の道具となっていたり，法規範を無視する傾向を持っていたりする場合には，軍事部隊の質的な向上をはかる必要が生まれる。特に内戦状況においては，正規軍と非正規軍が乱立しているので，紛争後に統合的な軍事部隊を作り出す必要が出てくるわけである。正統性を持つ統一的な軍事組織を整備することは，治安を改善し，適正な法執行の環境を整えるために，きわめて重要な意味を持つのである。

　平和構築の場面において，「DDR（Disarmament, Demobilization and Reintegration；武装解除・動員解除・社会再統合）」を実施する場合が，非常に多い。戦争に従事していた兵員に武器を提出してもらい，軍事機構からはなれて非武装の市民となってもらい，社会で市民としての生活が送れるように支援していくという流れが，「DDR」である。国際社会は，「D」「D」「R」を一体のものとして，総合的な観点から支援しようとする。なぜなら大規模な軍事部隊が残存していることも治安攪乱要因だが，動員解除された元兵士の失業者たちが多数徘徊しているような状況も，平和構築の観点から望ましくないからである。

　実際の個々の「DDR」は，地域によって異なったさまざまな形態を持つ。

Column ㊲◇ SSRとDDR

　安全保障・治安部門改革（SSR）は，軍事機構と警察機構の改革を，主要な活動領域とする。その主眼は，人権規範を中心として，法規範を遵守し，適正かつ円滑に本来の任務を遂行することができる軍事機構と警察機構を作り出すことである。したがって「SSR」の目的に従って，機構改革が行われることもあるし，要員に対する訓練などが施されることもある。

　「DDR」は特に「DD」の面において，「SSR」と密接に連動している。戦争の構造に染まりきって肥大化したり，凶悪化したりした軍事機構を，適正な規模と性質を持つものに作り変えていくためには，武装解除や動員解除は，絶対に不可欠であるとまでは言えないまでも，きわめて重要な意味を持つ。したがって「DD」の進展は，「SSR」全体の行方に大きな影響を与えるのである。

　また「R」についても，「DD」の成果を左右する意味を持つという意味において，「SSR」に少なからぬ影響を与えるのである。武装解除・動員解除された元兵士が，再び何らかの軍事集団に加入していってしまわないか，社会不安定化の要素とならないかどうかは，「SSR」全体が円滑に行われるかどうかを占う大きな試金石となるからである。

　しかしいずれの場合でも，軍事部隊を整理するという共通の平和構築のニーズが存在しているがゆえに，「DDR」は実施されることになる。

　DDRなどを通じた軍事機構の改革は，平和構築の行方を左右する重要性を持つ。しかし紛争当事者の一方が率先して「DDR」を主導していくような体制は，簡単には構築できない。国際社会が第三者として，しかも必要資金を提供しながら，軍事機構の改革の支援をすることは，今日の平和構築における一つの大きな柱となっていると言ってよい。

4　司法支援

■ 裁判制度支援

　司法機関の整備は，政治的・法的分野の平和構築において，やはり重大な意義を持っている。仮に法執行機関を整え，違法活動者を取り締まったとしても，逮捕された者を適切に裁いていく機関が機能していなければ，法執行活動の意

味は失われるからである。司法分野の改革が，しばしば「SSR」の一環として明確に位置づけられ，重要視されるのはそのためである。

　「司法の独立」は，近代国家では一般的に広まっている原則である。しかしそれはあくまでも司法機関および司法機関を構成する者たちに，専門家としての能力と良心が備わっているという前提があってはじめて意味を持つ原則だと言えるだろう。しばしば紛争状況を経た後の司法機関には，能力のある専門家の数が著しく少なかったり，あからさまに党派性を持っていたりするような場合が見受けられる。そのような場合には，司法機関の改革・能力強化が，平和構築の大きな議題になるわけである。

　紛争後社会などにおいては，戦争犯罪のような重大犯罪の被疑者を逮捕して裁判にかける必要が存在している場合がほとんどである。現地社会の司法制度が十分に機能しないと判断されるとき，戦争犯罪者を裁くような緊急性の高い司法的ニーズに対応するために，国際戦争犯罪法廷のような組織が設立されることがある。こうした「司法介入」は，1990年代前半を特徴づける出来事であったと言える。1993年に設立された「旧ユーゴスラヴィア国際刑事法廷（ICTY）」や1994年に設立された「ルワンダ国際刑事法廷（ICTR）」は，国連憲章第7章の「強制措置」の権限を持つ，強力な国際司法機関として登場した。

　ICTYとICTRが巨額の資金を費やしながら，「大物」戦争犯罪人の迅速な逮捕・処罰を実現していないという不満から，その後の国際法廷は異なった形態で設立されることになった。東ティモールでは，国連東ティモール暫定行政機構（UNTAET）の平和維持活動の一環として，ジェノサイド（集団殺戮）罪や人道に対する罪などの重大な刑事犯罪を扱う「重大犯罪パネル」が2000年に設立された。このパネルは，東ティモールのデリ地方裁判所の管轄下に置かれるという特徴を持ち，2002年の東ティモールの独立後も，デリ地方裁判所にパネルは残された。なお独立後に設立された国連東ティモール支援団（UNMISET）は，重大犯罪ユニット（Serious Crimes Unit）を持ち，現地の司法活動の支援体制をとることを任務とした。シエラレオネでは，シエラレオネ政府と国連との間の協定に基づき，国内法に依拠する形で，シエラレオネ特別裁判所（The Special Court for Sierra Leone）が2002年に設立された。両者は共に「混合法廷」と呼ばれる現地社会と国際社会の共同運営のような方式を採

用した。ICTYやICTRとは逆に，共に国連憲章第7章の強制措置の権限を持っていないのが特徴である。

このように現在では国際社会主導の「司法介入」は望ましくないという風潮が高まっているが，司法活動を充実させることが平和構築活動の一支柱になっていることに変化が起こったわけではない。

■ 法律家支援

裁判官や検察官，あるいは弁護士などの法律家は，「法の支配」の文化を社会に浸透させるために重要な役割を持っている。裁判官や検察官は，国家の法遵守の立場を代表的に示す職務であり，高い能力と倫理観が要求される。弁護士は，草の根レベルで，社会における法意識の改善を図っていく役目を持っていると言える。なお刑務所の矯正官のような存在も，司法分野の改革の対象として，重要な意味を持っていることは，特筆すべき点であろう。

引用・参考文献
篠田英朗，2003年a『平和構築と法の支配——国際平和活動の理論的・機能的分析』創文社
篠田英朗，2003年b「平和構築の法の支配アプローチ——戦略的視点からの検討」『広島平和科学』第25号，189-218頁
篠田英朗，2004年「国際平和活動における『法の支配』の確立——ボスニア＝ヘルツェゴビナを事例にして」『広島平和科学』第26号，215-239頁
United Nations Peacekeeping website ⟨http://www.un.org/Depts/dpko/dpko/index.asp⟩
Uppsala Conflict Data Program website ⟨http://www.pcr.uu.se/research/UCDP/UCDP_toplevel.htm⟩

さらに読み進む人のために
篠田英朗，2003年『平和構築と法の支配——国際平和活動の理論的・機能的分析』創文社
　＊平和構築活動の体系的姿を明らかにしつつ，「法の支配アプローチ」ともいえる視点で政治的・法的分野での平和構築活動を説明した。
Chanaa, Jane, 2002, *Security Sector Reform: Issues, Challenges and Prospects*, Oxford : Oxford University Press
　＊「SSR」に関する現状分析と問題点の指摘がコンパクトにまとめられている。
Cousens, Elizabeth M., and Chetan Kumar with Karin Wermester eds., 2001,

Peacebuilding as Politics: Cultivating Peace in Fragile Societies, Boulder: Lynne Rienner
　＊平和構築は必然的に政治的性格をともなうという明快な視点から，平和構築のあるべき姿について検討した。
United Nations Peacekeeping website 〈http://www.un.org/Depts/dpko/dpko/index.asp〉
　＊国連の平和維持活動の現況がわかる。
Uppsala Conflict Data Program website 〈http://www.pcr.uu.se/research/UCDP/UCDP_toplevel.htm〉
　＊武力紛争に関する各種データを見ることができる。

（篠田英朗）

第*13*章
紛争後選挙と選挙支援

1 紛争後選挙の意義と課題

■ 銃弾から投票用紙へ

　この章では，紛争解決や平和構築といった文脈での紛争後選挙（post-conflict election）の位置づけを説明する。紛争後選挙とは，民族紛争などの内戦を終結させる際に，和平合意締結後に実施される選挙のことである。紛争後選挙には大きく分けて，①武力紛争終結（紛争の非軍事化），②国連平和維持活動（PKO）の撤退基準（開発援助の導入指針），③民意を受けた正統政権の樹立（国際的・国内的正統性の確保），④民主化の始動（民主的政権への移行を促す）の四つの主要な役割がある（Lyons, 2002）。

　一般的に選挙とは，中長期的には民主主義を根づかせ，紛争解決や利害関係の調整を行う社会政治制度の一部である。他方，紛争後選挙は，紛争を終結させるために必要な特別な措置として位置づけられる。戦場で争っていた複数の勢力が話し合いによって和平を実現する過程で，選挙で勝敗を決めることにより，あるいは選挙を通じて権力共有の比率を定めることにより，権力闘争を非軍事化することがねらいである。紛争後選挙には，権力争いの手段を武力闘争から平和的で合法的な選挙に転換することで，紛争の非軍事化，非暴力化を実現することに最大の意義がある。さらに，政治過程に平和的な紛争解決の制度を取り入れることで，政治の軍事化を避けることを意図している（Lyons,

2005)。

　とりわけ，民族紛争などによって深く分断された社会では，紛争解決の視点を欠いたまま選挙を実施すれば，分断が深まり，対立を先鋭化し，紛争の再発を招きかねない。そのため紛争後選挙は，通常の選挙とは異なるものとして認識されている。つまり，紛争後選挙は和平プロセスにおける重要な分岐点であり，単に民主化の一過程としてとらえるのではなく，どのようにすれば民族間の亀裂を深めることなく国民和解を促すことができるのか，といった紛争解決の観点から分析していくことが大切なのである（Sisk, 1996）。

　そもそも民主化には時間がかかる。紛争終結後に数回の選挙を経ただけでは，民主主義が確立したとはいえない。しかしながら，国際社会が民族紛争などの内戦の終結に関与する場合には，和平プロセスに対する支援や平和構築支援として，紛争終結直後と同様の形態で何十年もかかわることは現実的ではない。国際社会は和平プロセスを支援する際に，国連PKOなどを派遣して平和創造，平和維持，平和構築を支援するのが一般的である。そして，紛争後選挙の実施をPKOの撤退基準とすることが多い。すなわち，紛争後選挙の実施をもって国際社会が関与を薄めていく政治的な節目とするのである。

　紛争終結直後の選挙が自由で公正に実施され，その後の権力の移譲や共有が平和的に実行されたという事実は，和平プロセスが峠を越えたと理解し，国連PKO撤退の一つの基準とされることが多い。紛争後選挙の成功は，少なくとも安全保障措置（security guarantor）としての国際社会による軍事的な関与の度合いを薄める指針を提供することになる。その最も顕著な例はカンボジアであろう。1991年のパリ和平協定を受けてカンボジアに派遣された国連カンボジア暫定統治機構（UNTAC）は，1993年5月に紛争後選挙を成功させ，同年9月末には撤退を完了していた。

　ただし，紛争後選挙の役割を国連PKOの撤退基準としてのみ理解することに対しては批判もある。紛争後選挙とは，あくまでも実効性のある正統政権の樹立を目的とするものであって，その実現を前に国連PKOが撤退することは平和構築にとって弊害が多いからである（篠田，2003）。しかし，紛争後選挙を経て実効性のある正統政権が樹立された場合には，国際社会が平和構築の主役から脇役へと転じるきっかけとなり，各国は政府開発援助（ODA）などの大規

模な二国間援助を開始することができるようになる。つまり，紛争後選挙は開発援助を導入するか否かの試金石の役割も担っているといえよう。

　内戦を終結させる和平合意は，現行政府と反政府勢力・武装勢力といった紛争当事者の間で結ばれることが多い。だから，一般の人々の意思が必ずしも反映されてはいない。そこで，一般の人々が紛争後の平和構築に参加する機会として，あるいは和平プロセスに対して民意を表する機会として紛争後選挙がある。つまり，紛争後選挙は和平合意に対する一般の人々の意思を確認する機会なのである。人々は選挙を通じて和平プロセスや平和構築のプロセスに正統性を与えることができる（篠田，2003）。紛争後選挙を国際社会の周知のもとに実施することによって，新政権に国際的な正統性を与えるとともに，民意に諮るという過程を経ることで国内的な正統性を確保することが，紛争後選挙の大きな役割であるといえる。この国内外における正統性を背景に，新政権は復興や平和構築を推進するのである。

　もちろん，紛争後選挙の重要な役割として，国際的な規範に則った民主化を進めていくことがある（Kumar ed., 1998）。国際社会は，紛争後選挙を支援することを通じて，紛争後の社会に，民主主義や人権の尊重といった「西欧型民主主義」の価値観を植え込む機会とする。民主主義，主権在民，人権といった価値観を実現する社会政治制度の導入をめざしているといえよう。紛争後の多民族社会において正統性を持つ民主的政権の樹立を目標に掲げ，その実現を支援するために，次節で述べるような選挙システム支援，選挙行政支援，選挙監視といった選挙支援を実施する。紛争後選挙には，紛争の下でよく見られる軍事政権，独裁政権，強権政権といった専制的な政権から，あるいは脆弱国家や破綻国家の場合には無法地帯から，民主的政権への移行を促すというねらいがあるのである。

■ 紛争後選挙のジレンマ

　紛争後選挙には，いつ選挙を実施すべきかという，実に悩ましいジレンマがつきまとう。紛争を終結させるとともに，国際社会による大規模な介入の幕引きを提供するといった要請がある一方で，紛争後選挙には，民主化を軌道に乗せるとともに，新政権の正統性を確保するといった別の要請もある。和平合意

が結ばれた直後の政治環境は，対立していた勢力間の信頼醸成や和解も不十分であり，武器が氾濫しているうえに，政治的敗者の安全の確保もままならない。このような状況で，自由で公正な選挙を実施するのは不可能に近い。それだけでなく硝煙が燻る中での選挙は，逆に和解の阻害要因となりかねない。なぜなら，選挙は民衆レベルでの対立や分断を先鋭化させ，民族，宗教，地域といったアイデンティティ間の亀裂を深めかねないからである。かといって，そのような問題が解決するのを待っていたら和平プロセスの機運を逸してしまいかねない。和平合意の破綻を招くリスクを覚悟で，自由で公正な選挙の実施に不可欠な中立的な政治環境が醸成されるのを待つのか。それとも拙速で不公正な選挙に終わるリスクを覚悟で，一刻も早く正統政権を生み出す紛争後選挙を実施すべきなのか。

　拙速な選挙の実施には多くの深刻な問題が残されている。にもかかわらず，現実には，紛争後選挙の多くが和平合意締結から2年以内という非常に短い期間で実施されている。たとえば，アンゴラ大統領選挙は1991年5月のビセッセ協定を受けて1992年9月に実施され，カンボジア議会選挙（総選挙）は1991年10月のパリ和平協定を受けて1993年5月に，ボスニア＝ヘルツェゴヴィナ総選挙は1995年11月のデイトン合意を受けて1996年9月に実施された。これらの例には，紛争後選挙のPKO撤退基準としての位置づけが明確に表れている。ただし，アフガニスタンの場合は，2001年12月のボン和平合意によって暫定政権が定められ，2002年6月にアフガニスタンの伝統的な意思決定機構であるロヤ・ジルガを緊急に開催して暫定政権のカルザイ議長を移行政権の首班としたものの，大統領選挙（2004年10月）と議会選挙（2005年9月）を経て2006年1月に正統政権が正式に発足するまでに，ボン和平合意から5年が経っている。

　選挙実施のタイミングに関するジレンマとも密接に関連する問題がもう一つある。それは，選挙の実効性と現地の選挙行政能力強化のバランスをどのようにとるのか，といった問題である。各勢力が信頼できる中立的で実効的な体制が整備されていない中で選挙を実施するためには，国際社会の関与が不可欠である。とはいえ，今後とも民主的な選挙をその国が独力で実施するためには，制度構築や技術移転といった視点を大切にした自立を促す支援が求められる。

⬆ 2001年のカンボジア地方議会選挙での人民党の選挙運動の模様（バッタンバン市にて。写真提供：上杉勇司）

　早期に実効性の高い紛争後選挙を行うためには，現地組織や職員の育成に時間をかけている余裕はない。しかし，それをしないかぎり国際社会は自らの関与を薄めていくことができない。
　このジレンマは，紛争後選挙につねにつきまとう問題である。カンボジアにおける紛争後選挙を例にあげよう。まず，1993年の総選挙は国連が主導している。2回目の1998年の総選挙では，国際社会の支援を受けつつも新生カンボジアが実際にその実務を担った。そして2003年の総選挙では，国際社会は財政支援と選挙監視活動を中心とした支援へと完全に脇役に転じたように，回を重ねるごとに国際社会の関与は薄められていった。
　紛争を終結させるために必要な紛争当事者との間での取り決めが，その後の健全な民主制度の育成や運用の障害となるような場合も多々ある。紛争中に非人道的な行為や深刻な人権侵害を先導した指導者たちの立候補を許すとすれば，その国に新しく芽生えさせようとする民主主義はどのような影響を受けるのだろうか。軍閥の司令官など，紛争時の指導者が紛争後の民主的な社会での良き指導者となるとはかぎらない。しかし，彼らを和平プロセスに参加させて紛争を終結させるには，選挙後の新政権において魅力的なポストを彼らに約束する必要が生じるかもしれない。たとえ民意に反したとしても，和平を壊す能力の

ある勢力（spoiler）を新政権に取り込む必要が生じるかもしれないのである。

　実際，紛争後選挙では，選挙後の新政権内での権力共有が選挙前から紛争当事者たちの間で合意されていることもある。そうしなければ，新政権での権力分配に与(あずか)れないと予想する勢力は，選挙をボイコットしたり妨害したりするだろう。また，紛争当事者たちが新政権での権力共有を望んでいないということは，結局は銃弾（bullet）が投票用紙（ballot）に代わっただけで（それだけでも貴重な前進であるが），敵対勢力を排除や殲滅(せんめつ)しようとする意図は紛争中から変わっていないということにもなるからである。これまでの研究の中には，権力共有ではなく勝者と敗者が明確になる単純多数代表制を採用した1992年のアンゴラ大統領選挙の悲惨な結末を例に引き，紛争後の社会において民主的な統治を実現するためには，単純多数代表制による民主政治よりも権力共有に基づく政治体制の方が効果的であるという意見も強い（Sisk, 1996）。

　以上のような紛争後選挙に関するジレンマへの対応を考慮しながら，国際社会は選挙支援に取り組むことになる。次節では，そのような選挙支援の具体的な取り組みを，紛争後選挙の公平性，実効性，正統性という三つの側面から説明していこう。

2　選挙支援の具体的な取り組み

■ 選挙システム支援（選挙の公平性の確保に向けた国際社会の支援）

　紛争後選挙だけでなく選挙一般についてもいえることであるが，どのような選挙制度を採用するのか，という問題は選挙の公平性を確保するうえで非常に重要である。なぜならば，どのようなルールの下で選挙を実施するのかによって，選挙結果が大きく影響を受けるからである。このルールの下では選挙が公正に行われないと紛争当事者が判断した場合には，和平合意が崩れ，最悪の場合には内戦に逆戻りしてしまう。したがって，選挙の公平性を確保することは紛争後選挙にとってきわめて重要である。とりわけ，紛争後選挙を実施するような国家の場合は，憲法を起草する作業から始まって，選挙関連法規が次々と定められる。これらの法整備によって，紛争と政治の非軍事化の筋道を定めることになる。それゆえ，新たな選挙のルールを公正なものにすることは，選挙

だけでなく，民主化や平和構築の観点からも大切である。紛争後選挙における公平性の確保は，民主化や平和構築プロセスの起点となるといっても過言ではない。

　選挙のルールづくりを通じた選挙制度の確立に対する支援を，選挙システム支援と呼んでいる。選挙システムの最大の役割は，票をどのように議席に割り振るかの計算式を提供することである（Sisk and Reynolds eds., 1998）。その方式には，大きく分けて多数代表制（各選挙区内で最も多く票を得た者から順に当選する方式）と比例代表制（政党の得票率に応じて各政党に議席を分配する方式）の二つがある。また，多数代表制の下でも，選挙区を小選挙区（1選挙区当たりの議員定数が1名）とするのか大選挙区（1選挙区あたりの議員定数が2名以上）とするのかの選択もある。他方，比例代表制においても，投票者が候補者名簿に優先順位をつける単一譲渡可能投票（single transferable vote）方式，政党が候補者の順位を決める拘束名簿（closed list）方式などがある。

　単純に考えれば，有権者の支持を多く集めた候補者に議席を与える多数代表制を採用すれば選挙の公平性を確保できるはずである。しかし，実際は，どのような選挙制度を採用するかによって，どのような勢力が有利になるのかが異なるため，紛争当事者の間で選挙制度について合意することが紛争後選挙の最初の難関になることが多い。一例をあげよう。全国区レベルで広範囲に支持層を持つけれども個々の選挙区では少数派となっている政党は，多数代表制（小選挙区）の下では当選する可能性が低い。ところが，この政党は，比例代表制では，全国区レベルでの支持者数に応じた議席を確保することが可能になる。つまり，紛争後選挙，とりわけ民族紛争後の選挙では，単純な多数代表制では，選挙という民主的な手段によって多数派の「専制政権」に正統性が付与され，少数派が権力の座から永久に追放されかねないのである（Sisk, 1996）。

　そもそも選挙というものは，各候補者や政党が政策の違いを明確に示すことによって，有権者に選択を委ねるしくみである。だから，必然的に意見の分断化や対極化を進めてしまう。したがって，権力闘争・交代の平和的で民主的な手続きが確立していない場合には，選挙は両刃の剣となる。民族や宗教などの違いで対立していた社会においては，逆に紛争を悪化させかねない。

　たとえば，モスレム系，クロアチア系，セルビア系が争ったボスニア＝ヘル

Column ㊳◇　紛争後選挙における多数代表制と比例代表制

　多数代表制（小選挙区）の特徴を，民主化と平和構築の文脈で簡潔に説明しよう。多数代表制は，勝者と敗者を明確に分けるものの，安定した政権運営を可能にする単独政権の樹立とともに二大政党制を促し，政権与党を監視・牽制する強力な野党の形成に寄与する。同時に，政党間で担当選挙区を分担するなどの「選挙協力」（たとえば，日本の 2005 年の衆議院議員選挙で自民党と公明党が行ったような取引）が事前に展開するため，単独強硬路線ではなく穏健派の影響力を強める。比例代表制の場合，選挙後に連立政権が模索されるため，連立の組み合わせを有権者が直接選択することはできない。他方，多数代表制では選挙前に連立の枠組みが明確になるので，有権者の側に選択権があり，より民主的であると言える。しかしながら，多数代表制には，紛争中の対立軸が強調されたり，少数派が排除されたりする懸念もある。

　このため，紛争解決の視点が重要になる紛争後選挙においては，比例代表制が選択される場合が多い。比例代表制では，候補者個人に対する投票ではなく候補者が所属する政党に対して投票するしくみになっていて，各政党が用意した候補者名簿で上位に記された者から順に，得票率に応じて配分される議席の数だけ当選する。したがって，有権者が直接候補者を選べない点で民主的ではない，という批判もある。また，比例代表制によって選出された代議士は「選挙区」という有権者との地域的なつながりを持たないため，人口の多い都市部のニーズを反映した政策に偏り，地方の開発が遅れる傾向がある。

　他方，民族や宗教によって分断された社会での紛争後選挙における比例代表制の重要な特徴として，次の 3 点があげられる。①少数派であっても議席を確保することが容易であるため多数の政党の形成を促す点，②得票率をあげるため

ツェゴヴィナ紛争終結直後に実施された選挙において，民族紛争中の指導者であった候補者たちが手っ取り早く有権者の支持を集める方法は，民族の違いを強調し，他民族に対する脅威認識を煽ることであった。したがって，和解や共存を唱える穏健派が選挙を通じて勢力を弱め，逆に強硬派が合法的に勢力を伸ばす結果となり，民族分断の溝を深めてしまった。紛争解決の視点を加味した選挙システムを導入すれば，このような事態を回避できる可能性は高まるだろう。そこで国際社会は，選挙システム支援を通じて，紛争後選挙が武力紛争を再発させることがないように，選挙法を含む選挙のルールづくりに協力するの

には幅広い有権者層の支持が必要となるため，地域，民族，宗教，言語に関して横断的な政党の形成を促す点，③一つの政党が単独で議席の大多数を獲得する可能性が低いため，複数政党による連立政権の擁立を促す点。いずれも，紛争解決に資する長所である。

ただし，比例代表制が紛争後選挙でよく採用される背景には，比例代表制が和解や協力を促すといった理由とは別に，技術的な問題に対する配慮もある。たとえば，比例代表制であれば投票用紙は全国で統一したものを利用できる。係争の種となりやすい選挙区の境界を定める作業も回避できる。さらに，有権者登録，候補者・政党登録が簡潔化されるだけでなく，実際の開票集計作業を格段に単純化できる。紛争後の国家という，現地の行政能力も限られ資源の制約のある中で効率的な選挙を実施するためには，全国統一比例代表制が最も適しているのである。

ちなみに，識字率の低い開発途上国では，投票用紙に候補者名や政党名を記入させることは現実的ではない。それゆえ開発途上国の選挙では，すべての政党（記章）や候補者（顔写真）が印刷された投票用紙が用意され，有権者はそこから希望する政党の隣に○をつけたり，釘で穴を開けたりして意思表示をすることになる。したがって，全国統一比例代表制では，出馬した政党名と記章を印刷した投票用紙を一式用意すればよい。ところが，多数代表制（小選挙区）では，選挙区ごとに異なる投票用紙（候補者の氏名と顔写真が印刷される）を用意しなくてはならず，また投票用紙を各投票所に配送する際にまちがいがないように手配しなくてはならない。

このように紛争後選挙では，通常の選挙とは異なる観点から実施方法を検討する必要があるのである。

である。

では，どのような選挙システムを構築すれば，元紛争当事者たちが紛争や政治の非暴力化を選ぶように導くことができるのか。紛争後選挙では，どのような選挙システムが適しているのか。実は，この点に関する正解あるいは統一見解というものは存在しない。ただし，紛争後選挙においては，元紛争当事者たちによる権力共有を通じて紛争の非軍事化が試みられることが多いことから，勝者が全権を握る多数代表制ではなく，連立政権を促す比例代表制の方が望ましいとする意見の方が多い。実際，近年に実施された紛争後選挙の多くは，対

立勢力間の和解が重視されることと，場合によっては和平合意を結ぶ過程で「国民和解政府」のような大連合政府の形成が前提となっていることもあり，比例代表制を採用している（*Column* ㉘参照）。

　比例代表制が好まれる背景には，この制度には少数派による権力共有への参画の可能性を高める効果があり，それゆえ少数派の和平プロセスへの関与を得やすいという理由もある。選挙を通じて，少数派が政権や議会といった政策決定過程から排斥されることが確実だとしたら，その少数派は選挙に参加する動機を失ってしまう。そうなれば，和平プロセスに対する抵抗勢力ともなりかねない。とりわけ紛争後選挙では，少数派にとっては，選挙に敗れることは議席を失うという問題にとどまらず，まさに生存権が脅かされる死活問題となる。単純に多数派が議席をすべて獲得するような選挙システムの下では，少数派は永久に日の目を見ることはない（Sisk, 1996）。それゆえ，少数勢力を過激派や強硬路線に転じさせない工夫が，紛争後選挙の選挙システムには求められるのである。

　このように紛争後選挙を実施するには，多数代表制にするのか比例代表制にするのかという根本的な問題から始まり，また選挙区の境界をどのように区分けするのか，当選決定や議席配分をどのような方程式で行うのか，あるいは投票用紙への記入方法や投票用紙のデザインはどうするのか，といった技術的な分野まで，幅広い範囲で選挙のルールを定めていく作業がまず必要になる。

　投票用紙のデザインが選挙の公平性にどう関係があるのかと疑問に思うかもしれない。実際，異なる言語を母語とする有権者がいる場合，いずれの言語を用いるのかによって選挙結果に決定的な差が出てくるのである。また特定の集団や階層の識字率がきわめて低い場合などは，投票用紙に候補者や政党の名前が文字のみで記されている場合と，候補者の顔写真や政党の記章（ロゴマーク）が印刷してある場合とでは，無効投票の数や選挙結果にまで影響を及ぼしかねない（日本では識字率が高く，ほぼすべての有権者が日本語を書くことができるため，投票者が候補者名や政党名を投票用紙に自ら記入する方式であるが，紛争後選挙の多くは投票用紙にあらかじめ印刷されている候補者名・顔写真や政党名・記章を選択する記号方式が主流である）。

　加えて，紛争後選挙に顕著な問題として，有権者の選定にかかわるルールづ

くりもある。紛争後の国家では，そもそも誰をもって「国民」とするのかも係争点となっていたり，住民票どころか国籍すらも存在していなかったりする。難民や国内避難民となった人々は，身元を証明できるものをいっさい持っていないこともある。民族や宗教の違いが係争点となっている場合には，どのような人々を有権者と定義するかによって選挙結果が変わってくる。そのため，人々の身元を証明するものがない状況での有権者の判定は，非常に政治的な作業であり，新たな紛争の火種ともなりかねない。いかに投・開票が公正に行われたとしても，特定の集団から恣意的に選挙権や被選挙権が奪われていたとすれば，それは公正な選挙とは認められない。このことからもわかるように，有権者や候補者・政党の認定に関するルールづくりも，選挙の公平性を確保するうえで重要な要素なのである。

　国際社会による選挙システム支援の活動内容としては，包括的な和平合意や新憲法の中に，選挙制度に関する大まかな方向性を「複数政党による民主主義」という形で盛り込むように紛争当事者たちに働きかけることが，まずあげられる。より具体的には，選挙制度を選挙関連法規（選挙法，政党法，政治資金規正法等）に明文化していく過程で，法整備支援の専門家を派遣して助言などを行うことになる。とりわけ選挙法の確定は，選挙の公平性を確保するのみならず，紛争や政治の非軍事化を実現するうえで重要な選挙支援である。なぜなら，選挙法には，政党を形成する元紛争当事者たちの選挙運動中の行動を規制し，紛争の性質を武力闘争から政治闘争（非暴力的で合法的な手段による競争）へと変容させる役割もあるからである。

　以上のように，選挙システム支援では，選挙法をはじめとする選挙実施のルールづくりを通じて，選挙の公平性を確保することになる。実際には，選挙制度一つをとってみてもさまざまなバリエーションがあり，各制度の短所を相殺するような組み合わせや工夫が試されている。選挙システム支援においては，このような選挙システムに関する知識を背景に，現実の紛争要因や政治情勢を加味したうえで，公正な選挙システムを構築することが求められている。

■ 選挙行政支援（選挙の実効性の確保に向けた国際社会の支援）

　選挙システム支援を通じて，たとえ選挙の公平性を確保するような選挙シス

テムが構築されたとしても，そのシステムを使いこなす能力が選挙運営機関に備わっていなければ，選挙の公平性も絵に描いた餅になってしまう。したがって，選挙の実効性を確保することが肝要で，そのためには，公正で効率的な選挙行政機構が必要になる。具体的には，中央選挙管理委員会から各地に設置する投・開票所にいたるまで，選挙を運営管理するためにさまざまな組織が設置されなくてはならない。しかし紛争後選挙では，そのような組織を一から作り上げる必要がある一方で，選挙の実施要領や根拠となる選挙法が策定されていない場合もあるから，選挙法の策定と同時進行で選挙準備をすることもある。そのような中で，選挙管理委員会や投・開票所の管理員に対しては，選挙法を周知させるとともに，投・開票手順を教えていかなくてはならない。

　したがって，選挙を実施するには，選挙管理委員会を組織し，選挙法などの法制度を整え，投票用紙や投票箱などの選挙関連物資を調達して管理し，投・開票所の管理員を採用して一定レベルまでの研修を施し，各選挙区に十分な投・開票所を選定し，政党・候補者，有権者を登録し，不服申し立てや違法行為へ対応するしくみを整えるなどの準備が必要になる。カメラも印刷機もないところで，どのようにして顔写真入りの身分証明証を発行するのか。コンピューターもなければ電力さえもないところで，どのようにして有権者のデータベースを作るのか。このような技術的な問題を解決するとともに，民族や宗教の違いによって争ってきた人々の中から，公正で中立的な立場で選挙行政を遂行できる人材をどのように選択するのか，といった政治的な問題をも解決していくことが求められる。

　このように紛争後地域で選挙を実施すること自体が，すでに至難の業である。そのような条件の下で選挙の実効性を担保するためには，国際社会からの支援が不可欠である。とりわけ選挙を実施するために必要な資金は，国際社会の援助によるところが大きい。すなわち，選挙行政支援では，選挙行政に精通した専門家の派遣から，選挙関連物資や選挙実施資金の供与といった，広範囲にわたる支援が国際社会に求められる可能性が高い。実際には，紛争後選挙の実効性を確保するために，国連などの第三者機関が紛争後選挙の運営管理を担うことになる場合が多い。たとえば，1993年のカンボジア総選挙はUNTACが，1996年のボスニア＝ヘルツェゴヴィナ総選挙は欧州安全保障協力機構

(OSCE) が実施した。日本も，国際協力機構や国際組織を通じて，この分野に対する支援を実施してきている。

　もちろん，選挙を運営する側に対する支援だけでは，選挙の実効性を確保するには不十分である。選挙を執り行う行政機関の能力を向上させるだけでなく，一般の人々の選挙に関する理解を高めていくことが必要である。紛争後選挙の多くは，参加する人々にとって初めての民主的選挙であり，有権者，時には政党や候補者に対しても民主的選挙の趣旨や手順を一から伝えていかなくてはならない。

　そもそも選挙を有意義なものにするためには，一般の人々に投票を促すだけでなく，主権在民の考え方や選挙に参加することの意義をはじめ，選挙制度や議会制民主主義などの政治システムについての理解を促すことが重要である。なぜなら，たとえ投票率が高くても，有権者が投票行為の意味を理解していなければ，投票結果が民意を反映しているとは言えないからである。つまり，選挙を通じて確立しようとしている「民主主義」を理解し「民主制度」を機能させるためには，人々の意識を高めていく作業を欠くことはできない。

　このようなことを目的に実施される選挙支援は，有権者教育（voter education）や市民教育（civic education）と呼ばれる。有権者教育は，特定の選挙に焦点を合わせて，選挙手順や投票日程・場所の周知や広報などに力点がおかれ，通常は選挙管理委員会が監督する。他方，市民教育は，民主主義一般に関する理解の向上を目的とすることが多く，日本で言えば社会科の「公民」分野のような形で学校教育のカリキュラムに組み込まれて提供される場合もあれば，国際組織やNGOを通じて実施される場合もある。

　ただし，既存の支援では有権者教育（特定選挙に焦点，選挙管理委員会管轄）と市民教育（民主主義一般を対象，教育省管轄）が断絶しているなど課題も多い。とりわけ既存の有権者教育は，投票行動の技術的・手続的な側面（いつどこでどのように投票するのか）を伝えることに偏った短期間の活動となっている。選挙の意義や目的（何のために投票するのか，選挙を通じてどのような社会を構築するのか）についての十分な普及活動はなされていない。後で述べる選挙監視のように局外高所から結果を評価する場合と異なり，有権者教育・市民教育は現地社会の能力の向上を直接的に支援する試みである。だから，日本が取り組

むべき顔の見える支援としては可能性に満ちているのであるが，これまで十分な取り組みがなされてきたとは言い難い。しかし，今後の潮流としては，有権者教育・市民教育は，単なる選挙に限定した技術支援ではなく，人々の政治参加という非暴力的な紛争解決・意思決定メカニズムを根づかせる支援として認められるようになり，日本の平和構築支援の主要な柱に据えられるであろう。

　ところで，紛争後選挙では，有権者の啓蒙(けいもう)だけでなく候補者に対する研修も必要な場合が多い。候補者に対しては，選挙法を周知させるとともに，脅迫や賄賂(わいろ)など選挙活動における不正や違法行為をしないよう勧告する。一党支配の下にあって複数政党制が確立していない場合には，民主政治における政党の役割を伝えたり，政党の形成を支援したりもする。また，女性の社会参加が確立していない場合には，女性候補者の発掘や支援（選挙キャンペーンや演説の方法を教授）を選挙支援の一環として行うこともある。以上のように，選挙行政支援では，選挙の実効性を確保するために，選挙における主要な三つの主体（選挙行政を担う側，政党や候補者，有権者全般）に対して包括的な支援を提供している。

■ 選挙監視（選挙の正統性の確保に向けた国際社会の支援）

　紛争後選挙の正統性を確保することを目的に実施される活動に，選挙監視がある。日本は，政府代表として，あるいはNGOを通じて，これまで国際選挙監視団に多数の人員を派遣してきた。日本人の顔の見える支援に選挙監視活動が果たしてきた役割は大きい。選挙監視は，選挙システム支援や選挙行政支援とは異なり，現地の選挙実施体制に対する支援（能力形成・向上）が中心ではなく，実際の選挙を局外から評価することによって，不正行為に対する抑止効果を発揮し，それによって選挙の正統性を担保することが主要な目的である（具体的な監視業務については表13-1を参照）。

　選挙システム支援や選挙行政支援に必要な専門家とは異なり，選挙監視員の業務を遂行するにあたっては高度な専門技術を必要としない。投・開票の監視であれば比較的短期間（短期監視員であれば1-2週間の任期）で任務を完遂できるといった特徴がある。そのため，国際平和協力の分野で活躍する人材が少ない日本においても，幅広い層からの参加を得ている活動の一つとなっている。

表13-1 国際選挙監視員の主な活動

選挙の過程	選挙監視の活動
投票前	・派遣前研修 ・選挙関連行事に関する情報収集（講演会，集会，街宣活動など） ・選挙運動の監視 ・選挙管理委員会への聞き取り調査 ・候補者や政党事務所への聞き取り調査 ・他の国際選挙監視員との情報交換と調整（監視先の重複を避ける） ・国内選挙監視員との情報交換 ・監視活動地域の選定（監視する投開票所や監視ルートの策定） ・投開票所の設置状況の検分
投　票	・選挙関連物資の有無の確認（投票箱，投票用紙，有権者リストなど） ・投票箱の中身が空であることと封印作業の確認 ・定められた手順で投票準備が進められたかの確認 ・投票行為の監視 ・異議申し立てや不正行為に対する投票所管理員の対応の監視 ・投票所周辺の治安状況の確認 ・国内選挙監視員や政党立会人との情報交換 ・投票者への聞き取り調査 ・投票終了にともなう諸手続きの確認
開　票	・定められた手順で開票準備が進められたかの確認 ・投票箱の封印の確認 ・開票および集計作業の監視 ・異議申し立てや不正行為に対する開票所管理員の対応の監視 ・開票所周辺の治安状況の確認 ・開票および集計作業終了にともなう諸手続きの確認
選挙後	・各監視員の監視結果（評価）の集計 ・各監視員からの状況報告会（情報交換） ・監視結果（評価）の公表（「自由で公正」な選挙であったか）

［出典］　筆者作成。

　選挙監視には，国際社会が実施するものと，現地の市民社会が実施するものとがある。前者に属する者は国際選挙監視員と呼ばれ，後者の構成員である国内選挙監視員とは異なる役割を果たす。

　国際選挙監視員は，不正や違法行為に対して抑止効果を発揮するとともに，第三者的な視点から選挙運動や投・開票中における不正や違法の有無を監視する役割を担う。そして，開票後には速やかに選挙に対する評価を「声明」として発表し，選挙結果に対する公的なお墨つきを与える役割がある（もちろん抑止効果が発揮されず不正や違法行為が横行し，選挙の正統性が担保できない場合に

Column ㊟◇　選挙監視活動に参加する方法と適性

　国際的な選挙監視活動に参加するにはいろいろな方法がある。普通は選挙監視員への個人単位での応募は受け付けていないため，実際には選挙監視団を編成する組織に属して参加することになる。たとえば国連，EU，OSCE などの国際組織を通じて監視活動に加わることも可能であるし，カーターセンターや国際民主化選挙支援機構 (International Institute for Democracy and Electoral Assistance; IDEA) といった外国の組織を介することも可能である。日本の組織では，インターバンドや沖縄平和協力センターが，選挙監視活動に実績がある。このような NGO を通じて参加することも可能である。また，日本政府が派遣する選挙監視団に加わることも選択肢として考えてよいだろう。国連 PKO の下で実施される紛争後選挙に日本政府が監視員を派遣する場合は，内閣府国際平和協力本部を通じて監視員が選考される。国連 PKO が展開していない地域での選挙の場合には，外務省が選考・派遣の任を担うことになる。

　どのような組織を通じて選挙監視員になるのかで，その採用過程は異なる。医療行為などの高度な専門性が求められる支援と異なり，国際選挙監視活動は，特別な知識や経験が求められているわけではない。そのため，社会経験や国際協力の実績が浅い大学院生などでも比較的参加しやすい支援活動である。最初は，NGO を介して参加して経験を積んでいくことが最も現実的かもしれない。派遣先の言語，選挙システム，選挙行政に関する知識や経験はもちろんプラスになるが，多様性に対する寛容な姿勢，仕事に取り組む際の真摯な態度，異なる生活習慣への適応能力，チームワークを重んじる協調性といった基本的な資質が，それ以上に重要かもしれない。

は，その旨を宣言する役割もある）。この一連の活動を通じて，国際選挙監視員は国際社会の目となり，現地の当事者たちに不正や違法行為を思い止まらせる。そして，選挙に敗れた勢力には，選挙結果を真摯に受け止めるように国際社会の圧力をかけるのである。

　他方，国内選挙監視員には，不正や違法行為に対する抑止効果と監視役という選挙監視員の基本的な役割を果たすとともに，短い期間に限られた地域の監視しかできない国際選挙監視員の短所を補う役割がある。投票日の数カ月前から始まる有権者登録や政党登録といった選挙過程の入り口の段階から，多数の国際選挙監視員が現地入りして監視活動を展開することは，現実的には難しい。

Column ㊵◇ 選挙監視活動の限界と可能性

　現在の選挙監視活動のあり方に対しては疑問の声も多い。「選挙観戦ツアー」と揶揄する向きもある。とりわけ投・開票日の前後に各国から派遣される短期選挙監視員の限界を指摘する声は多い。短期選挙監視員では投・開票行為を監視することしかできないため，表層的な不正や不備を指摘することはできても，より根が深い構造的な不正や不備に対しては監視の目が届かないからである。たとえば，選挙管理委員会の構成の段階で，いずれかの政党（普通は現政権・与党である）に偏った人事が行われたとしても，あるいは選挙運動期間外での各政党のメディアへのアクセスや報道機関の報道のあり方が偏ったものであったとしても，短期選挙監視員は気がつかないだろう。短期選挙監視員による監視活動は，投・開票作業という非常に限定的な局面から得られる情報に過度に依存して，選挙全体の「自由と公正さ」を判断してしまうおそれもある。日常生活の中での真綿で首を締め付けるような「静かな脅迫」は，看過されてしまいかねない。

　このような短期選挙監視員の限界を克服するためには，中長期的な視点からその地域をモニターしている地域研究者や，草の根レベルで長期にわたって監視活動ができる国内選挙監視員との連携が重要である。とりわけ国内選挙監視員の活用は，今後の重要な課題である。国内選挙監視員が重要な機能を果たすためには，国内選挙監視員の担い手となる市民社会の能力強化が必要になる。したがって，今後の選挙監視に関する支援の重心を有権者教育や市民教育において，国内選挙監視員の育成と能力向上に努めることが得策であろう。短期選挙監視員の欠点を国内選挙監視員との有機的な連携によって補うことができれば，選挙監視活動の信頼性は高まり，その可能性は広がっていくだろう。

　また僻地の村々をはじめ津々浦々まで国際選挙監視員を展開することは，物理的にも財政的にも厳しい。得てして監視の目の行き届かないところで不正や違法行為は重ねられるものである。選挙の正統性を確保するためにも国内選挙監視員がカバーする期間が長くなり，領域が広くなるにこしたことはない。また，外部の国際選挙監視員にはわからない社会の深淵部分（血縁・姻戚関係，利害関係，歴史的な因縁関係，コミュニティ内部での因習的な役割などが及ぼす影響）の監視にも，国内選挙監視員は長けている。

　他方，国内選挙監視員は，自らの政治的立場が中立ではなく（もちろん国内選挙監視員は，自らの選挙権を行使することが認められている），政治的な利害関

⬆東ティモール制憲議会選挙——投票を待つ有権者たち（2001年，コバリマ県スアイにて。写真提供：上杉勇司）

係の当事者としての制約もある。そのため，候補者や政党などから，必ずしも完全に局外の立場から客観的に監視をしているとは受け止めてもらえない可能性がある。また，長年の圧政や内戦の影響で現地の市民社会が未発達な状況でも紛争後選挙は実施される。そのような場合には，選挙支援の一環として，国際選挙監視員による国内選挙監視員の養成や研修が行われることもある。さらに，国内選挙監視員だけでは対外的な影響力が弱く，十分に抑止効果を発揮できない可能性もあり，単独では国際的な圧力（外圧）を形成することは難しい。そこで，国際選挙監視員と国内選挙監視員とが協力しながら選挙監視活動を展開することになる。

　国際選挙監視員を組織したり派遣したりする方法はいくつかある。その代表的なものとして，国連（国連PKOなどの暫定統治機関であったり国連専門機関が担当したりする）や欧州連合（EU）などの国際組織によるものがあげられる。もちろん，各国政府やNGOなどが独自に，あるいは国連などと連携しつつ選挙監視団を派遣する場合もある。いずれの場合でも，現地においては選挙行政当局（紛争後選挙では国連PKOや暫定政権下の中央選挙管理委員会であることが通例）の統制の下で規定のルールに従って活動することになる。たとえば国連PKOが展開する中で実施された2001年の東ティモールにおける制憲議会選挙

Column ㊶◇　東ティモール——騒乱の引き金となった住民投票

　1975年にインドネシアに併合された東ティモールでは，インドネシアからの分離独立を求める闘争が続いていた。1998年にスハルト独裁政権が崩壊すると，後を継いだハビビ大統領によって東ティモールの帰属問題が住民投票で問われることになった。インドネシアにとどまって自治を拡大するのか，それとも独立を選択するのかが問われた1999年8月30日の住民投票では，8割近くの有権者が事実上の独立を選択した（有権者登録数は45万人で投票率は98.6％，拡大自治を希望した住民は21.5％で約9万人）。この住民投票を実施するにあたって国連は，インドネシア政府が東ティモールでの治安と秩序の維持に責任を持つことを了承し，自らは投票の実施にのみ責任を持つ国連東ティモール・ミッション（UNAMET）の派遣にとどめ，平和維持部隊を派遣することはしなかった。

　投票日前後から流動的であった治安が，投票結果が明らかになると極度に悪化した。インドネシア国軍の支援を受けた反独立派の武装民兵による焼き討ちや略奪などが始まって，騒乱が各地で激化した。正確な数字は不明であるが，この騒乱で1000人以上の住民が命を落とし，70％以上の家屋が倒壊あるいは焼失した。犠牲者の多くは独立派の住民であった。この騒乱への対応として，1999年9月15日の国連安全保障理事会決議に則り，オーストラリア軍を中心とする多国籍軍（INTERFET）が東ティモールに介入すると，反独立派の武装民兵など約30万人が難民として東ティモールから流出した。

　和平交渉による平和的な分離独立の可能性が残されていた中で，拙速に進められた住民投票に対しては批判が集中した。とりわけ独立が選択された際の治安の悪化（反独立派による暴行など）は予測可能であっただけに，騒乱を煽ったインドネシア国軍に対して何ら効果的な処置を講じなかったインドネシア政府はもとより，人々の安全に対する十分な配慮や対策を講じなかった国際社会に対する批判も根強い。東ティモールの住民投票は，和解と安全保障措置が不十分な段階で選挙を実施することの危険性を鮮明に印象づける事例となった。

では，国連による暫定行政機構の傘下に独立選挙委員会（Independent Electoral Commission; IEC）が組織され，選挙監視員の登録や身分証明証の発行から，選挙監視活動手引書の配布や監視地域の調整にいたるまでのとりまとめ役を担った。

　選挙監視員の任務は，不正や違法行為に対する抑止効果を発揮することと，不正や違法行為を発見した場合には，それを報告することである。不正や違法

行為を取り締まったり摘発したりすれば，それは越権行為となる。たとえ選挙監視員が不正や違法行為を目撃したとしても，その場で矯正(きょうせい)することはおろか，注意することも許されていない場合がある（選挙監視員の法的根拠および行動基準は選挙実施国の選挙法にあり，通常はそこに選挙監視員の任務や権利が明示されている）。このように選挙監視には多くの課題が残されている。しかし国際社会が選挙システム支援や選挙行政支援などとバランスよく組み合わせて，包括的な移行支援の一部として実施すれば，選挙の正統性を確保することは十分可能である。

3　移行支援としての紛争後選挙支援のあり方

■ 平和維持から平和構築への移行を促す紛争後選挙のあり方

　紛争後の平和構築において，国際社会の関与のあり方が主役から脇役的なものに移行していくためには，現地社会の能力強化が鍵になる。紛争後選挙に対する国際社会の支援を移行支援の中に位置づけた場合，選挙支援の主眼は現地社会の能力強化におかれることになる。その場合には，公正な選挙システムを構築することが，まず肝要である。紛争解決の視点および民主化の観点から，それぞれの紛争後選挙に最適な選挙制度を選択して法整備を行う。加えて，そのような選挙システムを効果的に活用するためには，機能的な選挙行政機構の存在が欠かせない。とりわけ，中立的な選挙管理委員会を機能させることは，選挙の実効性を確保するうえでの鍵である。現地社会の能力強化という視点からも，選挙管理委員会への支援がきわめて重要である。選挙の実効性をさらに高めるためには，有権者教育・市民教育を効果的に実施して，現地社会の民意を啓発していく努力も併せて必要になる。同時に，未熟な政党や候補者に対する研修を施すことも有益であろう。

　紛争後選挙の重要な役割として，選挙後に誕生する新政権に対し正統性を与えることがある。そのため，選挙の正統性を担保する選挙監視活動は注目を集めることが多い。だが，現地社会の能力強化を軽視したまま，国際社会が選挙監視だけに力を入れることは，効果的な平和構築支援であるとはいえない。選挙システム支援や選挙行政支援を十分に行ってはじめて，選挙監視活動は有意

義な選挙支援となる。

　今後の選挙支援の傾向としては，一過性の選挙監視にとどまらず，選挙後のフォローまでを視野に入れることが求められてくる。とりわけ，現地に存在する伝統的な統治システムと，紛争後選挙によって導入される新しい統治システムとをつなぎ合わせるための支援が必要になるだろう。民主主義を機能させていくためには，民主制度を構築するだけでなく，その制度を運用する人々の意識改革と能力強化が不可欠である。その意味で，選挙システムや選挙行政機構を整備しつつも，有権者教育や市民教育のように，現地の人々の民意や能力を高めることを意図した取り組みは非常に大切になってくる。現地能力の強化は，今後の移行支援の中核的な活動に位置づけられていくだろう。

　最後に，平和構築における紛争後選挙の位置づけを再確認しよう。

　すでに述べたように，紛争後選挙には，紛争を終結させるための儀礼的な終着点としての役割と，民主化を始動するための象徴的な出発点としての役割がある。紛争後選挙では，時に矛盾するこの二つの要請に応えようとするために，ジレンマをかかえこむことになる。ジレンマを克服するためには，まず，銃が支配する社会から法が支配する社会への移行を促すことが鍵になる。言い換えれば，紛争下の暴力に依拠していた社会政治制度や組織を，民主的な社会政治制度や組織へと作り替えていく取り組みが平和構築プロセスの要である。紛争後選挙を実施する過程で整備される憲法，選挙関連法規，選挙管理委員会，暫定政権（行政機構），政党といった制度や組織は，それ以外の民主的な社会制度を構築していく際の基盤となる。紛争後選挙の成功は，必ずしも紛争解決と民主化の萌芽を促すとはかぎらない。しかし，紛争後選挙を実施する過程で，紛争と政治過程の非軍事化を進めていくことができれば，それは平和構築の貴重な一歩となるであろう。

引用・参考文献

　上杉勇司，2002年a「東ティモール選挙監視」秋野豊ユーラシア基金編『秋野豊ユーラシア基金ニューズレター』第5号〈http://www.akinoyutaka.org/newsletter/newsletter5.pdf〉

　上杉勇司，2002年b「東ティモール大統領選の選挙監視活動報告」秋野豊ユーラシア基金編『秋野豊ユーラシア基金ニューズレター』第6号〈http://www.akinoyuta

ka.org/newsletter/newsletter6.pdf〉
上杉勇司, 2002年c「カンボディアから国際平和協力を考える」秋野豊ユーラシア基金編『秋野豊ユーラシア基金ニューズレター』第6号〈http://www.akinoyutaka.org/newsletter/newsletter6.pdf〉
上杉勇司, 2006年「この国のかたちを決めよう! 東ティモール人自身の国家を目指した選挙」山田満編『東ティモールを知るための50章』明石書店
NGO活動教育研究センター編, 2002年『国際協力の地平――21世紀に生きる若者へのメッセージ』昭和堂
川人貞史・吉野孝・平野浩・加藤淳子, 2001年『現代の政党と選挙』有斐閣アルマ
篠田英朗, 2003年『平和構築と法の支配――国際平和活動の理論的・機能的分析』創文社
首藤信彦・松浦香恵, 2000年『国際選挙監視とNGO』岩波ブックレット No.508
丸山勝, 1998年『君もなれる国際選挙監視員――ベテラン記者のカンボジア選挙報告』読売ぶっくれっと No.11
山田満, 2003年『「平和構築」とは何か――紛争地域の再生のために』平凡社新書
依田博, 2000年『紛争社会と民主主義――国際選挙監視の政治学』有斐閣選書
ANFREL, 1999, *Cambodia: Struggling for Justice and Peace, Report of Missions on the 1998 Cambodian Election*, Bangkok: FORUM-ASIA
Kumar, Krishna ed., 1998, *Postconflict Elections, Democratization and International Assistance*, Boulder: Lynne Rienner
Lyons, Terrence, 2005, *Demilitarizing Politics: Elections on the Uncertain Road to Peace*, Boulder: Lynne Rienner
Lyons, Terrence, 2002, "The Role of Postsettlement Elections," in Stephen John Steadman, Donald Rothchild and Elizabeth M. Cousens eds., *Ending Civil Wars: The Implementation of Peace Agreements*, Boulder: Lynne Rienner
Lyons, Terrence, 1999, *Voting for Peace: Postconflict Elections in Liberia*, Washington, D.C.: The Brookings Institution
Reynolds, Andrew and Timothy D. Sisk, 1998, "Elections and Electoral Systems: Implications for Conflict Management," in Timothy D. Sisk and Andrew Reynolds eds., *Elections and Conflict Management in Africa*, Washington, D.C.: USIP, pp. 11-36
Reilly, Benjamin, "Electoral Assistance and Post-Conflict Peacebuilding-What Lessons Have Been Learned?," 〈http://www.wider.unu.edu/conference/conference-2004-1/conference%202004-1-papers/Reilly-2505.pdf〉
Reilly, Benjamin, 2002, "Elections in Post-Conflict Scenarios: Constraints and Dangers," *International Peacekeeping*, Summer 2002, Vol.9, No.2, pp.118-139
Reilly, Benjamin, 2001, *Democracy in Divided Societies: Electoral Engineering for Conflict Management*, Cambridge: Cambridge University Press
Shain, Yossi and Juan J. Linz, 1995, *Between States: Interim Governments and Democratic Transitions*, New York: Cambridge University Press

Sisk, Timothy D., 1996, *Power Sharing and International Mediation in Ethnic Conflicts*, Washington, D.C.: USIP

Sisk, Timothy D. and Andrew Reynolds eds., 1998, *Elections and Conflict Management in Africa*, Washington, D.C.: USIP

Walter, Barbara F. and Jack Snyder eds., 1999, *Civil Wars, Insecurity, and Intervention*, New York: Columbia University Press

Walter, Barbara F. and Jack Snyder, 1999, "Designing Transitions from Civil War," in Barbara F. Walter and Jack Snyder eds., *Civil Wars, Insecurity, and Intervention*, New York: Columbia University Press, pp.38-69

さらに読み進む人のために

上杉勇司，2004年『変わりゆく国連PKOと紛争解決——平和創造と平和構築をつなぐ』明石書店
　＊国連PKOの活動の中で，選挙支援がどのように位置づけられているのかを，カンボジアの事例から学ぶことができる。

首藤信彦・松浦香恵，2000年『国際選挙監視とNGO』岩波ブックレット No.508
　＊民主化支援NGOであるインターバンドの視点から，国際選挙監視の具体的な活動内容が，読みやすく端的に紹介されている。

依田博，2000年『紛争社会と民主主義——国際選挙監視の政治学』有斐閣選書
　＊政治学者である著者が，ボスニアやカンボジアにおける選挙に参加した経験をもとに，選挙や民主主義の意義を解き明かす。

（上杉勇司）

第14章
国際犯罪と刑法

1 国際刑法とは

■ 国際刑法の必要性

　刑法は，元来,「国際化」を最も観念しにくい領域の一つであった。各国は原則として，自国の領域内でしか国家刑罰権を発動できない。経済活動がグローバル化しても，刑法は直ちにグローバル化するわけではない。それは，何が犯罪かを定め，それにどのような刑罰を科すかを定めることのできるのは，国民の代表によって組織された民主的な議会に限られるという「罪刑法定主義」の要請による。しかし，誰が見ても犯罪であるような重大な事実が実現されたにもかかわらず，一国内だけでは措置を講じることができないとの理由で，これが放置されたとすれば，正義に反する場合が出てこよう。そこで，複数の国が協力して刑事手続を実現するための「国際刑法」が要請されることになる。

　たとえば，ある国で殺人が行われ，犯人が外国に逃亡した場合，犯人が訴追されるべきだとすると，その方法にはいくつかの可能性がある。第一に，殺人が起こった国（A国）に犯人を連れ戻して処罰する。第二に，逃亡先の国（B国）が処罰する。第三は，被害者の出身国（C国）に犯人を連れてきて処罰する。第四に，犯人の出身国（D国）に連れてきて処罰する，というものである。どの方式も法制度の設計によって可能であるが，ここで重要なのは，重大な犯罪と考えられるものを行った犯人は処罰されるべきだということである。そこ

267

Column ⑫◇　罪刑法定主義

　何が犯罪とされ，どのように処罰されるのかが，あらかじめ法律で定められていなければならないという原則を，罪刑法定主義という。これは，処罰される行為の内容を明らかにすることによって行動の自由を保障するという自由主義的な契機と，人権に対する重大な制約となる刑罰を科すには，議会による立法が必要であるという民主主義的な契機とを含む（法律主義）。裁判所や行政庁の恣意的な判断を排除するという意味では，権力分立の理念にも基づいている。日本国憲法第31条は「何人も，法律の定める手続によらなければ，その生命若しくは自由を奪はれ，又はその他の刑罰を科せられない」，また，第39条は「何人も，実行の時に適法であつた行為又は既に無罪とされた行為については，刑事上の責任を問はれない。又，同一の犯罪について，重ねて刑事上の責任を問はれない」と規定している。罪刑法定主義には，刑罰法規の「明確性の原則」「類推解釈の禁止」「遡及処罰（事後法）の禁止」が形式的内容として含まれるだけではなく，近年では，処罰の範囲と程度とが適正なものでなければならないという「実体的デュープロセス」も含まれるとの理解が一般的である。

で，容疑者が存在する国に対しては，「引き渡すか訴追するか（aut dedere aut judicare）」が求められることになる。同様に，たとえば，内戦の起こっている国で大量虐殺があったが，この国の司法・警察制度は内戦のために全く機能していないとする。ここでも，大量虐殺の犯人はそのままにしておくべきではない，という考え方を当てはめるならば，国際刑事裁判所で裁く必要があるのではないかが問題となる。

　刑罰の意義については，応報だとする考え方，将来の犯罪の予防だとする考え方など，いろいろあるが，どの立場を前提とした場合でも，重大な犯罪をそのままにしておいてはならない，という理念は認められる。これが，国際刑法というテーマが出てくる源である。

■ 国際犯罪への対応

　伝統的な刑罰権の行使は，それぞれの国家が領域内で行うものであることから，国際犯罪に対処するためには，複雑なプロセスが求められることがある。ここでは，二つの観点からそれを整理しよう。一つは，処罰を行う「刑罰権」

> **Column ㊸◇　ニュルンベルク裁判**
> 　1945年6月から同年8月にかけて行われたロンドン会議におけるアメリカ，イギリス，ソ連，フランスの協定に基づいて，ニュルンベルク国際軍事法廷 (International Military Tribunal) の設立およびその条例の公布が行われた。ここでの裁判は，第二次世界大戦における侵略行為について国際法上個人の刑事責任が認められた画期的な事件であり，これに続く極東国際軍事裁判（東京裁判）の模範となった。両裁判所条例では，「平和に対する罪」「戦争犯罪」および「人道に対する罪」が対象犯罪とされ（共犯および共謀を含む），死刑その他裁判所が適切と認める刑を科すことが認められた。判決では，12名に死刑，3名に終身刑，2名に20年の自由刑，1名に15年の自由刑，1名に10年の自由刑が言い渡された。東京裁判とは異なり，ニュルンベルク裁判では，ナチスのユダヤ人大量虐殺を念頭においた「人道に対する罪」による訴追がなされたほか，個人以外の組織や集団についての有罪性を宣告することも認められた。これらの国際軍事法廷が戦勝国によって設置されたものであることから，その裁判については，「勝者の裁き」であるとして正統性を疑問視する立場もあり，また，罪刑法定主義の諸原則に反するとの批判も強い。

そのものが，一国の「国家刑罰権」である場合と，「超国家的刑罰権」である場合とがありうるということである。もう一つとして，国家レベルでも超国家レベルでも，犯罪を処罰するには，刑法（刑事実体法）と刑事訴訟法（刑事手続法）という2段階の法制度が要請されることがある。すなわち，まず，問題となる現象が「犯罪」であって「刑罰」の対象とされることが刑法によって定められていなければならない。そのうえで，これを訴追し，処罰する段取りとしての刑事訴訟法が必要となる。
　この「国家刑罰権―超国家的刑罰権」という観点，および，「実体法―手続法」という観点の組み合わせにより，国際犯罪への対処の多様性が示される。
　国家刑罰権を基礎とする場合については，第2節中の「国際刑法に関する日本法」の項で詳しく述べるが，実体法について見てみると，かつて犯罪とされていなかったものを「犯罪化」することによって犯罪の定義自体を広げたり，刑罰の程度を引き上げたりする場合もあれば，かつて日本国内の行為だけを処罰していた犯罪類型について，国外犯も処罰するといった形で，国の「刑法の

Column ㊹◇　ジュネーヴ諸条約

「戦地にある軍隊の傷者及び病者の状態の改善に関する 1949 年 8 月 12 日のジュネーヴ条約」「海上にある軍隊の傷者，病者及び難船者の状態の改善に関する 1949 年 8 月 12 日のジュネーヴ条約」「捕虜の待遇に関する 1949 年 8 月 12 日のジュネーヴ条約」「戦時における文民の保護に関する 1949 年 8 月 12 日のジュネーヴ条約」の四つをいう。これらを補完するものとして，「1949 年 8 月 12 日のジュネーヴ諸条約の国際的な武力紛争の犠牲者の保護に関する追加議定書（議定書 I）」および「1949 年 8 月 12 日のジュネーヴ諸条約の非国際的な武力紛争の犠牲者の保護に関する追加議定書（議定書 II）」がある。日本は長らく二つの追加議定書に参加していなかったが，国内法上の担保措置として 2004 年に「国際人道法の重大な違反行為の処罰に関する法律」を制定し，これらを批准した。

場所的適用範囲」を国外に拡大する場合もある。手続法について見ると，自国で刑事訴追を実現するためには，証拠や容疑者を自国領域内に引き渡してもらう必要があることから，手続きにおける国際協力が求められる。逆に，外国の刑罰権を実現するために協力する場合もある。これらは「国際刑事司法共助」と呼ばれる。また，国際化への手続的な対応としては，外国で有罪判決を受けた日本人を，受刑者移送制度に基づいて日本で受刑させるような「外国判決の執行」という類型もある。

一方，超国家的刑罰権を基礎とする必要が出てくるのは，国家刑罰権がうまく機能しない場合である。ニュルンベルク国際軍事法廷（*Column* ㊸参照）や国際刑事裁判所（ICC，*Column* ㊺参照）のように，独自の刑罰法規に基づいて刑罰権が行使される場合には，実体法も手続法も超国家的であるが，後で述べる「ヨーロッパ共通逮捕状」では，各国が独自に発付した逮捕状が直接に超国家的な効力を持つことになるので，言ってみれば，身柄拘束という手続法の一局面において超国家的な逮捕権限が現出したのと同じことになろう。

従来，「国際刑法」が論じられるときは，国際条約において定義される「国際法上の犯罪」を念頭に置く場合と，国内法の越境的な適用を念頭に置く場合との二つがあるとされてきた（山本，1991）。しかし，両者の間には重なり合いがあり，両者の目的には一致するところがある（髙山，2005）。たとえば，内戦

の際の大量虐殺は，犯罪地の点からすれば「国内」法上の犯罪となろうが，人道に対する重大な侵害でもあるから，人類全体の利益にかかわるものとして「国際」犯罪の一種とされることが一般である。いずれにしても，重大な犯罪を行った者を放置すべきでなく，これに対して何らかの形で刑罰権が行使されるべきである。

2 歴史的展開

■ 超国家的刑事法廷

　超国家的な刑罰権は，当初，対象となる事象を特定してアドホックに設立された裁判所によって行使されてきた。第二次世界大戦後のニュルンベルク国際軍事法廷と極東国際軍事法廷，および，1990年代に国連安全保障理事会決議に基づいて設立された旧ユーゴスラヴィア国際刑事法廷（ICTY）およびルワンダ国際刑事法廷（ICTR）がそれである。これらの裁判所規程においては，「平和に対する罪（侵略の罪）」「戦争犯罪」「人道に対する罪」および「ジェノサイド」が対象とされた。1998年に，常設の国際刑事裁判所を設立するICC規程が採択され，ここでも同じ犯罪類型が対象犯罪とされた。伝統的に国際公法上の犯罪として論じられてきたものの中でも，これら四つは特に，「慣習国際法上の犯罪」として確立したとされる（コア・クライム）。

　ICC規程の内容は，従来のアドホックな国際刑事法廷の規程をふまえているが（安藤，2002），これらに比してかなり大部になっており，特に，刑事手続に関する規定には発展が見られる。規程が発効する以前になされた行為を遡って処罰してはならないという「遡及処罰の禁止」をも含めて，罪刑法定主義が初めて明文化され，各犯罪類型の定義も詳細になった（ただし「侵略の罪」の定義はまだ行われていない）。刑罰としては，終身刑，30年以下の自由刑，付加刑としての罰金および没収が予定されている。ICCの管轄権は，国家刑罰権が十分に機能しない場合に限り，これを補完する（「補完性の原則」，ICC規程1条）。ただし，ICCの管轄権は，犯罪地国と被疑者国籍国とのいずれか一方がICCの管轄権を受諾すれば発生し，締約国以外に対しても効力を持つ。他方で，なおいずれかの受諾は条件とされていることや，また，国際連合（国連）の安

Column ㊺◇ 国際刑事裁判所

　1998年7月に国際刑事裁判所（ICC）を設立するためのローマ会議において，国際刑事裁判所規程が採択され，これが2002年7月に発効した。それまでの国際刑事法廷が対象事件を特定したアドホック裁判所であったのに対し，ICCは常設の裁判所である。また，ICTYおよびICTRが国連安保理決議によって設立されたのと異なり，国際条約を設立根拠としている点が特徴である。参加国数は102ヵ国，署名国は139ヵ国である（2006年8月末）。日本は，ローマ会議においては賛成国であったが，その後，規程について署名も批准もしていない。すでに，アメリカ，中国，インドといった主要国が，ローマ会議の時点で反対ないし棄権に回ったともいわれ，大国の不参加がICCの弱点の一つである。対象犯罪としては，ジェノサイド条約（1948年）の定義を援用した「ジェノサイドの罪」，1949年のジュネーヴ諸条約に依拠しつつ独自に定義された「戦争犯罪」，さらに，殺人，殲滅（せんめつ）、奴隷化，国外追放・強制移送，自由剥奪（はくだつ）、拷問，強姦等の性的暴力，差別的迫害，強制失踪（しっそう）、アパルトヘイト，虐待という11の行為のいずれかを含むものとして定義される「人道に対する罪」がある。「侵略の罪」についてはまだ定義されていない。ICCへの日本の参加が遅れている主な理由として，国内法との食い違いが指摘されている。ICC規程の犯罪構成要件は広範であり，日本法では犯罪を構成しないものを数多く含んでいる。手続法の面でも，公訴時効の不適用や，有罪答弁の制度など，日本にない制度がある。

全保障理事会に，（締約国と並んで）対象犯罪の疑いのある事態をICCの検察官に付託する権限や，ICCの捜査または訴追手続を延期させる権限が認められていることは，政治的な妥協によるものだとの指摘がある（小和田, 1999）。

■ EUの動向

　超国家的刑罰権の導入は，欧州連合（EU）においても論じられている。
　EUの前身である欧州共同体（EC）では，共同体の財源に対する詐欺的行為が増加したため，欧州司法裁判所の1989年の判決や，1992年のマーストリヒト（EU設立）条約によって，各加盟国が共同体の財産を保護するために国内法により適切な措置をとる義務を負うことが宣言された。その後，1997年には，加盟国の専門家グループが，EUに独自の超国家的刑罰権を導入すべきだとの考えに基づいて，「EUの財産的利益の保護に関する刑事法典」案（Corpus

Juris)を公表した（1999年には第2次案も公表された）。この「コルプス・ユーリス」は，EU財産への攻撃を詐欺や汚職など8類型の犯罪として規定するほか，「ヨーロッパ共通逮捕状」に関する条文も置いていた。この逮捕状は，八つの対象犯罪について「ヨーロッパ検察」が捜査を指揮し，各加盟国に置かれる「自由保障判事」が審査を経て発付するものとして構想されていた。

しかし，2001年9月のいわゆる9.11テロ事件を機に，共通逮捕状はこれと異なる形で実現された。2002年6月には，EU理事会が，テロリズム（第10章 *Column* ㉜ 参照）や謀殺，人身売買などを含む32の犯罪について，「双方可罰性◆」の確認なく，EU全域からの引き渡しを受けられる共通逮捕状を導入する旨の「枠組み決定」を出した（庄司，2005）。従来，逃亡犯罪人の身柄の確保は，外交ルートを通じた引き渡し請求と，「双方可罰性」を確認したうえでの国内の逮捕状の発付との2段階で行われていたが，共通逮捕状の導入はこれを1段階で可能にする。各加盟国は，「枠組み決定」を受けた国内立法を行い，2004年から共通逮捕状制度を実施してきている。この制度によって，超国家的な刑罰権自体が創設されたわけではないが，各国の訴追権限の一部が超国家的に効力を持つことになったといえる。

だが，共通逮捕状をめぐっては問題も生じている。もともと，刑事手続における国際協力で「双方可罰性」が原則とされていたのは，何を処罰すべきかについて共通の了解が得られる範囲でのみ相互の協力が可能だという考え方による。「枠組み決定」は，32種類の犯罪の罪名を列挙するだけなので，それぞれをどの程度広く処罰するかは，各加盟国の国内法のあり方によってまちまちである。「双方可罰性」の確認なく逮捕を請求しうるとすると，これを突き詰めれば，処罰範囲の最も広い国が，EU全域に逮捕状を出せることになってしまう。たとえば，A国人がA国内で行った活動について，A国で犯罪とされな

◆ **用語解説**
双方可罰性　「双方可罰性」とは，引き渡しを請求する国とされる国との双方で，対象となる行為が犯罪とされていることを要するとする原則である。海などの地形や法制度の相違により，双方の国の可罰性の範囲が対応しない場合には，この要件を満たさなくても協力が認められている。また，手続きにおける協力ではなく，国外犯を処罰する刑法の適用の段階で，すでに双方可罰性を要件とする立法例もあるが，日本はこの考え方を採用せず，犯罪地での可罰性がなくても日本法の適用を認める立場をとっている。

Column ㊻◇ 国際条約による犯罪化

海賊，ハイジャック，薬物犯罪，児童ポルノ，奴隷・人身売買，テロリズム，マネーロンダリング（不正資金の洗浄），人権に対する罪，通貨偽造，環境犯罪，文化財の侵害などについては，従来，国際条約が定められ，これを受けて，各国の国内刑法による犯罪化が進められてきた。これらの多くは，国際法上「人類全体の利益にかかわる罪」として位置づけられている。しかし，条約の起草過程は必ずしも民主的ではなく，また，条約の締結にあたっては政治的な考慮もはたらかざるをえないことから，条約の内容が国内での議論に適合しない場合もありうる。確かに，条約の批准には国会の承認を要し（憲法第73条3号，第61条），条約によっては各国が一部に「留保」を付すことも認められるが，国会は条約の内容まで自由に決められるわけではない。

いにもかかわらず，B国が自国の刑法を適用して容疑者の逮捕状を発付することも，理論的には可能である。これでは，その活動についてA国の議会が「行動の自由に属する」と決めたことが無に帰し，民主主義を害することとなるおそれがある（ドイツは「枠組み決定」を受けて，外国への自国民の引き渡しをも広く認める立法を行っていたが，ドイツの連邦憲法裁判所は2005年7月に，この法律が法治国家の諸原則に反して違憲無効だとした）。

EUに独自の超国家的刑罰権を導入すべきではないかとの議論も続いているが，国内の議会に匹敵する民主的な機関がEUに存在しないことから，現時点では慎重論が優勢である。

■ 国際刑法に関する日本法

日本はこれまでのところ，ICCには参加しておらず，EUのように超国家的刑罰権導入の問題を突き付けられているわけでもない。従来，犯罪の国際化にともなって進められてきたのは，あくまで国家的刑罰権を前提とした形での対応であった。刑事規制の実効性の点から見ると，超国家的な刑罰権や訴追権限の創設によらずに，国家の刑罰権を用いることによって，犯罪現象への対応を図ることが第一次的には重要である。日本もいくつかの方面からの取り組みを行ってきた。

第一に，各国間で処罰のあり方に開きが出ないようにするためには，国際条

約を締結し，各国がそれに応じて国内法による犯罪化を行うことが考えられる。近年の立法の中では，国連麻薬新条約（1988年）の国内法担保措置としてのいわゆる麻薬特例法（1991年）によるマネーロンダリング罪処罰および犯罪収益の剥奪(はくだつ)制度の導入，OECD（経済協力開発機構）外国公務員贈賄防止条約（1997年）の国内法担保措置としての不正競争防止法改正（1998年）による外国公務員に対する贈賄(ぞうわい)の犯罪化，「児童の権利に関する条約」（1989年）の国内法担保措置としての児童買春・児童ポルノ処罰法（1999年），国際組織犯罪防止条約人身取引議定書（2000年）の国内法担保措置として「人身売買罪」を設ける刑法改正（2005年）などが実現している。

　第二に，国内の刑罰法規自体を改正しなくても，その適用範囲を拡大することにより，国家刑罰権による訴追の可能性を広げることが可能である。各国の刑法はその国の領域内に適用される（属地主義）のが基本であるが，仮に，刑罰法規が領域内のみに適用され，国外犯の処罰が一切なかったとすると，外国での行為は日本刑法上の犯罪でないため，犯人が日本に来ても日本での訴追はできない。また，犯人が日本人であるときは，「自国民不引き渡し◆の原則」（逃亡犯罪人引渡法第2条9号）により，原則として犯人の引き渡しができないから，外国法に基づく処罰もない。そこで，自国民については引き渡しの代わりに，国内刑法の適用範囲を拡大して国外犯を処罰することが考えられる。

　日本では近年，犯罪の国際化にともない，国外犯の処罰規定が拡大してきた。人質行為禁止条約等に対応する1987年の刑法改正では，刑法の国外犯処罰規定の中に列挙されていない犯罪でも，条約に定めのあるときは，国外犯として日本の刑法を適用することとされた（刑法第4条の2）。国際条約を受けた特別立法の中で「刑法2条の例に従う」（すべての者の国外犯を処罰する）とされる罪についても，国際法上の犯罪について国外犯を処罰するものと見ることがで

◆ 用語解説
　自国民不引き渡し　自国民の不引き渡しは，逃亡犯罪人の引き渡しに関し，刑事手続において自国民の人権をよりよく保障するため，特にヨーロッパで慣行化したとされる。これを憲法上の原則としていた国も少なくない。これに対し，英米法系の国では，自国民でも外国に引き渡す立場が採用されてきた。日本の逃亡犯罪人引渡法第2条9号は自国民の不引き渡しを定めているが，これは憲法的要請ではないので，日米や日韓の引き渡し条約のような二国間の定めがあれば，自国民も引き渡すことができる。

きる。さらに，2003年の刑法改正によって，日本国民を被害者とする罪のうち重大なものについて，「国民以外の国外犯」をも処罰する「消極的属人主義」の規定（第3条の2）が設けられた（実は，かつて刑法には「帝国外ニ於テ帝国臣民ニ対シ前項ノ罪ヲ犯シタル外国人ニ付キ亦同シ」とする第3条2項が存在し，第3条1項に列挙された犯罪の被害者が日本人である場合にも国外犯を処罰することとしていたが，国民の保護のために外国における外国人の行為にまで日本の刑法を適用することは，国家主義的であるとされ，この規定は1947年に削除されたという経緯がある）。それでも，比較法的に見ると，日本法は国外犯を処罰する範囲が狭い。諸外国の法制には，個人法益に対する罪の場合にも「保護主義」を広く採用するものが少なくない。ただしこれに対しては，自国の利益を追求する制度であるため，国際協調の観点からは問題があるとの批判もある。

　第三に，実体法上犯罪とされる範囲が拡大しても，犯人や証拠が散逸していたのでは，刑罰権が有効に機能しない。そこで，越境的な手続法の実現という形で，手続法の国際化が要請されることになる。従来，これは国内刑法の適用を前提として各国の国内機関が越境的に協力を実施するという形で理解されてきた。原則として，国内の機関が外国で逮捕や捜索・差し押さえ等の強制処分，裁判，行刑を自ら行うことはできない。そこで，外国に対して，犯人・証拠の確保や，裁判・刑の執行の代行を求めることが考えられる（「広義の国際刑事司法共助」）。まず，「逃亡犯罪人引渡法」（1953年）は，日本から外国に対して引き渡しを行う要件と手続きとを定める。「双方可罰性」が必要であり，日本が同様の請求をしたならば相手国も応じるであろうという「相互主義」も要件とされる（川出，1998）。次に，証拠収集に関する「狭義の国際刑事司法共助」の分野では，外国の捜査機関に証拠を提供するための「国際捜査共助等に関する法律」（1980年，2004年改正以前の名称は「国際捜査共助法」）があり，ここでも双方可罰主義と相互主義とが採用されている。外国の裁判所の請求により実施する共助については「外国裁判所ノ嘱託ニ因ル共助法」（1905年）がある（ほかに，条約や個別折衝に基づく共助もある）。近年，麻薬特例法および組織犯罪処罰法において，外国から没収・追徴のための財産保全やそれらの確定裁判の執行について共助の要請があった場合に，これに応じる制度が設けられた。さらに，「国際受刑者移送法」（2002年，欧州評議会〈Council of Europe〉の受刑者移

送条約に基づく国内立法）では，外国の日本人受刑者および日本国内の外国人受刑者について，本国での刑の執行を可能にする「受刑者移送制度」も導入された。

3　理論的問題

■ 超国家的刑罰権の必要性と限界

　超国家的刑法への要請は，処罰すべきだと考えられる事態があるにもかかわらず，国内刑罰権が十分に機能しないという問題点から生じてきた。たとえば，内戦の際に国の領域内で大量虐殺が行われた場合に，加害者も被害者もその国の国民だとすると，別の国が自国の刑罰権を行使することは困難である。これが「人道に対する罪」であるとしても，外国が自国の管轄権を主張するためには，国際法上，「連結点」となるべき関連性を要するからである（尾崎，2004）。ところが，その国自身の刑事司法は，内戦のため機能不全に陥っているとすると，超国家的刑罰権の発動を求めるほかない。また，複数国に共通する利益について，規制の不十分な国があると，そこが抜け穴となり，全体を害する結果となる場合がある。たとえば，EUでは，A国の責任において徴収すべきEUの課徴金が徴収されなかった事件で，A国が自国の刑法に基づく訴追にきわめて消極的な態度を示したことが問題となった。A国自身のインセンティブの欠如を補うために，EU独自の刑罰権の導入が主張されるようになったのである。

　しかし，超国家的刑罰権には難点も多い。まず，実際に訴追の対象としうるのは，わずかな数の重大犯罪に限られよう。また，罪刑法定主義の要請も満たされにくい。本来，刑罰は，基本的人権と自由に対する重大な制約となるものであるから，民主的な議会の立法により根拠づけられなければならないが，「超国家的議会」がない以上，民主主義と自由主義とが十分に実現できない。国際条約にはしばしば妥協的性格があるため，刑罰法規が不明確となるおそれもある。さらに，肝心の犯罪予防効果もあまり期待できない。そもそも，（個人責任の原則を前提とすれば）自爆テロに対してはいかなる刑も抑止力を持ちえないうえ（ICC規程には死刑もない），訴追件数が小さいことからも，抑止力は限定されたものにならざるをえない。

このように，超国家的刑罰権は確かに必要なものではあるが，これに過度の期待を寄せるべきではないともいえる。

■ 越境的刑法の諸原理

したがって，超国家的刑罰権を国家刑罰権に対して補充的なものと見る「補完性の原則」には，合理的理由があることになる。そこで，まずは国家刑罰権による対応を望ましい形に近づけることが重要であり，ここに「刑法適用法」と呼ばれる領域が生まれる。刑罰法規を適用する基準には，「属地主義」「国家保護主義」「国民保護主義」「能動的属人主義」「世界主義」「代理主義」「代理処罰主義」がある。国家刑罰権（警察・検察・裁判・執行）は原則として国の領域内でしか行使できないため，各国刑法の場所的適用の原則は属地主義であり，それ以外は属地主義を補充する原理として採用される。これらの諸原理はそれぞれ固有の根拠に基づいており，行為者を出発点として考えるか被害者を出発点として考えるか，あるいは，法の実体面を重視するか手続面を重視するかによって，さらにアプローチの相違がある。

第一に，属地主義（刑法第1条）により，日本の刑罰法規は日本の領域（刑法第1条2項により日本船舶・航空機を含む）における犯罪事実に適用される。日本法の適用を受けるか否かは，「犯罪地」をどのように理解するかによって異なりうる。その国の領域の治安が重要だとすると，被害がどこで発生したかを基準とすべきであるが（結果地説），しかし，刑罰法規は人に対して作為や不作為を命じるものであるから，国内で作用している規範は，国内の行為者を名宛人として適用されるべきだとすることにも理由がある（行為地説）。これらに対し，通説は，行為地と結果地とのいずれをも「犯罪地」に含め，構成要件該当事実の一部でも領域内で発生すれば，日本刑法の適用対象とする（遍在説）。遍在説の根拠についてはあまり議論がないが，基本的にはこの立場が支持されるべきである。保護すべき価値のあることが各国で共通して認められるような利益については，被害者と加害者とのいずれが日本にいる場合であっても，その侵害について日本の刑罰権で対処すべきであろう。そして，自国で刑事訴追を行う見込みがなければ自国の刑法を適用する意義に乏しいとすると，犯罪事実の一部が日本で発生していれば，証拠の一部が日本にある場合が多い

から，そのような意義を認めやすいといえる（髙山，2003）。

　第二に，自国の重要な利益に対する犯罪について国外犯を処罰する「保護主義」（国家保護主義）の考え方に基づくものとして，国家的法益または社会的法益に対する一部の罪について「すべての者の国外犯」を処罰する規定がある（刑法第 2 条）。対象犯罪は列挙されており，内乱，外患，通貨偽造および行使等，詔書偽造等，公文書偽造等，公正証書原本不実記載等，公電磁的記録不正作出等，有価証券偽造等，偽造有価証券行使等，御璽偽造および不正使用等，公印・公記号偽造および不正使用等である。ほかに，刑法第 4 条も，公務員による看守者等逃走援助，虚偽公文書作成等，公務員職権濫用，特別公務員暴行陵虐，収賄，特別公務員職権濫用等致死傷等について，国外犯処罰を定め，国益を害する罪を対象にしているといえる。

　第三に，国民保護主義ないし受動的（消極的）属人主義に基づく国外犯処罰がある（刑法第 3 条の 2）。これは，日本人を被害者とする一定の犯罪類型について認められる。国の存立の保護とまではいかなくとも，国民の利益を保護するという考え方による国外犯処罰を，日本人や日本企業が被害者となる場合について導入することには，内容的な合理性がある。この規定は，パナマ船上で日本人がフィリピン人に殺害された「TAJIMA 号事件」を契機として，2003 年に新設され，殺人，傷害，強制わいせつ・強姦，逮捕監禁，略取誘拐，強盗といった重大な犯罪について，国民に対する国外犯の処罰が復活した（戦前の第 3 条の 2 については第 2 節中の「国際刑法に関する日本法」の項を参照）。

　第四に，能動的（積極的）属人主義ないし（狭義の）属人主義に基づき，「国民の国外犯」を処罰する場合がある（刑法第 3 条）。対象犯罪は受動的属人主義（第 3 条の 2）に比べて広い。公務員の国外犯の処罰（第 4 条）については国家保護主義に関連して言及したので，ここでは第 3 条について見ると，対象犯罪には，社会法益に対する罪として放火等の公共危険罪，文書偽造罪，重婚があり，個人法益に対する罪としては殺人，傷害，業務上堕胎，遺棄等（生命・身体に対する罪），逮捕監禁，略取誘拐，名誉毀損，強制わいせつ・強姦等（自由・名誉に対する罪），強窃盗，詐欺・恐喝，背任，業務上横領，盗品譲受け等（財産犯）がある。能動的属人主義の根拠については，国家が自国民の教育に責任をもつとする国もあるが，日本はそうではない。受刑者の人権保障の

点からは，自国で服役したほうが望ましいことがあるので，外国で犯罪を行った後に帰国した日本人を，外国に代わって自国で処罰する制度を設けることには一定の実益がある。逃亡犯罪人引渡法は「自国民不引き渡しの原則」を定めている（第2条9号）。なお，国民の国外犯のみを処罰しても，必ずしも自国民ばかり処罰することにはならない。国際条約によって各国が提携して同じ措置をとることで，どこでも処罰が確保されている場合には，国際的に見れば，日本人が被害を受ける場合への対処も全体として図られている。たとえば，刑法施行法第27条1号は，著作権法上の罪につき「刑法第三条ノ例ニ従フ」とし，能動的属人主義を採用しているが，これは，ベルヌ条約第5条および万国著作権条約第2条が各締約国に対し，他の締約国の著作者をも同等に保護する義務を課しているため，自国民不引き渡しの原則によって自国民たる侵害者が不処罰とならないよう，国民の国外犯を処罰するものだと推測される。

　第五に，ハイジャックや麻薬犯罪など，条約によって国際法上の犯罪とされ，「国際社会に対する罪」として位置づけられるものについては，国際社会が一致してその対策にあたるべきこととされ，加害者・被害者や航空機の国籍，犯罪地にかかわらず，「世界主義」による管轄の対象となり，どの国が処罰してもよいとされる。刑法第2条（すべての者の国外犯）および第4条の2（条約による国外犯）は，世界主義の趣旨を持ちうる規定である。経済秩序に対する罪の領域では，1929年の通貨偽造処罰国際条約が，通貨偽造・偽造通貨行使等の罪を世界主義の対象としており，日本法は「外国ニ於テ流通スル貨幣紙幣銀行券証券偽造変造及模造ニ関スル法律」（明治38年 法66）上の罪および「通貨及証券模造取締法」上の罪について，刑法施行法第26条3号・4号により「刑法第二条ノ例ニ従フ」としている。

　第六に，代理主義（刑事訴追の移管）と呼ばれる原理がある。軽微な犯罪を行った者が外国に逃亡したとき，罪が軽いために，一方で，犯罪地国は犯罪人の引き渡しを請求できず，他方で，逃亡先の国には国外犯処罰規定のないことがある。このような場合に，犯罪地国の請求によって被請求国との間に「共通裁判権」が設定され，被請求国は自国の刑法を適用して犯人を処罰しうる。こうした制度は日本にはないが，ヨーロッパで行われている（森下，2002）。

　第七に，条約上，各国が共同して対処すべきこととされる罪の中には，比較

的軽微な犯罪について，本来的には外国が処罰するべき行為を，犯人の所在する国が「代理処罰」することが確保されている場合があり，これを「代理処罰主義」という。処罰が「世界主義」と「代理処罰主義」とのいずれに基づくかの区別は相対的である。世界主義の対象となっている犯罪も，つねに全世界に関係するわけではない。たとえば薬物犯罪が，日本に全く関係ない形で行われ，しかし犯人は日本に存在する，という場合にも，条約上は日本が処罰できることになっている。より重大な犯罪であるハイジャックなどについても，政治的な背景等からして日本には無関係な場合であっても，日本で処罰が可能である。これらは実態として，外国の代わりに日本が処罰するという代理的な考え方に基づいた刑罰権の適用だということになる。日本ではヨーロッパ諸国と異なり，代理処罰主義に基づく処罰がそもそも現行法上の制度としてほとんど認められていない。

なお，このほかに，「純代理処罰主義」といわれる制度もある。死刑廃止国はしばしば，相手国の死刑対象犯罪を引き渡しの対象外としており，また，引き渡しに関する「条約前置主義」の国は，条約の相手国以外に対する引き渡しを行わない。そこで，こうした制限を行っている国は，代わりに自国で処罰する制度を設けていることがある（森下，2002）。日本は死刑を執行しているので，こうした制限を設けている国からの犯罪人の引き渡しを受けられない。

■ 越境的刑事手続法の諸原理

自国または他国の国家刑罰権を国際犯罪に及ぼしても，実際に訴追を行うには，国際協力が必要となる。手続面での協力についてはいろいろな要件が論じられているが，ここでは主要な三つの「原則」の当否を検討する。

第一に，「双方可罰性」は，伝統的に国際協力要件とされてきたが，ヨーロッパ共通逮捕状はこれを撤廃した。しかし，「双方可罰性」を全く問わないとすると，最も処罰の厳格な国の刑罰権が全世界に主張されることにもなりかねない。対象となる事件の実体法的評価としては，やはり「双方可罰性」を要件とするのが筋であろう。たとえば，自国の憲法で「表現の自由」に属するとして保護される表現活動が，外国で「差別をあおる罪」に該当するからといって，その国の刑罰権の実現に協力する必要はない。確かに，従来の方式では「双方

可罰性」の確認に時間がかかり，訴追の実効性が損なわれる場合があったかもしれない。しかし，それは手続を簡略化するなどの方法で改善すべきである。国の民主的な議会の決定をくつがえすような他国の要請を無条件に認めるべきではない。

　第二に，「自国民不引き渡し」についても，これを「原則」とすべきかどうかには疑問がある。その根拠は人道的な行刑であり，合理性が認められるが，現在では生活の拠点と国籍とが一致しない場合も多く，また，出身国での受刑は受刑者移送制度によっても実現できる。確かに，「自国民不引き渡し」を憲法上の原則としてきた国も少なくないが，他方，英米法系の国ではもともと自国民の引き渡しを認めており，これが普遍的原則ではないことも指摘されている（森下，2004）。日本も，逃亡犯罪人引渡法第2条9号は自国民不引き渡しを規定しているが，日米犯罪人引渡条約などでは特別法による例外が認められている。

　第三に，「国際的一事不再理」と呼ばれる原則が，一部の国で採用されている。日本法は，自国の実体法による評価を重視しているため，外国での処罰には一定の考慮を払っているにすぎない。そのため，引き渡し犯罪にかかる事件がすでに日本で裁かれている場合には引き渡しが制限され（逃亡犯罪人引渡法第2条7号），逆に，外国での処罰が不十分であるときは日本でのさらなる処罰もありうる（刑法第5条本文）。これに対し，同一の事件で複数回の刑事手続を受けなければならないという手続的負担を重視するならば，実体法的評価のいかんにかかわらず，一事不再理を認めるべきこととなる。

4　展　　望

■ **日本のあり方**

　ICC規程は2002年7月1日に発効したが，日本は，未だこれに署名すらしていない。EUの代表団はたびたび日本の各省庁を訪問し，早期にICCに参加することを求めているが，日本におけるICCへの関心は未だ低い。これには，政治的理由もあることが推察される。日本は自国の安全保障の重要な部分をアメリカに負っているため，自国の兵士の訴追を懸念するアメリカがICCに反対

しているかぎり，日本が参加する見込みも薄いと考えられるためである。しかしながら，日本に対して公にアメリカが圧力をかけたことは一度もなく，日本政府もこれまで一貫して，ICC を支持する声明を出してきた。憲法が ICC への参加の障害だとする主張もあるが，少なくとも，ICC 設立に関するローマ会議における日本の代表団は，この規程の内容は憲法を改正せずとも日本が批准できるものになったと考えていた（小和田・芝原，1998）。日本の対応の遅れの原因はむしろ，これまで日本が，国際条約の批准の前に，国内法の内容をこれに合致させる政策をとってきたことにあるように思われる（オステン，2002）。諸条約と，日本の国内法との間に多くの食い違いがあるために，法案の作成が棚上げにされている可能性がある。だが，ICC 規程は，国内刑罰権とは別に，その外側に新たな刑罰権を創設するものにすぎない。したがって理論的には，日本は，従来の刑罰法規を改正しなくとも，ICC 規程を批准することができる。ICC の刑罰権は，「補完性の原則」に従い，国内法を補う範囲でしか認められないのであるから，日本の刑法に直接の影響を与えるものではない。

　国際刑法の分野における取り組みの遅れは，重大犯罪が訴追されないままの事態を容認することを意味する。殺人および人道に対する罪を含む容疑で国際逮捕状の対象となっていたペルーの元大統領アルベルト・フヒモリ氏への対応に見られたように，日本の政府や世論は，一般に，日本人が被疑者である事件においては，訴追に無関心である。これとは対照的に，多くの日本人は，被疑者が外国人であって被害者が日本人である事件については，刑事訴追を強く求める傾向にある。「TAJIMA 号事件」を受けて刑法第 3 条の 2 が立法されたことには，第 3 節中の「越境的刑法の諸原理」の項でふれたが，米軍の原子力潜水艦がハワイ沖で日本の高校の実習船に衝突し，生徒 4 人を含む 9 人が犠牲になった「えひめ丸事件」もその例である。日本人は，米軍兵士の身柄を自国の捜査機関が確保できないことには憤りながら，フヒモリ氏の身柄を確保できないペルー側の憤りを慮ることがなかったようである。日本は，外国人の生命を保護することには熱心でないのに，日本人の生命を保護するための施策においては機敏であるともいいうる。このような態度には，法的に見て一貫しない面がある。

第 *14* 章　国際犯罪と刑法　　283

■ 課　題

　国際犯罪への対応として重要なのは，国際社会全体で見た場合にどのような調整が必要かという点である。

　日本は，超国家的刑罰権による対応の文脈では，これまでのところ十分に責任を果たしているとはいいにくい状況にある。このことは結果的に，犯人が訴追されないままの事態を是認しているのと同じであり，このような結果は正当化しえないと思われる。超国家的な制度は，一方で，国内司法制度を補完するものにすぎず，政治的な妥協の産物という性格も有するが，他方で，独自の理念を追求し，普遍的な意義をも持ちうる。ICC規程の前文は「国際共同体全体が関心を有する最も重大な犯罪が罰せられることなく放置されてはならないこと，並びにその実効的な訴追が国内で措置をとること及び国際的な協力を強化することによって確保されなければならないこと」を確認している。このような犯罪が起こったとき，犯人や証拠を逃してはならない。もちろん，それと同時に，適正手続はいかなる場面でも保障されなければならない。罪刑法定主義や無罪の推定といった基本原則は，国内法のみならず超国家的な制度においても遵守される必要がある。

　国家刑罰権による対応の文脈では，国際条約を受けた犯罪化により，処罰範囲が拡大し，人権制約的な新しい捜査手段が導入されてきており，真に必要なのか否かを確認することなく刑法を政策実現のために投入する「刑罰積極主義」の傾向が見て取れる。また，国内法の越境的な適用については，まず，実体法の面で，インターネット上の性的・政治的表現など，もっぱら家族制度や文化にかかわるものの規制について「全世界統一規格」を設けることが困難であるにもかかわらず，現状では，自国の刑法の適用範囲を原則として各国が自由に決めており，今のままでは，最も厳しい国の刑法が全世界に適用されうることになっている。この点では，国外犯の処罰を限定的にしか認めない日本の刑法は，謙抑的であり国際協調的であるともいえる。日本が，手続法の面で，「双方可罰性」を国際協力の要件として維持している点も積極的に評価できる（ただし，改正後の「国際捜査共助等に関する法律」では例外も認めることとなった）。重大犯罪を行った者を逃がさない，という国際刑法の趣旨からすれば，本来対応が必要なのは，どこの国でも犯罪とされるような重大な事態に限られ

るはずである。そして，刑事手続法の越境的な適用を可能にする国際協力は，日本でも今後，ヨーロッパのレベルを念頭に置きつつ推進されていくことと予測されるが，その際には，テロリズム対策などの名目で手続的な権利の保障が切り崩されることが警戒されるべきである。超国家的刑法も，越境的刑法も，正義の実現とともに人権の保障をめざすものである。このことを自覚し，歯止めのない刑罰積極主義や，人権保障の切り下げにいたらないようにする必要がある。刑罰権を設定するだけでは必ずしも実効的な犯罪対策とはならないことから，途上国の法整備支援や，その捜査能力の向上のための研修の実施や専門家の派遣といった形での，刑事政策における国際協力が現在試みられており，今後も必要となろう。

〈補　記〉
　本書刊行後，日本は2007年5月に「国際刑事裁判所に対する協力等に関する法律」（平成19年法律第37号）を公布し，同年10月にICCの加盟国となった。

引用・参考文献
安藤泰子，2002年『国際刑事裁判所の理念』成文堂
尾崎久仁子，2004年『国際人権・刑事法概論』信山社
オステン，フィリップ，2002年「国際刑事裁判所の設立と立法上の対応（上）」『捜査研究』第608号
小和田恆，1999年「国際刑事裁判所設立の意義と問題点」『国際法外交雑誌』第98巻第5号
小和田恆・芝原邦爾，1998年「ローマ会議を振り返って」『ジュリスト』第1146号
川出敏裕，1998年「犯罪の国際化と刑事法」岩村正彦ほか編『岩波講座 現代の法（第6巻）』岩波書店
庄司克宏，2005年「『自由・安全・司法領域』とEU市民――欧州逮捕状と相互承認原則」田中俊郎・庄司克宏編『EUと市民』慶應義塾大学出版会
髙山佳奈子，2003年「国際刑事裁判権（1）（2・完）」『法学論叢』第154巻第1号・第2号
髙山佳奈子，2005年「国際刑法の展開」山口厚・中谷和弘編『安全保障と国際犯罪』東京大学出版会
森下忠，2002年『新しい国際刑法』信山社
森下忠，2004年『犯罪人引渡法の研究』成文堂
山本草二，1991年『国際刑事法』三省堂

さらに読み進む人のために
Werle, Gerhard, 2005, *Principles of International Criminal Law*, T. M. C. Asser

Press
　＊ドイツ語版（Volkerstrafrecht, 2003, Mohr Siebeck）の英訳。国際刑法の教科書の中でも最新のものに属し，世界各国で読まれている。スペイン語版もある。

（髙山佳奈子）

第15章
開発協力

1 紛争と開発

■「開発」とは何か

「開発(development)」とは,単なる経済成長を意味するだけの言葉ではなく,多様な側面を含む概念であることは,すでに一般的に定着している。また,「開発」というプロセスは,具体的に政策をもって実現されてゆくべきものであり,理念的,抽象的な議論にとどまるものでもない。特に平和構築の枠組みの中で開発について議論を進める際には,経済的な側面だけではなく,それが実際にどのように平和と安定の回復,強化に寄与するものであるかをつねに念頭においで検討を進めることが必要である。

経済が成長することは,多くの場合開発の促進にとって重要な意味を持つが,同時に成長によって得られた経済力をどの分野に,どのように振り向けるかという問題も,経済成長それ自体と同じぐらいに重要だと言ってもよい場合が少なくない。極端なことを言えば,経済成長によって得られた余裕が主に軍事費として使われた場合や,得られた所得の分配に著しい不公平があり,一部の人間が利益を独占し,社会における経済的な格差が急激に拡大した場合など,むしろ経済成長が武力紛争の継続,激化,勃発を促す要因として作用する場合も十分に考えることができる。そのような状況を避けるためにも,「開発」が何を目標として進められるべきなのかを,それぞれの社会状況に即して慎重に検

討しなくてはならないのである。

　黒人として初めてノーベル経済学賞を受賞したルイスは，開発とは単なる経済成長ではなく，人間の選択の幅を広げるためのプロセスであると定義し（Lewis, 1963），それを受ける形で，トダロは，開発の定義の中心に，生活の維持，人間としての尊厳の確保，自由な選択の拡大の三つの具体的な分野をあげている。生活の維持とは，文字通り，人間が生きてゆくのに必要な衣食住や保健衛生等の条件の整備であり，物理的な環境の改善が中心となる。人間としての尊厳の確保とは，抽象的な尊厳だけでなく，具体的に開発の過程において，軽蔑や疎外の対象となり，自尊心を傷つけられる人々，特に他の人々と比べて「開発が遅れている」という理由で，人間として劣っているとみなされるようなグループを生み出さないということである。そして，自由な選択の拡大とは，単なる思想，信条，宗教等の精神的な自由だけでなく，実際に，教育，住居，職業あるいはライフスタイル等を選択する際に，一人一人の人間がどれだけ幅広い選択肢を持ちうるかということである（Todaro, 1992）。これらの三つの分野において着実な向上が見られる時，そこに生活する人々は将来に対して安定した希望を見出すことは容易に想像できる。このようなプロセスを社会の平和と安定に向けた開発の推進であると定義すれば，それは平和構築の枠組みの中での開発の意義を考えた際にもそのまま当てはまる。むしろ，紛争後の平和構築においては，このような総合的な視点から開発を考えることがより重要であると言わなくてはならない。

　しかし，このように開発を幅広く，総合的に定義した場合，単純な経済成長率の比較などとは異なり，地域ごとの開発レベルの違いや，ある社会における開発の進展状況を計量し，比較検討することが難しくなるという問題が発生しがちである。このことは，開発計画の策定において，基本的な概念はともかくとして，具体的な目標や指標の設定に困難をともなうことを意味する。もともと多くの開発途上国，特に紛争を経験した国においては，最初から信頼性のある社会や経済に関するデータが存在しない場合が多く，開発計画の立案に支障をきたす場合は珍しくない。そういった地域を対象として総合的な開発計画を立てる場合には，当然であるが，可能なかぎりの情報を収集し，慎重で柔軟な開発を心がけなければならない。また，このような総合的な開発を計画する場

Column ㊼◇ 人間開発指数

人間開発指数（Human Development Index；HDI）とは，1990年に国連開発計画（UNDP）が発行を開始した『人間開発報告書』で提唱している開発指標であり，開発とは単なる経済成長だけではなく，経済成長によって得られた資源をどのように国民の生活の向上に用いたかも同様に重要だという考え方に基づいている。基本的には1人当たり国民所得，識字率，平均寿命の三つを合わせて算定した指数で，経済力と社会セクターの充実度を総合的に表す。この指数を用いると，同じレベルの経済力を有する国の間で，その経済力をどの程度教育，福祉，保健衛生といった社会部門に配分しているかを比較することが可能で，各国の政策の特徴を容易に把握することができる。たとえば，2003年度で比較すれば，1人当たり国民総生産（GNP）が2490ドルのヴェトナムのHDIが0.704であるのに対し，2443ドルのジンバブエは，0.505，2344ドルのアンゴラは0.445である。これは，経済所得は同じレベルであっても，ヴェトナムに比べて，ジンバブエやアンゴラでは，教育や保健，衛生，医療などの分野への資源の配分が少ないことを示している。ジェンダー等の要素を加えて，修正したHDIを用いることで，特定の社会分野の国際比較を行う試みも進められている。

2003年度 HDI

国　名	HDI	HDI順位	1人当たりGNP（USドル購買力平価）
ノルウェー	0.963	1	37,670
アイスランド	0.956	2	31,243
オーストラリア	0.955	3	29,632
日　本	0.943	11	27,967
ヴェトナム	0.704	108	2,490
ジンバブエ	0.505	145	2,443
アンゴラ	0.445	160	2,344

［出典］UNDP, 2005.

合，経済成長に関する指標だけでなく，所得の分配に関する指標である「ジニ係数◆」や，経済成長と特に社会分野における公的サービスの程度を反映させた「人間開発指数」（Column ㊼参照）などを用いることも検討されるべきであろう。

■ 開発の阻害要因としての紛争

　当然のことであるが，武力紛争の勃発や緊張の高まりは，ほとんどの場合開発の推進に対して悪影響を及ぼすことになる。戦闘による直接的な物的，人的な被害はもとより，軍事部門への人的，物的，資金的な集中は，社会基盤や産業基盤の整備の遅れだけでなく，行政システムや教育制度の弱体化を引き起こすことも多く，きわめて長期にわたり大きな後遺症をもたらす。これは，かつて日本が戦後復興で経験した苦労からも理解できるであろう。それでも日本の場合は，本土の大部分が，空襲などによる被害こそあれ，直接戦場にならなかったこと，最後まで行政や教育のシステムが崩壊せずに最低限機能していたこと，復員と武装解除がスムーズに進行し人的資源の回復が早かったこと，アメリカ主導で国際的な復興援助が与えられたことなど，むしろかなり恵まれた状態にあったと言わなければならない。長年にわたる内戦で全土が戦場になり，政府が完全に崩壊した開発途上国のような場合，かつての日本よりもはるかに過酷な状況に置かれていると考えなくてはならないのである。

　また，軍事支出の増大が経済に刺激を与えるとの説もあるが，現在武力紛争に関係している国のほとんどが経済基盤の弱い開発途上国であることを考えると，生産の拡大に寄与しない軍事支出の増大は，結局急激なインフレをもたらし，経済に深刻な影響を与えることになる。また，多くの場合，武器・兵器の輸入や外国人兵士の雇用などで，貴重な外貨が流出し，開発に必要な生産財や国民生活に必要な物資の輸入に支障をきたすことにもなる。時には貴重な資源をきわめて安価で国外に売却し，それで武器・兵器類を輸入するケースもあり（第2章 Column ⑦参照），さらに経済を弱体化させる結果につながる。やはり武力紛争は開発にとっては大きな障害であり，武力紛争を続けながら開発を促進するというのは，ほとんどの開発途上国にとっては現実にはありえない選択

◆ 用語解説
　ジニ係数　　対象となる社会における所得分配の格差を示す指標で，調査の対象となる集団において，すべての構成員に所得が完全に平等に分配されている時が0となり，一人だけが全所得を独占し，他の構成員に所得がない場合には1となる。したがって，数値は0から1の間で変化し，数値が大きいほど，対象となる集団内における所得の格差が大きいことになる。数値だけでは，厳密な格差や配分の偏りを表すことはできないが，格差の程度を簡単に表示できるので，広く用いられている。

肢だと言わなければならない。

■ 貧困は紛争を引き起こすか

　貧困と紛争との関係については，さまざまな議論がかわされており，まだ定説があるとは言えないかもしれない。国際あるいは国内を問わず，現在世界中で武力紛争の舞台となっている地域のほとんどは，程度の差はあっても開発途上国に分類される国々であることから，貧困が紛争の有力な原因の一つであるとの指摘もある。たしかに第二次世界大戦の終了以降，先進国がかかわる武力紛争はあっても，先進国同士での武力衝突や先進国内の国内紛争の例は少なく，武力紛争の舞台となってきたのは圧倒的に開発途上諸国であった。しかし，必ずしも貧しい国ほど紛争が発生する率が高いというわけではなく，最貧国の中にもほとんど紛争を経験していない国もあれば，1990年代以降としては最悪の紛争に陥った国の一つが，ユーゴスラヴィアというむしろ先進国に近い国だったことは忘れてはならない。

　しかし，一般的に，豊かで安定した生活を享受している先進国の人々が，そのような生活を犠牲にしてまで武力紛争に踏み切る可能性は低いとは言えるだろう。さらに，先進国のほとんどでは民主的な制度が確立しており，日常生活にそれなりに満足感を抱いている人々を，それを犠牲にしてまで武力紛争に協力するよう説得し，政策を大きく転換させるのは実際の問題として困難であろう。それに対し，もともと毎日の生活が厳しい状況におかれている開発途上国の貧困層の場合，わずかな報酬や見返りと引き換えに容易に武器を取る傾向があることは否定できない。特にアフリカでは，他の生活の手段を持たない子どもたちが，わずかな食糧のみを報酬として子ども兵士となり，紛争を支える重要な要素となっている。このような観点から，開発途上国で武力紛争が発生しやすいと言うことは可能かもしれない。結局のところ，仮に完全に誤りであったとしても，武力行使で得られる利益が，そのコストを上回るという計算が成立すると当事者がどこかで判断したからこそ，武力行使に踏み切るのである。その利益が，開発途上地域の場合には，わかりやすい経済的，物理的な利益であり，先進国の場合は，将来的な安全保障のような抽象的なものになりがちなため，開発途上地域の方が，わずかな利益を提示することにより人々を動員し

やすく，また，人々の教育水準が低い場合，さらに説得が容易になると言えるだろう。

このことを逆に言えば，人々が，自分たちの直面している問題の解決あるいは状況の改善にとって，武力行使が合理的な選択肢ではないという判断を下せるならば，武力紛争は発生しないということになる。つまり，武力紛争を回避し，スムーズに開発を進めるためには，人々が，そのプロセスにおいて，平和的に開発を進める方が，武力に訴えるよりもはるかに大きな利益が期待できるということを実感できるような方法で貧困を解消していく必要があると言わなければならない。

2　人道支援から開発協力へ

■ 人道支援としての緊急援助

もともと貧困に苦しんでいる国において紛争が発生することは，直ちに多くの市民にとって致命的なレベルにまで生産と社会サービスが低下することをしばしば意味する。このような状態においては，最低限の生存を確保するために国際的な援助が不可欠となる。このような援助は緊急援助あるいは人道支援などと一般的に呼ばれ，具体的には，「人間の基本的ニーズ」（*Column* ⑱ 参照）と呼ばれる最低限の衣食住の提供および医療援助などが行われる。このような援助は，紛争終結後直ちに実施される必要があるが，紛争がまだ完全に治まっていない段階から開始される場合も珍しくない。

このような援助は主に国際組織や国際的な人道援助団体によって実施されるが，危険をともなう場合も多く，援助関係者が犠牲になることも珍しくない。それにもかかわらず，紛争による社会経済情勢の悪化によって直接生命の危険にさらされている人々を助けるためには，このような国際的な人道支援はどうしても必要なものであると言わなければならない。

しかし，このような紛争地域への人道支援には，さらに別の弊害もあることが指摘されている。それは，国際的な支援が紛争当事者によって流用され，紛争が長期化する資源として使われる，支援を受けることができたグループと受けることができなかったグループの間に格差が発生する，外部からの支援物資

> ***Column ㊽◇　人間の基本的ニーズ***
>
> 「人間の基本的ニーズ（Basic Human Needs; BHN）」とは，人間が生活してゆくうえで必要最小限の衣食住ほかの要件を満たすことを目的とする援助の方法を意味する。もともとは，大規模な経済開発プロジェクトを実施し，開発途上国の経済全体を底上げすることで国民の生活水準を向上させようとする開発戦略が思うような成果をあげなかった反省に基づき，まず開発途上国の人々に最低限の生活を保障することを優先させようとする方向への援助方針の転換から生まれたものである。その背景としては，最低限の生活の維持が困難になっている人々に直接支援の手を差し伸べる必要性が認識されたことがある。しかし，同時に先進諸国にとっては，大規模な経済開発プロジェクトの実施よりも負担が軽減されるという現実的なメリットもある。

に依存が生まれるなどの問題であり，これらは，しばしば「人道援助のジレンマ」とも呼ばれている。このような問題の発生は，紛争に関する人道支援の際には，ある程度避けられないことである。しかし，このような問題が大きくなると，支援に障害が生じるだけでなく，紛争そのものを悪化させたり，解決をより難しくしたりすることにもなりかねない。これらの問題を最小限に抑えるためには，このような人道支援の実施において細心の注意が要求されるだけでなく，できるだけ早く人道支援から紛争地域の人々の自立へ向けての開発支援へと外部からの援助をシフトさせてゆく必要があると言わなければならない。

■ 依存から自立へ

緊急人道支援によりとりあえず生命の危機を脱することができた人々に対しては，状況の許すかぎりできるだけ早く自立へ向けての復興・開発を軌道に乗せるための援助が必要になる。その最初の段階としては，まず最低限の生活を維持するための社会基盤整備のようなプロジェクトから始めるのが一般的であろう。これは，それまで緊急人道支援として提供されていたものを，ある程度自力で確保できるようにする性格のものである。具体的には，戦闘地域に残されている地雷や不発弾の撤去から，道路，住宅，水源，学校，市場，病院等の再建，整備などである。また，耕作の再開へ向けての灌漑設備の修復などの基礎的な産業基盤の整備も同時に進められる場合も多い。この時期には，復興プ

Column ㊾◇　地雷原に建つ家

　カンボジアでは，長年の紛争の後遺症として，いまだに国内に700万個もの地雷と数え切れないほどの不発弾が残されていると推定され，一般市民にも毎日のように犠牲者が発生している。地雷原として立ち入り禁止になったままの地域も多く，復興に対する大きな障害となっている。国際的な支援を受けたカンボジア政府といくつものNGOが地雷と不発弾の処理にあたっているが，予算と機材の制約は大きく，進 捗 状況ははかばかしくない。さらに，地雷の処理を望まない地元住民の反対という皮肉な状況もある。これは，地雷原として立ち入り禁止地域になっている土地に家を建て，農地を作った人々が多数いることが原因である。そこが地雷原であるかぎり，その土地は無価値で所有権を主張する人もいないが，一度地雷撤去が完了し，宅地あるいは農地として安全に使用することが可能になると，その土地の所有権を主張する有力者が現れることが多いという現実がそこにある。

　言うまでもなく危険を承知で地雷原に家を建て，住みつく人々は貧しい農民たちである。そのような農民が地域の政治，行政に大きな影響力を持ち，弁護士を雇って法的手続きに訴える有力者を相手に土地の所有権を争っても勝てる見込みはない。結果として，そのような農民は地雷の撤去作業が進められると，家も農地もあきらめて立ち退かざるをえなくなるのである。そのような事態を避けるために，ある程度犠牲者が出ることを覚悟のうえで，あえて地雷原に住み続けるこ

ロジェクトがスムーズに進展したとしても，ただちに生産の再開もしくは拡大につながることはあまり期待できない。したがって，まだ必要な資源や資材，資金は外部からの援助によって提供される場合がほとんどである。その際に，住民が外部からの援助に依存する傾向を強めたり，外部からの援助が長期にわたることを前提としての無理な計画を立てたりすることのないように留意する必要がある。また，単に外部からの支援を一方的に提供するのではなく，国連世界食糧計画（WFP）のFood for Workプログラムのように住民が労働力を提供する代価として援助物資を配布するような方法が望ましいのは言うまでもない。しかし，その場合でも，現地の水準を乱すような高い報酬を支払わないようにしなければならない。

　この段階では，開発の前提となる基盤整備と，住民の健康維持，教育の再開等がとりあえず短期的な目標となる。しかし，同時にこの時点から，将来的な

とを選ぼうとしている人々がいるという厳しい現実がある。

　このことは，「復興を促進するための地雷や不発弾の処理」という単純な支援であっても，実際には社会に大きな影響を及ぼす可能性があることを示している。貧しい農民層がさらに困難な状況に追い込まれないように，地雷撤去作業と並行して，土地の分配や所有に関する法律や制度の整備や，土地を持たない，あるいは失った農民に対する支援策などを実施しなくては，復興作業の進行にともなって，農民の間にかえって不満が蓄積することにもなりかねない。

　このように，紛争後の復興支援にはさまざまな側面が複雑に絡み合っており，慎重かつ周到な計画なくしては，予期しない副作用がもたらされる危険性が高いと言わなくてはならない。

🔴**地雷原の中に建てられた家の軒先で遊ぶ子ども**　手前に，「地雷あり，危険」の看板が見える。実際にこの家の付近では地雷による犠牲者が出ていた（カンボジア，バッタンバン州，写真提供：広瀬訓）。

開発の方針を見据え，外部からの援助の段階的な縮小へ向けての長期的な出口戦略をあらかじめ検討し，それと矛盾を生じないような配慮を行うことも重要である。目先の具体的な問題の解決に追われて，そのような視点が欠落すると，長期的には大きな問題をかかえこむことにもなりかねないからである（*Column* ㊾参照）。

　次の段階としては，本格的な復興，開発へ向けて，外部からの支援を生活の再建だけでなく，再生産のための原資として活用し，産業の育成を開始するステップが考えられる。当初は外部からの支援に代わる自給自足的な生産が一般的であろうが，その際に，生産が軌道に乗るまで，あるいはある程度軌道に乗ってからも，住民たちが，外部からの支援に依存する方が有利であると考えずに，自立を望む方向へ誘導するためのインセンティブを与えることが，開発を持続させるためには不可欠である。

また，多くの場合，この時期は，復員した元兵士の社会復帰へ向けた職業訓練が実施される時期でもある。特に武力衝突が激しかったり，長期にわたったりしたような場合，紛争時に発生した対立等の問題ができるだけ尾を引かないように配慮したり，また，紛争時に優遇されていた兵士や軍関係者が，紛争終結と同時に失業し，生活苦や将来への不安から，不満を抱かないような配慮も重要である。これは職を失い，収入や生活が不安定になるという物理的な側面だけでなく，それまでの社会的地位や，目的の喪失，あるいは，紛争の結末への落胆等の精神的な問題への十分なケアを含むものでなければならない（第12章3参照）。

　さらに，この時期は，ある程度社会が安定することにより，逆にそれまで表面化していなかった問題が具現化し，開発に悪影響を及ぼすような事態に発展することがあり，それにも注意が必要である。その一つは，住民の期待するようなスピードで開発が進み，人々の生活が改善されるようなことはまず実際には考えられず，住民の間に不満が高まることが多いということである。武力紛争の解決においては，当然のことながら，和平の仲介者は武力紛争を継続することによるコストと，紛争を平和的に解決した場合の利益を提示して当事者を説得するはずである。そして，紛争当事者も紛争の継続と紛争の終結，それぞれのメリット，デメリットを勘案し，紛争終結のメリットの方が大きいとの判断に基づいて和平に応じるわけである。その際に紛争の終結による開発の再開，促進は大きな魅力であろう。しかし，その提案が魅力的であればあるほど，期待通りの開発の進展が見られなかった場合の失望感は大きい。皮肉なことに，和平の仲介が巧みに実施されたことが，結果として紛争後の不満の遠因ともなりうるのである。和平の仲介案を策定する際には，このような点も考慮に入れ，和平成立後の現実的な復興，開発プロセスをあらかじめ検討しておく必要があると言わなければならない。

■ 人道支援と開発協力

　国内紛争に何らかの形で外部から介入する際に，具体的な出口戦略が必要なように，開発協力の場合も，最終的には外部からの援助に依存せず，自立した開発の推進が可能な社会を作り，援助を終了することが前提となっている。当

然のことであるが，永遠に外部からの援助に頼って住民の生活を支えるような計画を進めることは論外である。また，外部からの援助なしでは成り立たないような社会の存在と，終わりの見えない援助の継続は，援助する側の国際社会にいわゆる「援助疲れ」を引き起こし，かえって開発が軌道に乗る前に援助の大幅な縮小や中止と，それによる混乱を招く危険性もある。したがって，どのぐらいの期間にわたって，どの程度外部からの援助があれば自立へ向けての開発が軌道に乗るかという具体的な見込みを立てることは，援助を受ける側の人々のモチベーションを維持するためにも，また同時に援助を供与する側を説得するためにもきわめて重要である。

　また，住民の生活を支えるために必要な人道支援の性格の強い援助から，自立的な発展を促すための開発協力への移行期においては，しばしば人道的な観点からの優先順位と，自立へ向けた援助の優先順位の間に矛盾が生じることがある。たとえば，現地での農業生産が再開したものの，収穫が質，量ともに不十分である場合，飢餓の発生を防ぐために不足分を外部からの食糧援助で補おうとすると，外部から無料あるいは安価で大量の食糧が持ち込まれ，流通することになりかねない。そうすると，結果として現地で生産された農産物への需要が減少し，農民の意欲が低下，せっかく動き始めた農業部門の開発が挫折するような事態につながる危険性がある。同様の事態はさまざまな分野で発生する可能性があり，現地の人々の労働意欲の低下と外部からの援助への依存体質の強化を引き起こしかねないのである。

　さらに，外部からの援助の分配の偏りは，開発の速度の違うグループと，その結果としての所得の新しい格差を生み，それが社会の不満につながる場合も少なくない。言うまでもなく，紛争の解決のためには社会に一定の変革が必要とされるのが普通であり，それまでの既得権や特権的な地位を失うグループが現れることは避けられない。それにともなって，ある程度の不満が発生することは覚悟しなければならない。しかし，それが外部からの援助を土台とする新しい特権階級の出現と同じコインの裏表の関係にあると理解された場合，既得権を失った旧特権階級が，開発の進展から疎外され，期待したほどの利益を得ていないという不満を持った民衆と結び付き，新しく出現した特権階級と，それを支えている外部からの援助そのものに対して反抗し，開発が停滞，あるい

は挫折するような事態を招く危険性は無視できない。

　このような問題は，人道支援から開発協力への移行期にはしばしば見られるものである。しかし，一度発生してしまうと，解決は容易ではなく，最悪の場合は社会の不安定化から，紛争の再発へとつながりかねない深刻な事態を引き起こす場合も十分に想定される性格のものである。そのような事態を未然に防ぐためには，慎重で柔軟な計画が必要なことは当然として，いかにして地域の住民のニーズを的確に開発政策に反映し，住民が積極的に開発の推進に参加するモチベーションを高めるかという工夫が死活的な重要性を持つと言ってよい。理想を言うならば，地域の住民一人一人が，自分が開発のプロセスの中で一定の役割を果たし，そして開発の進展にしたがって得られる利益の配分を受け，将来に対しても確固たる期待を抱けるような状況が創出されることが，開発プロセスを持続させるためにはきわめて望ましいのである。そして，そのような状況を創り出すためには，まず，住民が，自分たちのかかえている課題を把握し，それを提示，可能ならば解決へ向けての方向性を模索できるような知識と能力を身につけられるような教育制度と，そのような住民の意向を政策の企画立案，実施に反映させるための，実効性のある民主的な諸制度の整備が不可欠である（第13章参照）。

　また，住民が自立へ向けての意欲を持ち続けるためには，雇用機会の創出と，労働に対する適正な報酬の確保も必要である。さらに，その前提として，復員した元軍人を含む住民に対する適切な職業訓練や，労働に耐える体力を維持するための栄養状態の改善なども実施されなければならない。言うまでもなくこのような社会状況を短期間で整備することは困難である。だからこそ最初の人道支援の段階から，自立をめざす開発へ向けての枠組みを慎重に作り，人道支援から開発へのプロセスの中で矛盾が生じないように，着実に進行させることが重要なのである。

3　平和構築のための開発

■ 開発の諸問題

　開発が一度軌道に乗った後は，平和構築の枠組みの中での開発協力と，普通

の開発協力との間にはそれほど大きな違いはないと言ってもよい。それぞれの地域が置かれた状況に応じて,開発がスムーズに進むように配慮し,段階的に援助を削減し,最終的には自力で社会を構築,維持し,住民の生活水準を向上させる能力を育成することが主な目的となる。その際には,これはどの社会でも,特に開発途上諸国では一般的に言えることであるが,効率的な経済成長を意図するあまり,社会に歪みが生じたり,大きな格差が発生したりすれば,長期的には社会の安定を脅かし,結果として開発の目標達成を阻害する可能性が高いことには留意しなければならない。

また,特に紛争を経験した社会では,治安の回復と維持が大きな問題となる場合が多い。これは,紛争の根本的な原因が,武力衝突の終了とともに解決されるとは限らず,そのまま潜在している可能性が高いこと,武力衝突によって社会に拡散した武器,兵器の回収には時間がかかること,武力衝突の前後には,警察力の著しい低下が発生する傾向が強いことなどの理由による。その結果,外部からの援助や,開発の進行によって得られた経済的な余裕を,治安機構の強化に優先的に配分する政策を選択する政府も少なくない。当然のことながら,社会の治安状況が悪化したままでは,スムーズな開発の進行は難しく,法制度,警察,裁判制度などの整備を進め,社会を安定させることは開発の前提の一つとして不可欠である（第14章参照）。しかし,社会全体が貧しいままで,治安機構だけが肥大化することは決して望ましいことではない。そのような強力な治安機構による,いわば力による社会の安定の下での開発は,権威主義的あるいは強権的な開発と呼ばれることが多いが,現実には,開発の停滞と,それによる人々の不満を軍や警察による弾圧で抑えつけ,それに対する人々の反発がますます強まるという悪循環に陥るケースが珍しくない。このような状態になると,もはやスムーズな開発の進展は望めず,深刻な事態に発展する可能性の方が高い。特に紛争後の社会においては,軍事的な知識,能力,経験を持った元兵士が多く,未回収の武器,兵器,弾薬類が大量に社会に残されている場合もあり（第7章3参照）,社会における緊張が容易に武力衝突にエスカレートし,紛争の再発につながる可能性がつねにある。このような観点から,治安機構の整備は,開発プロセス全体の中で的確な位置づけがなされ,治安の回復の名目の下に治安機構が肥大化し,開発の障害となることがないように注意しなけれ

ばならない。

　もう一つ特に紛争後の開発において発生しがちな問題は，外部からの人材への依存である。紛争後の開発を軌道に乗せるためには，外部，特に国際的な支援がきわめて重要な役割を果たすことになるが，同時に外部からの支援に依存する体質が生まれ，自立を妨げる危険性があることはすでに述べた通りである。このことは，単に外部から援助される資金や技術，資材だけでなく，援助スタッフに対する依存にも当てはまる。とりわけ長期間あるいは大規模な紛争の直後には，現地の行政機構，統治機構が壊滅状態で，カンボジアで国連カンボジア暫定統治機構（UNTAC）が行ったように，国連のような外部の組織がとりあえず全面的に統治を肩代わりすることがある。そこまで極端ではなくとも，外部の，多くの場合外国人の専門家やコンサルタントが復興と開発計画の策定，実施において実質的にイニシアティブを握る場合は珍しくない。もちろん現地にそのような任務を果たすことができるような人材が育成されるまでは，他に選択の余地はない。しかし，そのように外部のスタッフが長期にわたり重要な役割を担った場合，外部のスタッフの撤収にともなう現地の人々への権限と任務の移譲がスムーズにはいかない場合も出てくる。外国人が実質的な決定権を握っていることに対する反発が生じたり，あるいは長期にわたる援助の供与の継続に困難が生じたりしたような場合，まだ現地の人々に十分な教育や訓練が施されていない段階で，強引に権限の委譲が実施され，混乱が発生することがある。

　また，逆に「外国人任せ」に現地の人々が慣れてしまい，自立への意欲が削がれる場合もある。同様に，権限を委譲されても，結局外部のスタッフが確立した手法を忠実にコピーするだけで，地域の実情から政策や行政が徐々に離れてゆくようなケースも見られる。いずれの場合も，根底には，自分たちの所属している社会が「遅れている」という認識があり，先進工業諸国で考案された手法に依存することで，開発を加速しようという意図がある。しかし，当然のことであるが，特に最初に統治や行政の権限の委譲を受ける立場にある人々は，多くの場合，先進工業諸国のモデルに基づいた教育，訓練を受けている人々である。このことが結果として新しいエリート層を形成し，一般の人々とは異なった価値観や基準による開発政策を推し進める発端となる可能性は否定できな

い。これは，今までも，多くの開発途上諸国で，欧米先進国に留学し，高度な知識や技能を身につけた，いわゆるテクノクラートと呼ばれる経済官僚によって企画，立案された開発政策が，必ずしも一般の人々の生活を思うように向上させることができず，かえって累積債務のような問題を引き起こしてしまったのと同じ構図である（第6章参照）。確かに現地で優秀な人材をスカウトし，短期間のうちに高度の教育や訓練を施し，速やかに権限を委譲して外部からの支援スタッフは撤収するというのは一つの理想的なモデルではあるが，それが現地に，一般の人々とはかけ離れたエリート層を創り出すような結果とならないように留意しなければならない。

■ **開発協力と安定化**

人間にとって，より良い生活を望むというのは当然の心理である。そして，何がより良い生活かという具体的な内容は個々人によってさまざまであろう。本当の意味の開発とは，より多くの人々，可能ならばすべての人々が，より良い生活を選択できる社会的な状況を整備することであると言ってよい。しかし，残念なことに，「より良い生活」を獲得するための手段の一つとして，武力あるいは暴力に訴えるという選択肢は現在でも完全に否定されたわけではない。もし仮に武力の行使が，多くのコスト，つまり資金や犠牲，破壊や混乱をともなうものだとしても，その結果得られるであろう利益が武力行使のコストやリスクを大きく上回るものであるとの計算が成り立つ時，武力の行使による問題の解決という誘惑にかられる人々がいることは何ら不思議ではない。特に武力紛争を経験し，もはや失う人や失う物が残っていないような人々にとっては，武力紛争の継続や再発によるコストは，すでに失ってしまった人や物に比べて取るに足りないという計算も成り立ちうる。そのうえ，「武力」という手段はとても身近なところにある。さらに，日本の戦国時代のように，武力紛争の混乱の中で，実力でのし上がり，大きな権力を握ることを夢見る人々がいることも珍しくはないであろう。

そのような状況の中で，平和を構築するために安定した開発を進めることは決して容易ではない。別の言い方をすれば，理想を唱えるだけではなく，紛争地域の住民一人一人が，そこに自分の希望と利益を見出せるような開発を進め

ないかぎり，開発の推進によって紛争の火種を消すことは難しいのである。その際に物理的，経済的な利益は当然重要であるが，それだけでは十分ではない。やはり精神的な充実，つまり自尊心に訴えるような社会を作ることが必要なのである。それには，教育や雇用，社会や政治における意思決定過程への参加の機会が適切に保障され，住民一人一人が自分の属する社会において一定の地位を占めているとの自覚が持てるようになることが理想であろう。

　さらに付け加えるならば，このような社会が制度的に安定し，子どもたちに引き継がれてゆくであろうという期待が人々の間に定着した時に，「武力の行使」という選択肢は事実上意味を失うと言ってもよいであろう。多くの人々にとって，安定した社会において，子どもたちが学校に通い，仕事に就き，少しずつ生活が向上してゆくという期待を持てることは，自分たちの過酷な武力紛争の記憶と経験に照らし，いかに望ましいことであるかを実感として判断できるはずだからである。「武力」という手段がとても身近なところにあったということは，逆に言えばつねに「武力」の潜在的な被害者として脅え続けてきたということであり，その恐ろしさを身をもって体験してきたということである。そして，特に長期にわたる紛争を経てきた地域においては，紛争に脅えずに暮らしてゆける社会があり，武力以外の方法により問題を解決し，安心して生活を向上させることが可能であることを知ること自体が，多くの人々にとってはある種の衝撃であることが珍しくない。そのような人々にとって，自分たちの子どもや孫の世代が，再び武力紛争の犠牲となることを，耐え難いと感じるのはむしろ当然であろう。ある意味では「紛争が存在しない」ということが，どれほど大きなチャンスであるかを本当に理解できるのは，武力紛争の悲惨さを経験したことのある人々だとも言えるからである。社会の中で，そのように考える人々が大多数を占めるようになれば，社会は安定し，武力衝突が再発する可能性はきわめて低くなるはずである。このような段階にいたれば，平和構築プロセスは一段落し，後は普通に開発を進めてゆけばよいのである。その結果，もし仮に開発の進行にともなって社会に多少の問題や歪みが生じたとしても，平和と開発によって得られた利益を失う危険を冒してまでも，武力に訴えようとする動きが多くの人々の賛同を得ることは難しいであろう。安定し，豊かになってきた社会にとっては，そうではない状態だったときに比べて，武力行使

の敷居はやはり高くなるのである。

このように,劣悪な状況の中で,武力行使が魅力的な選択肢とみなされ,その結果紛争が繰り返されて,さらに状況が悪化するという悪循環から,開発を進めることによって人々の生活が向上することにより,社会が安定度を増し,社会が安定したことにより,より多くの資源と人材を開発に振り向け,その結果としてさらに人々の生活が向上し,不満が減少するという建設的なサイクルを確立することこそが,平和構築における開発協力の理想的な形であると言わなければならない。

引用・参考文献

Lewis, W. Arthur, 1963, *The Theory of Economic Growth*, Allen and Unwin
Todaro, Michael P., 1992, *Economics for a Developing World: An Introduction to Principles, Problems and Policies for Development*, 3rd ed., Prentice Hall
UNDP, 2005, *Human Development Report 2005*, Oxford University Press

さらに読み進む人のために

アンダーソン,メアリー・B./大平剛訳,2006年『諸刃の援助——紛争地での援助の二面性』明石書店
  *紛争地での援助が場合によっては紛争をかえって長引かせる要因となるという,いわゆる「人道援助のジレンマ」について詳しく論じている。
稲田十一編,2004年『紛争と復興支援——平和構築に向けた国際社会の対応』有斐閣
  *豊富な具体例を通して,実際の復興支援に関する検討と展望を展開しているが,単にケーススタディの集積にとどまらず,理論や概念まで含めて,総合的に紛争と復興の問題を議論している。
世界銀行/田村勝省訳,2004年『戦乱下の開発政策』シュプリンガー・フェアラーク東京
  *世界銀行が世界各地で実施してきた援助プロジェクトの蓄積から導き出された教訓と,理論的な考察を組み合わせ,紛争下での開発援助に必要な配慮と問題点を具体的に論じている。
日本平和学会編,2005年『人道支援と平和構築』早稲田大学出版部
  *主に人道支援と平和構築の問題を,理論とケーススタディの両面から検討しており,人道支援の概念と実施の問題点をわかりやすくまとめている。
ブラウン,スティーブン/安田靖訳,1993年『国際援助——歴史 理論 仕組みと実際』東洋経済新報社
  *筆者はベテランのUNDP職員で,開発援助の実際と理論をバランスよく取り上げており,実務と研究の両方にとってわかりやすい入門書である。

松本仁一，2004 年『カラシニコフ』朝日新聞社
　＊多くの紛争で使用されている自動小銃を軸に，主にアフリカの内戦の実状と背景を生々しく描写しているが，特に最終章で取り上げられているソマリランド共和国のエピソードは示唆に富んでいる。

Todaro, Michael P., 1992, *Economics for a Developing World: An Introduction to Principles, Problems and Policies for Development*, 3rd ed., Prentice Hall
　＊開発途上諸国で，大学レベルの経済学の教科書としてしばしば使用されている。基本的には開発経済学の教科書であるが，かなり総合的に開発を扱っており，経済以外の視点も取り入れられている。

UNDP，『人間開発報告書』シリーズ
　＊毎年刊行されており，年によって翻訳者や日本での出版社が変わることがある。毎年開発に即したテーマが取り上げられ，わかりやすくまとめてある。また，人間開発指数をはじめとして，多くの開発関係のデータも収録されている。

（広瀬　訓）

第16章
平和構築とジェンダー

　現代国際政治の戦争と平和を考えるとき，ジェンダー的な視角はすでに不可欠なものとなっている。特に，学問としての国際政治学を論じる専門家よりも，むしろ現場に近いところで仕事をする専門家の方が，すばやく反応している。貧困や紛争の困難に日々直面し問題解決への道を模索する現場の人々には，人権救済や平和への可能性を開く扉は，どんな扉でも貴重であり，ジェンダーという扉は，その有力な一つだからだ。

　本書の他の章で取り上げられた難民現象，戦争犯罪と戦後の和解，平和構築の政治・法制度改革，紛争後の選挙とその支援，復興支援や開発協力などを論じる際にも，女性や女性をめぐるその社会のあり方，手短に言えば，ジェンダー問題はもはや避けて通れないものになっている。国際組織・関係諸政府，国際的な人権団体や法律家・医者などの専門家組織にとっては，具体的な政策課題である。

　歴史的に見れば，ジェンダーの領域は，社会的弱者としての女性の解放や参加をめざす運動，いわゆるフェミニズムの思想と実践によって切り開かれてきた，20世紀的な人類の成果である。そうだとすれば，21世紀の現在においては，すでに獲得されたジェンダー的な知と経験を生かして，古くから構築されてきた他の学問・政策・組織をいかに変容させていけるのかが，問われているのではないだろうか。

　研究者仲間の中で議論していると，「ジェンダー」という言葉には躊躇を感じたという人に出会うことが多い。なぜかというと，「女性解放」とか「男女

Column ㊿◇　ジェンダーとジェンダー研究

　ジェンダー（gender）という概念は，生まれつきの身体的な性差（sex）をもとに，社会の中で人々が抱く性的な意識や行動様式，それらをめぐる社会関係や秩序や制度を作り出すもの，さらにはその結果として男女の間の差別や不平等を指し示すもの，という意味で使われる。

　ジェンダー的な秩序や価値観は，固定的にとらえられる傾向があるが，現実には人々の意識や行動は日々変化している。教育やメディアの発達した今日では，ファッションの流行一つをとっても，ジェンダー的なものを固定化できないことがわかる。そうだとすれば，女性に対する抑圧や不平等をもたらすようなジェンダー的な秩序や価値観は，人間の意識的な努力によって変革することが可能だということになる。もっとも，そうだからこそ，伝統や宗教の規範，それらに基づく法や制度によってジェンダー的な変化を押し止めようとする勢力が登場することもしばしば起こる。21世紀の初め，私たちが政治の世界で見ているのは，一方で女性を含む弱者のエンパワーメントであり，他方ではそうした動きに反発して古い民族や宗教集団に回帰し，男性中心の権力を讃えるナショナリズムや原理主義の動きである。

　けれども，大きな流れで見れば，19世紀の先駆者によって提起された「男女平等」への改革は，20世紀には大きく前進し，ことに第二次世界大戦後は，国連関係機関を中心に諸国家に影響を与える政策や条約によって，確実にジェンダー的な秩序の変化が促されてきた。ことに国連が女性の地位向上を目標に掲げた1975年「国際女性年」以降，変化の速度はますます速まっていると言えるだろう。

　このような世界的な動きによって，1980年代ごろから「ジェンダー」はメディアでも頻繁に使われるようになり，そうした必要に応えてジェンダー研究

平等」といった「こうであるべき」という規範的な主張が先にあって，現実の社会を分析するよりも現実の社会を特定の立場から糾弾する運動的なものではないかと感じたからだ，という説明を受ける。また，女性研究者の場合は，「女性だからジェンダーを研究する」というジェンダー的な役割分担のようなものにも，まさにジェンダー的な反発を感じた，と指摘されることもある。

　しかし，文頭で「現場の人々」と言ったように，分析上の現場に身を置いてみると，どうだろうか。たとえば，筆者はインド政治を専門としているが，激

(Gender Studies) という新しい学問領域も成立した。当初は，ジェンダーとは「女性問題」を言い換えただけのもの，あるいは女性解放運動のスローガンと受け止められ，実際にもまたそれを越える内容の学問にまでは成熟していなかった。しかし，ジェンダー的な政策・研究・運動が活発に展開された結果，現在では，ジェンダー研究もそれを支えるジェンダー概念も，豊かなものに育っている。男性優位の社会秩序としての家父長制（patriarchy），男性・女性・それ以外の多様な性意識・性行動をめぐるセクシュアリティ（sexuality）など，新しい概念や仮説が提起され，文学・思想・歴史・社会科学・自然科学などあらゆる研究分野に影響を与えてきた。

　1970年代後半から80年代前半にジェンダー研究が始まったころは，「これまでは女性が十分研究されてこなかった」という点に主な批判が向けられ，「もっと女性についての研究を行うべきだ」という主張をもとに，女性や男女の格差についての研究が推進された。たとえば，選挙での女性の参加，市場における女性労働者への注目などである。それは同時に，こうした問題に関心を持つ研究者や専門家がより多く必要だという声にもつながった。研究する主体の側のジェンダー的な偏りへの批判である。

　このようなさまざまな批判と模索がなされる過程で，ジェンダー的な問題をとらえるための概念や理論仮説の革新が求められ，次第に，既存の学問がいかにジェンダー的に歪んだものだったのか，端的に言えば男性のエリートが構築したものであったのかを批判的に問い直す作業が重視されるようになった。ことに，近代的な学問体系自体を批判するポストモダンの思想的流れの中から，フェミニズム的な「脱構築（deconstruction）」，言い換えればジェンダーの視点から，近代ヨーロッパの国家や市場経済と結び付いた，男性が支配的な学問のあり方を解体しようとする批判も提起され，大きなインパクトを与えた。

動する1990年代のインド政治を研究者として追いかける過程で，「ジェンダー」という切り口はどのように役に立ったのだろうか。ヒンドゥー至上主義，イスラム・ファンダメンタリズム（原理主義），核保有，カシミール紛争，反イスラム暴動と次々に起こる現象は，インド政治についての既存の議論ではとても説明しきれなかった。だから，既知の概念を批判し，新しい言葉でとらえなければならない。そのうえ，目の前の現象には，雄々しい古代の王子様とか殉死する健気なヒンドゥー女性というように，ジェンダー的な特徴が豊富に表

図 16-1 平和とジェンダーから見た四つの社会

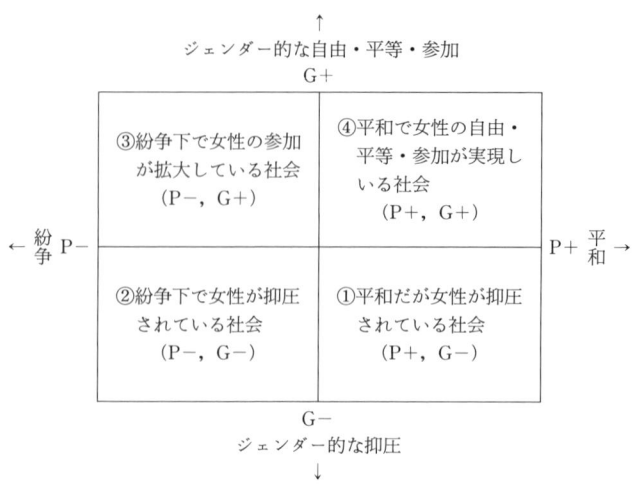

```
                    ↑
          ジェンダー的な自由・平等・参加
                   G＋

         ┌──────────────┬──────────────┐
         │③紛争下で女性の参加 │④平和で女性の自由・ │
         │ が拡大している社会 │ 平等・参加が実現し │
         │   (P－, G＋)   │  ている社会    │
         │              │   (P＋, G＋)   │
  ←紛争 P－├──────────────┼──────────────┤ P＋ 平和→
         │②紛争下で女性が抑圧 │①平和だが女性が抑圧 │
         │  されている社会  │  されている社会  │
         │   (P－, G－)   │   (P＋, G－)   │
         └──────────────┴──────────────┘
                   G－
          ジェンダー的な抑圧
                    ↓
```

［出典］筆者作成。

れている。こうして，1990年代のインド政治を分析するうえで，「ジェンダー」という概念は，わかりきった陳腐な議論どころか，現実の新しい現象を分析する鋭い道具という役割を果たしてくれた。しかも，グローバリゼーションの最中にあるインドを分析するうえでの，グローバルな「切り口」ともなった。このようなジェンダー分析の経験は，おそらく他の多くの研究者にも共有されてきたのではないかと思う。

そこで本章では，なるべく具体的な例を引きながら，ジェンダーに焦点を当てるといかに興味深く国際政治を分析することができるか，を考えてみたい。特に紛争および平和構築について，どのように新しい視点を提起できるか，若干の事例も添えて説明してみよう。

1　平和とジェンダー

■ 平和とジェンダーの座標軸

まず，平和という観点と，ジェンダーという観点を相関させると，何が見えてくるか，図によって示してみよう。図16-1は，「平和か平和でないか」の指

標を横軸とし,「ジェンダー的な自由・平等・参加がどれほど実現されているか」の指標を縦軸として,社会のあり方を表したものである。

　横軸については,より平和的であればP＋,より平和から遠ざかればP－とする。平和・戦争・紛争をどう定義するかという,哲学・歴史・社会科学的に大きすぎる問題にはいったん目をつぶって,「平和＝武力紛争のない状態」とひとまず定義して議論を始めたい。縦軸のジェンダーの軸も,なるべく単純に考えてみよう。数字的に表そうとすれば,たとえば,国連開発計画（UNDP）が政策的に採用しているジェンダー開発指数◆（GDI）と,ジェンダー・エンパワーメント指数◆（GEM）を合わせて,尺度としてみることもできるかもしれない。ともあれ,ここでは具体的な数字にする必要はないので,その社会で女性がより多くの自由・平等・参加を享受していればG＋,その反対をG－とする。

　図16-1では四つの社会を想定している。どの社会も現実には存在しない理念型だが,だからこそ,現実の複雑な状況を把握するための社会の類型（タイプ）を示すことができる。四つの社会に一応名前を付けてみると,①「平和だ

◆ **用語解説**

ジェンダー開発指数（GDI）　国連開発計画（UNDP）は,開発とは「持続可能な人間開発」をめざすべきだという趣旨に基づき,1990年より『人間開発報告書』を発刊している。人間開発の度合いを示すために,人間開発指数（HDI）を採用しているが（第15章 *Column* ㊼参照）,これについて男女の格差を入れて調整したものが,ジェンダー開発指数（Gender-related Development Index；GDI）である。「ジェンダーの不平等を調節した人間開発指数」とも呼ばれる。HDIと同様に,長寿（出生児平均余命）,知識（成人識字率と初等・中等・高等教育の総就学率）,人間らしい生活（1人当たりGDP）をもとに,その社会で個人としての女性が基本的な能力を伸ばして選択肢の広い生き方ができるかどうかを測定する。

ジェンダー・エンパワーメント指数（GEM）　国連開発計画（UNDP）が,ジェンダー開発指数と並んで,ジェンダー的な不平等を測るものとして提示している。女性が社会的・経済的・政治的な意思決定過程に参加して,どれくらいの力を持っているかを,女性のエンパワーメントの度合いとして示す。女性が実際に動かせる所得の割合,専門職・技術職・管理職に占める女性の割合,国会議員に占める女性の割合から算出する。一般的には,豊かで福祉政策の充実した先進国ではHDI・GDIとともにGEMも高く,貧しい途上国ではそれらが総じて低い傾向がある。しかし,3者の間にばらつきもある。たとえば日本はHDIとGDIは世界的にも高いが,GEMは低く,国際的な水準と照らすと,女性の社会参加がより促進されなければならないことがわかる。なお,GEMに「ジェンダー・エンパワーメント測定」という訳語をあてる場合もある。

が女性が抑圧されている社会」、②「紛争下で女性が抑圧されている社会」、③「紛争下で女性の参加が拡大している社会」、④「平和で女性の自由・平等・参加が実現している社会」、である。④と②はわかりやすい。④は、女性も自由・平等・参加を保障される平和な市民社会、逆に、②は、女性がこうした権利を奪われる紛争下の社会である。

　しかし意外にも、①「平和だが女性が抑圧されている社会」とか③「紛争下で女性の参加が拡大している社会」という逆説的な社会も理論的にありうるし、現実にもそうした社会は一般的に存在している。①の社会では、女性の自由・平等・参加はいまだに十分実現されていないが、戦争や他の形の武力紛争はなく、国家主権の下で秩序が保たれている。つまり、国際政治的には平和であるが、ジェンダー的な秩序については男尊女卑的な価値観の強い社会であり、たとえ憲法で男女平等が認められている場合でも、女性はいまだに自由・平等・参加を獲得していない。また、③の社会は、興味深いことに、戦争や内戦の過程で、女性が能力を発揮し参加を拡大しているという社会である。軍国主義的な国家で男性優位の思想や秩序が強い状況でも、戦場の外から軍隊や武装勢力を支援する「銃後の主体」、場合によっては「戦場の主体」として女性が活躍する社会は、歴史的にも存在してきた。こうした現象を通常の「女性の自由・平等・参加の拡大」を意味する「エンパワーメント」と区別して、「逆説的なエンパワーメント」と呼ぶ人もいる。ここでも、そのような形で①と③のエンパワーメントを特徴づけておこう。

　それでは、図16-1から何が言えるだろうか。まず、女性は平和的であるとか、平和な市民社会でのみ女性の参加が進む、といった思い込みは、どうも怪しいことがわかる。すでに指摘したように、「平和」「ジェンダー」「エンパワーメント」といった概念も、あらためて問い直さなければならないだろう。女性が抑圧されている①のような社会は、紛争がなくても平和と呼んでいいのだろうか。あるいは、戦争目的に向けて女性が動員される③のような社会を、女性のより解放された社会と考えていいのだろうか。

　このように見てくると、ジェンダーの視点は、「女性解放」や「男女平等」という価値判断を押し付けるものではなく、むしろ、そうした新しい規範意識と現実の変化の間で、従来は当然とされてきた国際政治の基本的な概念や枠組

Column (51)◇　エンパワーメント

国際的なフェミニズム運動から広まった言葉。1995年第4回世界女性会議（北京）が画期となった。社会的差別や抑圧，経済的な従属に耐えてきた女性が，国家や政党など権力を持つ他者によって解放されるのではなく，自ら力をつけて積極的な主体となるという概念。開発や教育の分野では，経済学者アマルティア・センの「潜在能力（capability）」概念に依拠し，女性が自分自身に本来的に備わる能力を伸ばして，生き方を選択できるかという点が重視される。自由で平等な主体として政治や社会の意思決定過程に参加し，自らの利益を実現するとともに，正当な権力や権利や権限を主張して獲得するというアドヴォカシー（advocacy）の活動とも結び付いている。日本政府の男女共同参画事業も，こうした考え方を基礎としている。

市民活動やNGO/NPOでは，エンパワーメント（empowerment）は実践的な目標であるとともに，組織や運動の方法論として定着している。最近では，差別や抑圧を受けてきた女性と類似した状況に直面している人々，たとえば病気や障害をかかえる人々，高齢者や子ども，人種・民族的なマイノリティ，先住民，貧しい人々，紛争地域の人々，難民・移民など，多くの人々のかかわる政策や運動でエンパワーメントの必要性が取り上げられている。また，エンパワーメントと結び付いて，セルフヘルプ（self-help; SH）という概念も市民運動やNGO/NPOでは重要な戦略となっており，「SH型のNGO/NPO」といった表現も使われる。これは，困難な障害ゆえに「困っている人」が誰かに支援されるという古い援助の思想ではなく，困難をかかえた人が主体として，同じように困難をかかえた人々や支援を志す人々と協働し，意識を変えて自らをエンパワーメントしつつ，自立への力を付けるという活動方針を示している。具体的には，そうしたエンパワーメントの土台となる協働の場としてセルフヘルプ・グループを作り，問題を共有する人々のコミュニティを育てて，自立を互いに支援し合うという方法が使われる。

みを問い直す，別の視点を提供していることがわかる。特に，国際政治学や国際関係論のもととなる主権国家や国民国家，民主主義や市民社会，それらに拠って立つ国際社会，その戦争と平和についての再考をも促すのである。

■ 平和とジェンダーの社会変動

　次に，図16-1を，いくつもの社会を分類する静態的なタイプの記述としてではなく，ある社会の中で起こる変化と，その結果としての①②③④の間での移行として，動態的にとらえてみよう。たとえば，①「平和だが女性が抑圧されている社会」は紛争の起こっていない，一応は平和な段階にある社会であり，②「紛争下で女性が抑圧されている社会」と③「紛争下で女性の参加が拡大している社会」は，紛争が勃発し，さらに紛争が拡大する段階にある社会を指している。これらの社会に対しては，介入や平和構築が必要となる場合もある。その後，紛争後となれば，④「平和で女性の自由・平等・参加が実現している社会」に移行するか，または①「平和だが女性が抑圧されている社会」に舞い戻ることになる。

　このように，①②③④の間の移行には，複数の道筋が考えられる。①「平和だが女性が抑圧されている社会」から，④の「平和で女性の自由・平等・参加が実現している社会」へは，もちろん，特に紛争を経ることなく，平和的に移行することが可能なはずである。そうした変化を促進する主体として，市民社会と女性自身のほかに，各国政府，社会的な諸組織，国連を中心とする国際組織，EU などの地域組織，国内および国際的な NGO などがある。現実に，そうした推進主体も関与した開発・教育などの支援は，無数に実施されてきたと言える。

　けれども，①「平和だが女性が抑圧されている社会」が，武力紛争の勃発によって，②「紛争下で女性が抑圧されている社会」に移行する場合もある。そうした場合，女性たちは，国際政治的には平和だと言われる状況下でのジェンダー的な不平等や抑圧とは異なった，紛争下での問題をかかえることになる。たとえば，2006 年段階のイラクを例として考えてみよう。2003 年 3 月に始まったイラク戦争より前のフセイン政権時代，アメリカを中心とする有志連合が始めたイラク戦争の時期，アメリカが戦争終結を宣言した後の状況とを比べてみると，確実に①から②への移行が観察されるだろう。残念ながら，紛争後の平和な状況への移行，つまり④あるいは①への移行は，まだはっきりとは見られない。また，視点を変えて，米軍について見てみると，②から③への，つまり戦時の女性参加の拡大が起こっていることがわかる。同じように，イラ

ク戦争後に派遣された日本の自衛隊にも，復興支援の目的とはいえ多くの女性自衛官が加わっており，ある意味での戦時の女性参加のような形が観察される。

　紛争後の社会がどうなるかについても，いくつかの道筋が考えられる。②「紛争下で女性が抑圧されている社会」および③「紛争下で女性の参加が拡大している社会」から，①「平和だが女性が抑圧されている社会」へ戻る。つまり紛争後にも，紛争前と似た形で，ジェンダー的には不平等や抑圧があるが，国際政治的には平和とされる社会に戻るという道筋がある。そもそも紛争解決が，男性的な支配を当然とするような政治勢力同士の妥協として成立する場合には，紛争後に，もう一度，女性の抑圧される体制が復活させられる傾向がある。わかりやすく言えば，戦った男性集団の間の「手打ち」が「平和」と呼ばれ，女性は「平和」の下でもう一度従属させられてしまうことになる。なぜなら，従来の国際政治における「平和」とは，国家間の，あるいは武装した諸勢力間の「平和」であり，国家内の権力的な秩序の回復を意味してきたために，ジェンダー的には抑圧的な体制が復興されても，それは「平和」に反するものとは考えられてこなかったのである。

　しかし，平和構築の過程で「民主化」が進められ，紛争後の体制構築の柱としてジェンダー的な改革がなされるという例も20世紀には少なくない。②「紛争下で女性が抑圧されている社会」および③「紛争下で女性の参加が拡大している社会」から，④「平和で女性の自由・平等・参加が実現している社会」に移行するという道筋である。たとえば，第二次世界大戦後のドイツや日本に対する占領政策においては，好戦的なナチズムや軍国主義を抑え，平和的な市民社会を作るために民主主義の確立は必須だとされ，特に「女性解放」と「女性の政治参加」は民主化政策の要と考えられた。それを思い起こさせるように，1990年代以降の紛争に対する国際的な介入の事例でも，女性の人権と参加を保障する「民主化」が課題と考えられている。いずれの場合にも，アメリカを中心とする国際社会の「敵」として敗北した側の国における，占領下での平和構築が問題となっている。

　また，20世紀の戦争が総力戦という性格を持つようになったために，戦争に勝利した大国においても，苦しい戦争を遂行するために多くの人々を動員する必要があった。そして，戦時の動員の見返りに，戦前には政治的な権利を与

えられてなかった人々に，戦後には参加の権利を与えると約束する政策が採用された。こうして，収入の低い労働者や農民，植民地の人々，有色人種の人々などと並んで，女性の政治参加は大戦を境に大きく前進した。第一次世界大戦後のイギリスやアメリカはその一例である。これらは，紛争後に，半ば内発的に②「紛争下で女性が抑圧されている社会」や③の「紛争下で女性の参加が拡大している社会」から，④「平和で女性の自由・平等・参加が実現している社会」の方向に向かった事例である。ただし，そうした場合でも，その社会のジェンダー的な保守性は直ちには消滅しないし，戦後しばらくすると，もう一度①「平和だが女性が抑圧されている社会」に状況を押し戻そうとする力が増すことはめずらしくない。

　ただし，②③から④への動きが，国外からの力，特に大国の力で強要されると，仮に女性の解放や参加を保障する体制が作られても，安定化するとはかぎらない。逆に，新しい民主的な体制がよほど住民に信頼されないかぎり，地元社会から強い反発が起こってくるだろう。いわば，帝国と植民地の関係のような，国際社会およびそれを率いる大国と介入された小国の間の従属的な関係が問題となってしまうからである。その場合には，④への動きを押し返して，②③ないしは①に戻そうとする勢力が，反米・反西欧・反国連などのスローガンを掲げ，土着の民族や宗教のシンボルを掲げて登場するおそれがある。ジェンダー的に見ると，これが民主的な体制への反動となり，女性一般に対する厳しい差別や抑圧となって返ってくる。紛争後の社会でなくても，女性の地位が向上し，女性がより自由で平等になってきた社会においては，そうした変化への反発が政治的な暴力として引き起こされる傾向がある。たとえば，暴力的な民族主義者や宗教的な過激派によって女性の権利や福祉のために活動しているNGOワーカーが襲撃されるような事件は，各地でしばしば起こっている。

　ここまで，国際政治とジェンダー，特に紛争と紛争後の過程について，仮説を述べてきた。これらの論点は，最近の文献の中でさまざまな形で提起されている。次に，紛争から平和構築までの個々の過程にさらに焦点を当てて，ジェンダー的な分析を施してみよう。

2　ジェンダー的な暴力の連鎖

■ 貧しさの中のジェンダー的暴力

　さて，女性が最も暴力的な抑圧を受けやすいのは，どのような社会だろうか。図 16-1 で示した①は，「平和だが女性が抑圧されている社会」としたが，特に女性にとって厳しい抑圧が課されるのは，貧しく，しかも互助的な社会のしくみが弱まってしまった，荒廃した社会だと言えるだろう。まず，貧しいからこそ，女性には自由や平等や参加への機会が与えられにくくなる。さらに，そうした社会では，乏しい資金や機会をめぐっての対立が激しくなり，それを平和的に緩和するのに十分な統治能力を持った政府やコミュニティも存在していない。その結果，暴力的な支配や紛争が起こりやすくなり，女性に対する抑圧も強まりやすい。

　国際協力に携わる専門家の間では，「貧困の女性化 (feminization of poverty)」という概念が使われるが，その背景には，「貧しい」と分類される人々をよく見てみると，その多くが女性という性に属しているという事実がある。世界人口の6分の1以上が，食糧・飲料水・住居・保健・教育機会など必要最低限の生活水準を確保できない絶対的貧困の状態にあるが，その約7割が女性だといわれる。

　アマルティア・センは，貧しさとジェンダーについて次のように論じた。つまり，ドルで計算した所得の上では貧しいと分類されたとしても，女性が自分の潜在的な能力を伸ばすための十分な資金や時間や機会を与えられ，女性を支えてくれる社会的な助け合いのしくみがあれば，彼女たちが自由・平等・参加を獲得できるという意味で豊かな社会だといえる，と。そうした社会を実現するためには，地域社会のネットワーク，企業組織や政府組織による意図的な努力，必要な場合には国際的な支援が重要となる。

　ということは，その逆の社会では，貧しさゆえに，社会的なネットワークが脆弱で，女性も自分の能力を伸ばすどころか，自由・平等・参加への機会を奪われてしまうおそれが高い。つまり，男女を対象にした「人間開発指数」も，女性に焦点を置いた「ジェンダー開発指数」も共に低い社会である。当然，住

民の間で，土地や金銭，結婚や相続，就職や教育の機会，補助金の機会，政府に参加する機会など，乏しい機会や経済的な資源を求めた競争が深刻化し，地域社会の対立や分断が強まる。特に，開発の行き詰まり，自然破壊，自然災害や人災などによって，地域社会は貧窮化して脆弱となり，政府は統治能力を喪失してしまう。

　結果的に，そうした貧しい土地を脱出して他の土地に新天地を求める人々が増加する。債務を返せなくなった農民の逃亡，大都市への出稼ぎ，場合によっては家族単位での難民的な移動が持続的に起こり，急激に地域社会を解体させてしまう。賃金収入を得られない若い女性や少女は，安い労働者となって故郷から流出するだけでなく，人身売買によって売買春の一端を担うことになる場合も多い。途上国でHIV/AIDS（エイズ）感染者の増大している背景には，こうした性産業の構造的な問題がある。出稼ぎの夫を介して，遠隔地の農村の女性にもHIV/AIDSが持ち込まれている。これもまた，貧しさの中で，いかに女性が抑圧されるかを示す現象にほかならない。

　こうした貧窮を追いかけるように，強盗・身代金誘拐・レイプ・殺人などの犯罪が増加し，いっそう住民の不安を高めることになる。さらに，武力紛争が起こるような場合には，国境を越えた難民や国内的な避難民が発生することになるが，そもそも武力紛争以前から，貧困や犯罪などのために，ほぼ日常的に，安全な暮らしを求めて移動しなければならない人々が生み出されているのである。

　また，貧しさの中では，宗教や民族的な伝統などに頼って政治的に支配しようとする勢力が台頭しやすくなり，そうした勢力は，女性に対する抑圧的な政策を促進する傾向が強い。しかも，きちんとした仕事につけない若い男性たちは，そうした組織に引きつけられ，犯罪的な暴力や武力衝突，そして女性に対するジェンダー的な暴力を引き起こす主体に変わっていくというつながりがある。まさに，貧困とジェンダー的な暴力の連鎖が構造化されてしまうのである。

　以上のような貧しさと暴力とジェンダーの関係を示したのが，図16-2である。貧しく暴力的な空間としての「都市のスラム」「紛争地域」「辺境地域」でジェンダー的な暴力の現象が見られ，しかもそれらの間には相互の結びつきがあることを表している。

図 16-2　貧しく荒廃した社会のジェンダー現象

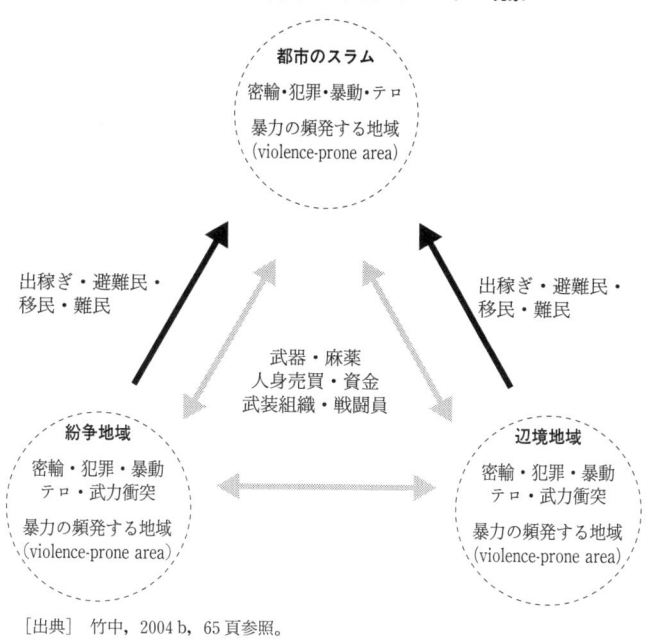

```
           都市のスラム
        密輸・犯罪・暴動・テロ
        暴力の頻発する地域
        (violence-prone area)

出稼ぎ・避難民・                出稼ぎ・避難民・
移民・難民                      移民・難民

          武器・麻薬
       人身売買・資金
       武装組織・戦闘員

  紛争地域                        辺境地域
 密輸・犯罪・暴動                 密輸・犯罪・暴動
 テロ・武力衝突                   テロ・武力衝突
 暴力の頻発する地域               暴力の頻発する地域
 (violence-prone area)          (violence-prone area)
```

［出典］　竹中, 2004 b, 65 頁参照。

　とはいえ，ある社会が貧しく荒廃して女性が抑圧されているというだけでは，ほとんど国際的な注目を集めることはできない。したがって，国外からの支援を受ける可能性も低い。しかし，ひとたび大規模な被害を出した紛争が起こると，国際的な状況が変化して，国際機関やNGOや専門家によって，紛争の前にどのような問題があったのかを究明する研究が行われることは珍しくない。そのような調査では，紛争前の貧しく脆弱な社会において，暴力組織の成長，深刻な収奪・抑圧，ジェンダー的暴力を含む暴力，住民の避難などの問題が起こっていたと指摘されている。こうした認識が積み重ねられた結果，1990年代には，国家が統治能力を失って社会的な混乱を抑えられない場合には，紛争の勃発を抑えるために「予防外交（preventive diplomacy）」を実施すべきだという見解が提唱された。国連の「人間の安全保障（Human Security）」プログラムも，そうした社会への人道的支援を強調している。そして，紛争に対処するこれらの政策において，ジェンダー的な抑圧をどのように止めるかが，非常に重要な比重を占めているのである。

■ 紛争の中のジェンダー的暴力

次に，紛争の過程では，どのようなジェンダー的暴力が起こるか，を考えてみよう。紛争が，ふつうの人々にとって厳しい暮らしを強いるものだということは，印象としてはわかりやすいが，それだけでなく，女性に対する抑圧も，紛争とともに激化する傾向がある。

貧しい社会では，女性に対する抑圧が，宗教や民族的な伝統によって正当化されやすくなることはすでに述べたが，武力紛争下では，もっと露骨に，男性的な価値を体現した軍隊や武装勢力が支配することになるからである。こうして，女性に対する暴力の連鎖が起こりやすい状況が生まれる。強制収容所や戦場において，ジェノサイド（集団虐殺）を伴う集団的なレイプが，軍隊や武装勢力の戦略として実施されることもある。したがって，そうした迫害から避難民や難民が大量に発生し，さらにジェンダー的な問題を拡大せざるをえない。

かつて日中戦争や太平洋戦争中の日本の軍隊においても，男性的な価値を掲げる軍国主義が軍隊のあり方を支え，それが，戦時中の「慰安婦」制度をもたらし，一般市民に対するレイプや虐殺を引き起こすことになった。しかし，これは決して過去だけの問題ではない。30年以上も内戦の続いた後の，最近のアフガニスタンでは，どの勢力が権力を取ろうが，新たな武装勢力によって男性的な秩序が押し付けられるという状況が定着してしまっていた。共産党系だろうが，イスラーム勢力だろうが，女性に対する暴力的な抑圧という点では大きな違いはなかった，と言われている。

アフリカの紛争をジェンダー的に分析した研究者（Turshen）は，戦争と軍隊について次のように表現している。「戦争は軍事化された社会を創造し，ジェンダー的な役割についての洗練されたイデオロギーが，男性らしさ（masculinity）というものをミリタリズム（militarism）に結び付ける。こうして……軍隊とは，男性によって動かされ，男性的な結束をもたらす社会となる。それは，男性らしさの理念，男性らしさの特権，男性らしさの定義から生まれた，ミリタリストの価値を実現する社会となり，それこそ，男性のためにある男性だけの社会とされる」

ただし，このように軍隊を定義したからといって，「男性が戦争し，女性は被害者だ」という説にすべてが還元されると主張したいわけではない。むしろ，

その逆である。最近では，女性は，単に紛争における犠牲者であるばかりではなく，加害者や戦争の協力者として活動しているという点を分析する文献が数多く出されるようになってきた。そもそも，男性優位の考え方ゆえに，「男性が戦争し，女性は被害者だ」という見方が定着していて，女性もまた紛争の主体だという点が，見過ごされてきたと言えるだろう。

　他方，フェミニストには，「男性が戦争し，女性は被害者だ」という見方，つまり「男＝戦争，女＝平和」というステレオタイプ的な役割分業の議論を批判してきた人々もかなり多い。なぜなら，国家や神のために命を投げ出して「戦う女性」も昔から存在してきたし，さらには，熱烈なフェミニストには，「戦う女性」として戦争に参加することで，女性もようやく男性と肩を並べて平等な市民となれると考える人も少なくないからである。戦争に加わって国家を守る重装歩兵こそ国家の正式な一員だという，古代ギリシャ以来の民主主義的な価値観からすれば，この思想は全く不思議ではない。また，最近では，ジェンダー的な差別をなくすための男女雇用均等法的な観点から，各国の軍隊や警察組織において女性の登用が促進されている。皮肉なことに，女性の自爆テロに象徴されるように，武装組織においても，ある意味での女性の参加が進んでいる。

　しかし，武力紛争が男女平等の場と言えるのかと尋ねられれば，やはり，そうではない，と答えるべきだろう。すでに述べたように，紛争地域は，女性がもっとも暴力的な抑圧を受けやすい空間であることには変わりがない。まさに，「犠牲者の女性化」が起こるのが，そうした地域なのである。紛争の被害を受けるだけでなく，世界で1000万人から2000万人に及ぶと言われる難民や，それを上回る規模で存在する各国内の避難民にも，子どもや高齢者の世話をしながら移動する女性が目立つ。そればかりか，衝撃的なジェンダー的暴力も起こる。軍事組織は，政府軍であれ武装勢力であれ，力の優越を明示するために，ジェンダー的な暴力を利用するからである。女性の行動や服装の統制などとともに，強制的な手段として「女性に対する暴力（Violence against Women）」が使用されやすい。

　1990年代に起こったボスニアやルワンダの紛争では，戦場や強制収容所における集団的なレイプ，レイプ後の虐殺，レイプによる「強制的な妊娠」など

図 16-3　ジェンダー的暴力の集団的メカニズム

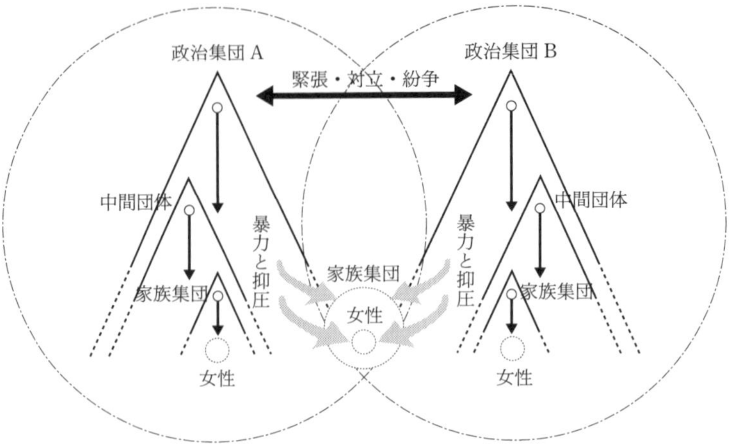

[出典]　竹中, 2004 a, 343 頁。

が実施されたが，こうした残酷な事実が，国連関係機関や NGO やメディアの調査によって明らかにされることになった。そうした性犯罪は，個々の男性の性的な行動というよりも，紛争の中で「敵」のコミュニティに打撃を与えるために，軍隊や武装組織が「戦略上の武器」として女性に対する暴力を行使したものだったのである。実際に，こうした作戦を軍隊が指令したという証拠や，レイプに抵抗した兵士が虐待された事例が報告されている。

　図 16-3 では，こうしたジェンダー的暴力の集団的メカニズムをなるべくわかりやすく示してみた。対立している集団Aと集団Bがあるとすると，それぞれの社会の中で，集団的な結束力を高めるために，宗教や民族的伝統などの思想が利用されるとき，そうした政治的な支配の象徴として，女性に対する抑圧が強められることが多い。要するに，宗教や民族的伝統に則った「貞淑な女性」としてふるまうように，支配的な勢力やそれに従う中間的な団体・地域社会・血縁集団などによって，女性が統制されることになる。これが，下向きの矢印↓の意味である。なお，そうした統制の圧力は，女性だけに向けられるわけではない。人種とか宗教とか言語とか，何らかの点でマジョリティ（多数派）とは異なる性格を持っている人々，病気や障害を負った人々，異端とされるような思想を抱いている人々など，多様なかたちで集団の主流から外れがち

な人々，すなわち集団の端っこにいるマイノリティ（少数派）の人々に対しても加えられやすい。統制に従わない場合には，「淫らな女性」「非国民」「異教徒」などの批判を浴びて，厳しい制裁を受けるおそれがある。アフガニスタンでタリバーン勢力が行った女性に対する統制は，その一つの事例である。

こうした集団の中の，いわば「身内の女性」が抑圧されるのと並んで，対立している「敵」の集団に属している女性にも攻撃が加えられる。暴力的な紛争が起こされると，軍隊や武装組織の間で実際の戦闘が展開されるだけでなく，「敵」の軍事組織が守っているはずの，「敵の女性」の身体を陵辱し，民族・宗教的にも性的にも自分たちの集団の男性が勝利と占領を達成するという行為が，頻繁に行われる。これこそ，レイプ・虐殺・強制妊娠など，ジェンダー的な暴力の集団的メカニズムの本質だとも言えるだろう。

3　平和構築とジェンダー

■ 介入の政治とジェンダー

これまで，武力紛争の過程におけるジェンダー的な暴力を見てきた。それでは，そうした紛争を止めるために行われる国際的な介入の過程では，ジェンダー的にはどのような現象が観察されるのだろうか。介入と平和構築そのものについては他の章で説明されているので，ここではジェンダー的な次元での問題について，もう少し具体的に説明しておこう。

まず，ジェンダー的な暴力への関心が，紛争への介入を加速するという，国際社会の傾向について指摘しておこう。すでに指摘したように，民族や宗教が注目されるような最近の紛争では，紛争当事者が「女性に対する暴力」をより意識的に「敵」の集団を抹殺する「民族浄化」の武器として使うようになっている。そうした状況に対して，介入するかどうかを決める国際社会の側にとっては，ジェンダー的暴力の告発が，具体的な人権侵害の事実として，重要な政策的意味を持つようになってきた。

すでに述べたボスニアとルワンダの紛争の事例では，かつてのナチスの迫害や旧日本軍による戦時性暴力を思い起こさせるほどの，すさまじいジェンダー的暴力が行使され，強制収容所・レイプ・虐殺・難民流出などさまざまな形で

Column ㊿◇　アフガニスタンの平和構築と女性

　アメリカの主導した対テロ戦争として，アフガニスタン戦争後の「平和構築」は，ジェンダー的な視点から大きな関心が寄せられた。1990年代，内戦の続くアフガニスタンでは，タリバーン政権も他の武装勢力もイスラムの名の下に女性を弾圧したが，こうしたジェンダー的な抑圧は国際的には見過ごされ，90年代末からの経済制裁によって事態はさらに悪化した。しかし9.11テロ事件後，アフガニスタン戦争を始めた英米政府は「アフガン女性を救え」というキャンペーンを行い，国際世論の風向きを変えた。米軍が主導する多国籍軍は，国際テロ組織と結託するタリバーン政権を倒してアフガン女性を解放するという，正しい戦争の論理がメディアで繰り返されたのである。首都カブールが陥落すると，ブルカを取って微笑む少女の写真が，ロイター電で世界中に発信された。明確に，ジェンダー問題が戦争の正当化に利用されたと言えるだろう。

　それを裏返して，戦後にもジェンダー的な政策が重視された。平和構築と復興支援の主役がアメリカから国連に移ると，新生アフガニスタンの目玉として，民主化と並んで女性の政治参加が謳われた。2001年12月ドイツのボンで開催された和平会議，翌年1月東京で開かれた復興会議にはアフガニスタン出身の女性が招かれ，カルザイ暫定政権には女性が閣僚として参加した。2002年半ばの緊急国民代表会議（ロヤ・ジルガ）には軍閥将軍たちとともに女性が加わった。現地に展開する国連の諸機関にも，国連安保理1325号決議に基づき，平和構築過程での女性の参加を拡大することが求められた。

　2003年12月の憲法制定ロヤ・ジルガや大部族会議，2003年7月のカルザイ暫定政権を樹立した緊急ロヤ・ジルガにも多くの女性が参加した。2004年1月制定の新憲法では，この国で初めて男性と平等な女性の権利が認められた。第22条で法の前の両性の平等，第44条で女性に対する教育，第48条で両性の労働

の人権侵害をもたらした。こうした実態が，一部のジャーナリズムの報道によって判明し始めると，「黙って手をこまねいて見ているのか」という国際的な世論が高まり，国連は調査委員会を設置し，重い腰を上げて緊急援助や難民援助を行おうとした。腕まくりをして「女性を救え」という論理である。

　ただし，ここで注意したいのは，人権侵害，特にジェンダー的な暴力の問題は，事件を売り物にするメディアや特定の政府や政治勢力によって恣意的に利用されるおそれがあるという点である。たとえば，2001年のアフガニスタン

権利が定められた。第83条では，各州で少なくとも女性議員2人が選出されることが義務づけられた。上院の長老議会議員は，大統領・州議会・県議会によって指名されるが，そのうち大統領の指名議席の半分が女性に与えられることになった。

　こうした女性の参加を実現するため，国連は，女性用の有権者登録所を設置し，女性の登録を促す広報活動を行った。アメリカの支援機関も有権者教育プログラムを実施し，女性の立候補や，政党による女性登用を訴えた。その結果，都市部では女性の有権者登録が進んだが，女性の識字率が低く保守的な農村部では困難を極めた。とはいえ，2500万人から2800万人といわれるアフガニスタンの有権者のうち，2004年10月大統領選挙で約1050万人，2005年9月下院および州議会選挙では約1200万人が登録し，それぞれ女性は41％，44％を占めた。パキスタンやイランの難民キャンプからも約150万人余りの有権者が認められた。下院選挙では，全国249議席のうち，遊牧民族クッチ人を含む34州で各2名ずつ，全議員の4分の1以上の68名が女性議員として選ばれることになった。

　しかし，女性の置かれる状況はいまなお厳しい。アフガン女性の平均余命は，世界一長生きの日本女性の半分程度にすぎない。貧困・弾圧・戦争・難民生活の中で，女性は確実に命を削ってきたのである。栄養や医療面で差別されるだけでなく，教育も阻害され，女性の識字率は1割ないしそれ以下とされる。ジェンダー開発指数は世界の中でも最低水準で，女性にとっての「人間の安全保障」が深刻に脅かされてきた社会である。今後，民主化と女性の政治参加によって国家的な改革が促され，十分な経済復興と開発によって人々が安心して豊かに暮らせる社会に変わっていくことが望まれるが，2006年半ば現在，アフガニスタンの治安状況は悪化を続けており，ジェンダー的に見ても平和構築は多難が予想される。

戦争でも，そのような傾向が観察された。イスラム勢力側は，女性がブルカ（体をすっぽり覆うヴェール）を着用しなければならない，むやみに出歩いてはいけないといった厳しいジェンダー政策を宣伝したが，それに対抗する多国籍軍の側も，ジェンダー的な戦争の論理を展開した。戦争の主要な目的は，もちろんテロリストとテロ支援国家を壊滅することだったが，その次に，「狂信的なイスラム主義者」であるタリバーン勢力が迫害してきた「気の毒なアフガニスタン女性」を救済するという目的が，大々的に宣伝されたのである。

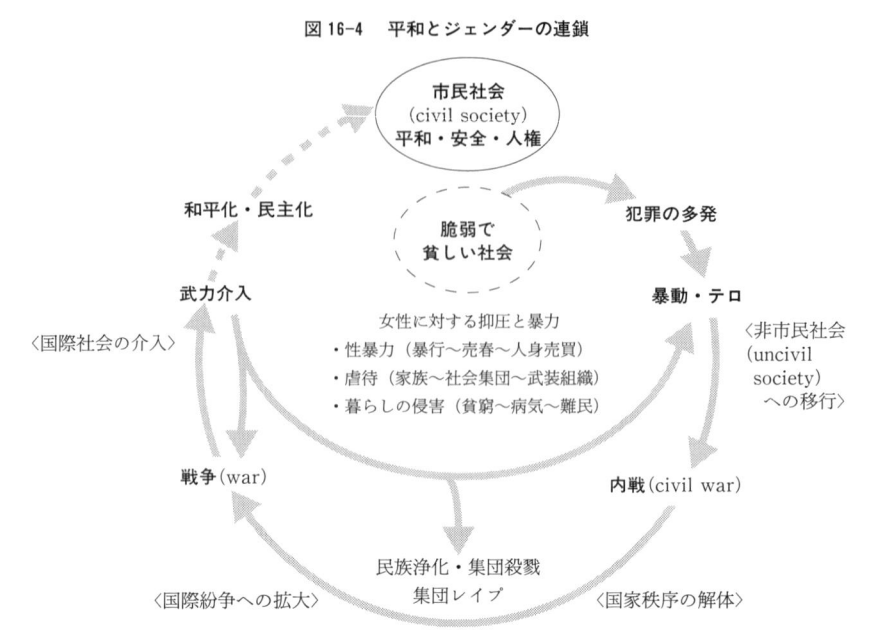

図 16-4　平和とジェンダーの連鎖

市民社会 (civil society)
平和・安全・人権

脆弱で貧しい社会

女性に対する抑圧と暴力
・性暴力（暴行〜売春〜人身売買）
・虐待（家族〜社会集団〜武装組織）
・暮らしの侵害（貧困〜病気〜難民）

和平化・民主化

犯罪の多発

武力介入　〈国際社会の介入〉

暴動・テロ　〈非市民社会 (uncivil society) への移行〉

戦争 (war)　〈国際紛争への拡大〉

内戦 (civil war)　〈国家秩序の解体〉

民族浄化・集団殺戮　集団レイプ

［出典］　筆者作成。

　ともあれ，ジェンダー的な暴力もきっかけとして，紛争の被害が国際的に認識されると，大国・地域組織・国際組織による介入が検討される。紛争がジェンダー的な問題をはらんでいるからこそ，介入する側，そして平和構築をめざす側は，当然，ジェンダー的な問題に対応しなければならないことになる。特に，紛争地域や周辺地域の社会に暮らす女性に対する支援政策はその一例で，紛争の被害者や難民の救済はジェンダー的な考慮なしには展開できない。これは，国際機関や NGO では，すでに常識となっている。

　また，介入というと，国際的な合意を背景に紛争を止める側の行う活動なのだから，善意による第三者の平和的なミッション（使節）だと考えられるが，実際には必ずしもそうでないこともある。ことに，武力を使って紛争の中に入っていくとすれば，当然，暴力を行使する際の問題も生み出す可能性があるからである。平和維持や平和構築のためとはいえ，男性が優位する組織としての軍隊が投入されると，それによって新たにジェンダー的な暴力を生むおそれもある。派遣された外国人兵士によって，紛争地や難民キャンプの女性がレイプ

されたという被害の訴えは，めずらしいものではない。将来，国際刑事裁判所が普遍的に機能するようになれば，そうした事件はより公に追及されるようになるだろう。実際，そうした構想に最も反対しているのは，世界各地に基地を保持し，自国軍を配置しているアメリカである。日本の基地問題でも明らかなように，米兵によるレイプや他の犯罪事件にはアメリカ政府も頭を悩ませてきたからだ。また，日本が自衛隊を海外に派遣する機会がさらに増えれば，日本政府にとってもこの種のトラブルは当然考慮すべき日常的な問題となってくるだろう。

　以上のような，ジェンダー的な視点からの社会変化の道筋を，仮説的に示してみたのが図16-4である。

■ 平和構築と女性の参加

　軍事的な介入が成功し，何とか紛争が停止され，平和構築の過程に歩み出すとすると，その場面で再びジェンダー的な課題への取り組みが必要となる。戦災からの復興を進め，新しい国家と市民社会の基礎を築くには，社会や家族を支える女性たちのケアとエンパワーメントを進めざるをえないからである。

　二つの方向で，そうした政策が必要となる。第一は，紛争の傷を癒し，紛争による社会的な分断を克服するための努力として，紛争下での犯罪的な行為としてのジェンダー的な暴力に，真剣な対処がなされなければならない，という問題である。1990年代以降は，国際的な戦犯法廷にその役割が期待され，ジェンダー的な暴力，特にジェノサイド的なレイプについての加害者の訴追が試みられた。第二は，紛争後に国家を再興する過程で，男女平等の民主主義的な政治制度・行政機構・選挙制度の樹立と，それらへの女性の参加の推進である。

　第一の，ジェンダー的な暴力に対する正義の実現について考えてみると，平和の前提には，紛争に巻き込まれていた社会における民族や宗教的なコミュニティの間の政治的な和解が必要となる。しかし，これがいかに困難な課題であるかは，たとえば，第二次世界大戦後60年以上を経ても日本とアジア諸国の間で戦争責任問題が解決したとは言えないことを見ても，明らかである。しかも，紛争状況においては，殺人・財産の破壊・レイプなどを行った者は，見ず知らずの外国人ではなく，知り合いの隣人や地元の警察官や兵士であることも

多い。したがって，被害者のコミュニティや個々人が心身の重い傷を乗り越えようとするならば，どうしても公平な真相究明と正義の裁きが不可欠であろう。つまり，罪を犯した人々には，真実に基づく正当な裁きによって適切な罰が下されるという方法でのみ，和解への一歩が踏み出されるからである。たとえば，重要な先例として，アパルトヘイト撤廃後の南アフリカにおける真相究明と和解のための政治的努力があげられる。

　ボスニアとルワンダの紛争については，国連安保理の下に，戦争犯罪や人道に反する罪を裁くために戦犯法廷が設置され，政治的指導者による戦争犯罪の追及とともに，ジェンダー的暴力としてのレイプや強制妊娠などが，国際人権法などに照らして審理されることになった。きわめて意欲的な新しい試みである。しかし現実には，武力紛争の展開と並行して裁判が進められたために，国家の壁に阻まれた上，組織的な準備・人材・資金などの面で十分な効力を発揮できず，期待されたほどの成果をあげることはできなかったという批判もある。しかし，現代の国際社会において，紛争下でのジェンダー的な人権侵害や暴力は犯罪として制度的に処罰されるべきだという新しい規範を示す，貴重な先例となったことも事実だろう。

　ジェンダー的な暴力を犯罪として立件するということは，考えているよりもずっと難しいことである。紛争が続いているということは，レイプや殺傷を行った加害者が軍人や武装勢力として自由に歩き回っているということでもある。そうした中で，国際機関やNGOや専門家は，強制収容所や難民キャンプで被害者を特定し，被害者から信用に足る証言を集め，事件を明らかにして立件しなければならない。ボスニアやルワンダの場合，国内の刑事事件のようには，捜査する警察組織も訴追する検事局も整備されていないところで，苦労して作業が進められた。しかし，こうしたジェンダー的暴力をめぐる戦犯法廷は，戦争裁判としての性格を持っているだけでなく，一般的なレイプ裁判とも共通した性格を帯びているという点も明らかになってきた。具体的には，レイプ裁判と同じように，被害者にとっては事件を再現して証言すること自体が，苛酷な体験を繰り返すという意味での「第二のレイプ」を引き起こし，トラウマ（心的外傷）を生むという問題，あるいは証言したのに犯人が捕らわれて処罰されなければ，もう一度被害者が犯人に狙われる危険があるという問題などが露呈

Column ㊼◇　国連安保理決議 1325

　国連安保理が 2000 年 10 月 31 日に全会一致で採択した決議で，国連と加盟諸国に，武力紛争が女性にもたらす影響を認識し，紛争解決と平和構築の過程でより多くの女性の参加を促すよう提言している。背景には，1999 年以来の安保理決議，2000 年国際女性の日にアナン事務総長が行った女性と平和に関する演説，「女性に対する暴力」を提起した 1995 年の世界女性会議（北京），第 23 回国連特別総会（2000 年）「女性 2000——21 世紀のジェンダー的平等・開発・平和」などがある。

　国連安保理が，紛争についてのジェンダー的な政策を，具体的に 18 項目で示した点に歴史的意義がある。前半部分では，国・地域・国際的な意思決定により多くの女性が参加できるような「戦略的な行動計画」を呼びかけ，国連の特別代表・特使，平和維持活動における軍監視官・文民警察官・人権問題担当職員などへの女性採用を提言している。後半部分では，戦争や難民状況が女性や子どもに与える暴力的な被害を指摘し，具体的な対処とともに，地元社会の平和へのイニシアティブとして女性の参加を提言している。

　国際社会がこうした新しい規範を必要とするにいたったのは，冷戦後の新しい型の戦争のためであった。ボスニアやルワンダでは，多数派の民族・宗教集団に属する兵士や市民が少数派の女性に対して組織的な性暴力をふるうという事件が引き起こされた。NGO やメディアとともに，国連が調査団を派遣して事実を究明し，国際社会に衝撃を与えた。これらの事例では，国際戦犯法廷が設置され，戦時性暴力が訴追の重要な事由となっている。2001 年のアフガニスタン戦争の戦後復興では，この決議の実践が期待された。また，日本が基金を拠出する国連の「人間の安全保障」プログラムでも，紛争予防と平和創出にジェンダー的視点が強調されている（竹中，2005，362 頁）。

した。こうした深刻な課題を乗り越えるには，司法制度とそれに携わる専門家の知識や意識を，ジェンダーの視点から抜本的に変革することが必要だという指摘がなされている。

　以上のような衝撃的な経験を経て，1990 年代半ば以降，国連では介入や平和構築の過程をジェンダー化するという政策目標が，明確な目標として掲げられるようになった。たとえば，国連難民高等弁務官事務所（UNHCR）の出した 1995 年のマニュアルでは，女性を焦点として支援対策を検討している。ま

た，先述した「人間の安全保障」プログラムでも同様である。しかもこれらに共通するのは，「男性が女性を救う」という受動的な意味での女性の支援ではなく，社会的な主体としての女性をエンパワーメントするという方針が示されている点である。

　紛争への介入過程，および紛争後の平和構築と復興過程において，女性への支援を進め，女性の参加を拡大するような政策は，すでに国際的なコンセンサスとなりつつある。国連安保理決議 1325（UN S/RES/1325）は，そうしたジェンダー的な政策を国連の方針として明確に打ち出したものである。したがって，この決議が成立した翌年に起こったアフガニスタン戦争では，紛争後の復興支援と平和構築について，ジェンダー的な施策がかなり実験的に行われた。国連の派遣する組織として，女性をより多く参加させた治安部隊や行政機構をつくるよう努力が積み重ねられ，アフガニスタン社会については，和平・復興会議，暫定政権の構成，議会の招集，新憲法の制定，議会や大統領の選挙などについて，ジェンダー的な平等と参加が重要な改革の柱とされた。

　女性を対象とした政策の展開という面と，女性という主体の政策的・制度的な参加という面と，いわば二つの面でのジェンダー的な平和構築の実践は，今後も積極的に推進されていくと思われる。

■ 平和をつくるジェンダー的ネットワーク

　ここまで 21 世紀の国際社会が抱えている紛争の過程，紛争への対応の過程，平和構築と復興支援の過程について，そのジェンダー的な側面を説明してきた。それらを振り返りながら，最後に，こうしたジェンダー的な現象が国際政治や国際社会にどのような変化をもたらしているのかを示唆して，本章を結びたいと思う。

　この数十年間の女性の活動は，国際社会，特に国連および国際的な NGO と密接に結び付きながら展開してきた。1975 年に国際女性年（International Women's Year）が実施されることが決まり，それに各国の政府が対応し，同時に国連関係機関，NGO，活動家や研究者が参加して，国連を場とした世界的な女性の集まりが本格的に作られることになった。そうしたジェンダー政策は，政府を通して各国の市民社会に影響をもたらしただけではなく，むしろ自

国政府との矛盾をはらんでも，それぞれの社会に国際的な規範や政策や運動とつながる市民的な主体を育てていく過程となった。

　国連が当初に設定したテーマは，「女性の地位向上」であり，政治的には穏健といえる性格のものであった。つまり，途上国に対しては，貧困から開発への課題一般の中での女性の地位の改善を目標に掲げるようにという呼び掛けの意味を持ち，先進国に対しては，ジェンダー的差別をさらに撤廃して女性の政治的・社会的参加を拡大するようにという方向付けが示された。

　しかし，各国で民主化の動きが進み，さまざまな政治的・社会的主体の活動が活発化した1980年代以降には，新しいジェンダー問題が提起されるようになった。たとえば，本章で指摘した「ジェンダー的暴力」や「女性に対する暴力」という概念によって，家族などの親密な人間関係の中で起こりやすい「家庭内暴力（Domestic Violence; DV）」とともに，大きな社会の中で展開する民族的・宗教的な権威や勢力，それらと手を結んだ国家や政治組織や軍隊・武装組織によるジェンダー的な抑圧が告発され始めた。1990年代になると，すでに見てきたように，ボスニア紛争やルワンダ紛争をきっかけに，紛争下での「女性に対する暴力」が国際的な注目を集めた。第3回世界女性会議として開催された1995年の北京会議では，各国政府代表のみならず，多くのNGOや専門家の集まる中で，「ジェンダー的暴力」の重要性が認識され，早急に適切な対策がとられなければならないという共同宣言がまとめられた。

　こうして，国際社会においては，女性の立場も意識も活動の仕方も目に見えて変わってきた。それは，女性が「救済されるべき女性」として政策の対象としてとらえられた時代から，女性自身が抑圧や暴力の実態を公的に「告発する女性」へ，さらには政策を企画し実践する「行動し変革する女性」へと変わってきたことと裏腹をなしている。こうした「社会的な主体（agency）」としての女性の成長に合わせて，それらと協力する国連や関係組織，各国政府，NGOなどの対応も政策も変わってきている。

　人類の歴史の中では，長い間，多くの社会で，女性は男性に頼り，その影に隠れて家庭の奥深くで暮らすことが，伝統的な価値とされてきた。血族や親族の存続を図るためには，そのような秩序が必要だと考えられ，守られてきたのである。裏返せば，貞淑な妻や娘の規範を破った女性に対しては，死に値する

ほどの制裁が課されることもめずらしくなかった。そして，こうした伝統を保持するために，女性に対する抑圧や暴力が正当化されている社会は今なお数多く残っている。ジェンダー的な支配を表すフェミニストの言葉をあてはめれば，父親のような男性が力をもって支配する家父長制的な社会，あるいは男性優位の社会である。しかし，すでに論じてきたように，20世紀，特に20世紀後半には，女性は現代社会の主体としての力を獲得し，男性と肩を並べて，時には男性以上に活躍する機会をつかんできた。これこそが，20世紀に起こった大きな革命の一つではないだろうか。

この「ジェンダー革命」もまた，国際社会の戦争と平和の変動過程で，さまざまな方向に展開してきたが，それを可能にしたのは，何よりも女性自身の主体的な努力と，女性の自由・平等・参加を実現しようとする政策を掲げてきた国際社会の働きかけ，政府の変化，市民社会におけるNGOや専門家の協働作業であった。そして今，対テロ戦争・市場経済の中で拡大する貧富の格差・環境汚染など，ジェンダー的な問題を引き起こす課題は山積しているが，同時に，グローバルな市民社会をめざす，ジェンダー的なネットワークはますます活発化している。そうだとすれば，21世紀の国際政治学や国際関係論には，そうした動きを受け止めるための，ジェンダー的な概念や理論の構築が求められているにちがいない。

引用・参考文献

ウィットワース，サンドラ／武者小路公秀ほか監訳，2000年『国際ジェンダー関係論——批判理論的政治経済学に向けて』藤原書店

VAWW-NET Japan（バウネット・ジャパン）編，2002年『女性国際戦犯法廷の全記録』Ⅰ・Ⅱ（「日本軍性奴隷制を裁く——2000年女性国際戦犯法廷の記録」第5・6巻），緑風出版

上野千鶴子，1998年『ナショナリズムとジェンダー』青土社

エンロー，シンシア／池田悦子訳，1999年『戦争の翌朝——ポスト冷戦時代をジェンダーで読む』緑風出版

エンロー，シンシア／秋林こずえ訳，舘かおる・秋林こずえ責任編集，2004年『フェミニズムで探る軍事化と国際政治』御茶の水書房

エンロー，シンシア／上野千鶴子監訳，佐藤文香訳，2006年『策略——女性を軍事化する国際政治』岩波書店

国連開発計画（UNDP）編，1996年『ジェンダーと人間開発』国際協力出版会

国連開発計画（UNDP）編，2004 年『この多様な世界で文化の自由を』国際協力出版会

国連開発計画（UNDP）編，2006 年『岐路に立つ国際協力——不平等な世界での援助，貿易，安全保障』国際協力出版会

佐々木陽子，2001 年『総力戦と女性兵士』青弓社

佐藤文香，2004 年『軍事組織とジェンダー——自衛隊の女性たち』慶應義塾大学出版会

セン，アマルティア／池本幸生・野上裕生・佐藤仁訳，1999 年『不平等の再検討——潜在能力と自由』岩波書店

竹中千春，2002 年「武力紛争とジェンダー——国際政治の中の南アジア」『国際政治』第 130 号，192-201 頁

竹中千春，2003 年「ジェンダー化する政治——インドの国家・法・女性」日本政治学会編『「性」と政治』「年報 政治学」岩波書店，45-72 頁

竹中千春，2004 年 a「女の平和——犠牲者から変革の主体へ」渡辺治・和田進編『平和秩序形成の課題』（「講座 戦争と現代」第 5 巻，大月書店，217-244 頁

竹中千春，2004 年 b『世界はなぜ仲良くできないの？——暴力の連鎖を解くために』阪急コミュニケーションズ

竹中千春，2005 年「国連安保理決議 1325」猪口孝ほか編『国際政治事典』弘文堂

田中由美子・大沢真理・伊藤るり編，2002 年『開発とジェンダー——エンパワーメントの国際協力』国際協力出版会

土佐弘之，2000 年『グローバル／ジェンダー・ポリティクス——国際関係論とフェミニズム』世界思想社

ブターリア，ウルワシー／藤岡恵美子訳，2002 年『沈黙の向こう側——インド・パキスタン分離独立と引き裂かれた人々の声』明石書店

松井やより，1996 年『女たちがつくるアジア』岩波新書

ラティファ／松本百合子訳，2001 年『ラティファの告白——アフガニスタン少女の手記』角川書店

若桑みどり，1995 年『戦争がつくる女性像——第二次世界大戦下の日本女性動員の視覚的プロパガンダ』筑摩書房

Kaldor, Mary, 2003, *Global Civil Society: An Answer to War,* London: Polity

Lentin, Ronit ed., 1997, *Gender and Catastrophe,* London and New York: Zed Books

Lorentzen, Lois Ann and Jennifer Turpin eds., 1998, *The Women and War Reader,* New York and London: New York University Press

Manchanda, Rita ed., 2001, *Women, War and Peace in South Asia: Beyond Victimhood to Agency,* New Delhi: Sage Publications

Moser, Caroline O. N. and Fiona C. Clark eds., 2001, *Victims, Perpetrators or Actors?: Gender, Armed Conflict and Political Violence,* London and New York: Zed Books

Turshen, Meredeth and Clotilde Twagiramariya eds., 1998, *What Women Do in*

Wartime: Gender and Conflict in Africa, London and New York: Zed Books

さらに読み進む人のために

エンロー, シンシア／秋林こずえ訳, 舘かおる・秋林こずえ責任編集, 2004 年『フェミニズムで探る軍事化と国際政治』御茶の水書房
* ジェンダー分析の先駆者エンローがフェミニスト的な好奇心で戦争や軍事化を分析し, さまざまな専門家がコメントする。

ブターリア, ウルワシー／藤岡恵美子訳, 2002 年『沈黙の向こう側——インド・パキスタン分離独立と引き裂かれた人々の声』明石書店
* 1947 年イギリスからインドとパキスタンが独立した際, 暴動が起こり, 多くの難民が故郷を後にした。その暴力の歴史を女性の視点から描く。

松井やより, 1996 年『女たちがつくるアジア』岩波新書
* 女性運動の国際的連帯に関心のある方は読んでもらいたい。松井やよりは, アジアにおける女性のネットワークを作るために尽力した人である。

ラティファ／松本百合子訳, 2001 年『ラティファの告白——アフガニスタン少女の手記』角川書店
* タリバーン勢力に支配された 1990 年代後半のカブールで暮らした少女が書いた文章。アフガニスタンの「アンネの日記」と呼ばれている。

RAWA (Revolutionary Association of the Women of Afghanistan) website 〈http://www.rawa.org/〉
* アフガニスタン女性革命協会 (RAWA)。内戦下や難民の社会で活動してきた。人権 NGO を知るために, 訪ねてほしいサイト。

(竹中千春)

第*17*章

NGO と市民社会

　武力紛争後の平和の創造において，NGO は国家や国際組織などと並んで欠かせない行為主体（アクター）の一つである。国境を越え，公平・中立を旨として緊急人道援助や復興・開発援助を行う NGO は，すぐれて人道的な見地から現場のニーズに沿って活動する組織として，貢献が期待されている。日本でも国際協力への関心の高まりを背景に NGO が注目されるようになり，NGO と政府や企業との連携も徐々に進んでいる。大学や大学院の国際協力コースが人気を集め，就職先として NGO を考える若者も増えてきた。しかし，日本の市民社会を支える基盤は依然弱く，NGO の健全な発展のための課題は山積している。

　本章ではまず武力紛争の現場での活動を念頭に NGO の特性を探る。次に NGO を含むシビル・ソサエティ（市民社会）台頭の潮流を概観し，冷戦後の地域紛争や内戦に対応した援助活動の実際を，平和構築の視点もからめつつ紹介する。さらに日本の NGO の歴史をたどり，課題である資金基盤の強化について検討するとともに，NGO 活動を強化する目的で設立されたジャパン・プラットフォームの成果と可能性に言及する。

1　NGO とは何か

■ NGO の分類

　NGO という用語は，その語源を国際連合（国連）に求めることができる。

Column ㊾◇　NGO と NPO

　NGO（非政府組織）と NPO（非営利組織）は，どちらも政府や営利企業とは異なる民間非営利の立場で公益実現のために活動する団体を指す。「非政府」に力点を置くか，「非営利」を強調するかの違いはあるものの，本来の意味は同じと考えられる。ただ日本では慣用的に，難民支援や環境保全などの分野で国際的な活動をする団体を NGO，福祉やまちづくりなど国内活動に携わる団体を NPO と呼ぶことが多い。このため，両者を指すことを明確にしたい場合は NGO・NPO などと併記するケースもある。

　NGO という用語がメディアなどで一般に使われ始めたのは 1980 年代だが，NPO のほうはやや遅れて，特定非営利活動促進法（いわゆる NPO 法）が施行された 1998 年ごろから広く使われるようになった。その過程で次第に上記のような使い分けがなされるようになった。ただ，NGO も NPO も「非」を冠する言葉であることから，市民による自発的な公益活動であることをより積極的に強調する意味で，最近は CSO（Civil Society Organization；市民社会組織）という用語も使われている。

　国連と各国政府以外の民間団体との協力関係について明文化した国連憲章第 71 条は「経済社会理事会は，その権限内にある事項に関係のある民間団体（non-governmental organizations）と協議するために，適当な取極を行うことができる」と定めている。日本では直訳して「非政府組織」と呼ばれてきた。

　しかし今日，NGO の語義は国連との関係に限定せず，より一般化してとらえられるのが普通である。たとえば国際協力 NGO センター（JANIC）は「開発問題，人権問題，環境問題，平和問題など地球的規模の問題の解決に，『非政府』かつ『非営利』の立場から取り組む，市民主体の組織」と NGO を定義している。本章でも基本的にこれに従う。

　NGO にはさまざまな種類がある。JANIC は，開発協力型，教育・提言型，ネットワーク型の 3 類型をあげている。これは現場での援助活動を主体とするか，国内外での情報発信やアドボカシー（政策提言）を主体とするか，あるいは NGO の連携をめざすかという，団体の目的や機能に着目した分類方法と言えるだろう。

　一方，活動の対象としている分野や領域に着目すると，開発 NGO，環境

NGO，人権 NGO などのような分類も可能である。さらに，欧米や日本など先進国に本部を置き，国際的に活動する国際 NGO と，援助対象となる国の人々によって設立・運営される現地 NGO に分けることもできる。

■ 人道援助における NGO の特性

人道援助の担い手としての NGO の特性は，さまざまに表現されうる。日本経済団体連合会の政策研究機関である 21 世紀政策研究所（2000）は，従来の政府開発援助（ODA）の問題点と NGO の国際協力活動の利点を「意思決定のプロセス」「責任者と担い手の継続性」「コスト（費用対効果）」など 14 項目にわたって比較対照している。ここではそれをふまえつつ，武力紛争の現場での人道援助という観点からより単純化し，4 点に絞って NGO の持つ特性を概観したい。

①**政治的な中立性と独立性**　武力紛争後の緊急人道援助など国際政治の動向と密接にかかわる活動では，とりわけ重要な意味を持つ。政府の場合，カウンターパート（援助の受け入れ担当）は相手国の政府であることが多く，相手国政府の要請がないと国境を越えて介入することが難しい。NGO なら人道的見地を優先し，主権国家の枠にとらわれない介入が可能になる。たとえば，政府と反政府勢力の内戦による国内避難民の発生に対し，政府間の外交ルートを優先する立場からは公平で有効な援助は期待しにくい。これに対し NGO は，政府か反政府かという政治的立場の違いにとらわれず，避難民のニーズに即した援助活動ができる。

②**現場に根ざした活動**　特に紛争地の場合，最前線の現場に政府職員が直接入ることは少ない。このため，安全確保やニーズの把握に必要な一次情報は，主として相手国政府や国際機関，友好国などに頼ることになり，援助物資なども相手国政府への引き渡しにとどまることが少なくない。一方，現場に事務所を構え，スタッフを送って活動する NGO は，コミュニティレベルのニーズを的確につかみ，援助を住民に直接届けることができる。現地スタッフを数多く雇用することは，きめ細かい援助を可能にするだけでなく，紛争地の復興にも資する。

③**スピードと柔軟性**　決裁や省庁間の調整，相手国との協議などに時間

がかかる政府に対し，組織が単純なNGOは意思決定のスピードが比較的速い。このため，状況の変化に応じた事業計画の修正にも柔軟に対応できる。また，予算の制約から1年ごとのプロジェクトが中心とならざるをえない政府に対し，NGOは単年度主義にとらわれることなく中・長期的な事業の遂行ができる。

④援助効率の高さ　費用対効果でもNGOは政府を大きく上回る。イラクへの自衛隊派遣にからんでしばしば指摘されたように，政府や軍隊組織は援助物資や自らの生活物資，機材などを，多額のコストがかかる本国からの輸送によってまかなうことが多い。人員も多数本国から送るため，危険地手当などを含めた人件費も高くつく。これに対してNGOは，それらの大部分を現地で調達するため，コストを低く抑え，援助効率を高めることが可能になる。

以上にあげた特性は，NGOの利点ばかりに目を向けているとの批判も成り立ちえよう。組織そのものが脆弱で資金力も限られるNGOには，十分な規模とインパクトの援助が難しいケースがあることも，また事実である。大切なのは，こうした特性を認識したうえで，政府の援助とNGOによる援助をうまく組み合わせることである。

2　地域紛争とNGO

■ 台頭するシビル・ソサエティ

本章は武力紛争後の人道援助におけるNGOの役割，課題，可能性を探ることを主な目的とするが，ほかの分野でもNGOを含むシビル・ソサエティの台頭が目覚ましい。人道援助分野でNGOが注目される背景の潮流として，簡単に俯瞰しておく。

最近の日本では「官から民へ」が一種の流行語になった感があるが，国際政治の舞台では一足早く，官から民への「パワーシフト」が進行した。マシューズ（1997）は「冷戦の終わりは，国家と，市場と市民社会の間にパワーの再配分をもたらした。国家はグローバル化する市場に対し自立性を失いつつある一方で，世界を股にかけて活動する企業体，生まれ変わりつつある国際組織，そして市民社会のNGOとパワーをシェアしている」と指摘した。その背景を，山本（1998）は「国際社会における多くの課題が国境を越えたトランスナショ

ナルな性格をもつものであり、それぞれの国家では対応ができない状態を補完する形でシビル・ソサエティが台頭している」と述べている。

それを強く印象づけたのは、1992年にブラジルのリオ・デ・ジャネイロで開かれた「環境と開発に関する国連会議（地球サミット）」である。180カ国の代表など約4万人が参加し、気候変動や生物多様性に関する議論が展開されたこの会議で、NGOは企業や労働組合などと並んで「国連が協力を進めるメジャー・グループ」と位置づけられた。NGOはサミットの合意に貢献する一方、採択された「アジェンダ21」に対する独自の「代替条約」を提案するなど、議論の活性化に大きな役割を果たした。

さらに劇的な形でシビル・ソサエティの活躍を示したのが、対人地雷禁止の取り組みだった。世界各国のNGOによる連合体「地雷禁止国際キャンペーン（ICBL）」が各国政府や赤十字国際委員会などと協力関係を築き、組織的なロビー活動を展開して、対人地雷全面禁止条約締結への流れをつくった。ICBLは1997年にノーベル平和賞を受賞した。同年の地球温暖化防止京都会議でも、400以上の国際NGOが世界に会議情報をリアルタイムで流し、環境保全に向けた世論喚起を通じて政府間の合意形成に影響を与えた。

コンピューター・ネットワークの発達に代表される情報通信革命は、NGOの連携を容易にするとともに、政府と民間の情報格差を飛躍的に縮め、NGOが専門領域においては政府をしのぐ情報を持ち、それを発信できる状況をつくり出した。また、経済・社会のグローバル化の進展で、山本が指摘するように国家の枠を超えて取り組むべき課題が増えたことも、国際世論の形成においてNGOが重要な役割を果たす契機となった。

■ 増える地域紛争と難民・国内避難民

一方、冷戦後の世界では、東西両陣営のイデオロギー対立の枠が外れたことで、民族や宗教などの対立を背景とした内戦や地域紛争が頻発するようになった。ストックホルム国際平和研究所（SIPRI）の統計（2005）によると、2004年には世界17の地域で19の軍事紛争が発生または継続しており、そのすべてが内戦だった。このうちイラク、スーダン、ウガンダなど六つの内戦は、死者1000人以上という大規模なものだった。

こうした内戦や地域紛争の増加が大量の難民や国内避難民を生んでいる。世界に広がる難民の実態を正確に知ることは難しいが，2000年に国連難民高等弁務官事務所（UNHCR）（第9章 Column ㉘ 参照）がまとめた『世界難民白書』は，1950年から1999年まで50年間の難民の推計数を示している。それによると，1970年代半ばまで500万人以下で推移していた難民数は1978年に初めて500万人を超え，その3年後には一気に1000万人を突破した。その後1980年代半ばまでは微増にとどまっていたが，冷戦が終わりを迎える1980年代後半に入ると増加のペースが加速し，ピークの1992年には約1830万人を記録した。

1993年以降，難民の数は減少に転じたが，一方で援助の重要な対象となっているのが国内避難民である。国境を越えず，または越えられずに国内で避難生活を続ける彼らの実態は，内政不干渉の原則から条約上の保護対象になっていないため，難民以上にわかりづらい。ただ，UNHCRは，国内避難民の数が世界中で急増し，現在2500万人にのぼると推定している。UNHCRの援助対象者に限っても，2005年1月1日現在，難民の数は約920万人と過去25年間で最低になったが，国内避難民は約560万人と前年より大幅に増えた（第9章図9-2参照）。

■ NGOの援助の現場——アフガニスタンを例に

こうした事態に，NGOはどう対応しようとしているのだろうか。紛争地でのNGOの活動は，大きく緊急人道援助と復興・開発援助に分けてとらえることができる。

緊急人道援助は，武力紛争中あるいは紛争直後の混乱した状況下で人々の生命・安全が脅かされているとき，基本的な人道上のニーズを満たす目的で行う援助活動を指す。水・食糧・生活必需品の配布，テントなどによる一時的な住居の確保，医療サービスや薬の提供などが，これにあたる。大規模な紛争で大量の難民・国内避難民が発生しているようなケースでは，短期間に大量の援助物資を調達し，届けることが何よりも要請される。

復興・開発援助は，被災者の生命が危機にさらされるような状況が一段落した後，生活環境の復興と自立をめざして中・長期的な視点で行われる援助であ

る。道路・水道・橋といったインフラ整備や，住環境の提供，学校をはじめとする教育環境の再興，病院・診療所など医療環境の整備，農漁業など生計手段の復興と，プロジェクトの内容は現地のニーズに合わせて多岐にわたる。地域コミュニティ全体の強化を促し，新たな紛争の予防も視野に入れた息の長い取り組みが中心となる。

　NGOの活動は多種多様であり，いずれかの事例で代表させることは難しい。ここではアフガニスタンを例にとり，筆者自身の経験をもとに現場での活動を紹介したい。

　アフガニスタンでは1979年の旧ソ連軍の侵攻をきっかけに，国内の多数の勢力がからむ内戦が20年以上にわたって展開された。1990年代後半，イスラム原理主義のタリバーン政権が実効支配に及んだが，2001年の9.11テロ事件を受けた米英軍の空爆でタリバーン政権は崩壊した。代わって反タリバーンの諸勢力がアメリカをはじめとする国際社会の後ろ盾で実権を握り，2004年10月には新憲法下での大統領選挙を経て新政権が樹立された。

　ピース ウィンズ・ジャパン（PWJ）は，9.11テロ事件が起きる前の2001年夏，アフガニスタン北部・サリプル州での調査を開始した。長い内戦と3年続きの旱魃のため，北部には30万人とも言われる国内避難民が流出しており，彼らへの緊急人道援助の可能性を探るのが目的だった。

　当時，タリバーン政権が支配していたアフガニスタンに対する国際社会の関心はきわめて低く，UNHCRなど国連機関も有効な手を打てないでいた。サリプル州で国内避難民が自発的に形成したキャンプには約6万人が暮らしていたが，木切れにぼろ布をかけただけの粗末なテントは，厳しい冬にとても耐えられるものではなかった。PWJは緊急援助として越冬用のテントを国内避難民キャンプに配給する方針を決めた。

　しかし，直後に起きた9.11テロとそれに続く空爆で，状況は一変した。アフガニスタン国内にとどまって調査や支援を続けるのは危険が大きすぎるため，一時退避を余儀なくされた。一方，厳冬期の前にテントを届けるには一刻もむだにはできない。退避の間にも，隣国パキスタンに残ったスタッフが約5000張のテントを買い付け，トラックなどの輸送手段も整えた。

　治安が不安定な紛争後の緊急支援では，一つまちがうと命にかかわるため，

安全確保には最大限の配慮を必要とする。治安に関する一次情報は，国際機関やNGOネットワークのほか，現地で雇用するスタッフ，さらには武装勢力など，あらゆるところから集める。それらを分析し，客観情報と合わせて的確な判断を下さなければならない。また，車両で移動する際は2台以上で列を組み，衛星携帯電話や無線で連絡をとりあうなど，さまざまな手段を講じている。それでも現場の状況は刻々と変化し，スタッフはつねに高い緊張下に置かれるうえ，慣れない土地での仕事で疲労が蓄積する。そうした過酷な環境の下で迅速に支援を届けなければならない緊急支援は，重圧やジレンマとの戦いである。

　空爆後に再訪したサリプル州のキャンプには，おびただしい数の小さな石の墓標が並んでいた。一時退避はスタッフの安全確保のためのやむをえない選択だったとはいえ，「踏みとどまっていれば子どもたちの命を救えたのではないか」という後悔が後々まで残った。自身の安全を守りながらどこまで難民や被災者を救うために行動できるか，特に紛争地で活動するNGOにはつねに突き付けられる重い問いである。

　また，紙幅の関係で詳細には論じられないが，支援現場で軍隊組織とどのような関係を結ぶべきか，あるいは結ばざるべきかも，悩ましい問題である。特に9.11テロ後は，軍隊組織が「人道支援」に乗り出すケースが増え，NGOなど文民組織との境界は急速に曖昧になっている。NGOも物資の輸送や安全確保などを軍隊組織に頼るケースが次第に増えつつあるが，人道援助団体としての中立性を損なったり，紛争当事者とみなされたりする危険がつきまとうため，慎重な判断が必要とされる。

　サリプル州のキャンプへのテント輸送にあたっては，全体数の3分の2をトラックに載せてカイバル峠越えの陸路で運び，残り3分の1はいったんトルクメニスタンに空輸して別の陸路でキャンプに向かった。不安定な治安状況下では，輸送ルートを一つに絞ると援助がまったく届かなくなるおそれがあるため，リスク分散をはかった。目標とした年内にほとんどのテントがキャンプに届き，6万人規模のテント村を完成させることができた。キャンプでは食糧を含む越冬支援物資の配給も行った。こうした素早く大規模な支援が可能になったのは，後述するジャパン・プラットフォームの資金助成を得たことが大きい。

　2002年春からは，内戦と旱魃で荒廃した地域の自立を目的とした復興・開

↑カイバル峠越えの険しい道を通ってテントを緊急輸送した（写真提供：ピース ウィンズ・ジャパン）

↑アフガニスタン北部で国内避難民が自発的に形成したキャンプ。写真左手に写っているのはタリバーンの兵士（写真提供：ピース ウィンズ・ジャパン）

発援助へと軸足を移し，現在も継続している。ニーズ調査に基づき，地域の基幹産業である農業の復興のため，灌漑施設の整備や農作物の種子・苗木の配布を行うほか，生産物を出荷するための幹線道路の舗装も手がけた。また，旧タリバーン政権下で外出や就労が制限されていた女性の自立と収入向上支援のため，養鶏や養蚕の技術指導も続けている。これらの事業には，日本政府やジャパン・プラットフォームのほか，国連機関，英国国際開発省などからも資金の助成を受けている。また，地元行政府と連携し，地域住民の参加を促すことに

Column (55)◇　多様な NGO の活動

世界には活動の手法や分野にさまざまな特色をもった NGO がある。代表的な団体の活動をいくつか紹介する。

1942 年にイギリスのオックスフォードで誕生したオックスファムは，日本を含む世界 13 カ国に拠点を持ち 100 カ国以上で活動する，最もよく知られた NGO の一つである。現場での援助活動だけでなく，貧困削減や武器規制などをめざしたキャンペーン活動，調査・研究，政策提言などを積極的に行っているところに大きな特徴がある。オックスファムがめざす「より公正な世界」の実現には，貧困などの原因となっている政策を変更する必要がある，との考え方が背景にある。

もう一つの特徴は活発な収益事業にある。1948 年以来，市民・企業からの寄贈品やフェア・トレード（公正貿易）商品などを販売する「オックスファム・ショップ」をイギリス全土で展開している。現在，書籍や家具などの専門店を含むショップの数は 750 以上にのぼり，年間の純益約 38 億円（2004-2005 年）は，

も力点を置いている。

平和構築と NGO の援助

ところで近年，NGO の援助活動において平和構築という視点が強調されるようになった。平和構築の概念については，カナダ政府が 1996 年，「武力紛争の前後，最中を問わず，国家内の平和の可能性を高め，武力紛争の可能性を低くする努力」と包括的に定義し，経済協力開発機構（OECD）の開発援助委員会（DAC）や日本の国際協力機構（JICA）などもこれに沿った取り組みを行っている。今日，平和構築支援は①軍事的枠組み（国連PKOや多国籍軍などの活動），②政治的枠組み（予防外交，軍縮，調停など），③開発援助を三本柱ととらえるのが一般的である。

このうち NGO の関与が深い開発援助では，援助がもたらす「負のインパクト」をいかに低減するかが一つの焦点となる。たとえば難民キャンプを運営する際，キャンプ内の難民だけに物資や教育支援などを提供し，周辺住民に何も援助を行わなければ，周辺住民の不満が高じて新たな紛争の原因となる場合がある。あるいは，内戦で当事者の一方を支持する人々が国内避難民になった場

寄付などとともに世界各地でのオックスファムの活動を支えている。

　同じくイギリス発祥のアムネスティ・インターナショナルは，人権擁護に焦点を絞って活動するNGOで，世界150カ国に180万人以上の会員・支援者がいると言われる。虐殺，拷問，性暴力，人身売買など世界各地で起きる重大な人権侵害の事例を調査し，関係者や世論へのアピールを行っている。また，死刑制度の廃止をはじめとする継続的なキャンペーン活動でも知られている。1977年にノーベル平和賞を受賞した。

　緊急医療支援に特化したNGOの代表格が，1971年にフランスで設立された「国境なき医師団（MSF）」である。年間約3000人の医師・看護師・助産師が紛争地や災害被災地などに入り，診療活動に携わっている。世界19カ国の支部のうち，フランス，ベルギー，オランダ，スイス，スペインの5支部がプログラムの実施を担当し，日本など残りの支部は，医師団参加者の募集や広報・資金調達活動などにあたる。MSFも1999年にノーベル平和賞を受けた。

合，NGOや国連機関などがキャンプで援助を提供することで，紛争当事者のリーダーは支持者の生命や安全を気にする必要がなくなり，資金を武器の購入などに充てられる。そのため紛争が激化するという本末転倒の事態を招くおそれもある。援助においてこうした点に十分配慮することが，NGOにはまず求められる。

　一方，ケースとしてはまだ少ないが，政治的枠組みの部分でもNGOが現場の人脈を生かして貢献しうる。PWJが活動しているイラク北部のクルド人自治区では，クルド愛国同盟とクルド民主党が長年にわたって主導権争いを続けてきた。現在は小康を保っているが，将来の情勢次第では再び内戦に発展するおそれもある。PWJは2003年に双方の代表を日本に招いた際，若手のリーダー同士を引き合わせ，対話の場を設けた。これが人的な関係づくりのきっかけになり，両者の交流は現在も続いている。紛争予防の理論を生かしたこのような対話促進を，PWJはその後も試みている。現場に根を下ろして活動するNGOにこそ，調停役としての可能性が見出せるのではないだろうか。

3　日本のNGOの現状と課題

■ 日本のNGOの歴史

日本のNGOの歴史は戦前にまで遡(さかのぼ)ることができるが，現在海外で活動しているNGOの多くは，1960年代以降に設立された。中でも大きな契機となったのが，1979年のインドシナ難民の大量発生である。カンボジア，ヴェトナムなどから流出した難民の救援を目的に，難民を助ける会，日本国際ボランティアセンター，幼い難民を考える会，日本国際民間協力会，シャンティ国際ボランティア会（名称はいずれも現在のもの）などが80年代初頭までに設立された。これらの団体は現在も世界各地で幅広く活動している。

1980年代には，NGOは年間10-15団体のペースで増加した。欧米に本拠を持つ国際的なNGOが多く日本に事務所や支部を開いたのは，この時期である。日本フォスター・プラン協会，セーブ・ザ・チルドレン・ジャパン，ワールド・ビジョン・ジャパンなどが設立された。これらの団体は，世界各地に展開する組織のネットワークを活用して活動を広げ，財政的にも日本で有数の規模を誇っている。増加のもう一つの要因は，チェルノブイリ原発事故，熱帯雨林の減少，海洋汚染などの環境問題がメディアによってさかんに報じられ，市民の関心が高まったことである。アフリカの飢餓，パレスティナ難民の状況などについても，メディアがリアルタイムで映像を茶の間に届け，国際協力の機運を高めた。

1980年代後半にはNGOのネットワーク化が進んだ。NGO活動推進センター（現・国際協力NGOセンター），関西国際協力協議会（現・関西NGO協議会），名古屋第三世界NGOセンター（現・名古屋NGOセンター）が発足し，会員団体間の情報交換やセミナー・情報発信，さらに政府への提言活動などに取り組んでいる。

1980年代末から1990年代初頭にかけてNGOの設立はピークを迎え，年間30-40団体が新しくできた。バブル期の好況が追い風になった。企業が社会貢献やメセナ（芸術・文化の支援活動；mecenat）に取り組み始め，1989年には経済団体連合会が，企業の経常利益の1％を社会に再投資することを呼びかけて

1％クラブを組織した。また，1989年の外務省による「NGO事業補助金」と「草の根無償資金協力」の創設，1991年の郵政省による「国際ボランティア貯金」の創設など，政府もこの時期，NGOへの「支援」に乗り出した。

1990年代には長期不況の影響もあってNGOの新設そのものは減少傾向をたどったが，NGOに対する社会的な認知や期待は大きく高まった。1995年1月の阪神・淡路大震災で100万人とも言われるボランティアが全国から被災地に集まり，活発な支援を展開したことは，ボランティアやNGOが社会に浸透する契機になった。その流れを受けて特定非営利活動促進法（NPO法）が国会で制定され，1998年の施行以来，多くのNGOが法人格を取得した。このことは，NGOと政府や企業との連携を進展させることにもつながった。

一方，1991年の湾岸戦争をきっかけに「国際貢献」に関する議論が日本でも高まりを見せたほか，1994年のルワンダ内戦による大量虐殺，旧ユーゴスラヴィアで起きたボスニア紛争やコソヴォ紛争など，冷戦後の世界で多発する地域紛争や内戦がNGOによる人道援助の役割をクローズアップした。

2000年代に入っても，2001年の9.11テロとアフガニスタンの空爆，2003年のイラク戦争など世界の耳目を集める大きな事件が続き，現場での日本のNGOの活動にも注目が集まった。2000年に設立された官民連携による国際人道援助機関「ジャパン・プラットフォーム」は，そうした紛争地でのNGOの活動を後押しする役割を果たしている。単なるNGO同士のネットワークではなく，セクターを超えて資源を提供し合う連携のあり方がダイナミズムを生んでいるが，それについては第4節で詳述する。

■ **不足する資金**

日本のNGOにとっての大きな課題は，資金力の乏しさにある。国際協力NGOセンターがまとめた「国際協力NGOダイレクトリー2004」の掲載団体354のうち，①自己財源が25％以上または100万円以上，②活動実績が2年以上，③支出が開発協力型の団体は300万円以上，教育・提言型は100万円以上，ネットワーク型は50万円以上──などの基準を満たした226団体が，第1部に分類されている。この226団体について財政状況を見ると，2002年度の総収入額は266億7000万円余（1団体平均で1億1800万円余）に達したが，

うち半分強の136億9000万円余を上位10団体が占めている。一方で半数以上にあたる119団体が年間予算3000万円未満だった。有給職員がいるのは176団体で，その合計は1539人。226団体の平均では有給職員数は6.8人だった。また法人格を持つ団体は132（58.4％）で，残り94団体は任意団体として活動している。

これに対し欧米には，年間の支出規模が数百億円以上の巨大なNGOがいくつも存在している。たとえばアメリカのワールドビジョンUSは1000億円（2005年），ケアUSAは約650億円（同），イギリスのオックスファム・イギリスは約315億円（2004-2005年）といった具合である。日本で最も財政規模が大きい日本フォスター・プラン協会と比べても10倍前後の開きがあり，有給職員数も桁違いに多い。

彼我の差が生じる背景には，NGOや市民社会全体を支える日本の社会基盤の弱さがある。日本国際交流センター（2003）が指摘するように，「日本の社会の中で，政府，企業セクターに次ぐ第三のセクターとしてシビル・ソサエティセクター（市民セクター）を発展させることについての理解が不十分であり，そのことが国際協力を行うNGOの脆弱性にもつながっている」のである。

よく言われるのは，寄付文化の違いである。税務統計で見ると，たとえば「寄付大国」と呼ばれるアメリカでは個人・企業・財団などの年間寄付総額が2485億ドル（2004年。1ドル＝115円換算で28兆5000億円余）だったのに対し，日本では6128億円（2003年度）と，二桁の差がある。注目すべきは，アメリカでは個人の寄付が全体の8割強を占めるのに対し，日本では4％余りにすぎない点である。さらに寄付先を見ると，特定の団体への集中が顕著に見られる。たとえば2004年末のスマトラ島沖の地震・津波災害で，発生から約半年間で集めた寄付金額を比較すると，日本赤十字社が約90億円，日本ユニセフ協会が約30億円に対し，他のNGOは29団体合わせて約11億円（国際協力NGOセンター調べ）だった。このデータからも大半の小規模NGOの苦戦がうかがえる。

また，民間財団による助成の規模にも大きな差がある。アメリカの年間助成額上位20財団の助成額合計が約60億ドル（2003年。1ドル＝115円として約6900億円。Foundation Center調べ）だったのに対し，日本の上位20財団の合

計は約 250 億円（2004 年度。助成財団センター調べ）と，やはり数十倍の開きがある。

■ 基盤強化に向けて──税制を中心に

寄付や助成を飛躍的に増加させ，NGO の資金基盤を強めるために必要なのが，寄付に対する税制面での優遇である。2006 年 1 月末現在，NPO 法人が全国で 2 万 5220 団体に達したのに対し，そのうち税制優遇の対象となる「認定 NPO 法人」は，わずか 0.15％の 38 団体でしかない。これは，認定を受けるための要件が厳しすぎて，日本の NPO 法人の実態に合っていないためと見ることができる。また，認定 NPO 法人とは別に，「公益の増進に著しく寄与する」と認められた 2 万 1000 余の財団法人や社団法人などが「特定公益増進法人」として税法上の優遇を受けているが，この中には政府（国・地方自治体）の外郭団体も多いうえ，設立許可などをめぐる政府の監督が強すぎることも指摘されている。

アメリカでは，内国歳入法第 509 条(a)に，寄付の所得控除が認められる対象団体についての規定がある。この条項に該当する団体は「パブリック・チャリティ」と呼ばれ，寄付者が個人の場合は課税所得の 50％，法人なら 10％を限度に所得控除を受けることができる。パブリック・チャリティは，NPO の総収入に占める助成金・寄付金・補助金・贈与などが一定以上である（これを示す計算式をパブリック・サポート・テストと呼ぶ）ことをもって，広く一般国民から支持されているとみなされる。また，これに該当しない「プライベート・ファウンデーション（民間財団）」に対する寄付も所得控除の対象となる。これら税法上の寄付控除対象となる団体は，2004 年度で計約 101 万団体にのぼる。

イギリスでは，独立した政府機関であるチャリティ委員会に登録された「チャリティ」と呼ばれる団体への寄付が税法上の優遇対象となる。チャリティの数は 2005 年末現在で 16 万 7000 余（支部などを除く）であり，やはり日本と比べて裾野の広さを感じさせる。さらに，イギリスのチャリティに対する寄付者は給与天引き方式を選択することができ，個人にとって簡便で継続しやすい寄付制度と言える。

日本においてNGOを含む市民セクターの発展を促すには，寄付をしやすくするための税制改革が欠かせない。近年，日本版パブリック・サポート・テストの要件緩和などが行われているが，より抜本的な改革が必要である。一方，NGO側もアカウンタビリティ（説明責任）能力を高め，公益実現に携わる自らの活動を積極的に公開して，信頼を構築していくことが求められている。行政や企業などとの連携をより進め，他セクターとの間で資金や人材を循環させるしくみをつくることも必要だろう。

■ 政・官とのかかわり

　政府や政治とどうかかわるかも課題である。日本ではNGOを「非政府」でなく「反政府」とみる風潮が一部に根強くあり，対等な連携の障害になってきた。筆者自身が当事者の一人にもなったが，2002年に政府が主催したアフガニスタン復興支援国際会議で，国会議員の圧力を受けた外務省が一部NGOの会議への参加を拒否したケースは，「政・官」とNGOとの関係の歪みを象徴的に示した（原田，2002に詳しい）。

　政府側もNGOに対する姿勢を変化させつつあるのは事実だ。1999年に初めて策定されたODA中期政策は「民間援助団体（NGO）の果たす役割が重要となってきており，援助実施に当たってNGOとの連携の必要性が著しく高まっている」と表明した。人材育成などNGOに対する「支援」のメニューも徐々に拡充されている。しかし，OECDの開発援助委員会の統計などによると，政府開発援助（ODA）予算全体に占めるNGO支援額の割合を比較した場合，日本は先進諸国の中でもかなり低い。特に日本のNGOを通じた援助は，2003年度で0.8％程度にとどまっている。集計方法の違いから単純比較はできないが，アメリカ，カナダ，オランダなどの欧米主要国に比べて桁違いに低いことが，たびたび指摘されている。

　NGOがより大きな役割を担っていくためには，政府や政治とのかかわりを避けて通ることはできない。NGO側は外務省や財務省などと定期的な協議の場を持ち，政党に対しても情報提供やロビー活動を行っているが，これまでは政府の政策に対する要望や注文に終わることも多かった。真の対等な連携に向けたいっそうの取り組みが必要である。

4　援助におけるセクター間連携
——ジャパン・プラットフォーム

■ **設立の背景とねらい**

上記のような課題を意識しつつ，日本のNGOの活動基盤を強化する一つの試みとして生まれたのが，緊急人道援助の新しいシステムである「ジャパン・プラットフォーム」である。設立当初に作成された基本文書には，その目的が次のように規定されている。

> 「ジャパン・プラットフォーム」は，日本のNGO，政府機関，企業，メディア，助成財団などの各分野を代表する個人や団体が，海外で発生する紛争や自然災害において困難な状況におかれた難民，被災者に対し，特に初動活動段階でより迅速且つ効果的な人道援助活動を展開するために相互協力することを目的とする。(中略) 21世紀における日本の「シビル・ソサエティ（市民社会）」の発展に寄与することを希求する。

ジャパン・プラットフォームには，外務省のODA資金や経済界などからの寄付金がNGOの活動資金として事前にプールされ，緊急事態が起きると，各セクターの代表者が集う会議で援助方針やNGOへの助成額を決める。それぞれの資源や特性を生かしたセクター間の連携が，最大の特徴と言える。創設の背景には，国際緊急援助の初動段階で日本のNGOが資金不足のため欧米の大手NGOに出遅れ，現場での活動を制約されてきた苦い経験がある。

きっかけとなったのは，1999年に相次いで起きたコソヴォ紛争によるアルバニア難民の大量発生と，インドネシアからの独立をめぐる東ティモールの騒乱である。当時，海外で援助活動を行う日本のNGOに対する政府の支援制度として，1989年に設けられたNGO事業補助金と草の根無償資金協力があった。しかし，いずれも拠出までに数カ月かかるのが通例で，緊急事態には対応できなかった。問題はスピード以外にもあった。21世紀政策研究所（2000）はNGO事業補助金について，対象分野をあらかじめ援助当局が指定する方式であることや，NGO側が事業費の50％以上を自己資金でまかなわなければならないことなどをあげ，「あくまで補助金行政の域を出ることはない」と指摘している。

図 17-1 ジャパン・プラットフォーム組織図

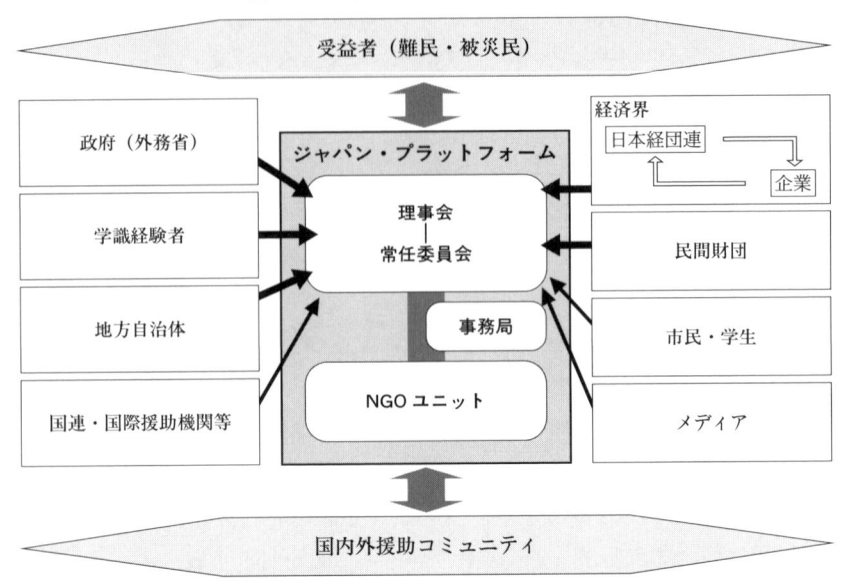

```
            受益者（難民・被災民）

政府（外務省）                            経済界
                ジャパン・プラットフォーム    日本経団連
学識経験者           理事会                    企業
                  常任委員会              民間財団
地方自治体
                    事務局              市民・学生
国連・国際援助機関等  NGOユニット         メディア

            国内外援助コミュニティ
```

［出典］ ジャパン・プラットフォーム作成。

こうした状況下で日本の NGO は募金活動に奔走したが，先に述べた寄付環境の現状もあり，紛争や難民の発生が報じられて一般市民や企業などの関心を喚起し，寄付という行動を呼び起こすまでに，やはり 1 カ月から数カ月を要した。このため日本の NGO は，現場での調整会議で，一般市民や自国政府から豊富な資金を集めて乗り込んでくる欧米勢の下請け的な役割に甘んじることになった。これでは十分に効果的な活動ができないという NGO の問題提起に，当時の経団連や政府関係者が応えた。

■ 政府・経済界との連携の成果

ジャパン・プラットフォームを舞台とした NGO と政府や経済界の連携は，着実に広がりを見せている。設立以来，NGO による援助活動への助成は 2006 年 1 月で 55 億円余に達し，文字通り活動を支える基盤となっている。拠出までにかかる時間は，外務省が直接助成する他の制度はもちろん，米国際開発庁（USAID）や欧州人道援助局（ECHO）など欧米の代表的な政府系援助機関と

比べても格段に早くなった。自己資金力に乏しい日本のNGOも，逸早く海外の現場へ出られるようになり，9.11テロ後のアフガニスタン支援やイラン地震支援などで国際的にも高い評価を受けた。

　経済界からの支援も，金額は政府に比べてまだ少ないものの徐々に拡大している。特に最近は，企業の専門性を生かした支援が目立つ。スマトラ島沖地震・津波の被災者支援で，海運大手の日本郵船とジャパン・プラットフォームが共同で援助物資を被災地に届けたケースは，その具体例と言える。日本郵船グループがスリランカとインドネシアへ，砂糖，米，医療機器，衛生用品など総額6500万円相当の物資を無償で運び，現地で受け取ったジャパン・プラットフォーム参加NGOが被災者に配布した。このプロジェクトには，新潟県中越地震で集まった支援物資の一部を寄付した長岡市を含め，国内の多くの企業や官庁も物資を提供した。

　東京三菱銀行（現在の三菱東京UFJ銀行）は，ジャパン・プラットフォームの寄付口座あての振り込み手数料を無料にした。この口座を通して集まった寄付金は計6300万円に達し，現場でのNGOの活動を支えた。2005年秋からのパキスタン地震支援でも同様の連携が実を結んだ。こうした形の支援は，企業の資源・ノウハウを無理なく生かす方法として，資金の寄付と並んで注目されている。

■ 援助外交における「参加民主主義」

　ジャパン・プラットフォーム構想の発端は，先に述べた通り，国際緊急援助の初動を迅速にするということにあった。しかし，より本質的な意味は，ODAや援助外交の重要な一部をなす人道援助の戦略や個々のプロジェクト内容について，政府以外のさまざまなアクターが意思決定に関与するしくみを構築した点に見出される。

　従来の助成金・補助金のシステムでは，プロジェクトを立案するNGOが外務省と一対一で交渉し，資金拠出の是非は外務省の一存で決められていた。税金を配分する以上，官庁がその使途を決めるのは当然だという論理が働いていた。これに対しジャパン・プラットフォームでは，さまざまな立場や視点をもったアクターがひざを突き合わせて議論することにより，力のバランスが生ま

れ，透明性の高い議論が行われるようになった。

　これを政治学的な観点からやや乱暴に言えば，公益の決定に民間組織や市民の参加を拡大しようとする「参加民主主義」の一種ととらえられる。NGO を含む民間のアクターが税金の使途や援助方針を決めることには，代議制民主主義の正統性（legitimacy）の観点から疑問を呈することも可能だろう。しかし，NGO は投票でなく寄付という形で多くの一般支援者を獲得しているし，企業も多数の顧客に支えられている。大衆の支持を得ることが民主主義における正統性の要件であるとすれば，選挙による民意の負託がなくても十分に証明されているという考え方も成り立ちうる。この点については客観的な立場からの研究に待たなければならないが，援助政策に現場のリアリズムを反映する意味でも，こうしたシステムの有効性を真剣に探っていく必要があると思われる。

引用・参考文献

伊藤道雄，2004 年「日本の国際協力 NGO の歴史とネットワーク化の流れ」今田克司・原田勝広編『連続講義 国際協力 NGO——市民社会に支えられる NGO への構想』日本評論社

国際協力 NGO センター編，2004 年『国際協力 NGO ダイレクトリー 2004——国際協力に携わる日本の市民組織要覧』

国際協力機構課題別指針作成チーム，2003 年『課題別指針——平和構築支援』〈http://www.jica.go.jp/global/peace/reportindex.html〉

国連難民高等弁務官事務所編，2001 年『世界難民白書 2000——人道行動の 50 年史』時事通信社

Stockholm International Peace Research Institute, 2005, *SIPRI Yearbook 2005: Armaments, Disarmament and International Security*

長有紀枝，2003 年「人道援助における NGO の活動——その役割，限界と可能性」広島市立大学広島平和研究所編『人道危機と国際介入——平和回復の処方箋』有信堂高文社

中尾秀一，2005 年「難民支援と平和構築」日本平和学会編『人道支援と平和構築』早稲田大学出版部

21 世紀政策研究所，2000 年『NGO と ODA の連携強化のあり方——ODA 改革の突破口として』〈http://www.21ppi.org/japanese/thesis/200003/oda.pdf〉

日本国際交流センター，2003 年「「国際協力 NGO 活性化の方策」研究プロジェクト研究報告書」〈http://www.jcie.or.jp/japan/cn/n03/NGOPromoting.pdf〉

原田勝広，2002 年『ドキュメント NGO 拒否——外務省，鈴木宗男との攻防 90 日』現代人文社

三井トラスト・ホールディングス調査報告，2005 年『わが国の「寄付文化」興隆に

向けて』〈http://www.mitsuitrust-fg.co.jp/invest/pdf/repo0509_3.pdf〉
山本正，1998 年「日本のシビル・ソサエティの発展とガバナンスへの影響——『官』から『民』へのパワー・シフトの展開」山本正ほか『「官」から「民」へのパワー・シフト——誰のための「公益」か』TBS ブリタニカ
Mathews, Jessica T., 1997, "Power Shift," *Foreign Affairs*

さらに読み進む人のために

大西健丞，2006 年『NGO，常在戦場』徳間書店
　＊筆者が NGO 活動を始めたきっかけや，ピース ウィンズ・ジャパン設立から 10 年間の活動を，豊富なエピソードとともに紹介。

原田勝広，2001 年『「こころざし」は国境を越えて——NGO が日本を変える』日本経済新聞社
　＊日本の NGO の活動や国際協力に携わる人々の思いを，具体例でわかりやすく描く。ジャパン・プラットフォームについても詳述。

（大西健丞）

終章

国際紛争をこえて

■ 平和構築で平和は達成できるか？

　平和は，単なる理念・理想ではなく，また戦争や紛争と対置される状態でもない。平和は種々の要素から構成されており，それぞれの状況が改善されることを通じた総体的な状況として語られなければならない。たとえば，核兵器が廃絶されることは平和の拡大に寄与するであろうが，通常兵器による自爆テロがあるかぎり，核兵器廃絶だけで「完全な」平和が訪れるわけではない。

　本書第Ⅱ部で扱ったようなさまざまな課題を克服するための平和政策を通じて，「より平和な」社会を徐々に実現することに貢献できるはずである。しかし，新たに別の課題が浮上し，それが平和を脅かす可能性も否定できない。本書では十分取り扱うことができなかったが，HIV/AIDS（エイズ）をはじめとする感染症や水資源の確保をめぐる問題，温暖化など地球環境をめぐる問題なども，戦争（紛争）に直接結び付くかどうかはともかく，平和を脅かす「脅威」として語ることができるだろう。

　本書は現代の紛争を念頭に置きながら，その背景にあると思われるもの，また，紛争後に行われる平和構築や復興支援をめぐる問題を取り上げてきた。戦争や紛争に伴う破壊が平和を脅かす最大の要因であるという前提に立ち，それをいかに克服するか，また，戦争や紛争の後の平和構築・復興を通じて，いかに平和を定着させるか，ということを検討するためである。その一方で，「こうすれば世の中は平和になる」といった教条的な主張や，「アメリカの単独主義こそが問題だ」といった短絡的な議論は一切していない。本書の執筆者はみ

な，学生として，あるいは若手研究者として「冷戦の終結」という場面に立ち会っている。冷戦の終結は，米ソ間の核戦争の可能性を取り去りはしたものの，世界全体の平和をもたらすことはなかった。むしろ，冷戦期には予想しなかったような紛争が多発し，なぜ紛争が発生するのかもわからず，国際社会がどのように対応すれば紛争を予防し，平和を創り出すことができるかわからない中で，研究のレベルにおいても実務・現場のレベルにおいても試行錯誤を続けてきた。そのような経験をふまえると，紛争の予防と平和の構築にあたかも万能薬・特効薬があるかのように語ることは，「冷戦の終結」とその後に立ち会ってきた者たちがとるべき態度ではないからである。

■ 日本人と平和政策

太平洋戦争を経験していない世代の日本人の多くにとって，「戦争」とは川の「向こう側」の出来事で，「平和」な「こちら側」にさえいれば，決して巻き込まれることのない，別世界の話に思えるのではないだろうか。たしかに，今の日本を前提とするかぎり，日本が再び戦争の当事者になる蓋然性は低いと言えるかもしれない。しかしそのことは，戦争そのものが日本人にとって「川の向こう側」の話だということを意味しない。ニュースでは連日，世界のどこかしらで起きている戦争について，現場で人がどのように傷つき，町がどのように破壊されているかが報道されている。このような現実を前にして，戦争を日本人には無関係のものと片づけるには相当の勇気がいるだろう。

それに太平洋戦争自体，日本人にとって完全に過去の，歴史上の出来事になったわけでもない。広島・長崎の被爆者や沖縄での地上戦を直接経験した人はもとより，日本の各地で空襲に遭った人，実際に戦地へ赴いた人の中には今も存命の方たちがいるということを考えれば，太平洋戦争はいまだに日本人にとって現在の問題だと考えざるをえない。日本人にとって太平洋戦争が何であったのか，という問題は，日本による植民地支配をめぐる問題も含めて，戦争という「過去」とその「記憶」という，大きな問題につながらざるをえない。それについてここで議論する紙幅の余裕はないが，平和政策，あるいは，政策としての平和，を考えるうえで忘れてはならないことは，今の日本の平和は，太平洋戦争とそこからの復興の上に成立しているものだ，ということである。戦

争はあってはならないことで，平和は望ましいことだが，不幸にして戦争に巻き込まれてしまった人や国・地域に，どのようにして平和をもたらすか。戦争と平和を川の両岸に置くのではなく，戦争から平和への過程としての復興・平和構築を考えること，つまり戦争と平和を連続したものとしてとらえ，戦火に喘いできた人たちを何とか平和の側に呼び寄せるにはどうしたらいいかを考えることが平和政策の出発点である。そこでは戦後復興を成し遂げた日本自身の経験も生かすことができる。広島や長崎は悲惨な被爆の象徴であると同時に，復興の象徴でもありうるのだ。

「今の日本」に視野を限定するのではなく，日本の外にある世界へと視野を広げ，現在から過去へと想像力を広げること，言い換えれば「今の日本」を相対的にとらえる態度，その態度こそが平和政策を学び，考え，実践するにあたっての基礎を成すのである。

■ 紛争をめぐる二分論的発想からの脱却

序章でもふれられているように，平和が政府に対抗する運動の中核的理念となることは，国際的な米ソ二極構造，国内的な自由民主党と社会党の対立構造（五五年体制）の下で往々にして見られる現象であった。民主主義（自由主義）と社会主義（共産主義）というイデオロギー対立を前提とすればやむをえなかったのかもしれない。このような対立構造が，日本に「平和をもたらした」と評価するか，日本に「戦争をもたらさなかった」と評価するか，それは観察者の政治的立場によって異なるだろう。「日本国憲法第9条」の意義をめぐっても同じことが言える。

第II部で取り上げたような紛争の実態を見て顕著なことは，現実の世界では二分論的発想が強いことである。たしかに，世の中を敵と味方に分ける，あるいは善と悪に分ける二分論的発想は，単純であるだけにわかりやすい。と同時に，単純であるがゆえに，かえって問題の本質を見えにくくしてしまうおそれもある。ユーゴスラヴィア紛争は「セルビア（人）＝悪者」というイメージで語られることが多いが，では，紛争の過程で発生したセルビア系難民・国内避難民は「悪者の一味だから保護も援助もしなくていい」ということになるのだろうか。イスラエルによるレバノンへの軍事侵攻は，イスラエルにだけ責任が

あり，レバノンは無辜の被害者なのか。アメリカが「テロとの戦い」に勝利すれば世界は平和になるのか，それとも「テロとの戦い」を止めれば世界は平和になるのか。そもそも今のアメリカの対外政策の根底にある，二分論的発想はどれだけ説得力を持っているのだろう。

戦争と平和をめぐる問題は，単純な二分論や二者択一で答えが見つかるものではない。戦争はさまざまな要因によって引き起こされる。そこに平和をもたらすための方策もさまざまである。ある国で有効だった平和構築の方策が，他の国でも有効だとはかぎらない。考えるべきことが多い一方で，熟慮の結果がつねに正しいとはかぎらない。平和の実現を政策目標とするかぎり，行きつ戻りつを繰り返す手探りの作業にならざるをえない。

■ なぜ理論的な平和政策のテキストが必要か

このように書くと，戦争や紛争について学んでも，平和構築について学んでも，結局はケース・バイ・ケースの，何の普遍性もない断片的な知識しか得られないのではないか，という思いを強くする読者もいるかもしれない。当たり前のことだが，そのような感想を抱いてもらうために，本書が作られたのではない。

世の中は混沌としているということ。その混沌の中で傷ついている人がいるということ。その人たちに平和をもたらすために，別の混沌の中で，時には自らの命を危険に晒して汗を流している人たちがいるということ。これらの混沌の中から何かを学び取り，それを整理して人に伝えようとしている人たちがいるということ。そういうさまざまな人たちがいることを知ってほしい。第Ⅰ部で国際社会のしくみや理論を扱ったのは，そういう動機に基づいている。

そして，この本を読んだ人には，今の国際社会が抱える問題の一端を知ってもらったうえで，その人なりの国際社会とのかかわり方を考えてほしい。それが本書を作ることを思いついた私たちのささやかな願いである。

*

最後に一つ，個人的なことを書くことを許してほしい。

1994年のルワンダ内戦の際，ある英字新聞のトップ面に掲載された写真の，手を虚空に伸ばす死体の視線に射抜かれた。日本人の私は，ルワンダ人の彼を，

彼が惨殺されることなしには知ることはなかったであろう。彼がツチであれフツであれ，彼が紛争の中で，自身の意に反して死なされてしまった事実に変わりはない。彼のような死が積み重なって，何千，何万という「犠牲者数」として報道されるのだ。戦争や紛争について考えること，平和を創ることについて考えること，それらは決して机の上での機械的な作業であってはならない。決して知り合うことのない，無数の人たちの望まない死に思いを致すこと，それが，戦争や紛争や平和をめぐるさまざまな問題を考える際の基礎にあるべきだ，と，それ以来，強く考えるようになった。

　人は誰しもが祝福されて生まれ，幸福に生きたうえで死ぬべきだと思う。その一方で，それをかなえられない現実が世界のあちこちにあることを忘れてはならない。かといって，そのような現実をシニカルに受容するのではなく，地道に現実を変えようとする動きがあることに，ほんのわずかでも希望を見出してほしい。政策として平和を考えるということは，抽象的な話ではない。生身の人間の生き死にとかかわる，辛くても明るい，前向きなものであってこそ平和政策は平和政策でありうると，私は思う。

（山田哲也）

◆事項索引◆

アルファベット

ABM →弾道弾迎撃ミサイル
ARF →ASEAN地域フォーラム
ASEAN →東南アジア諸国連合
ASEAN地域フォーラム　86,89
ASEAN＋3　89
AU →アフリカ連合
AU平和維持活動　82
BHN →人間の基本的ニーズ
CIS →独立国家共同体
CIS平和維持軍　83
CSCE →欧州安全保障協力会議
CSO　334
CTBT →包括的核実験禁止条約
DDR　238,239
ECHO →欧州人道援助局
ECOMOG →西アフリカ諸国経済共同体軍事監視団
ECOWAS →西アフリカ諸国経済共同体
ETA →バスク祖国と自由
EU →欧州連合
「EUの財産的利益の保護に関する刑事法典」案
　→コルプス・ユーリス
EUFOR　217
Food for Work　294
HIV/AIDS　103,316
IAEA →国際原子力機関
ICBL →地雷禁止国際キャンペーン
ICBM →大陸間弾道ミサイル
ICC →国際刑事裁判所
ICC規程　271,282,284
IDA →国際開発協会
IFOR →和平履行部隊
IMF →国際通貨基金
INTERFET　218,219
IRA →アイルランド共和軍
ISAF →国際治安支援部隊
KFOR →コソヴォ国際安全保障部隊
LTTE →タミール・イーラム解放の虎
MIRV →個別誘導多目標弾頭
NATO →北大西洋条約機構
NATO即応部隊　81
NBCテロ　198
　──対処　203
NGO　33,71,99,163,255,333,334

NGO活動推進センター　→国際協力NGOセンター
NGO事業補助金　345
NPO　334
NPT →核不拡散条約
NPT再検討会議 →核不拡散条約再検討会議
OAS →米州機構
OAU →アフリカ統一機構
ODA →政府開発援助
OECD(経済協力開発機構)外国公務員贈賄防止条約　275
OIC →イスラム諸国会議機構
OSCE →欧州安全保障協力機構
PKO →国連平和維持活動
PTBT →部分的核実験禁止条約
SAARC →南アジア地域協力連合
SALT →戦略兵器制限交渉
SALT I →(第1次)戦略兵器制限条約
SALT II →(第2次)戦略兵器制限条約
SFOR →安定化部隊
SLBM →潜水艦発射弾道ミサイル
SSR →安全保障・治安部門改革
START I →(第1次)戦略兵器削減条約
START II →(第2次)戦略兵器削減条約
TAJIMA号事件　279,283
UNDP →国連開発計画
UNSCOM　221
UNTAC →国連カンボジア暫定統治機構
USAID →国際開発庁
WTO →世界貿易機関

あ　行

アイデンティティ　25,37,115,176,246
曖昧政策　135
アイルランド共和軍(IRA)　190
アカウンタビリティ　348
アクロニム研究所　163
アジア太平洋経済協力(APEC)　88
アジェンダ21　337
アナーキー →無政府状態
アパルトヘイト　51,116,117
アフガニスタン　169,318,322
アフガニスタン復興支援国際会議　348
アフガン戦争　25
アフリカ社会主義　122
アフリカ統一機構(OAU)　77,82,189

361

アフリカーナ　117
アフリカ非核兵器地帯条約　→ペリンダバ条約
アフリカ連合(AU)　77,82,86,232
アムネスティ・インターナショナル　343
アル・カーイダ　26,194,195,219
安全保障　3
安全保障・治安部門改革(SSR)　238,239
『安全保障の今日的課題』　175
安定化部隊(SFOR)　219
慰安婦　316
イスラエル　150
イスラム義勇兵　39,50
イスラム原理主義組織　42
イスラム諸国会議機構(OIC)　77,189
イスラム・ファンダメンタリズム　307
一国非核兵器地帯　160
一般教書演説　23
一般的安全保障問題に関する四ヵ国宣言　61
委任統治領　111,118
移民労働者条約　180
移民労働者(補足規定)条約　180
イラク　312
　　――のクウェート軍事侵攻　210
イラク攻撃　24
イラク戦争　209
インスペクション・パネル　99,102
インターバンド　258
インド　150
インドシナ難民　344
ウィーン会議　13
ウェストファリア条約　11,13,55
ウェストファリア体制　55
ウクライナ　151
ウジャマー(友愛)　122
宇宙条約　158
『永遠平和のために』　20,60
エイズ　→HIV／エイズ
英米共同宣言(大西洋憲章)　60
エスカレーション・コントロール　155
エスニシティ　31
エスニック集団　41
えひめ丸事件　283
援助疲れ　297
エンパワーメント　98,306,310,311,325
欧州安全保障協力会議(CSCE)　85
欧州安全保障協力機構(OSCE)　85,142,230,254,258
欧州共同体(EC)　139,189
欧州経済協力機構(OEEC)　76

欧州審議会(CE)　84
欧州人道支援局(ECHO)　350
欧州通常戦力条約　139
欧州連合(EU)　39,76,80,142,258,260,272,282
オウム真理教　188,194,199,204
沖縄平和協力センター　258
幼い難民を考える会　344
オーストラリア・グループ　136,138
オーストリア継承戦争　13
オタワ・プロセス　141
オックスファム　342

か 行

外国為替及び外国貿易法　136
海底核兵器禁止条約　158
介入　222
介入と国家主権に関する国際委員会　222
開発　287
開発援助委員会(DAC)　342
開発協力　296,298,305
開発途上国　33,110
化学兵器　128
化学兵器禁止機関　138
化学兵器禁止条約　131,138
拡散対抗　221
拡散に対する安全保障構想(PSI)　143
核敷居国　151
確証破壊　154
核の傘　3,148,164
核不拡散　131
核不拡散条約(NPT)　129,131,132,135,150,157,160
核不拡散条約再検討会議　133,162
核兵器　128
　　――の拡散　130
　　――の廃絶　4
核兵器国　131,150,160
核保有　307
核抑止(力)　3,14,154
カザフスタン　151
カシミール　118,135
カシミール紛争　307
カーターセンター　258
家父長制　307,330
カラシニコフ(AK 47)　37
カレン(族)　115,172,177
管轄権　271
環境と開発に関する国連会議(地球サミット)

337
関西NGO協議会　344
関西国際協力協議会　→関西NGO協議会
干　渉　222
関税及び貿易に関する一般協定(GATT)　93,95
カンボジア　2,294
カンボジア議会選挙　246
危機管理　81,198
『危機の二十年』　13
疑似国家　49
北大西洋条約機構(NATO)　34,39,76,78,81,154,156,216,219,224,230
機能主義　60,79
キャパシティ・ビルディング　199,204
9.11(テロ)事件　4,26,34,68,164,177,182,192,199,209,219,224,273,339
旧ユーゴスラヴィア国際刑事法廷(ICTY)　240,271
キューバ危機　154
極東国際軍事裁判(法廷)　269,271
拒否権　63,68
緊急援助　292,322
緊急人道援助　333,338
近隣窮乏化政策　92
空対地弾道ミサイル(ASBM)　162
草の根無償資金協力　345
グッド・ガヴァナンス　97,199
クルド難民保護　215
クルド民族　113,114
グループ77(77カ国グループ)　95
クロアチア　39,45
グローバリゼーション　27,32,46,48,51,167,308
グローバル・ガヴァナンス論　56
グローバル・コンパクト　70,71
グロムイコ案　130
軍国主義　313
軍事監視団　232
軍事機構改革支援　238
軍事的措置　63,210
軍　縮　148
軍縮委員会　131
軍縮委員会会議　131
軍縮会議　131,158
軍備管理　148
ケアUS　346
経済協力開発機構(OECD)　76,342
警察部門改革支援　236

刑罰権　268
刑法適用法　278
血液剤　128
現実主義　→リアリズム
検　証　132
原子力委員会　157
原子力供給国グループ　136
原水爆禁止運動　154
限定核オプション　155
憲法第9条　1
権力(パワー)　10
権力共有　219
権力闘争　10
コア・クライム　271
行為主体(アクター)　333
構造調整　122
小型武器　50,140
国外犯処罰規定　275
国際移動に関する世界委員会　180
国際開発協会(IDA)　94
国際開発庁(USAID, アメリカ)　350
国際河川委員会　59
国際移住機関(IOM)　175
国際行政連合　59
国際協力NGOセンター(JANIC)　334,344
国際協力機構(JICA)　342
国際刑事裁判所(ICC)　67,270,272,274,324
国際刑事司法共助　270
国際刑法　267
国際原子力機関(IAEA)　132,161
国際司法裁判所(ICJ)　163
国際社会に対する罪　280
国際受刑者移送法　276
国際女性年　306,328
国際人権法　233
国際人道法　24,233
国際政治経済学　21
国際政治経済論　23
国際捜査共助等に関する法律　276
国際組織　56
国際組織犯罪防止条約　180,275
　——人身取引議定書　275
国際治安支援部隊(ISAF)　82,219
国際通貨基金(IMF)　57,61,92,95,122
国際的一事不再理　282
国際的人身取引　167
国際テロリズム関連条約・議定書　202,204
国際テロリズム緊急展開班(TRT-S)　203
国際統合論　84

事項索引　363

国際復興開発銀行(世界銀行,IBRD)　57,61,
　　92,95,97,99,122
国際法委員会(ICL)　67
国際ボランティア貯金　345
国際民主化選挙支援機構　258
国際連合(国連)　3,16,25,39,55,258,260
　　——主要機関　61,66
　　——専門機関　61
国際連合(国連)憲章　57,61,157
国際連盟　13
国際連盟規約　57
国際労働機関(ILO)　94,175
国籍制度　167
国内総生産(GDP)　17
国内避難民　36,168,169,253,339
国内避難民に関する指針　171
『国富論』　18
国民総生産(GNP)　289
国民の保護に関する計画　187
国民保護主義　278,279
国　連　→国際連合
国連安全保障理事会　14
国連開発計画(UNDP)　97-101,289,309
国連カンボジア暫定統治機構(UNTAC)　3,
　　244,254,300
国連教育科学文化機関(ユネスコ)　94
国連軍縮委員会　131
国連軍縮特別総会　157
国連軍備登録制度　139
国連憲章　→国際連合憲章
国連原子力委員会　130
国連小型武器会議　142
国連事務総長　68
国連人道問題調整事務所(OCHA)　171,175
国連総会　130
国連ソマリア活動　34
国連中心主義　72,75
国連難民高等弁務官　170
国連難民高等弁務官事務所(UNHCR)　168-
　　170,175,178,179,181,182,325,338
国連東ティモール暫定行政機構　240
国連東ティモール支援団　240
国連東ティモール・ミッション(UNAMET)
　　216,261
国連ファミリー　62
国連平和維持活動(PKO)　5,64,83,209,229,
　　144
　　第二世代——　229
国連平和維持活動(PKO)部隊　174

国連貿易開発会議(UNCTAD)　95
国連麻薬新条約　275
国連ミレニアム・サミット　101
国連ミレニアム宣言　101
国連ルワンダ支援団(UNAMIR)　174,216
コソヴォ　39,215
　　——紛争　68,345
　　——空爆　81
コソヴォ国際安全保障部隊(KFOR)　82,219
コソヴォに関する独立国際委員会　217
『コソヴォ報告書』　217
国家主権　87
国家保護主義　278,279
国境なき医師団(MSF)　343
子ども兵士　36,291
個別誘導多目標弾頭(MIRV)　155,162
コメコン(経済相互援助会議)　76
コルプス・ユーリス　273
コンゴ　169
　　——紛争　25
根本原因　193
コンストラクティヴィズム(構成主義)　19,24

さ 行

罪刑法定主義　267,268,271
裁判制度支援　239
査　察　132
産業革命　127
サンクト・ペテルブルク宣言　129,140
三十年戦争　11
暫定措置　63,213
サンフランシスコ会議　61
自衛権の発動　210
ジェノサイド(集団殺戮／虐殺)　167,171,216,
　　240,271,318
シエラレオネ特別裁判所　240
シェンゲン条約　180
ジェンダー　305,306
ジェンダー開発指数　309,315
ジェンダー研究　306
ジェンダー的暴力　329
自国民不引き渡し　275,280,282
七年戦争　13
児童の権利に関する条約　275
ジニ係数　289
自爆テロ　4,277
市民教育　255
市民権　167
市民社会(シビル・ソサエティ)　19,71,311,

364

　　　　333
　社会基盤整備　293
　社会契約　234
　ジャパン・プラットフォーム　333, 345, 349
　シャン　172
　シャンティ国際ボランティア会　344
　上海協力機構(SCO)　79
　自由化　122
　十字軍　12
　重大犯罪パネル　240
　重大犯罪ユニット　240
　柔軟反応戦略　154
　18ヵ国軍縮委員会　131
　自由貿易協定(FTA)　80
　主権国家　311
　主権平等　56
　ジュネーヴ議定書　129, 137
　ジュネーヴ諸条約　270
　主要国首脳会議(G 8)　144
　巡航ミサイル　150
　純代理処罰主義　281
　消極的安全保障　134, 135
　少数民族高等弁務官　85
　条　約　58
　植民地　110
　植民地主義　123
　植民地独立付与宣言　67
　女性に対する暴力　319
　地雷禁止国際キャンペーン(ICBL)　58, 141, 337
　地雷原　294
　新アジェンダ連合(NAC)　162
　新国際経済秩序(NIEO)　95, 96
　新植民地主義　122
　神聖ローマ帝国　11
　新戦争論　40
　人道援助のジレンマ　293
　人道支援　292
　　緊急――　293
　人道的介入　68, 215, 224
　人道に対する罪　269, 271, 277
　スコットランド啓蒙学派　18, 19
　スーダン　169
　ストックホルム国際平和研究所(SIPRI)　337
　スプートニク　154
　スプートニク・ショック　154
　スペイン継承戦争　13
　すべての移民労働者および家族構成員の権利の保護に関する国際条約　180

　スレブレニツァ　216
　西欧型民主主義　245
　政治的コンディショナリティ(条件付融資)　96
　政治・法制度改革　305
　脆弱国家　245
　政府開発援助(ODA)　100, 348, 349
　セーブ・ザ・チルドレン・ジャパン　344
　生物兵器　128
　生物兵器禁止条約　131, 137
　勢力均衡体系(balance of power system)　12
　世界銀行　→国際復興開発銀行
　世界サミット　70
　世界主義　278, 280
　世界食糧計画(WFP)　171
　世界人権宣言　67
　世界政府　10, 56
　世界貿易機関(WTO)　78, 80
　世界法廷プロジェクト(WCP)　163
　世界保健機関(WHO)　94
　石油輸出国機構(OPEC)　76, 95
　セキュリタイゼーション(安全保障化)　177
　積極的安全保障　134
　セルビア　45
　ゼロサム(関係)　17, 21
　選　挙　305
　選挙監視　5
　選挙関連法規　248, 253
　選挙行政支援　253, 256
　選挙システム支援　248, 256
　選挙法　256
　戦術核　150, 154
　潜水艦発射弾道ミサイル(SLBM)　149, 150, 162
　戦争の違法化　210
　戦争犯罪　269, 271, 305
　戦略核　150, 154
　戦略爆撃機　149, 150
　戦略兵器削減条約(START)　163
　　第1次――(START I)　163
　　第2次――(START II)　163
　戦略兵器制限交渉(SALT)　161
　戦略兵器制限条約
　　第1次――(SALT I)　155, 162
　　第2次――(SALT II)　162
　戦略防衛構想　155
　相互依存(論)　21, 22, 28
　相互確証破壊　14, 154
　相互主義　276
　相殺戦略　155

総力戦　313
双方可罰性　273, 276, 281
遡及処罰の禁止　271
属人主義　279
　　受動的(消極的)——　276, 279
　　能動的——　278, 279
属地主義　275, 278
組織犯罪処罰法　276
阻止原則宣言　143
ソフト・パワー論　23
ソマリア　42, 215
　　——難民　169

た 行

第一次(世界)大戦　27, 63, 127
大韓航空機爆破事件　193
大虐殺(ホロコースト)　91
大恐慌　60, 92
対共産圏輸出統制委員会　139
第五福竜丸被曝事件　154
対人地雷　37
対人地雷禁止条約　58
対テロ戦争　26, 164, 203
第2次国連ソマリア活動(UNOSOM II)　216
第二次(世界)大戦　2, 33, 60, 102, 127
大陸間弾道ミサイル(ICBM)　149, 150, 155, 162
代理主義　278, 280
代理処罰主義　278, 281
大量破壊兵器　128
大量破壊兵器と闘う国家戦略(アメリカ)　143
大量報復戦略　154
多数代表制　249, 250
タミール・イーラム解放の虎　190
ダムダム弾　141
タリバーン政権　26, 320
タリバーン勢力　323
炭疽菌　128
炭疽菌手紙事件　188
弾道弾迎撃ミサイル(ABM)　155
　　——条約　155, 162, 163
単独主義　221
ダンバートン=オークス会議　61
地域機構　75
地域主義(リージョナリズム)　80
地域的機関　62, 76
地域的取極　76
地域紛争　5, 31
チェチェン　42

力の均衡(balance of power)　12
地球解放戦線(ELF)　191
チャリティ委員会　347
中央アジア非核兵器地帯条約　134
中央選挙管理委員会　254
中距離核　150
中距離核戦力(INF)条約　162
超国家的刑罰権　272, 277
ツチ(族)　42, 46, 119
デイトン合意　217, 219, 230, 246
テクノクラート　301
テロ(リズム)　26, 102, 188
テロ支援国家　192
テロとの戦争　209
テロの未然防止に関する行動計画　203
天然痘ウィルス　187
統一タスクフォース(UNITAF)　215
統治契約　234
東南アジア諸国連合(ASEAN)　86, 88
東南アジア非核兵器地帯条約　→バンコク条約
動物解放戦線(ALF)　191
逃亡犯罪人引渡法　276
毒ガス禁止宣言　129
特定非営利活動促進法(NPO法)　345
独立国家共同体(CIS)　83, 142, 189
独立選挙委員会　261
ドナー　182
トラウマ　98, 326
トラテロルコ条約　134, 160

な 行

内政不干渉　56, 87
内戦　35
長崎　153
名古屋NGOセンター　344
ナショナリズム　31, 41
ナチス　13, 27, 152
ナチズム　60, 313
ならず者国家　27, 221
南極条約　134, 158
南部アフリカ開発共同体　232
難民　36, 168, 169, 181, 253, 305
難民援助　322
難民の地位に関する議定書　170, 179
難民の地位に関する条約(難民条約)　170, 179
難民を助ける会　344
西アフリカ諸国経済共同体(ECOWAS)　82, 232
　　——軍事監視団(ECOMOG)　82, 232

二重の鍵　217
日本国際ボランティアセンター　344
日本国際民間協力会　344
日本赤軍　199
日本フォスター・プラン協会　344,346
ニュールック　154
ニュルンベルク裁判　269
ニュルンベルク国際軍事法廷　270,271
人間開発指数　289,315
『人間開発報告書』　101,289
人間の安全保障　100,102,317,321,327
人間の安全保障委員会　101,175
人間の基本的ニーズ(BHN)　292,293
抜き打ち査察　138
ノンゼロサム関係　17
ノン・ルフールマン原則　170

は　行

バイオテロリズム　187
ハイジャック　280
ハイドパーク会議　153
パキスタン　150
ハーグ国際平和会議　57,129
ハーグ陸戦法規(陸戦ノ法規慣例ニ関スル条約)　129
パコマ宣言　142
バスク祖国と自由(ETA)　190
破綻国家　48,245
ハプスブルク帝国　13
パブリック・サポート・テスト　347
パブリック・チャリティ　347
ハマス　190
パリ和平協定　246
バルーク案　130,153,157
パレスチナ紛争　42,45
パレスチナ解放人民戦線(PFLP)　190
パワーシフト　336
反イスラーム暴動　307
バンコク条約　134,160
万国著作権条約　280
反植民地主義　121
反植民地ナショナリズム　111
バンドワゴン　26
汎用品　136,138,140
被害管理　198
非核三原則　164
非核兵器国　131,150,161
非核兵器地位　160
非核兵器地帯条約　157,160

東アジア経済協議体(EAEC)　88
東ティモール　115,215,218,261
ビキニ環礁　154
引き渡すか訴追するか　201,268
非軍事的措置　62
庇護権　170
非国家主体　47
ピース・ウィンズ・ジャパン(PWJ)　339
ビセッセ協定　246
非戦略核　150
非同盟　121
人質行為禁止条約　275
避難民　181
びらん剤　128
比例代表制　249,250,252
広　島　153
ひろしま国際平和フォーラム　6
貧困の女性化　315
貧者の核兵器　128
ヒンドゥー至上主義　307
封じ込め　154
フェア・トレード(公正貿易)　342
フェミニズム　305
不戦条約　57
武装解除　5,98,290
武装テロ組織　4
部族紛争　42
復興援助　290
復興・開発援助　333,338
復興支援　305
ブッシュ・ドクトリン　222
プッシュ要因　170
フツ(族)　42,46,119
部分的核実験禁止条約(PTBT)　131,134,143,157,158
普遍主義　29
ブラジリア宣言　142
ブラッド・ダイヤモンド　38
プランテーション　115,120
武力攻撃事態等における国民の保護のための措置に関する法律(国民保護法)　187
プルトニウム　164
プル要因　170
ブルンディ　169
ブレトンウッズ会議　61,92
ブレトンウッズ体制　93
分割して統治せよ　118
紛争後選挙　243
紛争予防　81

事項索引　367

文明の衝突　31,41,42
分離独立　42
兵器用核分裂性物質生産禁止条約（カットオフ条約）　133
米州機構(OAS)　77,86,189
米ソ核抑止体制　24
平和強制　213,222
平和構築　5,228,298
平和執行部隊　213
平和に対する罪　269,271
『平和への課題』　212
『平和への課題・追補』　140,213
ベラルーシ　151
ペリンダバ条約　134,160
ペルー日本大使公邸占拠事件　204
ベルヌ条約　280
ベルリン会議　13
崩壊国家　48
包括的核実験禁止条約(CTBT)　133,134,157,158
　——機関　134
法執行　237
法の支配　234,236
補完性の原則　271,283
保護主義　→国家保護主義
保護する責任　181,222
ボスニア＝ヘルツェゴヴィナ　39,45,215,230,318,320
　——紛争　249,319,345
ボツリヌス毒素　128
ポル・ポト派　3
本質主義　44

ま 行

マイノリティ　319
マーシャル・プラン　93
マーストリヒト(EU設立)条約　272
マドリード列車同時テロ　191
麻薬特例法　275,276
マンチェスター学派　19
マンハッタン計画　152
ミクロ軍縮　140
ミサイル技術管理レジーム　136
南アジア地域協力連合(SAARC)　77,189
南アフリカ　151
南太平洋非核地帯条約　→ラロトンガ条約
ミャンマー　86,171
ミレニアム開発目標　101,103
民間軍事会社(企業)　34,50

民主化　122,244,313
民主主義　243,311
民主制度・人権問題(ODIHR)　85
民主的平和(デモクラティック・ピース)　22,96
民　族　41,46
民族浄化　36,214,216,321
民族紛争　31,40,42,51
無政府状態(アナーキー)　10,43
メソポタミア　111
モノカルチャー　120
モ　ン　172
モンゴル　160

や 行

ヤルタ会談　61
有権者教育　255
有志連合　221
ユーゴスラヴィア　230
ユーゴスラヴィア紛争　78
ユーゴ内戦　25
傭　兵　34
抑　止　14,25
抑止戦略　15
抑止力　148
予防外交　317
『より大きな自由を求めて』　225
ヨーロッパ共通逮捕状　270,273
ヨーロッパ検察　273
ヨーロッパ統合　84

ら 行

ラテンアメリカ核兵器禁止条約　→トラテロルコ条約
ラロトンガ条約　134,160
リアリズム(現実主義)　4,9,10,12,16
リオネル・デュモン事件　200,203
リベラリズム　9,17,18
累積債務問題　122,301
ルワンダ　36,46,214
　——内戦　119,319,345
　——難民　174
ルワンダ愛国戦線(RPF)　174
ルワンダ国際刑事法廷　240,271
冷　戦　4,177
レイプ　318,319
レジーム　132
レジーム・チェンジ　26,27,222
連結点　277

ローマ教皇　12
ロヤ・ジルガ　246,320
ロンドン同時テロ事件　191

わ 行

ワッセナー・アレンジメント　136,139
和平合意　234

和平履行部隊（IFOR）　219
ワルシャワ条約機構（WTO）　76
ワールド・ビジョンUS　346
ワールド・ビジョン・ジャパン　344
湾岸危機　194
湾岸戦争　209

◆人名索引◆

あ 行

アイゼンハワー（Dwight David Eisenhower）　154
アインシュタイン（Albert Einstein）　152
アウン・サン・スー・チー（Aung San Suu Kyi）　172
アナン（Kofi Atta Annan）　68,69,217,224,225,327
ウィルソン（Thomas Woodrow Wilson）　13,19,20,160
ウェント（Alexander Wendt）　19,24
ウ・タント（U Thant）　69
エンクルマ（Kwame Nkrumah）　121
緒方貞子　101,175

か 行

カー（Edword Hallett Carr）　13
カプラン，ロバート（Robert Kaplan）　43
カポラーソ（James A. Kaporaso）　57
カルザイ（Hāmid Karzai）　322
カルドー（Mary Kaldor）　25,40
ガルトゥング（Johan Galtung）　96
カント（Immanuel Kant）　19,20,28,60
クリントン（William Jefferson Clinton）　23
コヘイン（Robert Owen Keohane）　21,22

さ 行

ザートマン（William I. Zartman）　48
ジャクソン（Robert H. Jackson）　49
シラード（Leo Szilard）　152
スカルノ（Sukarno）　121
スティムソン（Henry Lewis Stimson）　153
スミス（Adam Smith）　18,28
セクトゥーレ（Ahmed Sékou Touré）　121
セン（Amartya Sen）　101,175,315

た 行

チャーチル（Winston Leonard Spencer Churchill）　60
デクエヤル（Javier Pérez de Cuéllar）　69
ドイル（Michael W. Doyle）　22,28
トダロ（Michael P. Todaro）　288
トルーマン（Harry S Truman）　153

な 行

ナイ（Joseph S. Nye, Jr.）　21,22
ニエレレ（Julius Kambarage Nyerere）　122
ネルー（Pandit Jawaharlal Nehru）　121

は 行

ハビビ（Bacharuddin Jusuf Habibie）　261
ハビャリマナ（Juvénal Habyarimana）　174
ハマーショルド，ダグ（Dag Hjalmar Agne Carl Hammarskjöld）　69
バレ（Siad Barre）　181
ハンティントン（Samuel P. Huntington）　41,42
ヒトラー（Adolf Hitler）　118
ビンラーディン（Usāma bin Muhammad bin 'Awad bin Lādin）　195,219
ヒューム（David Hume）　18,19
フセイン（Saddām Husayn 'Abd al-Majid al-Tikrītī）　26,214,224,312
ブッシュ，G.W.（George Walker Bush）　24,143,164,222
ブトロス＝ガリ（Boutros Boutros-Ghali）　68,69,140,212,213,216
フヒモリ（Alberto Ken'ya Fujimori）　283
プレビッシュ（Raul Prebisch）　95
ベンサム（Jeremy Bentham）　20
ホッブズ（Thomas Hobbes）　55

ま 行

マハティール (Mahathir bin Mohamad) 88
マンデラ (Nelson Rolihlahla Mandela) 117
ミトラニー (David Mitrany) 60, 79
ミロシェヴィッチ (Slobodan Milošević) 39, 217
モブツ (Mobutu Sese Seko Nkuku wa za Banga) 39

ら 行

ラギー (John G. Ruggie) 57

ラセット (Bruce M. Russett) 22, 28
リー (Trygve Lie) 69
ルイス (William Arthur Lewis) 288
ルーズヴェルト (Franklin Delano Roosevelt) 60, 152
レーガン (Ronald Wilson Reagan) 155
ロバーツ (Adam Roberts) 215

わ 行

ワルトハイム (Kurt Waldheim) 69

◆ 編者紹介

大芝　亮（おおしば　りょう）
　　　青山学院大学国際政治経済学部教授

藤原帰一（ふじわら　きいち）
　　　東京大学大学院法学政治学研究科教授

山田哲也（やまだ　てつや）
　　　南山大学総合政策学部教授

平和政策　　　　　　　　　　　〈有斐閣ブックス〉
Building Peace

2006 年 10 月 25 日　初版第 1 刷発行
2016 年 3 月 5 日　初版第 5 刷発行

編　者	大　芝　　　亮 藤　原　帰　一 山　田　哲　也
発行者	江　草　貞　治
発行所	株式会社　有　斐　閣

郵便番号　101-0051
東京都千代田区神田神保町 2-17
電話　(03) 3264-1315〔編集〕
　　　(03) 3265-6811〔営業〕
http://www.yuhikaku.co.jp/

印　刷　株式会社暁印刷
製　本　大口製本印刷株式会社

© 2006, R. Oshiba, K. Fujiwara and T. Yamada.
Printed in Japan
落丁・乱丁本はお取替えいたします。
★定価はカバーに表示してあります。

ISBN4-641-18343-0

Ⓡ本書の全部または一部を無断で複写複製（コピー）することは、著作権法上での例外を除き、禁じられています。本書からの複写を希望される場合は、日本複製権センター（03-3401-2382）にご連絡ください。